만물해독

만물해독

지은이 찰스 세이프

옮긴이 김은영

펴낸이 임상진

펴낸곳 (주)넥서스

초판 1쇄 발행 2008년 2월 15일

2판 1쇄 인쇄 2016년 10월 5일

2판 1쇄 발행 2016년 10월 10일

출판신고 1992년 4월 3일 제311-2002-2호

10880 경기도 파주시 지목로 5(신촌동)

Tel (02)330-5500 Fax (02)330-5555

ISBN 979-11-5752-932-2   04080

출판사의 허락 없이 내용의 일부를

인용하거나 발췌하는 것을 금합니다.

가격은 뒤표지에 있습니다.

잘못 만들어진 책은 구입처에서 바꾸어 드립니다.

www.nexusbook.com

지식의숲은 넥서스의 인문교양 브랜드입니다.

만물해독

찰스 세이프 지음 · 김은영 옮김

인간의 뇌에서 블랙홀까지,
우주의 모든 것을 풀다

지식의숲

문명은 멸망한다.

딱 펼쳐 들었을 때 이런 글이 가장 먼저 눈에 들어오는 책을 반길 사람은 아마 없을 것이다. 그러나 이 말은 진실이다. 인류를 비롯하여 우주 속에 사는 모든 생명은 언젠가는 멸망한다. 문명이 아무리 발달한다 해도, 설사 우리가 이 별에서 저 별로 순식간에 이동하고 수명을 600년으로 연장하는 기술을 개발한다 해도, 가시적 우주 안에 살던 마지막 생명체가 소멸되기까지 남은 시간에는 한계가 있다. 정보의 법칙은 우주 자체의 운명을 결정한 것처럼 우리의 운명도 결정했다.

'정보 information'라는 단어를 들으면 컴퓨터와 하드 드라이브, 초고속 인터넷 등이 떠오른다. 어쨌든 컴퓨터의 도입과 대중화는 정보의 혁명으로 일컬어지고 있다. 그러나 컴퓨터 과학은 정보이론이라고 알려진, 그 어떤 이론보다도 중요한 사고 체계에서 극히 작은 부분을 맡고 있을 뿐이다. 물론 이 이론이 컴퓨터가 어떻게 작동해야 하는가를 명령하는 것이 사실이기는 하지만, 정보이론은 그보다 훨씬 더 많은 일을 한다.

정보이론은 규모가 서로 다른 매우 많은 사물들의 행동을 지배한다.

원자가 어떻게 상호작용을 하는지를 말해주며 블랙홀이 어떻게 별을 삼키는지도 알려준다. 우주가 소멸되는 과정을 기술하는 것도 바로 이 이론의 규칙이고 우주 전체의 구조를 설명하는 것도 바로 그 규칙이다. 컴퓨터가 없었더라도 정보이론은 21세기 물리학에서 세 번째로 위대한 혁명이 되었을 것이다.

물질의 덩어리 속에서 원자의 운동을 지배하는 법칙인 열역학 법칙이 이 이론, 즉 정보에 대한 이론의 기저에 깔려 있다. 극한 속도, 강력한 중력의 영향하에서 물체가 어떻게 행동하는지를 기술하는 상대성이론은 사실 정보이론의 하나다. 미시 세계를 다루는 양자이론 역시 정보이론의 하나다. 정보라는 개념은 하드 드라이브에 담을 수 있는 내용보다 훨씬 더 광범위한 것으로, 이 모든 이론들을 믿을 수 없을 정도로 강력한 하나의 사고 체계로 묶어준다.

정보이론이 그토록 강력한 이유는 정보가 물리적이기 때문이다. 정보는 추상적 개념이 아니다. 단순히 하나의 사실이나 형체, 날짜나 이름도 아니다. 정보란 계량화할 수 있고 측정할 수 있는 물질이나 에너지처럼 구체적 성질을 지닌다. 정보의 각 비트는 그 하나하나가 납덩이의 무게나 핵탄두에 저장된 에너지 못지않게 실재적이다. 질량과 에너지처럼 정보도 그 행동이 물리적 법칙의 영향을 받는다. 따라서 정보는 물리적 법칙에 따라 조작되고, 전달되고, 복제되고, 삭제되거나 파기된다. 또한 우주에 존재하는 모든 것은 정보의 법칙을 따라야 한다. 우주에 존재하는 모든 것이 우주가 안고 있는 정보에 의해서 형성되었기 때문이다.

정보의 개념은 암호 제작과 암호 해독이라는 오랜 역사를 가진 기술에서 탄생했다. 국가적 비밀을 감추고 있는 암호문은 사실상 정보를 눈에 띄지 않게 만들어서 한 장소에서 다른 장소로 옮기는 방법이었다. 암호 해독의 기술이 열역학(엔진, 열 교환, 일의 생산 등을 기술하는 물리학의 한 갈래)과 연관이 있음이 알려졌을 때 태어난 것이 바로 정보이론이었다. 이 새로운 정보이론은 양자이론이나 상대성이론 못지않게 혁명적인 이론이었다. 정보이론은 커뮤니케이션 분야에 대대적 변화를 일으켰으며 컴퓨터 시대를 향한 길을 닦았다. 그러나 그것은 시작에 불과했다. 10년도 지나지 않아 물리학자들과 생물학자들은 정보이론이 컴퓨터의 비트와 바이트, 암호와 커뮤니케이션을 뛰어넘는 더 넓은 이론임을 깨닫기 시작했다. 정보이론은 아원자 세계의 특징을 설명하고 지구상의 모든 생명체를 설명했으며 심지어는 우주 전체까지도 설명하고 있었다.

지구상의 모든 생명체는 정보의 산물이다. 정보는 우리 세포의 한가운데 자리하고 있으며 우리 머릿속을 헤집고 돌아다닌다. 그러나 정보를 조작하고 처리하는 것은 살아 있는 생명체만이 아니다. 우주 안의 모든 입자, 모든 전자, 모든 원자, 아직 우리가 발견하지 못한 모든 입자들 속에는 정보가 가득 들어 있다. 때로는 우리가 접근할 수 없는 정보이지만 그 정보는 전파될 수도 있고, 처리될 수도 있으며, 흩어져 없어질 수도 있다. 우주 안의 모든 별들, 셀 수 없이 많은 은하들 역시 정보로 꽉 차 있다. 그 정보는 탈출할 수도 있고 여행도 할 수 있다. 그 정보는 언제나 흐르고, 이 자리에서 저 자리로 움직이며, 우주 전체로 퍼져나간다.

말 그대로 정보가 우리 우주를 형성한 것으로 보인다. 정보의 움직임이 우주의 물리적 구조를 결정하는지도 모른다. 또한 정보는 과학에서 가장 심층적인 패러독스—상대성과 양자역학의 미스터리, 우주 속 생명체의 기원과 운명, 블랙홀이라는 궁극적 파괴력의 본질, 무작위적으로 보이는 우주 안에 숨겨진 질서 등—의 심장부에 자리하고 있는 것으로 여겨진다.

정보의 법칙은 과학의 가장 심오한 질문들 중 몇 가지에 답을 주기 시작했다. 그러나 그 답은 어떻게 보면 그 답이 해결하고자 하는 패러독스보다 더 혼란스럽고 황당하다. 정보는 자기 자신의 종말을 향해 점점 팽창하는 우주, 그 우주 안에 기생하는 노예 같은 생명체, 평행 −우주들이 모여서 이루어진 믿을 수 없으리만치 거대하고 복잡한 우주의 그림을 그려낸다.

정보의 법칙은 물리학자들에게 인류가 아직 깊이 생각해본 적 없는 가장 어두운 신비를 이해할 수 있는 길을 알려준다. 그러나 그 법칙은 초현실주의적일 뿐만 아니라 소름 끼치도록 무서운 그림을 그리고 있다.

|차례|

만물은 숨겨진 하나의 재료로 만들어져 있다.
－랠프 월도 에머슨

1 잉여성

"AF에 물이 부족하다."

이 세 마디가 일본 함대를 격침시켰다.

1942년 봄, 미군은 계속된 패전으로 큰 어려움을 겪고 있었다. 태평양에서 일본 해군은 우위를 점한 채 미국 영토를 향해 바짝 다가오고 있었다. 상황은 긴박했지만 전세가 아직 완전히 기운 것은 아니었다. 미국의 암호 분석가들은 폭탄이나 총 못지않은 무기, 즉 정보라는 무기를 사용하려 하고 있었다.

미국의 암호 해독가들은 일본군이 사용하던 암호 체계인 JN-25를 이미 해독하고 있었다. 해독하기 까다로운 암호였지만 5월경에 이 암호의 수학적 장치를 완전히 풀어헤치고 그 안에 숨겨진 정보를 낱낱이 엿볼 수 있었다.

도중에서 가로채 해독한 전문에 따르면 암호명 AF로 지칭된 한 미국 기지가 대대적인 해군 공격의 목표가 되기 직전이었다. 미국의 분석가들은 AF가 태평양의 한 섬(미드웨이 섬일 가능성이 높았다)이라는 것은 알고 있었다. 그러나 정확히 어느 섬인지는 확신할 수 없었다. 만약 추측이 틀렸다면 해군은 엉뚱한 섬을 방어할 것이고, 적은 실제로 목표로 삼았던 섬을 손쉽게 접수할 수도 있었다. 그러나 만약 AF가 어느 섬인지 정확히 알고 일본 함대의 목적지를 예측할 수 있다면 미군은 해군력을 그 섬에 집중시켜 적을 궤멸시킬 수 있었다. 모든 것—태평양에서의 전쟁—이 확실하지 않은 단 하나의 정보에 달려 있었다. 과연 AF는 어디인가?

　진주만의 암호 해독 센터를 이끌고 있던 조셉 로슈포르Joseph Rochefort 중령은 그 마지막 한 조각의 정보를 알아내기 위한 작전을 세웠다. 중령은 미드웨이 기지에 원조를 요청하는 가짜 전문을 보내라고 명령했다. 전문은 미드웨이 섬의 증류시설이 고장 나 신선한 물이 거의 바닥났다는 내용이었다. 미드웨이 섬의 통신을 도청하고 있던 일본군도 그 전문을 입수했다. 로슈포르가 노린 것이 바로 그것이었다. 가짜 전문이 타전된 지 얼마 지나지 않아 해군 정보국은 일본군이 타전한 희미한 신호를 잡는 데 성공했다.

　"AF에 물이 부족하다."

로슈포르는 마지막 한 조각의 정보를 낚는 데 성공했다. AF는 미드웨이 섬이었다.

미국 함대는 이 섬을 방어하기 위해 집결했다. 1942년 6월 4일, 야마모토 이소로쿠 山本五十六 의 함대는 기다리고 있던 체스터 니미츠 Chester Nimitz 제독의 함대를 향해 곧장 돌격했다. 이 전투에서 일본군은 항공모함 네 척(히류호, 소류호, 아카기호, 카가호)을 잃었다. 반면에 미군은 단 한 척의 항공모함만을 잃었을 뿐이었다. 만신창이가 된 일본 함대는 허겁지겁 본국으로 귀환했다. 일본은 그 전투에서 졌고 태평양 전쟁에서도 패했다. 그 후로 일본 해군은 다시는 미국 영토를 심각한 수준까지 위협하지 못했고, 미국은 일본 본토까지 길고 험난한 여정을 시작했다. 가치를 매길 수 없는 한 조각의 정보, 야마모토의 목표물이 암호의 보호망을 뚫고 새어나가 미국에 결정적 승리를 안겼던 것이다.[1]

제2차 세계대전은 최초의 정보전이었다. 미국의 암호 해독가들은 일본군의 JN-25와 퍼플 사이퍼 Purple cipher (보라 암호 작성기)에서 정보를 추출했고, 영국의 엘리트 그룹과 폴란드의 암호 해독가

---

1   아이러니하게도 야마모토 제독은 연합군이 중간에서 가로챈 정보 때문에 죽음을 맞게 된다. 1943년 4월, 호주의 정보 조직은 야마모토 제독이 뉴기니 제도에 주둔해 있는 일본군 기지를 방문할 예정이라는 전문을 입수했다. 남태평양의 부겐빌 상공을 지나던 야마모토 제독의 비행기는 기다리고 있던 P-38 전투기 편대에 의해 격추되었다.

들은 영원히 깰 수 없을 것으로 여겨졌던 독일의 암호 작성기 에니그마Enigma를 풀어냈다. 정보를 이용해 미국이 일본을 대패시킬 수 있었던 것처럼, 연합군은 에니그마의 정보를 이용해 영국의 목을 조르고 있던 나치의 유보트를 격침시킬 수 있었다.

정보를 캐내고자 하는 치열한 전투가 전쟁의 얼굴에 깊은 흔적을 남긴 것처럼 전쟁은 정보의 얼굴에 깊은 흔적을 남겼다. 제2차 세계대전 동안 암호 작성과 해독이 기술에서 과학으로 변화되었다. 하와이의 땀내 나는 암호 해독실과 잉글랜드의 으스스한 저택에서 일하던 암호 해독가들이야말로 정보이론이라고 알려진 혁명의 전령이었다고 할 수 있을 것이다.

암호 작성이나 암호 해독은 나중에 정보이론이라고 불리게 되는 것과 항상 밀접한 연관이 있었다. 그러나 1,000년의 세월 동안 암호 작성자도, 암호 분석가도 자신이 완전히 새로운 과학의 한 분야를 위한 기초 공사를 하고 있다는 사실은 까맣게 몰랐다. 암호는 과학보다 역사가 길다. 아주 오랜 옛날부터 군주들과 장군들은 허술한 암호 체계나 은밀하게 숨긴 메시지라는, 정보 누출을 막기 위한 엉성한 시도에 운명을 걸어야 하는 경우가 허다했다.

암호 작성의 기원은 서구 문명의 여명기로 거슬러 올라간다. 기원전 480년, 고대 그리스는 당시 강성했던 페르시아 제국에 정복

될 위기에 처했다. 그러나 적의 침공이 임박했음을 경고하는 한 장의 비밀 메시지가 서판의 밀랍 밑에 숨겨져 전달되었다. 이 메시지를 받고 경계 태세를 갖춘 그리스는 즉각 전쟁을 준비하기 시작했다. 이미 첩보를 입수한 그리스는 살라미스 전투에서 페르시아 군을 단호하게 물리쳤다. 이 전쟁으로 그리스는 페르시아의 위협에 종지부를 찍으면서 황금기에 접어들게 되었다. 그러나 그 숨겨진 메시지가 없었다면, 느슨하게 결집된 도시국가들로 이루어져 있던 그리스는 훨씬 더 강력했던 페르시아 해군에 저항할 수 없었을 것이다. 십중팔구 그리스는 페르시아에 정복되었을 것이고, 서구 문명은 전혀 다른 길로 나아갔을 것이다.

때로는 정보를 전달하려는 시도가 실패함으로써 역사가 바뀌기도 한다. 발각된 비밀 메시지나 풀려버린 암호 때문에 말 그대로 목이 달아나기도 한다. 1587년, 스코틀랜드의 메리 여왕은 엉성한 암호 때문에 사형 집행인의 도끼 아래 목을 내밀어야 했다. 감옥에 갇혀 있던 메리 여왕은 엘리자베스 여왕을 암살하고 잉글랜드의 왕위를 찬탈하려는 음모를 꾸몄다. 감옥으로 들어오거나 감옥에서 나가는 모든 물건은 검열을 받아야 했기 때문에 메리 여왕은 자신의 지지자들과 접촉을 주고받기 위해 암호를 사용해야 했다. 메리 여왕과 공모자들은 암호 체계를 만들었고, 맥주통 마개 속에 암호화된 작은 메시지를 숨겨 주고받았다. 그러나 잉글랜드의 뛰어난 밀정이었던 프랜시스 월싱엄Francis Walsingham 경이 그 메시지를 발견해 암호를 해독한 것이 결정적 불운이었다. 월싱엄 경은 메리 여왕이 공모자에게 보낸 메시지를 가로채고 가짜 메시지를 전달해 음모에 가담한 공모자들의 이름이 모두 노출되도록 만들었다. 메리 여왕이 반역죄로 재판정에 섰을 때 그 메시지들은 결정적 증거가 되었다. 깨진 암호와 두 번의 도끼질이 여왕의 운명을 끝장내버렸다.

암호와 암호 작성기는 여러 가지 형태로 만들어지지만 목적은 한결같다. 정보를 한 사람에게서 다른 사람에게로 전달하는 것이 바로 그것이다. 그와 동시에 안전해야 한다. 메시지가 적의 손에 들어가더라도 그 안에 담긴 정보가 새어 나갈 수 없어야 한다.

인류 역사를 모두 훑어보아도 암호는 대부분 지독히도 안전하지 못했다. 똑똑한 암호 해독가만 있으면 아무리 복잡한 암호라도 약간의 정신적 노력과 시간을 투자해 풀어낼 수 있었다. 그런데도 군주들과 장군들은 위험을 무릅쓰고 암호를 사용할 수밖에 없었다. 때로는 메시지를 탈취당하거나 암호가 풀려버렸고, 그러면 누군가가 죽거나 패배를 맛보아야 했다. 민감한 메시지를 보내는 데는 언제나 위험이 따랐다. 그러나 외교나 전쟁에서는 어쩔 수 없이 감수해야 할 위험이었다.

암호 전문가가 아무리 복잡한 단어나 상징, 또는 숫자나 암호책을 활용한다 하더라도, 병 주둥이나 호박, 심지어는 시 속에 아무리 영리하게 메시지를 숨겨놓더라도, 결정적 정보를 한곳에서 다른 곳으로 이동시키기 위해서는 발각되거나 탈취당할 위험을 각오해야 했다. 장군이 군대나 무기, 보급품을 후방에서 전방으로, 다시 후방으로 이동시키는 것처럼 정보도 이곳에서 저곳으로 전달해야만 했다. 그 과정에서 정보는 그 한 조각 한 조각이 총알의 무게처럼 실재적이고 포탄의 파편처럼 만질 수 있는 대상이었다. 또한 한 조각 한 조각의 정보는 화약으로 가득 찬 수송선처럼 위험한 공격 목표였다.

정보의 이러한 기본 성질은 우리가 받아들이기 가장 어려운 부분이다. 정보는 질량, 에너지, 또는 온도처럼 실재적이고 구체적인 것이다. 정보의 이러한 성질들을 직접 보거나 만질 수는 없지만, 우리는 정보를 실재적인 것으로 받아들인다. 정보는 다른 모든 것처럼 실재한다. 사과의 무게를 저울로 달고 칼로 나눌 수 있는 것처럼 정보도 측정하고 분리할 수 있다. 정치 지도자나 군사 지도자, 외교관들이 허술한 암호 체계의 위험을 무릅쓰는 것도 바로 그 때문이다. 포트 녹스(미국 연방 금괴 보관소가 있는 켄터키 주의 지역명—옮긴이)에서 조폐국으로 금괴를 운반하는 것처럼, 정보는 발신자에게서 수신자에게로 이동해야 한다. 이 지하금고에서 저 지하금고로 금괴를 '순간이동'시킬 수 있는 방법이 없듯이, 정보를 눈 깜짝할 사이에 '순간이동'시킬 수 있는 방법은 없다. 최첨단 컴퓨터를 동원하더라도 정보를 한 자리에서 다른 자리로 이동시키려면 방법—전화선을 이용할 수도 있고 동축 케이블을 쓸 수도 있으며 무선통신에 접속할 수도 있다—을 찾아야 한다. 정보를 한 컴퓨터에서 다른 컴퓨터로 전송하려면, 어떻게 해서든 한 컴퓨터에서 다른 컴퓨터로 물리적으로 이동시켜야 한다.

어떤 사물 속에 들어 있는 정보는 물질처럼 실재적이고 측정 가능하기 때문에, 이는 물질이 잘못 놓이거나 탈취될 수 있는 것과 마찬가지로 정보도 잘못 놓이거나 탈취될 수 있음을 의미한다. 금괴를 이곳에서 저곳으로 옮겨놓고 싶은 사람은 노상강도나 도둑을 만날 위험을 감수해야 하는 것처럼, 정보를 교환하고자 하는 정치가는 그 정보가 중간에서 탈취당하거나 암호가 해독당할 위험을 감수해야 한다. 금괴처럼 정보도 인간에게 어떠한 가치를 갖기 위해서는 여기저기 움직여 다녀야 한다.

망토 자락 휘날리며 검을 휘두르는 검객들의 배후에는 정보를 조작하는 영리한 암호 작성자와 암호 해독가가 있다. 암호 작성기를 설계하는 암호 작성자는 발신자가 수신자에게 보내는 정보에 그 누구도 접근하지 못하게 하려고 노력한다. 암호화된 메시지 속의 정보는 절대로 '누출'되어서는 안 된다. 반대로 적의 암호를 가로챈 암호 해독가는 아무런 의미도 없는 글자와 기호의 나열로 보이는 메시지 속에서 정보를 뽑아내려고 시도한다. 그러나 그것은 암호 작성기가 불완전한 것일 때만 가능하다. 그럴 경우 암호 작성자가 기울인 혼신의 노력에도 불구하고 정보는 새어 나가게 된다. 그러나 아무리 뛰어난 암호 작성자라 해도 정보가 순식간에 수신자의 눈앞에 펼쳐지도록 만들 수는 없다. 정보는 이동되어야 한다. 바로 거기에 비밀 메시지가 발각될 위험이 있는 것이다.

정보처럼 추상적으로 보이는 것이 사실은 측정 가능하고 만질 수 있는 것이라는 생각은 정보이론의 중심적 교의이다. 이 이론은 제2차 세계대전이 끝난 직후, 수학자들이 정보를 정의하고 그 성질을 기술하는 규칙들을 세우면서 탄생했다. 정보이론은 불분명하고 실험적인 과학의 세계에서는 보기 드문 수학적 확실성을 가지고 있다. 영구 작동 기계를 만들고자 하는 발명가들에게 절대불가침 영역이나 다름없는 열역학 법칙처럼, 정보이론의 교의 역시 불가침의 영역이다. 정보는 이미 오랜 옛날부터 있었지만 암호 전문가들은 2차 세계대전 이후에야 정보이론의 한 귀퉁이에 접근할 수 있었다.

암호학은 정보의 본질을 이해하는 데 최초의 실마리를 제공한다. 암호학으로 정보에 관한 모든 것을 설명할 수는 없지만, 암호학은 정보가 왜 실재적이며 측정 가능한가, 왜 금괴처럼 한 장소에서 다른 장소로 이동되어야 하는가를 말해준다. 암호 전문가가 안고 있는 독 중의 하나인 잉여성은 정보의 개념과 밀접하게 연관되어 있으며, 이 잉여성의 개념을 이해하면 정보가 왜 물질 덩어리 속의 원자처럼 명백한 존재인가를 이해하는 데 도움이 된다.

한 줄의 메시지를 받았다고 하자. '하늘은 푸르다'라는 아주 간단한 메시지라 하더라도 그것을 받은 사람은 연이어진 단어를 읽고 그 메시지에 들어 있는 의미를 이해하기 위한 과정을 거쳐야 한다. 그 사람은 종이 위에 씌어진 일련의 부호들(또는 공중에 퍼지는 소리)을 접수했고 그 부호에 숨어 있는 의미를 추출했다. 그 사람의 두뇌는 '하늘은 푸르다'라는 문자열을 구성하는 곡선과 직선의 조합을 접수해서 그 메시지가 바깥에 있는 하늘의 색깔을 말하는 것임을 이해할 때까지 그 기호들을 조작, 처리한다.

기호의 조합에서 의미를 추출하는 이 과정은 무의식적으로 진행된다. 이 과정은 요람에 누워 있는 아기를 보고 부모가 '까꿍, 까꿍' 하는 말을 할 때부터 그 아기의 뇌가 실행하도록 훈련받은 과정이다. 어떻게 보면 한 언어를 능란하게 구사하게 되는 과정은 바로 이렇게 기호의 조합으로부터 의미를 추출하는 방법을 배우는 것과 같다. 그러나 기호의 열剉을 받아들여 거기서 의미를 추출하는 이 무의식적 과정은 언어를 구사하는 우리의 능력에 결정적 역할을 한다. 잉여성도 마찬가지다. 메시지를 이해하기 쉽게 만들어주는 것이 바로 잉여성이기 때문이다.

잉여성은 문장이나 메시지가 약간 왜곡되거나 훼손되었을 때도 그 의미를 이해할 수 있게 해주는 여분의 실마리이다. 알려진 바에 따르면 어떠한 언어로 만들어졌건 모든 문장은 높은 잉여도를 가지고 있다. 다른 언어의 문장도 마찬가지이지만, 영어 문장에는 언제나 그 의미를 해독하는 데 필요한 것보다 더 많은 정보가 포함되어 있다. 이 잉여성은 쉽게 알아볼 수 있다.

J-st tr- t- r--d th-s s-nt-nc-. (Just try to read this sentence.)

이 문장에는 탈자가 너무나 많다. 문장의 모음이 모두 빠져 있기 때문이다.[2] 그러나 이 문장을 해독하고 그 의미를 알아내는 것은 어렵지 않다. 이렇게 메시지의 의미는 그 메시지의 일부가 제거되어도 그대로 유지된다. 이것이 바로 잉여성의 핵심이다.

잉여성은 인간을 위해 아주 좋은 장치이다. 메시지를 이해하기

---

2 같은 이유로 속기 학원 같은 곳에서는 "If u cn rd th ad u cn gt btr jb & mo pa(If you can read the ad, you can get better job and more pay)" 하는 식으로 광고를 한다.

쉽게 해주고, 심지어는 그 일부가 외부적 요인에 의해 훼손되었을 때도 이해할 수 있게 해주기 때문이다. 우리가 시끄러운 레스토랑에서나 잡음이 많은 전화로도 친구와 대화를 나눌 수 있는 것도 바로 이 잉여성 덕분이다. 잉여성은 일종의 안전장치로서, 전달 과정에서 메시지가 일부 손상되더라도 그 의미가 올바로 전달될 수 있게 해준다. 모든 언어에는 패턴이나 구조, 또는 잉여성을 부여하는 일련의 규칙들로 구성된 안전망이 내재해 있다. 그 규칙들을 실제로 인식하지는 못하지만 우리의 뇌는 책을 읽거나 이야기를 들을 때, 혹은 말을 하거나 글을 쓸 때 그 규칙들을 무의식적으로 이용한다. 자연 언어로 누군가에게서 메시지를 수신할 때는 언제나 그 규칙을 이용한다. 비록 이 규칙들은 표면적으로 드러나 있지는 않지만, 언어의 이면에 반드시 존재한다. 약간의 말장난만 해보면 잉여성의 영향을 확인할 수 있다.

예를 들어 'fingry'라는 단어를 생각해보자. 'fingry'는 그 발음이 영어 단어처럼 여겨진다. 좀 더 정확히 말하자면 형용사처럼 느껴진다.

"Gee, Bob, your boss looks like he's mighty fingry today."("이봐 밥, 너희 사장 오늘 대단히 fingry해 보이는데.")

이런 식이다. 이번에는 또 다른 단어를 만들어보자. 'trzeci'라는 단어가 있다. 'fingry'와는 달리 'trzeci'는 그 발음이 진짜 영어 단어 같지 않다.[3] 그렇게 느껴지는 이유가 바로 암시적 규칙 때문이다. 이 경우, 그 규칙은 영어에만 한정된다. 알파벳 z는 영어에서는 아주 드물게 쓰이며, tr 뒤에 쓰이는 경우는 하나도 없다. 게다가 영어 단어 중에서 i로 끝나는 단어는 극히 드물다. 따라서 이 단어는 진짜 영어 단어가 가지고 있는 속성에 대한 불문의 규칙에 위배된다. 반면에 'fingry'는 진짜 영어 단어를 구성하는 데 필요한 적절한 문자(또한 음성) 패턴으로 구성되어 있다. 어미 -gry는 이 단어가 형용사라고 알려주기까지 한다.

인간의 뇌는 이러한 규칙을 자동적으로 습득하고 자신이 접수한 메시지의 언어적 적합성 여부를 판가름하는 데 활용한다. 이렇게 해서 우리는 주어진 메시지가 의미 있는 문장인지 의미 없는 기호나 문자의 나열인지를 구분한다.

모든 언어는 규칙 속의 규칙 속의 규칙을 가지고 있다. 'trzeci'와 'fingry'의 규칙은 문자와 소리의 양쪽 요소에서 모두 작용한다. 어떤 문자나 소리가 다른 어떤 문자나 소리의 뒤에 와야 하는지를 결정하는 것이 바로 이 규칙이다. 그러나 다른 요소를 지배하는 다른

---

3   그러나 이 단어는 폴란드어에서는 진짜 의미를 가진 단어이다. 뜻은 '제3의(third)'이다.

규칙들도 있다. 우리의 뇌는 그 규칙들을 무의식적으로 활용하지만, 어떤 메시지에서 뭔가가 틀렸다는 느낌이 들 때는 그 규칙들을 인식하게 된다. 그 규칙이 자동적으로 경보를 울리기 때문이다. 예를 들어, 어떤 단어가 다른 단어나 구句와 어떤 순서를 이루며 놓여야 하는지를 결정해주는 규칙이 있다. 언어의 규칙을 끊임없이 모니터하는 우리의 뇌는 어순의 규칙이 잘못 쓰였을 경우 그 사실을 즉시 우리에게 알려준다. 또, 우리의 뇌가 어떤 메시지를 처리하는 동안 그 의미를 검열하는 규칙도 있다. 규칙에 완벽하게 들어맞는 문장이라 하더라도 우리의 뇌가 기대하는 것과 정확히 일치하지 않으면 그 발음은 이상하게 들린다. 이런 상황이 발생하면, 잘못 선택된 모든 단어들은 마치 흰 비둘기 무리 속의 까마귀처럼 금방 드러나게 된다.[4]

이러한 규칙은 도처에 존재한다. 의미 없는 일련의 소리와 의미 있는 자음과 모음, 의미 없는 단어와 의미 있는 단어, 비문非文과 정보가 가득한 문장을 가리고 구분해주는 것이 바로 이러한 규칙들이다. 어떤 규칙들은 여러 언어에서 동일하게 정당성을 갖는다. 인

---

4 상투적 표현이라는 것은 같은 문장이 지나치게 자주 쓰였다—또한 잉여도가 너무 높다—는 의미일 뿐이다. 모음을 제거한 문장에 다른 모음을 넣을 수 있는 것처럼, 빠진 단어가 있던 자리에 다른 단어를 넣을 수도 있다.

간의 언어에서 의미를 가질 수 있는 발음은 겨우 한 줌에 지나지 않는다. 어떤 규칙들은 특정 언어에 더 한정된다. 폴란드어는 영어와는 패턴도 발음도 매우 다르게 보인다. '진짜 단어'에 대한 규칙이 매우 다르기 때문이다. 그러나 모든 언어에는 이러한 규칙들이 하나의 체계를 이루고 있으며, 바로 이 규칙의 체계가 그 언어의 구조, 그리고 잉여성을 만들어준다.

어떤 단어가 영어처럼 들리지 않거나 문장에 잘못된 단어가 포함되어 있으면 우리의 뇌는 규칙에 위배되었다는 경보를 울림으로써 우리가 수신하는 문자(또는 발음)의 열이 유효한 메시지로서 기대에 부합하지 않는다는 것—있어야 할 것이 없거나 불필요한 것이 들어 있다—을 알린다. 이러한 규칙을 응용하고 역방향으로 되짚으면서 우리의 뇌는 오자나 탈자를 고치는 식으로 문제를 수정한다. 우리의 뇌는 한 박자도 놓치지 않으면서 적절한 철자법을 적용해 어딘가가 틀린 상징의 흐름을 바로잡는다. 따라서 오류가 있는데도 우리는 문장의 의미를 제대로 파악한다. 이것이 바로 잉여성의 역할이다.

바로 이런 규칙 때문에 모음이 모두 빠진 문장도 읽어낼 수 있다. 영어의 암묵적 규칙 덕분에 우리는 'th-s'라는 단어가 thms나 thes가 아니라 this라는 것을 알 수 있다. 심지어는 문장에서 몇 비트를 빼먹어도—너무 많이 빼먹지만 않는다면—그 문장의 의미를 파악할 수 있다. 그러나 어느 수준 이상으로 문장을 함축하거나 요약하면 의미 파악이 불가능해진다. 문자를 지나치게 많이 빼내면 메시지의 의미가 난해해지기 시작한다. 문자의 열에서 잉여 부분을 모두 제거하고 나면 남는 것은 구체적이고 측정 가능하며 더는 압축할 수 없는 핵심이다. 모든 문장에서 심장부에 자리 잡은, 중심적이고 제거할 수 없는 어떤 것, 이것이 바로 정보다.

이러한 정의는 대략적인 것이어서 완벽하다고 할 수는 없지만 상당히 정확한 표현이다. 정보와 잉여성은 상보적이다. 문자 또는 기호의 열에서 잉여 부분을 제거하고 남는 것이 바로 정보다. 컴퓨터 과학자들은 모든 메시지에서 제거 불가능한 부분을 아주 잘 인식한다. 컴퓨터 파일을 압축하는 프로그램에서도 이는 매우 중요하다. 압축 프로그램은 파일—예를 들면 이 책의 텍스트를 담은 파일—을 찌부러뜨려서 하드 드라이브나 그와 유사한 저장장치에서 차지하는 공간을 적게 만든다.

이런 프로그램은 매우 유용하다. 그러나 압축 프로그램이 파일을 압축하는 데는 작은 비밀이 숨어 있다. 압축 프로그램은 파일에서 거의 모든 잉여 부분을 제거하고 아주 핵심적인 부분만 남긴다. 표준적인 상업용 압축 프로그램은 텍스트 파일을 60퍼센트 이상

찌부러뜨릴 수 있다. 그러나 그 뒤에 남는 부분은 압축이 더는 불가능한 부분이다. 한 번 압축한 파일에 다시 압축 프로그램을 돌려도 그 파일은 더 압축되지 않는다. (직접 해보시라!) 메시지의 일부, 즉 텍스트 파일의 정보 중 일부를 잃어도 좋다는 각오를 하지 않는다면 한 번 압축된 파일은 더 압축할 수 없다. 만약 누군가가 나타나서 압축된 파일을 더 작게 압축할 수 있는 프로그램이 있다면서 구입을 권한다면, 그런 사람은 사기죄로 고소해도 좋다.

잉여성에 관심을 가진 사람들은 컴퓨터 과학자들만이 아니다. 암호학의 핵심 과제도 중심에 들어 있는 기본 정보는 손상시키지 않으면서 메시지 속의 잉여 부분을 제거하거나 위장하는 것이다. 암호학자들이나 컴퓨터 과학자들이 아무리 열심히 메시지를 위장하거나 축약하려고 해도 메시지 속에는 발신자에게서 수신자에게로 반드시 전달되어야 할, 더는 압축할 수 없는 덩어리가 있다. 무전기를 쓰든 밀봉된 편지를 보내든, 아니면 올드 노스 처치의 첨탑에 두 개의 등을 걸어서 전문을 보내든 마찬가지다. 바로 이러한 점을 인식하면서 물리학에도 혁명적 변화가 일어났다. 그러나 그보다 앞서서, 정보와 잉여성은 암호학에 혁명을 일으켰고 세계 역사의 진로를 바꾸어놓았다.

현대의 암호학자들은 암호를 정보와 잉여성의 관계에서 해석한다. 암호학자의 목표라면 그 무엇보다도 의도하는 수신자에게만 의미가 있는 일련의 기호들을 만들어내는 것이 우선이다. 어떤 의미에서 보자면 암호학자들이 하는 일은 인공 언어를 만드는 작업이다. 어떤 정보라도 자유롭게 공유하는 것이 목적인 보통의 인간 언어와는 달리, 암호학자들이 만든 암호는 엿듣거나 엿보는 사람들에게는 의미가 통하지 않도록 만들어져 있다. 그렇더라도 원래 메시지가 가지고 있던 정보는 암호문 속에 그대로 들어 있다. 그러나 그 메시지를 해독하는 방법을 모르는 사람에게는 그 정보가 보이지 않는다. 잘 짜인 암호문은 의도된 수신자 이외의 사람들에게는 정보를 철저하게 감춘다. 엉성한 암호문은 정보가 새어 나가게 만든다. 어쩌다 암호가 제 구실을 다하지 못하는 경우, 그 원인은 잉여성을 제대로 활용하지 못한 데 있다.

아마추어 암호 해독가들에게 익숙한 암호 체계가 있다. 거의 모든 신문의 만화란을 보면 크립토그램(Cryptogram, 암호문)이라는 퍼즐이 있다. 대개 아주 유명한 인용구를 매우 직선적인 방법으로 암호화한 것인데, 각각의 알파벳을 다른 알파벳으로 치환해두었기 때문에 암호문만 보면 아무런 의미도 나타나지 않는다. 예를 들어 보자.

FUDK DK V NTPVFDOTPM KDIAPT GSHDJX
KGUTIT. DF KUSYPH JSF FVWT IYGU FDIT FS
ZNTVW DF.

연습을 조금만 하면 이런 종류의 퍼즐은 금방 풀어서 그 안에 담겨 있는 정보를 알아낼 수 있다.

크립토그램을 푸는 데는 몇 가지 방법이 있고, 그 방법들은 모두 영어의 암묵적 규칙을 응용한 것이다. 정보가 엉터리로 꾸며진 문자열 속에 숨어 있지만, 그 규칙을 잘 응용하면 메시지가 어떤 뜻인지 알 수 있다. 그 규칙 중 하나가, 만약 어떤 문자가 혼자서만 쓰였다면 그 문자는 알파벳 A 또는 I를 의미한다는 것이다. 영어에서 단하나의 알파벳으로 어떤 의미를 가질 수 있는 단어가 그 외에는 없다. 따라서 위의 암호문에서 V는 알파벳 A를 나타내거나 아니면 I로 치환되어야 한다. 또 하나의 규칙은 영어 단어에서 등장 빈도가 가장 높은 문자는 E라는 것이다. 따라서 위의 암호문에서 가장 자주 나타난 알파벳 T는 E를 말할 확률이 높다. 또 다른 몇 개의 문자들, 예를 들면 S나 TH 같은 문자조합도 매우 자주 등장하는 알파벳이기 때문에 위의 암호문에도 끼어 있을 확률이 높다. 반면에 X나 KL 같은 문자 또는 문자조합은 영어 단어에서 매우 드물게 나타나기 때문에 일반적인 암호문에는 아마 들어 있지 않을 것이다. 암호문을 잘 들여다보면서 한동안 만지작거리다 보면 곧 그 메시지를 해독할 수 있게 된다. 영어의 규칙을 활용하면 감추어진 메시지의 정보도 알아낼 수 있는 것이다. 다시 말하면 이 규칙들이 영어에 잉여성을 주고 우리에게는 암호를 해독할 수 있게 해준다.[5]

위와 같은 패턴과 규칙들의 총합인 잉여성은 모든 완벽한 암호의 적이다. 잉여성은 정보가 새어 나가는 것을 도와주기 때문에 암호 제작자들은 메시지 속에서 잉여성을 숨기기 위해 노력에 노력을 거듭한다. 잉여성을 감추는 것만이 보안성이 완벽한 새로운 암호의 희망이기 때문이다. 잉여성과 정보, 그리고 보안 사이의 이러한 관계를 이해하는 것은 암호학의 기본이다. 그러나 정보이론이 태어나기 전에는 그들의 관계 저변에 무엇이 감추어져 있는지에 대해 그 누구도 깊이 인식하지 못했다. 그들의 관계를 정의하거나 평가하거나 조작하기 위한 정확한 방법을 알아낸 사람도 아무도 없었다. 그 결과 20세기 초에 가장 복잡하고 정교하다고 알려졌던 암호 체계조차 보안성이 완벽하지 못했다. 도저히 깰 수 없다고 여겨졌던 암호 체계도 마찬가지였다.

1918년 2월, 아르투르 셰르비우스 Arthur Scherbius 라는 독일의

---

5   앞의 암호문은 다음과 같이 해독된다. This is a relatively simple coding scheme. It should not take much time to break it.

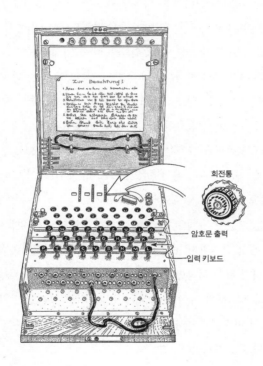

회전통

암호문 출력

입력 키보드

에니그마

발명가가 '해독이 불가능한' 암호기의 특허를 출원했다. 이 암호기는 '에니그마'라는 이름으로 불리며 곧 세계적 악명을 얻었다. 에니그마는 매우 교묘한 방법으로 메시지를 암호화했다. 에니그마의 암호 제작 체계는 너무나 복잡하기 때문에 당시의 암호학자들과 수학자들은 에니그마를 풀려는 시도는 가망이 없는 짓이라고 생각했다.

셰르비우스의 암호기는 키의 절반은 밖으로 튀어나와 있고 나머지 절반은 안으로 쏙 들어가 있는 타자기처럼 생겼다. 그러나 이 기계의 키를 치면 종이에 글자가 찍히는 것이 아니라 기계에 불이 들어오게 되어 있었다. 예를 들어 A키를 치면 F자에 불이 들어왔다. 볼록형 키의 A자는 F로 암호화된 것이다. 그러나 연이어서 A키를 또 치면 이번에는 S나 O에 불이 들어왔다. 즉 A키를 칠 때마다 각각 다른 방식으로 암호화되도록 만들어졌던 것이다. 셰르비우스가 만든 암호기의 중심은 일련의 기계적 회전통이었기 때문이었다. 하나의 키를 칠 때마다 회전통이 돌면서 한 단계씩 앞으로 나아가게 되어 있었다. 회전통의 위치가 바뀌면 암호화 방식도 함께 변했다. 즉, 키를 하나씩 칠 때마다 다른 방식으로 암호가 만들어졌던 것이다. 마치 키를 하나 칠 때마다 새로운 암호 체계가 만들어지는 것과 같았다.

에니그마의 모델 대부분에는 세 개의 회전통(일부는 네 개의 회전통이 장치되었다)이 들어 있었고, 각각의 회전통은 스물여섯 번 이동하면 제자리로 돌아오게 되어 있었다. 이 회전통들을 여러 가지 방법으로 서로 연결해서 각각의 슬롯에 장치했다. 이 외에도 전선의 배선이나 플러그의 배열도 바꾸고 그 외의 여러 가지 장치들도 서로 다른 방법으로 연결했다. 모든 변수를 계산하면, 세 개의 회전축을 장치한 에니그마 암호기가 만들 수 있는 암호 문자 구성의 가짓수는 3×10^{114}이었다. 즉, 에니그마 암호기로 만든 암호 전문 한 장을 해독하려면 3×10^{114}가지의 암호 문자 구성 중에서 그 전문의 첫 글자의 키를 칠 때 그 기계가 가졌던 암호 문자 구성을 찾아내야 했다.

바닷가 모래밭에서 특정한 모래알 한 알을 찾는 것이 오히려 쉬운 일이었다. 사람의 손으로 3×10^{114}가지의 암호 문자 구성을 일일이 뒤진다는 것은 도저히 불가능했다. 우주에 존재하는 원자 하나가 각각 에니그마 암호기 한 대라고 하고, 각각의 에니그마 암호기가 우주가 생성된 순간부터 지금까지 매초 한 번씩 암호 문자의 구성을 바꿔왔다고 해도 가능한 경우의 수의 1퍼센트를 겨우 시도해 보았을 뿐이다. 에니그마가 천하무적, 난공불락의 암호라고 인정받은 것은 당연했다. 그러나 서양의 문명을 위해서는 매우 다행스럽게도 에니그마는 천하무적이 아니었다.

2차 대전 중 최고의 극비에 부쳐졌던 한 집단이 있었다. 어느 빅토리아풍 저택, 잉글랜드 버킹엄셔의 블레츨리 파크에 모여 있던 일단의 암호 해독가들이었다. 윈스턴 처칠Winston Churchill은 나중에 이 집단을 '절대로 울지는 않으면서 황금알을 낳는 거위들'이라고 불렀다. 그중 가장 유명한 거위가 바로 앨런 튜링Alan Turing이었다.

1912년에 런던에서 태어난 튜링은 컴퓨터 과학(간단히 말해서, 정보를 처리하는 물체를 다루는 학문)이라는 분야를 창시한 사람 중 하나였다. 수학자들과 컴퓨터 과학자들에게 남긴 튜링의 가장 큰 업적은 요즈음 우리들에게 튜링 머신이라고 알려져 있는 이상적 컴퓨터에 대한 것이다. 사실 튜링 머신은 테이프로부터 주어진 명령을 읽어 들이는 단순한 기계이다. 이 테이프는 정사각형이 연속적으로 이어져 있는데, 각각의 정사각형은 그 안에 어떤 기호가 들어 있거나 빈 칸이다. 튜링 머신은 간단하기 짝이 없다. 몇 가지 기본적 기능을 수행할 뿐이다.

테이프의 주어진 위치에 있는 명령을 읽어 들이고, 테이프를 전진시키거나 되감는다. 그리고 그 테이프에 기호를 새로 쓰거나 아니면 씌어 있는 기호를 지운다. 1930년대에 튜링과 그의 프린스턴 대학 동창인 알론조 처치Alonzo Church는 이 단순한 로봇이 '범용 컴퓨터universal computer'임을 증명했다. 이 기계는 컴퓨터—초현대식 슈퍼컴퓨터까지 포함해서—가 할 수 있다고 상상할 수 있는 어떠한 연산도 수행할 수 있다. 테이프에 찍힌 기호를 읽고 쓰고 지울 수 있으며 또한 그 테이프를 전진, 후진시킬 수 있다면, 가장 복잡한 알고리듬, 가장 난해한 전산 작업도 이론상으로는 해낼 수 있다는 의미이다. 범용 컴퓨터라는 아이디어는 전산이론과 정보이론 개발에 결

튜링 머신

정적 열쇠이다. 그러나 튜링을 유명하게 만든 결정적 업적은 튜링 머신이 아니었다.

튜링은 에니그마 암호기를 해독함으로써 유명인사가 되었다. 폴란드 수학자들의 연구를 바탕으로, 튜링과 블레츨리 파크의 동료들은 에니그마가 만든 암호 전문이 감추고 있는 진짜 메시지를 뽑아내기 위해 에니그마 암호 전문들의 잉여성을 탐구했다. 에니그마 암호기의 몇 가지 결함이 암호 전문에 잉여성을 갖게 했고, 결국은 암호 체계를 약화시키는 결과를 낳았다. 이러한 결함 중 일부는 에니그마 암호기의 설계 자체에서 비롯되었다. (예를 들면, 에니그마는 어떤 글자도 암호화된 뒤에는 똑같은 글자로 존재하게 두지 않는다. E를 암호화했던 문자는 같은 전문 속에서는 절대로 E로 다시 쓰이지 않는 것이다. 이러한 속성이 에니그마 암호 전문의 진짜 메시지를 찾는 데 아주 작은 실마리가 되었다.) 또 다른 일부는 독일어의 어법에서 기인했다. (블레츨리 파크의 암호 해독가들은 암호화된 기상보고서의 예측성을 암호 해독에 이용했다. 언어의 예측성과 마찬가지로 기상보고서의 예측성 역시 잉여성의 한 형태였다.) 이러한 모든 요소들을 종합하여 튜링과 그의 동료들은 '폭탄bombes'[6]이라고 알려진, 특수하지만 원시적인 전산 기

---

6   이런 이름이 붙은 이유는 이 기계가 돌아갈 때 마치 시한폭탄처럼 짤깍짤깍 하는 기분 나쁜 소리를 냈기 때문이다.

계 몇 대를 이용해 에니그마가 만든 암호문을 풀어냈다. 튜링과 블레츨리 파크의 거위들은 에니그마 전문이 입수되면 단 몇 시간 안에 숨겨진 메시지를 파악할 수 있었다. 에니그마의 보안성을 단순히 수학적으로 계산했을 때 예측되는 수십억×수십억 년의 세월과는 전혀 거리가 멀었다. 블레츨리 파크의 암호 해독가들은 에니그마로 감춘 정보까지도 읽어낼 수 있었다. 드디어 암호기를 통해서 정보가 새어 나갔던 것이다.

JN-25의 해독이 태평양의 전세를 바꿔놓았듯이 에니그마의 해독은 대서양의 전세를 바꿔놓았다. 2차 대전 초기, 독일의 유보트 함대는 요새와도 같았던 섬나라 영국의 숨통을 조이는 데 거의 성공하고 있었다. 영국의 수상 윈스턴 처칠은 훗날 "2차 대전 중 나를 정말로 두렵게 만들었던 유일한 것은 유보트의 위협이었다"고 회고했다. 나치 해군의 '행복한 시절'이었던 1940년대 후반, 유보트는 대서양에서 매달 선박 톤수로 50만 톤을 침몰시켰다.

영국은 거의 무릎이 꺾이기 직전이었다. 그러한 전황을 반전시킨 주인공들이 바로 에니그마 암호 해독가들이었다. 유보트의 통신문들은 에니그마의 해군판이었기 때문에, 블레츨리 파크의 암호 해독가들은 영국의 대對잠수함대가 조국을 위태롭게 만든 주범인 유보트를 사냥하고 전쟁에서 승리하도록 하는 데 결정적 도움을 주었

다.[7]

블레츨리 파크의 거위들이 에니그마를 해독한 것을 마지막으로 정보는 암호 전문가들의 손을 떠나 과학자들이 정의하고 처리하고 분석하게 되는 시대로 넘어갔다. 블레츨리 파크의 암호 해독가들은 자신도 모르는 사이에 압축이 더는 불가능하고 실체를 실감할 수 있는 정보의 본질을 이용했던 것이다. 그들은 잉여성, 컴퓨터 알고리듬과 수학적 조작을 이용해 암호 체계를 깨고 그 안에 감추어진 정보를 꺼냈다. 어떻게 보면, 에니그마의 해독은 컴퓨터 과학과 정보이론의 탄생을 알리는 빛나는 별이었다고도 할 수 있다. 그리고 튜링의 아이디어는 그 둘 모두에 매우 중요한 역할을 했다.

안타깝게도 튜링은 정보이론의 새로운 탄생에 큰 기여를 하지 못했다. 동성애자였던 그는 1952년에 19세 소년과의 애정 행각 때문에 '풍기문란행위'라는 죄목으로 유죄 판결을 받았다. 감옥으로 가는 것을 피하기 위해 그는 성적인 기질을 소멸시킬 것으로 여겨지는 호르몬 약물 주사 치료를 선택했다. 그러나 치료는 효과가 없었고 그의 '비윤리적' 행위는 결코 회복할 수 없는 치명적 오점으로 남았

---

7   아이러니하게도, 유보트 함대는 암호 해독으로 인해 피해를 입은 만큼 득을 보기도 했다. 독일의 암호 해독가들이 연합군 호위함들의 암호 전문을 해독해 독일 해군으로 하여금 유보트 함대를 보내 연합군 호위함들을 가로막게 했던 것이다.

다. 2년 후, 크나큰 모욕과 수치로 고통받던 튜링은 청산가리로 음독자살하는 길을 택했다.

튜링의 비극은 물리학자들과 컴퓨터 과학자들이 정보의 실체를 어떻게 다루어야 할지를 깨닫기 시작하던 바로 그 시점에 일어났다. 뭐라고 정의하기 곤란하던 정보라는 개념이 물리적 세계의 본질을 이해하는 데 열쇠가 될 수 있음을 알게 된 때였다. 그러나 정보과학에 드리워진 비극적 그림자는 튜링의 자살만이 아니었다. 사실 비극은 정보이론의 근본적 뿌리, 곧 다가올 혁명의 바탕을 이루었던 물리학의 초기 이론에서부터 시작되어 끈질기게 머무르고 있었다.

2 악마들

나는 잘 알고 있다. 네가 사악한 악마라는 것을.
그리하여 너의 행위가 선을 악으로 둔갑시킬 것을 두려워하고 있다.
— 요한 볼프강 폰 괴테, 〈파우스트〉

1906년 9월 5일 오후, 루트비히 볼츠만Ludwig Boltzmann은 짧은 밧줄 하나를 찾아 한쪽 끝을 창틀에 걸었다. 그의 아내와 딸이 두이노의 리조트 타운(당시에는 오스트리아-헝가리제국이었다)에서 보트를 타며 행복한 시간을 보내고 있을 때, 볼츠만은 밧줄의 나머지 한쪽 끝으로 엉성한 고리를 지어 자신의 목을 매달았다. 그의 시신을 발견한 사람은 딸이었다.

볼츠만의 묘비에 새겨진 글은 아주 간단한 방정식, $S=k\log W$였다. 이 방정식은 전혀 관련이 없는 것처럼 보이는 물리학의 두 분야에 혁명을 몰고 온 공식이었다. 그 첫 번째 분야는 열역학으로, 열과 에너지, 그리고 일을 지배하는 법칙들을 다루는 분야다. 열역학은 물리학에서 가장 강력한 법칙의 근원이기도 하다. 볼츠만은 두 번째 분야인 정보이론의 탄생을 미처 보지 못하고 세상을 떠났다.

언뜻 보면 열역학과 정보이론은 전혀 공통된 부분이 없는 것처럼 보인다. 한쪽은 열, 에너지, 일 등 19세기 공학자라면 누구나 잘 알고 있는 대단히 구체적인 대상을 다룬다. 이들이 공장을 돌리고 증기기관을 움직이게 하며 유리 공장에서 유리를 녹인다. 반면에 정보란 것은 찰나적이고 추상적인 것처럼 느껴진다. 정보는 통에 담아둘 수도 없고, 태워서 강철을 녹일 수도 없으며, 그 힘을 이용해 방아를 돌리거나 실을 자을 수도 없다. 그럼에도 불구하고 정보이론은 열역학에 그 뿌리를 두고 있다. 또한 두 분야 모두 악마가 득실거린다.

18세기 말엽, 유럽은 악마로 가득 찬 대륙이었다. 프랑스도 예외일 수 없었다. 1789년의 프랑스 대혁명은 루이 16세를 왕좌에서 끌어내렸고, 결국은 단두대로 보내 목을 쳐버렸다. 그 후로 몇 년간 이어진 독재의 열병으로 인해 많은 수의 프랑스 시민들이 앞서 떠난 군주를 따라 무덤으로 들어갔다. 앙투안 로랑 라부아지에Antoine-Laurent Lavoisier도 그중 한 사람이었다.

라부아지에는 현재 화학이라는 이름으로 불리는 과학의 한 분야가 태어나는 데 적지 않은 공헌을 한 사람이었다. 그는 화학적 반응은 물질의 질량을 소실시키지도 않으며 창조하지도 않는다는 것을 실험으로 보여주었다. 예를 들어, 어떤 물질을 태우면 연소에 의해 생겨난 물질의 질량은 언제나 연소에 반응한 물질의 질량과 일치한다. 이 원칙은 질량 보존의 법칙으로 알려져 있다. 그는 또한 연소 과정이 공기의 한 성분, 즉 산소로 인한 것임을 증명했다. 프랑스 대혁명이 일어난 그해에 출판된 《기초화학론Elementary Treatise of Chemistry》에서 '원소', 즉 더 이상 쪼개거나 나눌 수 없는 기본 물질들을 표로 제시함으로써 그는 화학이라는 새로운 과학 분야의 초석을 놓았다. 수소, 질소, 수은, 그리고 지금은 화학과는 떼려야 뗄 수 없는 것처럼 여겨지는 여러 다른 원소들과 함께 산소도 그 표에 들어 있었다. 그러나 라부아지에의 '원소' 중에서 현대의 과학자들에게는 매우 낯선 것이 있었다. 바로 '열소熱素, caloric'였다.

동시대의 다른 과학자들 대부분이 그러했던 것처럼 라부아지에도 어떤 물체가 뜨겁거나 차가운 것은 눈에 보이지 않는 액체인 열소가 한 물체에서 다른 물체로 흐르기 때문이라고 확신했다. 라부아지에는 뜨거운 쇠막대에서는 열소가 뚝뚝 흘러 떨어지는 반면, 차가운 대리석 덩어리에는 열소가 거의 없다고 주장했다. 뜨거운 쇠막대를 차가운 대리석 덩어리에 갖다 대면, 이론상 열소로 이루어진 액체가 쇠막대에서 대리석 덩어리로 흐르면서 쇠막대는 차갑게 식고 대리석은 뜨겁게 달아오른다는 것이었다.

비록 라부아지에는 열소 이론의 폐기를 지켜볼 만큼 오래 살지 못했지만, 그 이론은 옳지 않았다. 공포정치 시대의 관료들은 귀족이었던 라부아지에를 의심 어린 눈길로 바라보며 그를 제거할 빌미를 찾고 있었다. 1794년, 그는 물을 섞은 불량 담배로 사기를 쳤다는 죄목으로 체포되었고 유죄판결을 받았다. 5월 8일, 창창했던 라부아지에의 앞날은 (그의 목과 함께) 단두대에서 종말을 고하고 말았다.

그의 아름다운 미망인 마리 안Marie Anne은 재혼했고, 그녀의 새 남편은 라부아지에의 열소 이론이 공상에 불과하다는 것을 증명했다. 벤저민 톰프슨Benjamin Thompson은 1753년 매사추세츠에서 태어났지만 급진적인 식민지 연맹 내부에서 일어나는 일들을 염탐해 영국에 보고하는 간첩 행위를 했던 탓에 결국 미국을 떠나야만 했다. 유럽을 떠돌던 그는 마리 안 라부아지에와 결혼(그리고 나중에는 이혼)했고, 훗날 바바리아에서 공병학자가 되었다.

정세가 불안하고 혼란스러웠던 유럽에서는 총기 수요가 엄청났고, 대포 제조를 감독하는 것이 톰프슨의 직무 중 하나였다. 인부들은 일단 쇳덩어리를 녹여 둥근 기둥 형태로 만든 후 드릴로 구멍을 뚫었다. 톰프슨은 드릴의 날이 무디면 금속을 뚫고 들어가지 못하고 한 자리에서 계속 헛돌기만 한다는 것을 파악했다. 그리고 그 과정에서 열이 발생했다. 드릴이 계속해서 돌면 대포용 금속은 점점 더 뜨거워지고, 드릴이 도는 한 계속 뜨거운 상태를 유지했다.

이러한 현상은 열소 이론에는 맞지 않았다. 드릴 날로부터 대포의 총신으로 전달되는 일종의 액체에 의해 열이 올라간다면, 어느 시점에서는 그 액체의 공급이 멎어야 했다. 하지만 드릴 날이 도는 한 달아오른 총신은 식지 않았다. 회전하는 드릴 날에는 무한대의 열소가 들어 있는 것 같았다. 작고 작은 드릴 날이 어떻게 무한대의 열소를 품고 있을 수 있단 말인가!

톰프슨의 대포는 열이 눈에 보이지 않는 액체에 의해 생겨나는 것이 아님을 보여주었다. 그것이 아니라 드릴 날은 대포를 만드는 금속을 계속해서 마찰함으로써 '일'을 하고 있었고, 그 일이 열로 전환된 것이었다. (손바닥을 마주 비벼도 똑같은 효과를 얻을 수 있다. 그보다는 효과가 미미하지만, 추운 겨울날 몸을 떨어도 열을 얻는다. 몸을 움직임으로써 일을 하고, 그 일이 열로 바뀌는 것이다.) 열 현상과 물리적 운동에 의한 일이 밀접하게 연결되어 있음을 과학자들이 분명하게 깨달은 것은 그로부터 몇 년 후였다. 그러나 톰프슨의 깨달음은 열역학이라는 새로운 과학 분야의 확립에 큰 도움이 되었다.

유럽 각국에서 일어났던 혁명이 모두 정치에만 영향을 미친 것은

아니었다. 국왕이 왕좌에서 끌어내려진 것처럼 케케묵은 생활 방식
과 구식 철학도 뒤엎어졌다. 열역학은 봉건제도의 마지막 흔적까지
깡그리 지워버린 혁명의 소용돌이 속에서 태어났다. 유럽 전역에서
발명가와 기업가들은 노동 집약적 작업을 자동화하고자 애를 썼
고, 인간과 동물의 근육보다 강하고 빠른 기계를 만들려고 했다. 씨
아(목화에서 씨를 빼는 기구—옮긴이), 자동 직기, 기관차, 이 모든 발
명품들에는 임금을 줄 필요가 없었다. 따라서 기업가들의 수익은
그 어느 때보다도 커졌다. 그러나 이 발명품들이 돌아가게 만들려
면 동력을 공급해주어야 했다.

산업화 이전에는 사람과 동물의 힘, 흐르는 물의 힘만으로도 당
시에 사용하던 기계를 충분히 돌릴 수 있었다. 그러나 산업혁명
과 함께 태어난 기계들은 구식 기계들보다 훨씬 크고 많은 동력을
필요로 했다. 이러한 필요에서 '엔진'[1]이 태어났다. 그중에서도 가
장 유명한 것이 1769년 스코틀랜드의 발명가 제임스 와트James
Watt가 특허를 낸 정교한 증기기관이었다.

원리를 들여다보면 증기기관은 아주 단순하다. 먼저 불이 필요하
다. 이 불로 물을 끓여 증기를 낸다. 증기는 같은 중량의 물보다 훨

---

[1] 100년 전만 해도 '엔진'이란 말은 '기계적인 어떤 것'이라는 모호한 뜻만 가지고 있었다. 산업화가 이루
어지면서 이 단어는 '동력을 공급하는 물체'라는 특정한 의미를 가지게 되었다.

씬 부피가 크다. 팽창하기 때문이다. 증기가 팽창하면서 일을 한다. 피스톤을 움직이는 것이다. 피스톤은 움직이면서 바퀴를 돌리거나 바위를 들어올리거나 물을 퍼낸다. 피스톤을 움직인 증기는 공기 중으로 방출되거나 공기 중에 노출된 냉각실로 보내져 응축되었다가 불에 의해 다시 뜨겁게 데워지면서 사이클을 반복한다.

더 요약해서 말하자면, 증기기관은 고온의 물체(불)와 차가운 물체(공기) 사이에서 증기의 움직임을 통해 열을 고온 탱크에서 저온 탱크로 흐르게 한다. 사이클의 마지막에 뜨거운 물체는 차가워지고(사이클을 계속 유지하기 위해서는 불을 계속 공급해주어야 한다), 차가운 물체는 따뜻해진다(증기가 주변의 공기를 약간 덥혀준다). 그러나 이렇게 열이 흐르게 하는 과정에서 증기기관은 얼마간의 에너지를 추출해 유용한 작업을 수행한다.[2] 고온 탱크와 저온 탱크 사이에 온도 차가 있는 한, 이런 식— 열기관—의 이상적인 엔진은 계속해서 일을 한다.

벤저민 톰프슨, 영국의 물리학자 제임스 줄 James Joule, 그 외의 과학자들이 나중에 일과 열 사이에 어떤 상관관계가 있음을 보이

---

2   많은 엔진들이 이러한 방식으로 일을 한다. 예를 들면, 현대의 4행정 가솔린 엔진도 이렇게 엔진을 가열한다. 점화된 직후에 뜨거운 탱크에 가솔린과 공기의 혼합물이 채워지고 나면 혼합물이 팽창하면서 피스톤을 움직이고, 뜨거운 가스는 차가운 탱크(공기)로 방출된다. 물리학자의 관점에서 보면 이는 증기기관과는 약간 다르다.

게 된다. 일과 열은 모두 '에너지'를 이동시키는 방법들이다. 석탄 덩어리나 석유 방울 속에는 에너지가 저장되어 있다. 이것들을 태움으로써 그 안에 들어 있던 에너지가 방출되고 엔진으로 전달되는 것이다. 엔진은 그 에너지 중의 일부를 써서 콘크리트 블록을 몇 미

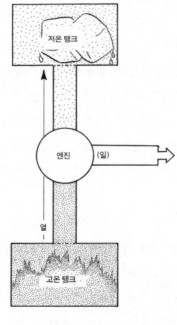

열기관

터씩 옮긴다든가 하는 유용한 일을 한다. 그러나 에너지의 일부는 환경 속으로 방출된다. 고온 탱크를 고온 상태로 유지하기 위해서는 계속해서 에너지를 공급해주어야 한다. (또는 저온 탱크를 저온 상태로 유지하기 위해 에너지를 계속 제거해주어야 한다.) 그러지 않으면 어느 시점에 이르러서는 양쪽 탱크의 온도가 같아지고 엔진은 멈추게 된다.

엔지니어들이 그 에너지를 최대한 유용한 일에 활용하고, 환경속으로 사라져 낭비되는 에너지는 최소화하려 했음은 자명하다. 다른 말로 하면, 엔진의 효율을 최대화하려 했던 것이다. 엔진의 효율을 높이는 문제는 최대의 과제가 되었다. 1800년대의 가장 큰 공학적 과제 중 하나가 증기기관을 전보다 더 효율적으로 만드는 방법을 찾는 것이었다. 그리고 엔진이 낼 수 있는 힘의 궁극적 한계를 찾아낸 사람이 프랑스 혁명기에 태어났다.

사디 카르노Sadi Carnot는 1796년, 라부아지에가 단두대의 이슬로 사라진 지 2년 후 파리에서 태어났다. 그의 아버지 라자르Lazare는 군 장성이었고, 나폴레옹 이전 프랑스 정부의 각료였다. 젊은 시절에 카르노는 벤저민 톰프슨처럼 공병학자가 되었다. 그러나 그의 관심은 일찍이 증기기관으로 옮겨갔다. 또한 톰프슨에 비해 훨씬 더 과학적인 정신을 가진 사람이었다. 그는 당시의 엔지니어들이 만든 엔진에 한계가 있음을 알고 그 한계를 규정짓는 일반적 원칙들을 찾아내고자 했다.

1820년대에 들어서도 과학자들은 여전히 열과 일, 그리고 엔진의 에너지 사이에 존재하는 상호연관성에 대해 아는 바가 별로 없었다. 그래서 카르노는 이 세 가지가 어떻게 서로 연관되어 있는지를 밝혀내기 위해 주의 깊게 분석을 하고 계산하기 시작했다. 1822년에 그는 일정량의 증기로 얼마만큼의 일을 할 수 있는지 알아내고자 했다. 그러나 정작 카르노가 유명하게 된 것은 증기기관이 얼마만큼의 일을 '할 수 없는지'를 알아냈기 때문이었다.

이론상 완전히 가역적인 엔진을 실험하려 한 카르노의 아이디어는 대단히 뛰어난 것이었다. 이 가상의 엔진에서 사이클의 각 단계는 한 번 지나간 그 순간 조금의 에너지 손실도 없이 그 단계를 되돌릴 수 있었다. 예를 들면, 가스로 가득 찬 실린더를 아주 빠르고 급격하게 압축시키는 과정은 가역적이다. 만약 그것이 가능하다면 가스는 원래의 부피와 압력, 온도로 팽창될 수 있다. 즉, 압축의 완전한 가역 과정인 것이다. 가역적인 카르노 엔진의 효율은 오로지 고온 탱크의 온도에만 의존하는 것으로 나타났다. 그 외의 다른 것은 상관이 없다. 예를 들어, 섭씨 100도의 증기만을 사용하고 그 증기를 섭씨 0도의 추운 겨울 공기 속으로 방출하는 카르노 엔진의 효율은 고작 27퍼센트 정도이다. 증기 속에 저장된 에너지의 27퍼센트만이 유용한 일에 사용될 수 있다. 그 나머지의 에너지는 열의 형태로 공기 중으로 사라진다.

이 과정은 그다지 효율적인 과정으로 보이지 않는다. 섭씨 0도에서 100도 사이에 작동하는 카르노 엔진이 가진 에너지의 4분의 3은 낭비된다. 그러나 카르노 엔진은 우리가 만들 수 있는 가장 효율적인 엔진이라는 것이 드러난다. 여기에서 바로 가역성이라는 개념이 나타난다.

열기관은 고온 탱크와 저온 탱크 사이에 있다. 몇 단계로 이루어진 사이클을 돌면서 엔진은 고온 탱크의 열이 저온 탱크로 흐르게 하고, 그 과정에서 크랭크를 돌림으로써 유용한 일을 한다. 하지만 카르노 엔진의 각 단계는 모두 가역적이다. 즉, 사이클 전체를 거꾸로 돌릴 수도 있다. 카르노 엔진으로 실험해볼 수도 있다. 자, 크랭크를 돌려보자. 그러면 사이클이 역으로 진행되기 시작한다. 엔진은 저온 탱크에서 열을 뽑아 고온 탱크로 보낸다. 뜨거운 쪽은 더 뜨거워지고 차가운 쪽은 더 차가워진다. 열기관의 반대가 열펌프다. 일을 투입하면 저온 탱크를 더 냉각시키고 고온 탱크는 더 가열시킬 수 있다.

냉장고와 에어컨이 바로 이와 같은 열펌프다. 냉장고의 저온 탱크는 냉장 장치 안에 들어 있고, 전기 모터를 돌리면 펌프가 냉장 장치 안의 열을 뽑아서 고온 탱크(주방 안)로 보낸다. 에어컨의 경우, 저온 탱크는 에어컨으로 시원하게 하려는 실내가 된다. 고온 탱크는 더운 여름날의 열기가 가득한 바깥이다. 실외기를 에어컨이 켜져 있는 공간 밖에 두는 것이 바로 이러한 이유에서다.

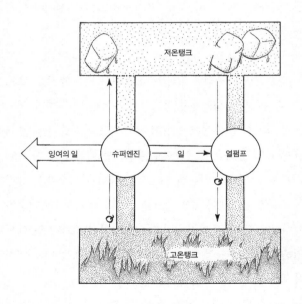

영구 기관

자, 이제 하나의 탱크에 연결된 카르노 열기관과 카르노 열펌프를 상상해보자. 카르노 열기관은 고온 탱크로부터 저온 탱크로 일정량의 열 Q가 흐르게 한다. 그 과정에서 일정량의 유용한 일을 한다. 카르노 열펌프가 그 일을 소비하고, 그 과정에서 열 Q를 저온 탱크에서 추출해 고온 탱크로 방출한다. 열기관과 열펌프를 하나로 연결하면 완벽하게 서로를 상쇄시킨다. 엔진-펌프 시스템 전체를 놓고 보면, 이쪽 탱크에서 저쪽 탱크로 흐른 순 열 net heat 은 없으며 수행된 순 일 net work 도 없다.

1824년, 카르노는 이 그림을 약간만 바꾸어놓으면 아주 이상한 현상이 생긴다는 것을 깨달았다. 슈퍼엔진을 만들었다고 상상해보자. 슈퍼엔진은 같은 조건하에서 카르노 엔진보다 효율이 더 높다. 같은 양의 열 Q가 고온 탱크에서 저온 탱크로 흐를 때, 슈퍼엔진은 카르노 엔진보다 약간 더 많은 일을 한다. 카르노 엔진을 엔진-펌프 시스템에서 제거하고 슈퍼엔진으로 대체하자. 슈퍼엔진은 같은 양의 열을 가지고 카르노 엔진보다 더 많은 일을 하기 때문에, 슈퍼엔진으로부터 약간의 일을 전용해도 열펌프는 계속 돌아간다. 열펌프는 전과 같은 양의 일을 소비하면서 열 Q를 저온 탱크에서 추출해 고온 탱크로 방출한다. 종합해보면, 저온 탱크에서 고온 탱크로 흘러간 순 열은 없다. 그러나 슈퍼엔진은 카르노 엔진보다 약간 더 많은 일을 하기 때문에 카르노 열펌프를 돌리지 않아도 유용한 일이 약간 남아 있게 된다. 즉, 열기관이 아무런 대가 없이도 사용할 수 있는 일을 생산하는 것이다. 고온 탱크에서 저온 탱크로 이동하는 순 열은 없지만, 그래도 커다란 바위를 들어올리거나 기관차를 움직이게 할 수 있다. 이 엔진은 어떤 것도 소모하지 않고(고온 탱크를 뜨겁게 유지하기 위해 연료를 계속 공급할 필요가 없다), 환경에 변화를 주지도 않으며(저온 탱크가 더워지지 않도록, 고온 탱크가 식지 않도록) 일을 하는 것이므로 영구 기관이 탄생한 것이다.

그러나 공짜는 없다. 그것이 곧 법칙이다.

카르노가 증기기관의 효율에 대한 자신의 주장을 공식으로 내놓은 것이 열역학의 시작이었다. 1820년대의 과학자들은 열, 일, 에너지, 그리고 온도에 대해 아는 것이 미미했다. 그러다가 이들 네 요소 사이에 어떤 연관 관계가 있는 것 같다는 추측을 하기 시작했지만, 당시의 과학자들은 오늘의 과학자들이 당연하게 받아들이는 기초적 사실에 대해서조차도 무지했다. 예를 들면, 카르노의 시대에는 우주의 아주 기본적인 법칙—에너지는 무에서 창조되거나 소멸되지 않는다. 에너지는 보존된다. 우주 속의 에너지는 일정하다—에 대해서 아무도 아는 이가 없었다.

이 법칙의 실마리는 증기기관에서 나온 것이 아니라 전기에서 나온 것이었다. 1821년, 영국의 과학자 마이클 패러데이 Michael Faraday가 전기 모터를 발명했다. 요즈음의 현대적인 전기 모터를 들여다보면, 자석으로 둘러싸인 전선 코일에 전류가 흐른다. 자석의 자기장이 전류가 흐르는 전선에 작용하고, 그 힘이 모터를 돌린다. 우리는 이 회전 운동을 크랭크를 돌리는 일이나 다른 유용한 일에 사용한다.

맨체스터에서 양조업자의 아들로 태어난 제임스 프레스콧 줄 James Prescott Joule 은 전기 모터로 실험을 하다가 모터에 흐르는 전류가 모터 자체를 뜨겁게 만든다는 것을 알았다. 그러나 열심히 일을 하는 모터는 고장 나서 돌지 않는 모터보다 열이 덜 났다. 일을 더 많이 하면 열이 덜 난다. 일을 덜 하면 열이 더 난다. 벤저민 톰프슨처럼 줄도 바위 들어올리기, 드릴 날 돌리기와 같은 물리적인 일과 발열 현상 사이의 관계를 발견했다. 그러나 톰프슨과는 달리 매우 치밀한 실험가였던 줄은 열이 얼마나 발생하는지, 서로 다른 조건 아래서는 얼마나 일을 수행하는지 정확하게 측정할 수 있는 실험을 계획했다.

줄은 서로 다른 시스템을 가지고 여러 차례 실험을 거듭했는데, 전기 모터뿐만 아니라 수차 같은 물리적 시스템도 사용했고, 마침

내 어떻게 일이 열로 변환되고 전기로 변환되며 또한 어떻게 그 역 과정이 이루어지는지를 알아냈다. 예를 들면, 추를 떨어뜨리고 그 추의 물리적 운동으로 발전기를 돌려서 전선을 흐르는 전류를 발생시킴으로써 물리적 일과 전기 에너지 사이의 관계를 보여주었다. 가장 유명했던 줄의 실험은 외륜의 운동으로 통 속에 가득 든 물을 데운 실험이었다. 이 실험으로써 그는 일이 열로 전환될 수 있음을 단번에 명료하게 보여주었다. 열, 일, 전기 에너지—실은 모든 형태의 에너지가 마찬가지다—가 상호 전환 가능하기 때문에 이 요소들은 같은 단위로 측정할 수 있다.

시간의 기본단위가 초, 길이의 기본단위가 미터이듯이, 에너지의 기본단위는 줄joule이다. 1줄은 1킬로그램 무게의 물체를 10분의 1미터 들어올릴 수 있는 힘을 말한다. 이 힘이면 1그램의 물을 4분의 1도(섭씨) 가열할 수 있다. 또한 100와트짜리 전구를 100분의 1초 동안 빛나게 할 수 있다.

지하실의 실험에서 제임스 줄은 일과 열은 에너지를 한 형태에서 다른 형태로 전환시키는 수단임을 보여주었다. 1킬로그램의 무게를 10분의 1미터 들어올리면, 그 무게는 처음 놓여 있던 자리에서 보다 1줄의 에너지를 더 갖게 되는 것이다. 마찬가지로 1그램의 물을 4분의 1도 가열시키면, 이 물 역시 가열하기 전보다 1줄의 에너지를 더 갖는다. 그는 또한, 우리가 충분히 영리하다면, 에너지를 한 형태에서 다른 형태로 변환시킬 수 있으며, 이론상으로는 1킬로그램 무게의 물체를 10분의 1미터 떨어뜨리면 그 에너지로 1그램의 물을 4분의 1도 가열할 수 있다는 것을 보여주었다. (곧 밝혀지겠지만, 현실적으로는 그 에너지를 전량 다른 형태로 변환시킬 수 없다.) 그러나 이 모든 실험에서 줄은 우리가 어떤 시스템에 투입한 것보다 더 많은 양의 에너지를 얻을 수는 없다는 것을 알아냈다. 10분의 1미터만큼 떨어진 물체는 1그램의 물을 4분의 1도 '이상' 가열할 수 없다. 에너지는 절대로 무에서 유로 창조되지 않는다. 실험에서 줄은 에너지를 한 형태에서 다른 형태로 전환시킬 수 있었지만 에너지를 '창조'할 수는 없었다.

줄—그리고 동시대의 몇몇 다른 과학자들도—은 이렇게 해서 **열역학 제1법칙[3]**을 발견했다. 에너지는 창조되지 않는다. 사실은 소멸되지도 않는다. 에너지의 형태는 변화될 수 있다. 일이나 열의 형

---

3 17세기와 18세기의 과학자들은 우주를 지배한다고 생각되는 어떤 기본적인 규칙(rule)을 발견하면 그 규칙에 어떤 '법칙(law)'이라는 이름을 붙였다. 운동의 법칙, 만유인력의 법칙, 열역학 법칙 등, 이러한 법칙들 중 상당수는 매우 심오하고 중요하다. 그러나 일부의 법칙들, 예를 들면 후크의 법칙(스프링의 성질에 관한 것), 스넬의 법칙(빛이 한 매질에서 다른 매질로 이동할 때 어떻게 굴절되는지에 관한 것) 등은 그보다 덜 중요하다. 현대 물리학자들은 '법칙'이라는 용어가 절대로 확실하다는 의미를 내포한다고 해서 잘 사용하지 않는 편이다. 어떤 법칙이든 더 자세히 들여다보면 절대로 확실하지는 않기 때문이다. 양자역학과 일반 상대성을 '법칙'이라고 하기도 하고 '이론'이라고 하기도 하지만, '법칙'보다는 '이론'으로 불리는 경향이 많은 것도 같은 맥락에서다.(법칙은 대개 하나의 방정식으로 나타나는 반면, 이론은 어떤 틀을 제시하는 경향이 있다.)

태로 전환될 수도 있다. 확산될 수도 있고 실험실에서 밖으로 빠져나갈 수도 있다. 그러나 에너지는 전혀 없다가 갑자기 '짠' 하고 나타나거나, 잘 있다가 '펑' 하고 사라지지도 않는다.

열역학 법칙은 매우 강력한 법칙이다. 우주 내부에 존재하는 에너지의 총량은 고정 불변이며, 우리가 쓸 수 있는 모든 에너지는 이미 여기에 존재하는 것으로 형태를 달리해 어딘가에 저장되어 있다. 우리가 무언가를 데우든 물리적 일을 하든 에너지를 쓸 때마다 실은 이미 존재하는 에너지(석탄 속에 저장되어 있던 화학 에너지)를 단지 우리에게 더욱 유용한 또 다른 형태로 전환하는 것뿐이다.[4] 예를 들면, 증기 엔진도 에너지를 창조하지는 못한다. 다만 연료로 쓰이는 물질에서 에너지를 추출할 뿐이다. 에너지는 창조되지도 않고 소멸되지도 않는다는 열역학 법칙은 물리학에서 가장 기본적인 규칙이다. 그러나 이보다 훨씬 강력한 법칙이 곧 나타난다.

---

4 그렇다면 석탄 속의 에너지는 어디에서 왔을까? 석탄은 고도로 압축된 유기 물질(이를테면 나무)이다. 석탄의 화학적 에너지는 탄소를 주축으로 한 분자 속에 저장되어 있다. 나무는 햇빛(에너지의 한 형태)을 흡수하고 이 햇빛을 이용해 물과 이산화탄소를 탄소가 주축이 된 에너지 저장 분자로 전환하므로 나무에는 에너지가 가득 저장되어 있다. 그렇다면 햇빛은 어디서 오는 걸까? 태양은 수소 원자들을 융합시킨다. 두 개의 수소 원자가 융합되면 저장되어 있던 에너지(아인슈타인이 상대성 이론에서 밝혔듯이 질량의 형태를 띤 에너지이다)를 방출한다. 그렇다면 수소 원자들의 질량은 어디서 난 걸까? 수소 원자의 질량은 우리의 우주와 함께 대폭발로부터 생겨났다. 그렇다면 대폭발은 어떻게 일어났지? 좋은 질문이다. 그러나 몇 가지 가능한 설명이 있기는 하지만 아직 아무도 정확히 알지 못한다. 현재 우리의 우주 속에 있는 모든 에너지(아인슈타인의 질량-에너지를 포함하여)는 대폭발과 함께 생겨났으며 그 총량은 우주가 탄생한 이래 변하지 않았다.

1860년대에 독일의 물리학자 루돌프 클라우지우스 Rudolf Clausius 는 에너지의 변환과 환경 사이의 관계가 가진 미묘한 패턴을 발견했다. 열기관은 (고온 탱크와 저온 탱크의) 온도 차에 의해 일을 한다. 열이 고온에서 저온으로 흐르게 하면서 그 과정에서 일을 하는 것이다. 엔진이 돌아가는 동안 뜨거운 쪽은 차갑게 식고 차가운 쪽은 더워진다. 두 개의 탱크는 엔진이 작동하기 시작했을 때보다 온도 차가 줄어든다. 두 탱크 사이의 온도 차가 아주 큰 상태에서 출발하지만 엔진은 이 두 개의 탱크 사이의 온도 차이를 줄여서 평형에 가깝게 한다. 어떻게 보면 우리가 엔진을 돌리면 우주 전체의 평형도가 증가하는 것이다.

　두 탱크의 온도 차이를 평형과 가깝게 하지 않고 오히려 더 멀어지게 할 수 있을까? 물론 할 수 있다. 양쪽 탱크 사이에 열펌프를 연결하기만 하면 된다. 일의 형태로 에너지를 더 투입해서 고온 탱크는 더 뜨겁게 만들고 저온 탱크는 더 차갑게 만들면 된다. 그렇게 하면 두 개의 탱크는 평형에서 점점 더 멀어진다. 그러나 클라우지우스는 여기에 함정이 있음을 간파했다. 열펌프는 어떻게 작동시킬 것인가? 아마 또 하나의 엔진이 필요할 것이다. 그러나 그 엔진이 돌아가는 동안 열펌프로 인한 평형도의 감소를 상쇄하면서 우주의 평형도는 증가한다. 우리의 노력에도 불구하고 우주의 평형도는 증가하는 것이다.

그렇다면 엔진을 돌리지 않으면 어떻게 될까? 크랭크를 사람의 손으로 돌린다면? 이 경우에는 우리의 근육이 엔진 역할을 하는 셈이다. 근육은 혈류 속에서 화학 에너지를 저장하고 있는 분자를 깨뜨려서 그 에너지를 일의 형태로 외부 환경에 방출한다. 이 과정은 열기관이 열심히 했던 것처럼 우주의 '평형도'를 증가시킨다.

사실상 우주의 평형도가 점점 증가하는 것을 피해갈 방법은 없다. 누군가가 엔진을 사용하거나 열역학적 일을 하면, 그 과정은 자동적으로 우주를 평형에 더 가깝게 만든다. 열펌프를 쓰든 어떤 다른 수단을 쓰든, 우리 힘으로는 우주의 평형도가 증가하는 것을 막을 수 없다. 그 수단을 사용하는 데 필요한 일이 엔진이나 우리의 근육, 또는 결국 열펌프의 효과를 상쇄할 또 다른 근원에서 만들어질 것이 분명하기 때문이다.[5]

이 개념이 열역학 제2법칙이다. 우주의 평형도를 감소시키는 것은 불가능하다. 누군가가 일을 할 때마다 우주는 평형에 더욱 가까워진다. 제1법칙이 '우리가 이길 수 없다'—무에서 에너지를 창조할 수 없다—고 말한다면, 제2법칙은 '에너지의 평형을 깰 수 없다'고

---

5   물리학적 지식을 가진 독자라면 '평형도'라는 말이 사실은 '엔트로피(entropy)'를 가리키는 말이라는 것을 알 것이다. 이 장의 뒷부분에서 이에 대해 더 자세히 다룬다.

말한다. 어떤 유용한 일을 하든 우리는 우주의 평형도를 비가역적으로 증가시키는 것이다. 제2법칙은 카르노 엔진보다 더 월등하게 일하는 슈퍼엔진 같은 것이 존재할 수 없는 이유를 설명한다. 카르노 열기관에 연결한 슈퍼엔진은 환경을 변화시키지 않고 유용한 일을 한다.

이 엔진-펌프 시스템을 상자에 담아 외부 환경과 차단시킬 수도 있다. 그래도 이 시스템은 유용한 일을 무한정으로 계속할 수 있다. 기계는 계속 유용한 일을 하지만 우주의 평형도에는 변함이 없다. 그러나 열역학 제2법칙은 엔진이든 어떤 장치든 우주의 비평형성을 공급해주어야 한다고 말한다. 또한 열역학 제1법칙에 의하면 아무것도 없는 상태에서 일을 창조할 수는 없다. 따라서 슈퍼엔진은 있을 수 없다. 슈퍼엔진이 존재한다면 우주의 평형성을 감소시키지 않고 유용한 일을 무한정 할 수 있는 장치가 존재함을 뜻하기 때문이다. 그리고 이 장치는 곧 영구 기관과 연결된다.

수백 년 동안 발명가들과 사기꾼들은 영구 기관을 만들려고 기를 써왔고, 심지어는 오늘날에도 영구 기관을 만들었다고 주장하는 많은 사람들이 그 기계를 팔아먹으려고 한다. (발명가들은 '영구기관'이라는 말을 겁내기 때문에 요즈음에는 '초유일 장치 aboveunity device' 라고 말한다.) 이런 기계 중에서 어떤 것은 자기장을 이용하기도 하고, 또 어떤 것들은 여러 가지 형태의 '양자' 기술을 이용한다.

미국 특허청은 영구 기관에 대한 특허 청원에 너무나 자주 시달린 나머지, 영구 기관에 대해서는 특별한 규칙을 적용한다. (그럼에도 불구하고 몇몇 발명가들은 허술한 틈새를 찾아서 실제로 특허를 얻어내는 데 성공하기도 한다.) 그러나 열역학 제2법칙—이제는 가장 논쟁의 여지가 없는 물리학의 법칙으로 인정되고 있다—은 영구 기관의 존재를 절대적으로 부정한다. 영구 기관에 투자하느니 차라리 좀 더 나은 투자처—이를테면 브루클린 다리 같은—를 찾는 것이 현명하다.

열역학 제2법칙은 19세기 중엽의 과학계가 거둔 가장 빛나는 승리였다. 그러나 이 법칙은 물리학의 분위기를 변화시켰다. 뉴턴의 시대 이후로 물리학자들은 인간에게 능력을 부여하는 우주의 법칙을 발견해왔다. 그들은 행성과 물리적 실체의 운동을 예측하는 방법을 발견했고, 물질의 본성에 대해서도 많은 것을 알아냈다. 이러한 발견 하나하나가 영리한 과학자나 공학자들이 할 수 있는 일의 범위를 확장시켰다. 그러나 열역학 제1법칙, 그리고 특히 열역학 제2법칙은 과학자들에게 그들이 '할 수 없는' 일이 무엇인지를 똑똑히 가르쳐주었다. 무에서 에너지를 창조할 수는 없다. 우주를 교란시키지 않고는 일을 할 수 없다. 영구 기관을 만들 수는 없다. 이 두 법칙은 자연이 인간에게 정해준, 인간 행동에 대한 최초의 객관적이고 논쟁의 여지가 없는 규제이다. 이러한 규제적 성격에도 불구하고, 열역학 제2법칙은 현대 물리학에서는 절대적인 법칙이다. 물리학자인 아서 에딩턴Arthur Eddington 은 "엔트로피가 항상 증가한다는 법칙(열역학 제2법칙)은 자연의 모든 법칙 중에서도 가장 상위에 있다"고 말했다. 물리학은 자신이 가진 힘의 한계를 깨닫기 시작했고, 그 한계는 20세기의 중요한 주제가 되었다.

그렇지만 1860년대에는 이러한 분위기의 변화가 열역학의 법칙, 에너지와 일, 열과 온도 사이의 상관관계를 지배하는 물리적 원칙, 그리고 가역성과 비가역성의 본질을 찾아내는 데 고심하던 물리학자들에게 막연한 불안감을 안겨주었다. 그러나 우울증 환자였던 루트비히 볼츠만이 새로운 물리학 분야의 모든 미스터리를 풀어냈다. 새로운 수학적 도구를 응용해 볼츠만은 물리학에서 알려진 가장 기본적인 법칙들의 존재 이유를 해석했다. 볼츠만의 연구는 과학자들이 물질과 온도, 에너지를 보는 방법에 변화를 가져왔고 정보를 분석하는 방법의 기초를 닦았다. 볼츠만 역시 악마들과 싸웠을 것이다.

루트비히 볼츠만은 1844년 빈에서 어느 관료의 아들로 태어났다. 사교적인 면에서는 매우 둔했지만 젊은 볼츠만은 아주 뛰어난 학생이었고 20대 초반에 이미 첨단 물리학 분야에서 중요하게 다루어지고 있는 문제들에 도전하기 시작했다. 당시의 첨단 물리학은 원자 이론이었다.

17세기의 과학자들은 기체의 일반적 성질에 대해 어느 정도 파악하고 있었다. 튜브에 기체를 가득 채우고 피스톤으로 눌러 부피를 원래의 반으로 줄이면 튜브 내부에 든 기체의 압력은 두 배가 된다. 이 법칙은 영국의 화학자 로버트 보일^{Robert Boyle}이 발견했다. 만약 그 기체를 압착하는 대신 온도를 두 배로 올려주면 기체가 피스톤을 밀어내서 내부의 부피를 두 배로 만든다. 기체를 가열하면 부피가 팽창하고, 냉각시키면 수축한다. 이러한 현상은 프랑스의 화학자 자크 샤를^{Jacques Charles}의 이름을 따 명명한 '샤를의 법칙'의 핵심이다.

수 대에 걸친 영민한 과학자들의 출현에 힘입어 과학자들은 용기에 든 기체의 압력과 온도, 부피 사이의 상관관계에 대해 아주 자세히 파악할 수 있었다. 그러나 경험적 지식이 언제나 깊은 이해를 의미하는 것은 아니다. 기체가 왜 그렇게 반응하는지를 물리학자들이 이해하기 시작한 것은 1800년대 중엽에 이르러서였다.

현대 물리학자들은 헬륨과 같은 기체가 아주 작은 입자, 즉 원자로 이루어졌음을 안다. 이 원자들은 끊임없이 움직인다. 용기 내부에서 서로 다른 속도로 날아다닌다. 원자가 용기의 벽과 충돌하면 마치 라켓볼이 벽을 맞고 튀듯이 튀어나간다. 그러나 이 충돌이 벽에 작은 충격을 가한다. 한 번의 충돌이 미치는 충격은 미미하지만, 수십, 수백억 번의 작은 충돌이 이어지면 결국은 흔적이 남는다. 그 충돌의 힘이 용기의 벽을 밀어내는 강한 힘으로 작용하는 것이다. 이것이 바로 기체의 압력의 원인이다.

용기를 누르면 같은 수의 원자가 더 작은 공간에 갇히게 되고 용기 내부가 더 빽빽이 들어차기 때문에 라켓볼처럼 벽을 맞고 튀어나가는 원자의 시간당 충돌수가 증가한다. 충돌 횟수가 증가하면 그 충돌에 의해 발생하는 총체적 힘이 증가하고 따라서 압력도 높아진다. 이 현상이 보일의 법칙의 원인이 된다. 부피를 줄이면 충돌의 빈도가 증가하고, 그 반대 현상도 일어난다. 따라서 부피와 압력은 역비례 관계를 갖는다.

이와 유사하게 지금의 물리학자들은 기체의 온도로 그 기체가 가진 에너지의 양을 측정할 수 있음을 알고 있다. 즉, 기체의 온도는 원자의 운동 속도와 상관관계를 갖고 있는 것이다. 기체의 온도가 높을수록 더 많은 에너지를 가지고 있으며, 평균적으로 원자의 운동 속도도 더 빨라진다. (이것이 온도의 진정한 성질이다. 온도는 원자가 얼마나 많은 에너지를 가지고 얼마나 빨리 움직이는지에 대한 척도다. 뜨거운 헬륨 원자는 차가운 헬륨 원자보다 빠른 속도로 운동한다. 거꾸로 말하면, 빨리 움직이는 헬륨 원자는 천천히 움직이는 헬륨 원자보다 더 뜨겁다.)

에너지를 많이 가진 물질일수록 더 빨리 움직인다. 라켓볼이든 원자든 고속도로를 질주하는 SUV 차량이든 속도가 빠를수록 충돌할 때의 반동이 더 크다. 따라서 기체의 온도를 높여 원자의 운동 속도를 빠르게 해주면 원자는 벽과 더 세게 충돌하면서 용기의 벽을 더 강하게 밀어낸다. 즉, 기체의 압력이 증가하는 것이다. 용기의 벽이 움직일 수 있게 되어 있다면 용기는 압력과 평형을 이룰 수 있을 만큼 벽을 움직일 것이다. 이것이 샤를의 법칙의 핵심이다.

원자 이론은 압력과 온도, 부피와 에너지— 열역학과 산업시대의 증기기관을 좌우하던 모든 요소—를 깔끔하고 단정한 포장으로 묶었다. 그러나 현대 과학자들에게 당연한 이 이론이 19세기 과학자들에게는 받아들이기 어려운 개념이었다. 무엇보다도 개개의 원자를 탐지할 수 있는 수단이 없었다. 20세기 초에는 몇몇 탁월한 과학자들마저도 원자의 존재를 믿으려 하지 않았다. 그러나 20세기 중반에 들어서면서 물리학자들은 원자 이론—물질은 끊임없이 움직이는 당구공 같은 입자로 이루어져 있다는 개념—이 기체와 그 이

외의 다른 형태의 물질들이 가진 성질을 설명하는 데 아주 뛰어난 이론이라는 것을 실감하기 시작했다. 1859년, 루돌프 클라우지우스는 '기체의 동역학 이론'이라고 알려지게 될 어느 이론의 토대가 되는 논문을 발표했다. 그러나 그는 곧 문제에 부딪혔다. 수치 데이터를 올바로 추출할 수가 없었던 것이다.

문제는 온도였다. 클라우지우스는 온도가 기체의 원자가 가진 에너지를 측정하는 척도임을 알고 있었다. 기체가 뜨거울수록 원자는 더 많은 에너지를 가지고 있으며, 따라서 더 빨리 움직인다. 기체가 얼마나 뜨거운지 알고 원자의 무게가 얼마인지를 안다면 원자의 평균 속도도 쉽게 계산할 수 있다. 클라우지우스는 이 속도를 계산한 다음, 용기 속을 가득 채운 당구공 같은 원자가 일정한 속도로 운동한다면 어떻게 될까 연구했다. 그 결과는 상당히 고무적이었지만, 클라우지우스의 분석은 정확하지 못했다. 압력, 온도, 부피, 그리고 에너지는 자연 속에서는 잘 관찰할 수 없는 것이었다.

1866년, 스코틀랜드의 물리학자 제임스 클러크 맥스웰James Clerk Maxwell은 클라우지우스의 논문에서 오류를 발견했다. 클라우지우스가 기체 속의 모든 원자는 똑같은 속도로 운동한다고 가정한 데 반해, 맥스웰은 당구공이 벽 또는 다른 당구공과 충돌할 때 에너지를 교환한다는 것을 깨달았다. 그래서 어떤 공은 평균 속도

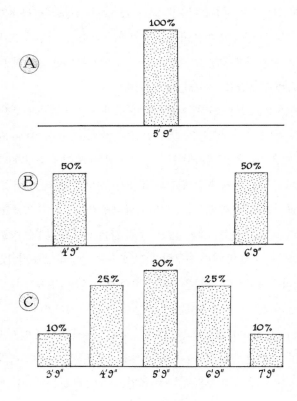

여러 가지 신장 분포

보다 더 빨리 운동하고 또 어떤 공은 느리게 운동하게 되는 것이다. 맥스웰은 분자의 운동 속도가 특정한 '분포 distribution'를 보인다는 것을 알게 되었고, 클라우지우스의 이론에서 정확하지 못한 부분을 수정했다.

분포는 수학의 한 분야인 확률론에서 자주 등장하는 개념으로, 불확실성을 다룬다. 분포는 어떤 대상이 어떠한 속성을 얼마나 공통적으로 공유하는가를 나타내는 척도이다. 누군가가 미국 성인 남성들의 평균 신장이 얼마나 되는지 알려고 한다고 치자. 이건 그다지 어려운 문제도 아니다.

간단하게 미국 성인 남성의 평균 신장은 5피트 9인치라고 대답할 수 있다. 그러나 만약 미국 성인 남성이 일반적으로 얼마나 큰지를 설명해보라고 한다면? 이런 질문에 대해서는 몇 피트 몇 인치라는 평균적 수치로 대답할 수 없다. 이 수치만으로는 그다지 많은 정보를 주지 못하기 때문이다. 5피트 9인치라는 평균 신장은 모두가 정확히 5피트 9인치라는 의미일 수도 있지만, 50퍼센트씩 두 그룹으로 나누어 한 그룹은 4피트 9인치, 다른 한 그룹은 6피트 9인치라는 뜻일 수도 있다. 아니면 10퍼센트는 3피트 9인치, 25퍼센트는 4피트 9인치, 30퍼센트는 5피트 9인치, 25퍼센트는 6피트 9인치, 10퍼센트는 7피트 9인치일 수도 있다. 어떤 경우에도 '평균' 신장은

5피트 9인치가 나온다. 그러나 어떤 방을 가득 채운 미국 성인 남성들은 다른 한 방을 가득 채운 미국 성인 남성들과 신장의 '분포'가 매우 다를 수도 있다. 모든 성인 남성의 키가 정확히 5피트 9인치인 분포에서는 우리가 거리로 나가 무작위로 한 성인 남성을 붙잡아 키를 쟀을 때 5피트 9인치보다 클 확률이 0이다. 그러나 위에서 예로 든 다섯 그룹의 분포에서는 거리에서 무작위로 한 성인 남성을 택해 키를 쟀을 때 6피트보다 클 확률이 35퍼센트(6피트 9인치 25퍼센트 + 7피트 9인치 10퍼센트)이다.

물론 위의 예들이 신장에 대한 진짜 분포를 나타내지는 않는다.

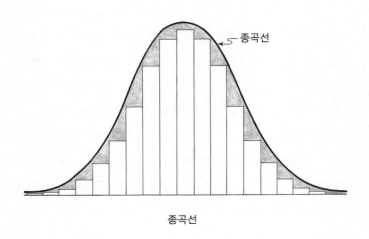

종곡선

현실에서 신장의 분포는 '종곡선'이라고 알려진 분포와 아주 가깝게 나타난다. 종곡선에서 '극단'의 경우는 '평균적인' 경우보다 훨씬, 아주 훨씬 드물다. 예컨대 거리를 걸어가다 보면 대부분의 성인 남성은 5피트 9인치에서 2~3인치 정도 크거나 작다. '가물에 콩 나듯이'라고 할 정도는 아니지만, 거기서 5인치 더 커서 6피트 2인치 정도로 큰 사람은 좀 드물다. 그러나 그 정도 키의 성인 남성도 매일 열 명 정도는 볼 수 있다. 그러나 거기서 5인치를 더해서 6피트 7인치를 넘는 사람을 만나기는 매우 힘들다.

만나는 사람이 얼마나 많으냐에 따라서 주어진 어느 한 주에 그런 사람을 만날 수도 있기는 하다. 6피트 7인치에서 다시 5인치를 더해 7피트 정도의 키라면 거의 거인 수준이라고 할 수 있다. 매주 농구장을 찾는 농구팬이 아니라면 평생 가야 7피트가 넘는 장신을 만나는 일이란 손에 꼽을 정도일 것이다. 장신이 넘쳐나는 NBA에서도 키가 7피트를 넘는 선수는 아주 드물다. 이것이 바로 전형적인 종곡선이다. 주어진 사건을 만날 확률은 그 사건이 평균에서 벗어날수록 급격히 떨어지며 점점 극단과 가까워진다. 우리가 일상에서 마주치는 거의 모든 사건들—IQ, 가격, 구두 사이즈 등—이 대개 종곡선 분포를 보인다.

맥스웰의 분포는 원자의 속도와 관련이 있었다. 기체가 든 용기 속에서 무작위로 원자 하나를 취해 속도를 측정하면 그 속도가 주어진 속도와 일치할 확률이 얼마나 될까? 수학적으로는 공통되는 부분도 있지만 결과적으로 나타난 분포는 정확한 종곡선과는 차이가 있다. 맥스웰의 분포는 약간 찌그러지고 일그러진 종 모양을 보이는데, 현재는 맥스웰- 볼츠만 분포라고 알려져 있다.

이 분포 곡선에 볼츠만의 이름이 붙은 이유는, 이 분포가 평형상태에 있는 기체 분자가 보여야 할 분포임을 볼츠만이 수학적으로 증명했기 때문이다. 맥스웰은 이 속도 분포가 데이터와 들어맞아야 한다는 것을 보여주었다. 그러나 볼츠만은 일정한 기본 조건하에서, 방에 갇힌 당구공 모양의 원자의 속도는 맥스웰- 볼츠만 분포를 보여야 함을 증명했다. 볼츠만은 이 증명으로 일약 물리학계의 스타로 발돋움했지만 그의 주장은 당시의 많은 물리학자들이 매우 싫어하는 이론이 되어버리는 결과를 낳았다.

그 한 가지 예로, 볼츠만의 증명은 실험에 기초한 것이 아니라 순전히 수학적인 것이었다. 기체가 든 용기를 가지고 실험을 해서 그 데이터를 설명해 '주는 듯'이 보이는 수학적 함수와 일치시킨 것이 아니라, 볼츠만은 몇 가지 간단한 가정을 세우고 공식을 재정리해서, 만약 자신의 가정이 옳다면 맥스웰- 볼츠만 분포는 평형상태의 기체 분자가 가질 수 있는 유일한 확률 분포라는 것을 100퍼센트

확실성을 가지고 증명했던 것이다.

더욱 중요한 것으로, 1872년 볼츠만은 맥스웰- 볼츠만 분포를 갖지 않는 기체의 분자(예를 들면, 인위적으로 똑같은 운동 속도를 갖도록 조작된 원자로 채우는 것이다)로 가득 찬 용기 속에서도, 원자끼리 충돌하면서 어떤 원자는 속도를 더 얻고 어떤 원자는 속도를 잃기 때문에 필연적으로 이 기체도 맥스웰- 볼츠만 분포를 갖게 된다는 것을 다시 한 번 수학적으로 증명했다. 다시 말하면, 주어진 어느 한 방식으로 운동하는 기체를 가지고 시작한다 해도 한동안 가만히 놓아두면 이 기체는 재빨리 그리고 비가역적으로 평형상태에 도달해 원자의 운동 속도가 맥스웰- 볼츠만 분포를 갖게 된다는 것이다. 그런데 이렇게 중요한 과학적 결론도 실험이나 관찰에 의존한 것이 아니라 순전히 연역을 기반으로 한 것이어서, 물리적 법칙이라기보다는 오히려 수학적 정리로 간주되었다.[6]

그러나 볼츠만의 방법과 관련해 가장 큰 문제는 그의 연구가 수학적 성질을 가지고 있다는 것이 아니었다. 따지고 보면 뉴턴의 학설도 수학적 성질을 가지고 있었다. 볼츠만이 뉴턴, 그리고 그에 앞선 물리학자들과 다른 점은 물리학이란 학문이 처음부터 확실한

---

6   이 내용은 영국의 물리학자들이 독일어의 장식서체 E를 H로 혼동하면서 'H 정리'라고 알려지게 되었다.

것만을 다루고 있음에 반해 볼츠만의 연구는 확률과 통계─분포와 무작위적 사건, 기타 예측할 수 없는 물리적 과정들에 대한─를 다루고 있다는 점이었다.

어떤 행성의 현재 위치와 속도를 안다면 앞으로 십억 년 후 어느 날의 그 행성의 위치도 정확하게 알 수 있다. 피사의 탑에서 구를 떨어뜨리면 그 구가 언제 지면에 닿을지도 수천분의 일 초 단위까지 정확하게 알 수 있다. 절대불변의 물리학 법칙만이 우주에서 유일하게 확실한 것인 듯 보였다. 그러나 물리학에 확률과 통계를 도입함으로써 마치 볼츠만이 우주를 지배하던 그 아름답고 논쟁의 여지가 없었던 확실성을 무너뜨린 것처럼 되어버렸다. 심지어는 열역학 제2법칙마저도 위태롭게 보였다.

사실 볼츠만은 열역학 제2법칙을 무너뜨리지 않았다. 다만 왜 그 법칙이 존재해야 하는가를 설명하고 증명했을 뿐이었다. 그러나 당시에는 그것이 그렇게 보이지 않았다. 확실성보다는 확률과 무작위성에 의존하는 볼츠만의 연구는 물리적 법칙의 기반을 좀먹는 것처럼 보였다. 물리적 법칙들도 볼츠만의 확률적이고 통계적인 우주에서는 '어떤 때'만 적용할 수 있는 것같이 보였다. 그리고 이러한 문제의 중심에는 엔트로피 entropy라는 개념이 버티고 있었다.

아마 엔트로피라는 말은 이미 들어보았을 것이다. 사실 이 말은 이 장에서도 다른 옷을 입고 이미 여러 번 등장한 바 있다.[7] 대부분의 사람들은 엔트로피를 무질서도^{無秩序度}라고 생각한다. 고등학교 물리 교사에게 엔트로피가 뭐냐고 물으면, 십중팔구는 침실이 얼마나 어질러졌는지, 책상 위의 책을 얼마나 엉망으로 늘어놓았는지 하는 비유로 설명한다. 이 설명도 틀린 것은 아니다. 그러나 이는 매우 불만족스럽고 자칫하면 오해를 불러일으킬 소지까지 있다. 무엇보다도, 깨끗한 방, 또는 알파벳 순서로 정확하게 정리된 책장이라고 하면 사람들은 '질서'와 '무질서'를 임의적으로 결정해버린다. 그러나 사실 엔트로피란 무엇이 깔끔하고 무엇이 어지러운가를 결정하라고 요구하지 않는다. 엔트로피는 여러 개의 물체들이 모여서 어떤 집합을 이루었을 때 그 집합이 갖는 기본적 성질이다. 이 개념은 확률의 법칙과 물리학에 대한 볼츠만의 통계적 접근법으로부터 나왔다. 따라서 당분간은 질서나 무질서, 깔끔함과 어지러움, 이런 표현을 접어두도록 하자.

대신, 우리 집 거실 한가운데 커다란 상자가 놓여 있다고 상상해보자. 이 상자의 윗부분은 열려 있다. (인정하고 싶지 않지만 사실 우리 집 거실은 자주 이런 풍경을 하고 있다.) 또 누가 이 상자 한가운데 빨간

---

7 '평형도'는 엔트로피의 개념을 도입하기에 앞서 엔트로피를 말하기 위해 쓴 표현이다.

색 페인트로 줄을 그어서 양쪽으로 절반씩 공간을 나누어놓았다고 상상하자. 이제 주말을 즐길 만한 더 재미있는 일이 없는 사람인 나는 그 상자에 무작위로 구슬을 던지며 시간을 보낸다. 구슬 하나를 던질 때, 양분된 상자 안에서 어느 쪽이든 한쪽에 떨어질 확률은 똑같다. 어떤 구슬을 던지든 시도한 횟수의 50퍼센트는 왼쪽에, 나머지 50퍼센트는 오른쪽에 떨어진다. 시간을 보내기에는 아주 좋은 게임—TV 쇼 프로그램을 보는 것보다 약간 더 낫다—이다. 그

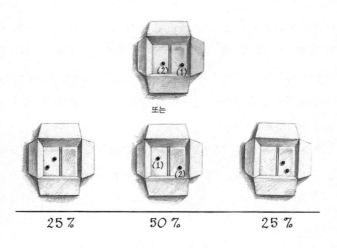

두 개의 똑같은 구슬을 상자에 던졌을 때

76

러나 이 간단한 게임이 엔트로피의 개념을 이해하는 데 필요한 전부이다.

자, 두 개의 서로 다른 구슬을 가지고 시작하자. 통! 통! 이번에는 상자 안에서 구슬이 어느 쪽에 떨어졌는지 들여다보자. 상자 안을 들여다보면, 네 가지 가능한 경우 중 하나를 만나게 된다.

경우 1 : 구슬①과 구슬② 모두 왼쪽에

경우 2 : 구슬①은 왼쪽에, 구슬②는 오른쪽에

경우 3 : 구슬①은 오른쪽에, 구슬②는 왼쪽에

경우 4 : 구슬①과 구슬② 모두 오른쪽에

각 경우의 확률은 25퍼센트로 모두 동일하다.

그러나 구슬이 서로 다르게 생기지 않고 똑같은 모양이라면 상황은 달라진다. 이 경우에는 어느 것이 구슬①이고 어느 것이 구슬② 인지 구분할 수 없다. 따라서 경우의 수는 세 가지로 줄어든다. 구슬 두 개가 모두 오른쪽에 들어간 경우, 구슬 두 개가 모두 왼쪽에 들어간 경우, 양쪽에 하나씩 들어간 경우. 다시 말하면 위에서 말한 경우 2와 3이 구분할 수 없게(물리학적으로 말하면 '변질된') 된 것이다. 이러한 변질은 모든 경우의 수가 똑같은 확률을 가질 수 없게 되었음을 의미한다. 구슬 두 개가 모두 왼쪽으로 들어가는 경우와 모두 오른쪽으로 들어가는 경우의 확률은 전과 다름없이 25퍼센트이다. 그러나 세 번째 경우(하나는 오른쪽에 하나는 왼쪽에 들어가는 경우)의 확률은 50퍼센트이다. 어느 구슬이 어느 쪽에 들어갔는지 구분할 수 없기 때문이다. 다시 말해 하나의 구슬이 각각 한쪽씩 들어가는 경우는 두 개의 구슬이 모두 왼쪽에 들어가는 경우보다 확률이 두 배가 된다는 뜻이다.

이번에는 두 개의 구슬을 더해서 네 개를 던져보자. 퉁! 퉁! 퉁! 퉁! 각각의 구슬이 모두 달라서 서로 구별할 수 있다면 이번에는 경우의 수가 열여섯 가지로 늘어난다. 그러나 구슬이 모두 똑같이 생겨서 구별할 수 없다면 경우의 수는 다섯 가지로 줄어든다.

경우 1 : 왼쪽에 구슬 4개, 오른쪽에 0개

경우 2 : 왼쪽에 구슬 3개, 오른쪽에 1개

경우 3 : 왼쪽에 구슬 2개, 오른쪽에 2개

경우 4 : 왼쪽에 구슬 1개, 오른쪽에 3개

경우 5 : 왼쪽에 구슬 0개, 오른쪽에 4개

이 경우의 확률 계산은 너무 어렵게 생각할 필요 없다. (아래의 표에 자세히 나와 있다.) 하지만 가장 확률이 높은 경우는 가장 낮은 경우의 여섯 배나 된다는 것에 주목하자. 이 확률을 가지고 그래프를 그리면(확률 분포를 보면) 이 확률이 통계학자들에게 아주 익숙한 분포, 즉 종곡선을 따르고 있음을 알 수 있다.

구별할 수 없는 네 개의 구슬을 상자에 던졌을 때의 확률

왼쪽에 들어간 구슬	오른쪽에 들어간 구슬	확률
4	0	1/16
3	1	4/16=1/4
2	2	6/16=3/8
1	3	4/16=1/4
0	4	1/16

던져넣는 구슬의 수가 많으면 많을수록 분포곡선은 종곡선에 점점 더 가까워진다. 던지는 구슬이 몇 개가 되든, 구슬의 절반은 상자의 왼쪽에 떨어지고 나머지 반은 오른쪽에 떨어진다. 이러한 결과는 주어진 시도 횟수에서 나올 수 있는, 확률이 가장 높은 결과이다. 가장 극단적인 경우는 구슬 전부가 오른쪽에 떨어지거나 아니면 전부가 왼쪽에 떨어지는 경우인데, 이런 극단적인 경우는 평균적인, 또는 '보통의' 경우보다 훨씬, 아주 훨씬 확률이 낮다. 그 외의 다른 모든 경우는 평균과 극단의 중간에 위치하며 평균에서 극단으로 갈수록 그 확률은 급격히 떨어진다. 또한 상자에 던지는 구슬의 개수가 많아질수록 극단의 경우가 나올 확률은 낮아진다. 예를 들어보자. 아주 예쁘고 큰 구슬 1,024개를 상자 안에 던진다고 하자. 평균적으로 512개는 왼쪽에 떨어질 것이고 나머지 512개는 오른

쪽에 떨어질 것이다. 극단적인 경우, 즉 1,024개가 모두 오른쪽 또는 왼쪽에 떨어질 확률은 상상조차 할 수 없을 정도로 낮다.

얼마나 확률이 낮을까? 1,024개의 구슬을 무작위로 상자에 던진다. 그리고 안을 들여다본다. 구슬을 모두 꺼내 다시 던진다. 또 안을 들여다본다. 구슬을 모두 꺼내고 다시 던진다. 안을 들여다본다. 이 과정을 몇 번이고 되풀이한다. 우주가 탄생한 직후부터 매 초당 한 번씩 이 실험을 반복했다면 1,024개의 구슬이 모두 상자의 한쪽에만 떨어질 확률은 $1/10^{290}$이다. 우주에 존재하는 원자 하나

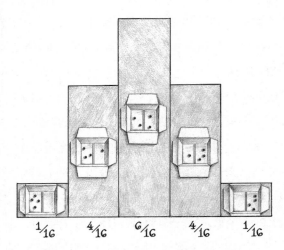

$\frac{1}{16}$ $\quad$ $\frac{4}{16}$ $\quad$ $\frac{6}{16}$ $\quad$ $\frac{4}{16}$ $\quad$ $\frac{1}{16}$

구별할 수 없는 네 개의 구슬을 상자에 던졌을 때의 확률분포

하나가 1,024개의 구슬이 든 상자 하나에 해당해서, 우주가 탄생한 직후부터 지금까지 같은 실험을 반복했다 하더라도 1,024개의 구슬이 모두 상자의 한쪽에만 떨어진 경우는 아직 나타나지 않았을 것이다. (나타나기는커녕 그 근처에도 가지 못한다. 우리가 볼 수 있는 우주 속의 원자는 모두 합해도 10^{80}개밖에 되지 않기 때문이다.) 1,024개의 구슬을 모두 상자의 한쪽에만 떨어뜨리는 것은 완전히 '불가능'하지는 않다고 해도 '기술적으로는' 불가능하다고 보아도 될 만큼 확률이 희박하다. 그런 일은 이 우주에서는 일어나지 않을 것이다.

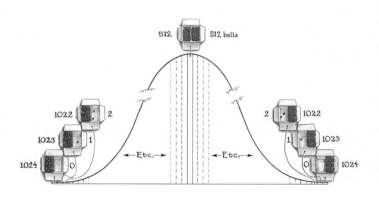

서로 구별할 수 없는 1,024개의 구슬을 상자에 던졌을 때

자, 그래서 어쩌란 말인가? 왜 상자와 구슬을 가지고 놀면서 시간을 낭비해야 하는가? 그 이유는 이 놀이가 엔트로피의 개념을 가장 직접적으로, 간단하게 설명해줄 수 있기 때문이다. 사실 상자와 공이 이루는 이 시스템에서 엔트로피는 상자 안에서 구슬이 놓일 수 있는 주어진 배열의 확률에 대한 척도이다.

석탄 한 덩어리를 집어서 그 무게를 달아보자. 저울의 바늘이 가리키는 값은 그 덩어리 속에 얼마나 많은 물질이 들어 있는가를 알려주는 척도이다. 주어진 어떤 물질의 성분과 무게를 알 수 있다면 그 물질 안에 어떤 원자가 몇 개 들어 있는지 알 수 있다. 커피 한 잔을 앞에 놓고 온도계를 그 안에 넣어서 수은주가 닿는 눈금을 읽어 보면 그 커피 속의 분자가 얼마나 빨리 운동하는지를 알 수 있다. 어떤 물질 한 덩어리의 온도를 알면 대략적으로 그 물질의 분자가 어떻게 운동하는지를 알 수 있다. 질량과 온도처럼 엔트로피는 다량으로 주어진 물질의 성질에 대한 척도이다. 예를 들어 어떤 원자로 가득 찬 용기의 엔트로피를 안다면 그 원자가 어떻게 분포되어 있는지를 대략적으로 말할 수 있다는 것이다. 엔트로피는 언뜻 온도나 질량보다 추상적인 개념인 것처럼 여겨지지만, 사실은 온도나 질량 못지않게 구체적이고 기본적인 성질이다.

엔트로피가 질량이나 온도에 비해 머릿속에서 쉽게 정리되지 못하는 이유 중 하나가 엔트로피라는 측정값이 탁자의 질량이나 자전거의 속도처럼 계량화하기 어렵다는 것이다. 엔트로피는 어떤 물질로 이루어진 집합 전체의 배열 configuration 을 확률의 개념으로 정리한 것이다. 즉, 원자로 이루어진 집합의 가장 확률이 높은 배열, 또는 우리가 언급했던 상자와 구슬의 예에서처럼 구슬을 상자 속에 던졌을 때 나올 확률이 가장 높은 결과 등을 말하는 것이다. 어떤 물질의 배열의 확률이 높으면 높을수록(상자와 구슬의 실험에서 가장 확률이 높은 결과) 그 배열(또는 결과)의 엔트로피도 높아진다.

1,024개의 구슬을 던지는 실험에서 가장 많이 나오는 결과(양쪽에 각각 대략 512개의 구슬이 떨어지는 경우)는 높은 확률과 높은 엔트로피를 갖는다. 가장 적게 나오는 경우(모든 구슬이 왼쪽 또는 오른쪽에 떨어지는 경우)는 확률도 낮고 엔트로피도 낮다. 수학적으로 말해 p가 주어진 배열, 즉 512개의 구슬이 각각 양쪽으로 떨어지는 경우의 확률이라면, 이 배열의 엔트로피—물리학자들은 이것을 S로 나타낸다—는 $k \log p$이고, 여기서 k는 상수, 'log'는 로그(대수對數)를 말한다.[8] (볼츠만의 묘비에 쓰인 방정식 $S = k \log W$도 같은 식이다.)

---

8 이 방정식에 지나치게 신경을 쓸 필요는 없다. 나중에 다시 이 방정식이 등장할 것이므로 미리 독자들이 익숙해질 수 있도록 언급해둔 것이다. 이 방정식에 대해 좀 더 자세히 알고 싶다면, 부록 A에 로그 방정식에 대한 간략한 설명이 제시되어 있으니 참고하라.

이렇게 놓고 보면 아주 간단하게 보인다. 심지어는 동어반복으로 보이기도 한다. 구슬을 상자에 던져놓고 그 안을 들여다보면 구슬은 가능성이 높은 배열로 떨어져 있을 것이다. 여기서 '가능성이 높은'이라고 말한 데는 그만한 이유가 있다. 물리학자에게는 이 실험이 아주 중요한 의미를 갖는다. 엔트로피라는 개념은 아주 심대하고 그 여파가 멀리까지 미치는 결과를 가져온다. 단순히 구슬과 상자라는 한계에만 머물지 않는다. 엔트로피는 볼츠만의 통계역학에서 도저히 빼놓을 수 없는 골치 아픈 요소이다. 또한 우주의 본질 자체가 이 엔트로피를 씨실과 날실로 해서 짜여 있다.

상자에 가득 찬 구슬은 용기를 가득 채운 원자와 같다. 그러므로 이제 구슬은 잊어버리자. 헬륨 원자 1,024개를 빈 용기 속에 채우고 흔들어서 고르게 섞었다고 하자. (사실은 용기를 가만히 두어도 흔들어놓은 것과 마찬가지다. 기체 원자 스스로가 무작위적으로 운동하기 때문이다.) 우리가 그 용기 속을 들여다볼 때마다 헬륨 원자 전체의 절반가량은 왼쪽에, 나머지 절반가량은 오른쪽에 있을 것이다. 엔트로피가 높으면 원자도 용기 안 전체에 균일하게 퍼져 있을 것이다. 사실 우리가 들여다보는 원자의 속성이 어떠하더라도 엔트로피가 가장 높은 상태는 그 속성이 균일하게 분포되어 있는 상태에 해당한다. 예를 들면, 용기 속을 들여다볼 때마다 온도가 높고 운동 속도도 빠른 원자는 용기 안에 고르게 퍼져 있다. 온도가 낮고 움직임이 느린 원자도 마찬가지다.

온도가 높은 원자는 모두 용기의 왼쪽에만 몰려 있고 온도가 낮은 원자는 모두 오른쪽에만 몰려 있는 경우는 극히 드물다. 기체는 균일한 온도로 고르게 퍼져 있을 것이 거의 확실하다. 이러한 상태가 바로 엔트로피가 높은 상태로, 우리가 용기 안을 들여다볼 때 헬륨 원자가 이러한 상태로 있을 것이 거의 확실하다. 기체를 다른 환경으로부터 차단시켜 용기 안에서 무작위적으로 운동할 수 있게 해놓은 조건— 평형상태로 갈 수 있도록 허용된 조건—하에서 우리가 용기 안에 왼쪽은 차가운 분자가 오른쪽은 뜨거운 분자가 따로따로 몰려 있는 것을 볼 확률은 거의 없다고 확신할 수 있다.

그러나 바람이 잘 통하는 방에서라면 어떨까? 창가는 서늘하고 난방기 가까운 곳은 따뜻하다. 언뜻 보면 이런 방은 엔트로피의 개념과 모순된 것처럼 보인다. 그러나 이런 방은 차단되지 않은 시스템이다. 난방기는 계속해서 방 안에 열기를 공급하고 창문은 더운 공기가 빠져나가게 한다. 창문을 닫고 난방기를 끄면 방 안의 온도는 빠른 속도로 어디나 똑같아져서 평형상태에 이르게 된다. 마찬가지로, 한 줌의 헬륨 원자를 용기의 한구석에 주입해서 평형상태를 교란시킨다 해도 용기는 재빨리 엔트로피가 낮은 상태(한쪽 구석에 원자가 많이 몰리고 다른 구석에는 원자가 별로 없는 상태)에서 벗어나 엔트로피가 높은 상태(모든 곳에 거의 비슷한 수의 원자가 분포하는 상태)로 돌아간다. 마치 시스템 자체가 엔트로피가 높은 상태를 선호하는 것처럼 보인다. 어떻게 보면 그것이 사실이다. 공이 내리막을 구르고 '싶어' 하듯이 기체로 가득 찬 상자는 엔트로피를 최대화하고 '싶어' 한다. 높은 엔트로피로 가려는 경향을 뒤집기 위해 이 시스템 속에 에어컨이나 열펌프의 형태로 일—에너지—을 투입해 계속해서 한쪽은 덥고 한쪽은 서늘하게 할 수도 있다. 그러나 시스템 자체가 흘러가는 대로 두면 용기 안을 채운 기체는 다시 최대 엔트로피의 상태로 돌아간다. 뜨거운 원자와 차가운 원자가 용기 전체에 고르게 섞이는 것이다.[9]

엔트로피를 최대화하려는 원자의 '욕망'은 기체로 가득 찬 용기 안에 비가역적 변화를 일으킨다. 처음에 모든 원자를 용기의 한구석에 몰아넣고 시작했다 하더라도 잠시 후면 원자는 사방으로 확산되어 엔트로피를 최대화한다. 원자들이 처음에 있었던 구석으로 되돌아갈 가능성은 거의 없기 때문에 기체는 본질적으로 영원히

---

9 사실 볼츠만의 H 정리는 엔트로피에 대한 정리이다. 기체의 운동 속도가 높아지면 원자는 무언가가 속도의 분포곡선(맥스웰–볼츠만 곡선)을 종곡선에서 벗어나도록 왜곡시킨다고 가정하고 엔트로피를 최대화한다. 그러나 개념을 보다 분명하게 하기 위해 나는 이 분포를 무시하고 빨간 당구공과 파란 당구공에 대해 말하는 것처럼 '뜨거운' 원자와 '찬' 원자에 대해서만 말하려고 한다.

최대 엔트로피의 상태로 머문다. 일단 평형상태에 도달하면 기체는 항상 가장 가능성이 높은 상태로 머무르려 할 것이고 가능성이 낮았던 처음의 상태로는 결코 돌아가려 하지 않을 것이다. 또한 처음에 상자 왼쪽에는 뜨거운 기체 원자 한 줌을 넣고 오른쪽에는 찬 기체 원자 한 줌을 넣었다 하더라도 잠시 후면 뜨거운 원자와 찬 원자는 무작위적으로 부딪치고 튕기면서 돌아다니다가 가장 가능성이 높은 배열을 갖게 될 것이다. 뜨거운 원자와 찬 원자 모두 상자의 왼쪽과 오른쪽에 고르게 분포하게 되는 것이다.

상자 안이 한 번 평형상태에 도달하면, 수백 년을 관찰한다 해도 갑자기 뜨거운 원자와 찬 원자가 갈라져서 끼리끼리 모여 처음처럼 양쪽 구석으로 돌아가는 일은 결코 없다. 상자를 그대로 두면―열펌프를 사용하거나 시스템에 에너지를 투입하지 않는다면― 엔트로피의 증가는 막을 수도 되돌릴 수도 없다.

이러한 비가역성은 엔트로피의 핵심적 성질이다. 현미경적 스케일에서 원자는 마치 당구공처럼 서로, 또는 용기의 벽에 부딪치고 튕겨나간다. 만약 두 개의 당구공이 서로 부딪치고 튕기고 하는 모습을 담은 동영상을 누가 보여준다면, 우리는 그 필름이 앞에서 뒤로 돌아가는 것인지 거꾸로 돌아가는 것인지 구분하기 힘들다. 필름을 앞으로 감든 뒤로 감든 당구공은 서로 부딪친 후 튕겨나간다.

어떤 경우에도 우리가 지각할 수 있는 운동은 물리 법칙에 위배되지 않는다.

원자의 충돌은 가역적이다. 거꾸로 돌려 본 충돌도 똑바로 돌려 본 충돌과 마찬가지로 흠이 없다. 그러나 각각의 원자의 운동은 가역적이라고 해도 한 줌의 원자가 보여주는 총체적 운동은 비가역적이다. 모든 원자가 용기의 한쪽 구석으로 모이는 동영상을 보았다면 우리는 동영상이 필름을 거꾸로 돌린 것임을 알 수 있다. 또한 원래는 한쪽 구석에 모여 있던 원자가 사방으로 확산되어나가는 동영상이라는 것을 금방 알 수 있다. 실제 생활에서도 기체는 사방에 흩어져 있다가 한쪽 구석으로 모이는 것이 아니라 한쪽 구석에서 사방으로 흩어져나간다. 엔트로피 때문에 후자의 운동은 물리적으로 허용되지만, 전자는 (본질적으로) 금지된 운동이다.

엔트로피는 기체의 운동을 비가역적으로 만든다. 엔트로피 때문에 위에서 말한 동영상은 제대로 돌렸을 때만 그 내용이 타당한 것이 되며 거꾸로 돌리면 말도 되지 않는 엉터리 영상이 된다. 원자의 움직임은 그 방향을 되돌려놓을 수 없다. 이러한 이유 때문에 과학자들은 종종 엔트로피를 '시간의 화살'이라고 말한다. 엔트로피 변화 반응의 비가역성은 어느 쪽이 시간의 흐름과 맞는 방향인지를 알려주는 이정표다. 시간은 엔트로피가 증가하는 쪽과 방향을 같이한다. 그 반대로는 흐르지 않는다. 어떤 시스템이든 어떠한 인위적 조작도 가하지 않고 본래 그대로의 상태로 두면 엔트로피는 절대로 감소하지 않는다.

엔트로피는 또한 열역학을 이해하는 열쇠이다. 어떤 의미에서 열기관은 단지 우주의 엔트로피를 증가시키는 기계라고 말할 수 있다. 열기관이 고온 탱크에서 저온 탱크로 열을 이동시키면 그 시스템의 엔트로피는 전체적으로 증가한다. 고온 탱크와 저온 탱크가 분리되어 있는 것은 본질적으로 엔트로피가 낮은 배열이다. 상자 속에서 뜨거운 원자는 왼쪽 구석에, 찬 원자는 오른쪽 구석에 따로 따로 몰려 있다면 이 역시 엔트로피가 낮은 배열을 이루는 것이다. 열을 고온 탱크에서 저온 탱크로 흐르게 함으로써 시스템을 평형상태에 가깝게 만들 수 있다. 즉, 그 시스템의 엔트로피를 높여주는 것이다. 또한 엔트로피를 높이려는 시스템의 '욕망'은 우리가 두 개의 탱크 사이에 어떤 장치를 개입시키고 일을 하게 만들 만큼 강하다.

역으로 말하면, 일을 투입하지 않고는 엔트로피의 증가를 역행시킬 수 없다. 평형상태로 가려는 시스템의 경향을 역행시키려면 에너지를 투입해야 한다. 그렇게 함으로써 우리는 그 시스템 외부를 둘러싼 우주의 엔트로피를 높이게 된다. 높아진 우주의 엔트로피는 우리가 이 시스템에서 줄여놓은 엔트로피보다 훨씬 크다. 이것이 바로 열역학 제2법칙의 요체다.

엔트로피는 절대강자다. 우주는 모자를 깊이 눌러쓰고 얼굴을 가린 채 구부정한 걸음걸이로 느릿느릿 엔트로피가 더 높은 상태를 향해 다가간다. 그 움직임을 역행시킬 수 있는 방법은 어디에도 없다. 우리가 우리 우주의 한 작은 구석에서 질서를 강요—주방에서 열기와 냉기를 서로 갈라놓는 냉장고를 놓는 것처럼—할 수는 있지만 그러기 위해서는 에너지를 소비해야만 한다. 이렇게 소비되는 에너지는 냉장고가 주방에서 감소시킨 엔트로피보다 훨씬 더 크게 지구의 엔트로피를 증가시킨다. 여기서 우리는 아주 혼란스러운 개념을 만난다. 우리가 맥주를 냉장고 속에 넣어 시원하게 만들려고 할 때마다 지구는 조금씩 조금씩 혼돈의 상태를 향해 다가가는 것이다.

원자의 운동을 통계학과 확률론의 관점에서 본 볼츠만의 해석은 믿을 수 없으리만치 강력한 힘을 발휘했다. 기체를 무직위적으로 움직이는 입자의 집합으로 봄으로써 볼츠만은 열의 흐름, 온도, 일 그리고 엔트로피에까지 간여하는 엔진 구동의 물리적 원칙을 설명할 수 있었다. 물론 가장 중요한 부분은 엔트로피였다. 볼츠만은 간단한 확률과 통계를 동원해서 모든 시스템이 자체의 엔트로피를 증가시키기 위해 '노력'하는 것이 당연하다는 것을, 또한 우주 전체가 끊임없이 엔트로피를 증가시키고 있으며 그 과정은 비가역적이라는 것을 보여주었다. 그의 논리 뒤에 숨겨진 개념은 시한폭탄이었다.

볼츠만의 연구가 가진 확률론적 성격은 바로 그 연구가 설명하려는 법칙의 절대적 진리를 훼손시키는 것처럼 보였다. 열역학 제2법칙은 기체가 가장 확률이 높은 배열을 향해 갈 '확률이 높다'는 사실을 기반으로 하고 있었다. 동어반복적 표현지만, 그 내용이 절대적인 것은 아닐 확률이 높다.

아마도 어쩌다 한 번씩은 기체도 확률이 낮은 배열을 보일지도 모른다. 일어날 수 있는 일이다. 에너지의 투입이 없이도 어떤 시스템의 엔트로피가 저절로 감소할 수도 있다는 의미가 된다. 어떻게 해석한다 해도 열역학 제2법칙이 갑자기 깨진 것이 틀림없어 보인다. 설상가상으로, 기체의 통계적 속성을 이해하고 기체 원자의 운동 속도 분포를 그려냈던 제임스 클러크 맥스웰이 어떤 일의 투입 없이도 뜨거운 원자와 찬 원자를 분리시킬 수 있을 것으로 보이는 교묘한 방법을 고안해냈다. 열역학 제2법칙에 대한 훨씬 더 심각한 위반이었다.

볼츠만은 제2법칙이 참이라는 것을 증명했다. 그러나 동시에 그의 방법이 바로 그 법칙을 훼손하는 것처럼 보였고, 그 법칙이 항상 참인 것은 아니라는 것을 보여주었다. 이러한 상황은 볼츠만의 학자로서의 삶을 두고두고 괴롭힌 악마였다.

2002년, 한 무리의 호주 과학자들이 《물리학 평론지 Physical Review Letters》에 논문을 한 편 실었는데 이 논문이 작은 소동을 일으켰다. 그도 그럴 것이 논문의 제목이 매우 도발적이었다. "작은 시스템, 짧은 시간에 있어서의 열역학 제2법칙의 위배에 대한 시연", 이것이 바로 그 논문의 제목이었다.

이 논문에 참여한 과학자들(캔버라의 호주 국립대학과 브리즈번의 그리피스 대학 교수들)은 물속에 든 아주 작은 라텍스 구슬의 엔트로피를 측정하는 독창적인 실험을 했다. 상자 속의 원자처럼 이 구슬도 (한 번에 약 100개씩) 물이 든 용기 안을 무작위적으로 떠다녔다. 연구진들은 레이저를 이용해 이 작은 구슬을 가두었다 놓아주면서 이 시스템의 엔트로피가 어떻게 전개되는지를 측정했다.

대개의 경우 이 구슬들은 우리가 기대한 대로 움직였다. 레이저에 의해 강요된 질서는 금방 허물어졌고, 시스템의 엔트로피는 증가했다. 그러나 어쩌다 한 번씩 아주 잠깐이지만 엔트로피가 감소했다가 다시 증가했다. 아주 짧은 시간 동안, 아주 작은 시스템 안에서 엔트로피가 증가하지 않고 자발적으로 감소했던 것이다. 그러니까 열역학 제2법칙이 깨진 것이다. 아주 짧은 시간 동안이었지만 제2법칙은 깨진 듯 보였다. 엔트로피는 증가하지 않고 감소했다.

뉴스 매체들이 가장 근본적인 물리학 법칙에 위배되는 듯 보이는 현상에 큰 관심을 보인 것은 당연했다. 그러나 2002년의 실험이(그리고 더욱 치밀하게 계산된 2004년의 실험도) 엔트로피가 아주 작은 시스템에서 아주 짧은 시간 동안은 증가하지 않고 자발적으로 감소할 수 있음을 보여주기는 했지만, 그 현상이 곧 제2법칙에 위배되는 것은 아니었다. 이는 제2법칙의 통계적 성질이 허용하는 것과 정확하게 일치하는 현상이었다. 따라서 뉴스 매체들이 호들갑을 떨었던 것처럼 그렇게 큰 사건은 아니었던 것이다.

상자 속에 든 기체의 배열을 공식으로 정리했을 때, 볼츠만은 많은 양의 입자들이 비록 개별적으로 무작위적 운동을 하지만 전체적으로는 그 운동이 예측가능하다고 보았다. 한 시스템 안에 존재하는 입자의 수가 많으면 많을수록 예측의 정확도는 높아진다.[10] 거꾸로 말하자면, 시스템이 작으면 작을수록 예측이 임의적 변동에 의해 빗나가기 쉬워진다.

볼츠만은 열역학 제2법칙에 확률론적 법칙의 옷을 입혔다. 그것은 통계적 확실성에 따라서 참을 판별하는 법칙이다. 상당히 큰 시

---

10 이 개념이 바로 수학에서 말하는 '대수의 법칙(law of large numbers)'이다. 요약하자면, 예측되는 행동 또는 현상으로부터 어긋나는 경우의 수는 무작위적 사건의 수가 커지면 커질수록 작아진다는 것이다.

스템에서라면 우리는 우주의 일생을 통틀어 어느 시점에서도 열역학 제2법칙이 위배되는 것을 볼 수 없을 것이다. (1,024개의 구슬 실험에서 온 우주 속의 원자 하나하나가 1,024개의 구슬이 든 상자이며 각각의 상자에서 우주의 탄생 직후부터 지금까지 매초마다 한 번씩 이 실험을 되풀이했다고 해도 1,024개의 구슬이 모두 상자의 한쪽에만 떨어지는 경우는 아직 보지 못했던 것을 기억하자.) 그러나 네 개의 구슬을 던지는 실험과 같은 작은 시스템에서는 구슬 네 개가 모두 상자의 왼쪽이나 오른쪽에만 떨어지는 경우를 볼 수 있을 것이다. (사실 이런 경우는 여덟 번 중에 한 번꼴로 발생한다.) 따라서 구슬 네 개가 든, 엔트로피가 최대인 상태—상자의 양쪽에 각각 두 개씩의 구슬이 떨어진—의 상자를 가지고 있는데 그 상자를 마구 흔들어본다면 여덟 번 중에 한 번은 자발적으로 엔트로피가 최소인 상태로 감소하는 경우를 볼 수 있다. 이렇게 엔트로피가 감소하는 것이 마치 열역학 제2법칙에 위배되는 것처럼 보이기는 하지만 실은 그렇지 않다. 이런 현상은 단지 이 법칙의 통계적 성질에서 비롯되는 현상일 뿐이다.

현대 물리학자들은 가장 확고한 법칙— 열역학 제2법칙까지도—일지라도 통계적 요소가 담겨 있음을 알고 있다. 예를 들어 아주 짧은 시간 동안 아주 짧은 거리 단위에서라면 입자가 나타났다가 사라질 수 있다. 이른바 진공 요동 vacuum fluctuation 이라는 것 때문이다. 어떤 물리학자도 이 현상을 질량과 에너지 보존 법칙의 위배라고 보지 않는다. 진공 요동은 현대 물리학자들이 익숙하게 다루는 개념이다. 그러나 볼츠만의 시대의, 엔트로피는 항상 증가해야 한다는 철석같은 믿음은 절대성이 결여된 그의 이론이 넘어야 할 커다란 장애물이었다. 하지만 볼츠만에 대한 더욱 심각한 도전은 바로 그에게 열역학 이론의 영감을 주었던 물리학자, 맥스웰로부터 비롯된 것이었다.

볼츠만은 맥스웰의 이론을 좋아했고, 기체에 대한 맥스웰의 1866년 논문은 원자의 운동 속도에 대한 볼츠만의 이론의 토대가 되었다. 볼츠만은 1866년의 논문을 교향곡에 비유했다.

먼저, 속도의 변주곡이 장엄하게 펼쳐진다. 그다음에는 상태 방정식이 한쪽에 들어가고, 운동 방정식이 나머지 한쪽에 들어간다. 공식의 혼돈은 더욱더 큰 파도로 몰아친다. 갑자기 세 마디 말이 들린다. "N=5 라고 하자." 음악 속에서 파열음을 내던 베이스의 소리가 갑자기 조용해지자 사악한 악마 V가 사라진다.[11]

---

11 린들리(Lindley)의 저서 《볼츠만의 원자(Boltzman's Atoms)》, 71쪽에서 인용.

맥스웰은 사악한 악마를 쫓아내기보다 오히려 하나를 더 불러들였다. 1871년의 논문 〈열 이론 Theory of Heat〉에서 그는 열역학 제2법칙에 작은 구멍을 하나 내려고 시도했다. 맥스웰은 원자의 무작위적 운동을 이용해 엔트로피의 일방통행을 역행시키고 영구 기관을 만들 수 있는 독창적 방법을 고안해냈다. 그는 제2법칙에서 중대한 오류를 발견했다고 생각했다.

그는 기체로 가득 찬 상자 속에 지능을 가진 작은 '존재 being'가 있다고 가정했다. 상자는 똑같은 크기로 이분되어 있고 그 사이에는 벽이 놓여 있다. 벽에는 마찰이 없는 셔터가 장치되어 있다. 이 셔터를 여닫음으로써—마찰이 없기 때문에 이 조작에는 일을 투입할 필요가 없다— 그 작은 존재는 원자를 상자의 이쪽에서 저쪽으로 보내거나 못 가게 막을 수 있다. 맥스웰은 이 작은 존재—물리학자 윌리엄 톰슨(켈빈 경)은 나중에 이 존재에 '맥스웰의 악마'라는 별명을 붙였다—가 외견상으로는 에너지나 일의 투입 없이도 체계적으로 엔트로피를 역행시킬 수 있다고 보았다.[12]

예를 들면 이 악마는 엔트로피가 높은 상태(뜨거운 원자와 찬 원자가 상자 안에 고르게 퍼져 있는 상태)에서 출발하여 뜨거운 원자를 모

---

12 어쩔 수 없는 영국인이었던 톰슨은 셔터를 여닫는 하나의 악마를 크리켓 배트를 휘두르는 다수의 악마로 바꾸어놓았다.

두 왼쪽 칸에, 찬 원자는 모두 오른쪽 칸에 들어가게 만들 수 있다. 이렇게 하기 위해 악마는 그저 셔터를 적절한 때 열었다 닫기를 반복하기만 하면 된다. 상자 왼쪽에 있던 찬 원자 중 하나가 셔터에 접근하면 악마는 셔터를 열어 이 원자를 통과시키지만, 뜨거운 원자는 왼쪽에서 오른쪽으로 가지 못하게 막는다. 역으로, 뜨거운 원자가 오른쪽 칸에서 왼쪽 칸으로 가려고 하면 셔터를 열어주지만, 만약 찬 원자가 오른쪽 칸에서 벗어나려고 하면 셔터를 닫아버린다.

어느 정도 시간이 흐른 후, 외견상으로는 어떠한 일의 투입도 없이 악마는 상자 안을 뜨거운 칸과 차가운 칸으로 나누어서 상자가 처음에 놓여 있던 평형상태보다 엔트로피가 훨씬 더 낮은 상태로 만들게 된다. 악마는 분자의 무작위적 운동을 이용해 분자들 스스로 양편으로 나뉘도록 했을 뿐이다.

맥스웰의 악마는 볼츠만의 법칙이 가진 통계학적 성질에 대한 맹목적 거부감보다 더 심각한 도전이었다. 마치 제대로 설계를 하기만 하면 에너지를 전혀 소비하지 않고도 저절로 엔트로피를 역행시켜서 고온 탱크와 저온 탱크를 가르는 기계를 만들 수 있을 것 같았다. 만약 그것이 가능하다면, 맥스웰의 악마를 열기관에 잡아넣어 고온 탱크는 계속 고온 상태를 유지하게 하고 저온 탱크는 계속 저온 상태를 유지하게 함으로써 일을 생산할 수 있다는 결론이 나왔다. 공짜로 일을 생산할 수 있다는 것은 곧 영구 기관이 가능하다는 뜻이었다.

애석하게도 볼츠만은 생전에 맥스웰의 악마를 극복하지 못했다. 사적인 투쟁에서 무릎을 꿇었던 것이다. 볼츠만은 종종 만사에 과민반응을 보이고 반사회적 경향을 보였다. 그리고 그의 독창적 사고는 강력한 적을 만들기 십상이었다. 게다가 그는 한차례씩 찾아오는 발작적 우울증에 노이로제 증세로 고통을 겪었다. 그는 맥스웰의 악마를 물리치고 승리를 이끌어낸 물리학의 비밀을 끝

맥스웰의 악마

내 알지 못하고 스스로 목을 맸다. 아이러니하게도 그 승리의 중심
에 있는 공식은 볼츠만의 묘비에 새겨진 바로 그 공식 $S=k\log W$,
즉 기체로 가득 찬 용기의 엔트로피를 나타내는 공식이었다. 그러
나 맥스웰의 악마를 물리친 것은 엔트로피가 아니었다. 바로 정
보information였다.

3 정보

정보라는 개념 자체는 새로운 것이 아니다. 그러나 1948년, 공학자이기도 한 어느 수학자가 정보도 측정될 수 있고 계량화할 수 있다는 것—또한 열역학과 밀접한 관련이 있다는 것—을 알게 되면서 혁명에 불을 댕겼고 곧이어 악마를 무찔렀다.

처음에는 정보이론은 전혀 중요하다고 여겨지지 않았다. 그러나 정보는 암호 제작자와 공학자들로 하여금 자신들이 하는 일에 대한 관점을 바꾸게 했다. 또한 얼마 안 가 일상생활의 일부가 될 컴퓨터의 탄생에 토대가 되었다. 그러나 정보이론의 창시자인 클로드 섀넌Claude Shannon 조차도 자신의 생각이 얼마나 멀리까지 확장될 수 있는지는 전혀 알지 못했다.

정보는 장군의 암호에 숨겨진 잉여성, 그리고 좀 더 최근의 예를 든다면 컴퓨터 스위치의 온/오프보다 훨씬 크고 높은 개념이다. 여러 가지 방법—종이 위에 찍힌 잉크의 패턴, 회로판을 통해 흐르는 전류, 마그네틱테이프에 들어 있는 원자의 방향, 점멸하는 등불—으로 정보를 기술할 수 있지만, 정보에는 그것을 저장하는 매체를 초월하는 무언가가 있다. 정보는 물리적 실체, 에너지나 일, 또는 질량과 유사한 물질의 속성을 갖는다.

정보는 실로 중요한 것이어서 나중에 과학자들은 정보의 교환이나 조작에 대한 새로운 이론을 곧 보태게 되었다. 사실 가장 기본적인 물리학의 법칙들—예컨대 열역학 법칙들과 한 덩어리의 물질 속에 들어 있는 원자의 집단이 어떻게 움직이는가에 대한 법칙들—은 깊게 파고 들어가보면 정보에 대한 법칙들이다. 맥스웰의 악마를 물리칠 수 있었던 것도 과학자들이 그 악마를 정보이론의 맥락에서 자세히 연구한 덕분이었다.

정보이론은 볼츠만의 묘비에 새겨진 방정식을 이용해 열역학의 존립 기반을 위태롭게 하던 악마를 물리쳤다. 자연은 정보라는 언어로 말을 하는 것으로 보였고, 과학자들은 그 언어를 이해하게 되면서 섀넌도 상상조차 하지 못했던 거대한 힘을 엿보기 시작하게 되었다.

정보이론의 영웅인 클로드 엘우드 섀넌은 1926년 미국의 미시건 주에서 태어났다. 소년 시절, 그는 늘 무언가를 만지작거려서 고장 내고 또 고치기를 좋아했다. 그가 훗날 공학과 수학을 공부하게 된 것은 타고난 운명이었던 듯하다. 이 두 학문은 평생토록 그의 삶에 영향을 미쳤고, 그가 훗날 창시하게 될 정보이론의 밑받침이 되었다. 1930년대에 섀넌은 특수한 수학 기법인 미분방정식을 풀어내는 기계를 만듦으로써 수학과 공학 사이에 다리를 놓았다.

흔히 볼 수 있는 방정식인 $5x=10$은 사실 어떤 수를 x의 자리에 대입해야 이 공식을 만족시킬 수 있는지를 묻는 일종의 질문이다. 미분방정식은 이보다 더 단순하지만 질문은 더 난해하며 답 자체가 숫자가 아닌 방정식이다. 예를 들면, 물리학과 학생들이 금속봉의 치수라든가 불꽃의 온도 같은 물리적 성질들을 어떤 미분방정식의 한 변에 대입하면, 어떤 주어진 시점에 그 금속봉의 주어진 부분이 얼마나 뜨거울 것인지를 말해주는 방정식이 답으로 나타난다. 이 방정식들은 물리학에서는 아주 기본적인 방정식이며 당시의 과학자들은 원시적 컴퓨터를 가지고 가능한 한 빨리 그 방정식을 풀어내려고 필사의 노력을 기울였다.

대학을 졸업하고 얼마 후, 섀넌은 매사추세츠 공과대학MIT에서 파트타임으로 일자리를 얻었다. 이 대학에서 그는 배너바 부시 Vannevar Bush가 개발한 미분방정식 계산기를 다루는 일을 했다. 배너바 부시는 그로부터 십 년 후 원자폭탄 개발 과정의 막후에서 중요한 역할을 한 과학자였다. 미분방정식을 이 컴퓨터가 이해할 수 있는 형태로 변환하는 것이 섀넌의 일이었다. 그러다가 결국에는 미분방정식 컴퓨터의 핵심에 자리하는 계전기와 똑딱 스위치의 새로운 설계를 구상하기 시작했다. 그가 MIT에서 파트타임으로 일할 때 그의 은사가 쓴 논문은 공학자가 전기적 장치(컴퓨터를 포함해)에 사용할 스위치를 설계할 때 불 연산자Boolean logic—1과 0의 수학적 조작—를 이용하는 방법에 대한 것이었다. 박사학위 과정을 마친 후 섀넌은 벨 연구소Bell Laboratories에 입사했다. 이름에서 알 수 있듯이 벨 연구소는 미국의 전화 시스템을 독점적으로 지배하고 있던 미국 전신전화회사American Telephone and Telegraph Company, AT&T에서 설립한 연구소였다.

1920년대에 설립된 이 연구소는 통신과 관련된 기초 연구를 목적으로 하는 곳이었다. 이 연구소의 과학자들과 공학자들은 고품질의 음성 녹음장치, TV 전송, 첨단 전화설비, 광섬유, 기타 우리 사회의 주요한 통신 수단을 원활하게 움직이기 위한 토대를 닦는 데 도움을 주었다. 핵심을 말하자면 통신이란 한 사람에게서 다른 사람에게로 정보를 전달하는 것이므로, 이 연구소에서 이루어지는 연구가 '정보 기술'이라는 분야로 집약되었다는 것도 이상할 것이 없다. 최초의 이진법 디지털 컴퓨터, 트랜스미터 등도 이 연구소에서 개발되었다.

섀넌은 벨 연구소의 연구에 완벽하게 어울리는 사람이었고, 곧이어 과학의 세계를 크게 변화시킬 연구 프로젝트에 착수했다. 언뜻 보기에 그의 연구는 그다지 혁명적인 것처럼 여겨지지 않았다. 주어진 전화선(또는 무선 연결이나 기타의 통신 '채널')이 얼마만큼의 용량을 감당할 수 있느냐를 다루는 연구였다. 이 주제는 아주 근본적인 문제였다. 벨 연구소의 공학자들은 회선 간의 혼선 없이 하나의 전화선에 동시에 얼마나 많은 전화회선을 수용할 수 있을지를 알고 싶어 했다. 다시 말해 하나의 구리 케이블로 얼마나 많은 정보를 나를 수 있느냐 하는 것이었다.

통신 과학자들은 경계가 모호한 분야에 서 있었다. 로마 시대부터 공학자들은 다리를 세우고 도로를 닦는 데 필요한 기본 원리를 알고 있었다. 열역학도 이미 100년의 나이를 세고 있었다. 그러나 전화통신은 완전히 새로운 분야였다. 어떤 교량 건설 책임자가 자신이 짓고 있는 다리가 얼마만큼의 교통량을 감당할 수 있을지를 알고 싶어 한다면 그 다리를 지나갈 자동차의 무게가 각각 얼마나 될 것인지, 그리고 그 다리를 지탱할 강철 지주의 강도가 얼마나 될 것인지를 계산하면 문제는 해결된다. 주어진 다리의 교통 용량을 계산하기 위해서는 질량 개념을 이용할 수 있다. 그러나 전화선에 대해서 똑같은 계산을 하려는 공학자는 완전한 암흑 속에서 헤매게 된다. 전화선 하나로 동시에 얼마나 많은 통화를 할 수 있는지를 계산해주는 정확한 식은 없었다. 교량 건설 책임자가 교량의 교통 용량을 계산하려면 질량을 측정해야 하듯이, 전화선의 통화 용량을 계산하려는 공학자는 정보량을 측정하는 방법을 알아내야 했다. 이러한 기본적 지식을 제공한 사람이 바로 섀넌이었고, 그의 아이디어는 단순히 AT&T만을 도운 것이 아니라 어마어마하게 큰 반향을 불러 일으켰다.

전화선의 용량에 대한 의문의 해답을 찾기 시작하면서 섀넌은 수학과 공학의 지식을 총동원했다. 그가 가진 의문의 성격에 관한 지식과 기계, 불 연산자, 전기회로 등에 관한 모든 지식이 필요했다. 그렇게 해서 그는 상대성이론과 양자이론에 뒤이어 20세기 물리학이 일구어낸 세 번째로 위대한 혁명을 일으켰다. 그에게서 비롯된 정보이론은 우주를 보는 과학자들의 시선을 급격하게 바꾸어놓았다. 그러나 섀넌의 정보이론은 아주 작고 우리에게도 익숙한 부분, 즉 질문과 대답의 방법에서 출발했다.

섀넌은 정보란 우리가 가진 질문에 대한 대답을 찾도록 도와주는 어떤 것이라는 대단히 통찰력 있는 생각에서 출발했다. 이 미분방정식의 해는 무엇인가? 부르키나파소의 수도는 어디인가? 원자를 구성하는 입자는 무엇인가? 적절한 정보가 없으면 우리는 이런 질문에 대한 답을 찾을 수 없다. 아마도 머릿속에 저장된 제한적 지식—정보—에 입각하여 부정확한 추측을 할 수는 있을 것이다. 그러나 지금 당장은 정확한 답을 알 수 없다 하더라도, 누군가가 적절한 정보를 제공하기만 하면 상당한 확신을 가지고 답을 말할 수 있을 것이다.

지금까지는 매우 추상적인 이야기였지만, 이제부터는 구체적인 예를 들어서 말해보기로 하겠다. 1775년 4월 18일, 미국의 독립전쟁이 시작되기 직전이었다. 미국의 독립군은 영국군이 곧 공격을 시작하리라는 것을 알고 있었다. 보스턴에 집결해 있던 영국군이 북쪽의 렉싱턴을 향해 진격하리라는 것도 알고 있었지만, 그들이 택할 수 있는 경로는 두 가지가 있었다. 첫 번째 경로는 쉽게 진군할 수 있는 경로였지만 거리가 멀었다. 보스턴에서 출발, 남서쪽으로 향해서 육지의 길고 좁은 길을 따라 이동한 뒤 그들의 목적지를 향해 북쪽으로 돌아가는 길이었다. 두 번째 경로는 병참에 난관이 예상되나 훨씬 빨리 이동할 수 있었다. 찰스 강 어귀를 건너 렉싱턴을 향해 곧바로 북쪽으로 진군하는 길이었다. 미국군이 풀어야 할 숙제는 과연 영국군이 이 두 경로 중에서 어느 쪽을 선택하느냐였다.

이 질문에는 두 가지 답이 가능하다. 육로, 아니면 수로. 찰스 강의 북쪽 강둑에서 대기하던 미국 독립군은 영국군의 전략에 대한 정보가 없었다. 따라서 어떻게 방어진을 구축해야 할지 전혀 감을 잡지 못했다. 영국군이 움직이기 시작하기만 하면, 보스턴의 모든 사람들이 금방 영국군의 진로를 알 수 있었다. 그러나 렉싱턴에 주둔한 독립군은 그 정보를 알 수 없었다. 누군가가 위의 질문—두 가지 경로 중에서 영국군이 어떤 경로를 택했는가—에 대한 답을 전해주기 전까지는 독립군은 방어를 시작할 수 없었다.

다행히도 그로부터 일주일 전에 폴 리비어 Paul Revere 와 몇 명의 애국자들이 영국군의 이동 상황에 대한 정보를 수집해 독립군에게 알리려는 작전을 짜두었었다. 영국군이 이동을 시작하자마자 보스턴에 있는 올드 노스 처치의 관리인은 보스턴의 다른 시민들과 마찬가지로 영국군이 어떤 경로를 택해서 가는지를 바로 알 수 있었다. 정보를 알아낸 교회 관리인은 재빨리 교회 첨탑으로 올라가 찰스 강 건너에 주둔해 있는 독립군들에게 영국군이 택한 경로를 알려주는 등불 신호를 걸었다. 등불 하나가 걸리면 영국군이 거리가 먼 육로를 택했다는 뜻이고 등불 두 개가 걸리면 배를 타고 찰스 강을 건너서 간다는 뜻이었다. 즉, 등불 하나면 육로, 두 개면 수로였다.

그날 저녁 교회 첨탑에 등불 두 개가 걸리자 독립군은 물음에 대한 대답을 즉각 알 수 있었다. 영국군의 전략에 대한 정보는 불확실성에 대한 한 점의 의심도 없이 독립군에게 전달되었다. 독립군은 영국군이 배를 타고 올 것이며 금방 도착하리라는 것을 확실하게 알 수 있었다. (물론 그나마 미심쩍은 부분이 있었다 하더라도 곧이어 말을 타고 달려와 직접 소식을 전해준 폴 리비어에 의해 의심은 말끔하게 해소되었다.)

섀넌의 입장에서 보면 이 일화는 정보 전달의 고전적 사례였다. 메시지가 전달되기 전—첨탑에 등불이 걸리기 전—에는 그 메시지를 받을 사람, 즉 미국 독립군은 오로지 추측만 할 수 있을 뿐이었고 그 추측은 틀릴 확률이 50퍼센트였다. 그러나 일단 등불이 걸리자 그 메시지는 멀리까지 전달되었고, 교회 관리인으로부터 미국 독립군에게까지 정보가 전달되었다. 두 개의 램프는 독립군의 질문에 대한 답이었다. 영국군이 택할 경로에 대해서는 한 오라기 의심의 여지도 사라졌다. 이제 영국군이 어떤 길로 진군할지는 100퍼센트 확실해진 것이다. 그 메시지는 질문에 대한 미국 독립군의 답에서 불확실성을 줄여—이 경우에는 0퍼센트로—주었다. 섀넌에게는 그것이 바로 정보의 본질이었다.

그러나 정보에 대한 섀넌의 관점이 가진 진정한 힘은 주어진 메시지 속에 얼마나 많은 양의 정보가 전달될 수 있는가를 측정할 수

단을 알려주었다는 데 있었다. 그는 위의 사례와 같은 간단한 질
문—두 개의 가능한 답이 있는 질문—은 본질적으로 '예/아니오'형
문제라고 판단했다. 영국군은 육로로 오는가, 아니면 수로로 오는
가? 당신은 여자인가, 남자인가? 동전을 던졌을 때 윗면이 나올 것
인가, 뒷면이 나올 것인가? 등불이 켜져 있는가, 꺼져 있는가? 어떤
질문이든 '아니오'라는 대답은 질문에 대한 답으로서 전혀 불확실
성의 여지를 남기지 않는다.

만약 영국군이 수로로 오지 않는다면 그들은 육로로 온다. 만약
당신이 남자가 아니라면 당신은 여자다. 던져서 떨어진 동전이 뒷
면을 보이지 않았다면 앞면을 보인 것이다. 만약 등불이 켜져 있지
않다면 꺼져 있는 것이다. 따라서 '예/아니오' 질문은 각각의 의문
에 대한 충분한 답을 준다. 수학자들은 불 연산자라는 도구를 통해
'예/아니오' 질문을 능숙하게 다룬다.

불 연산자는 그 답이 참과 거짓, 예와 아니오, 온^{on}과 오프^{off}로
나올 수 있는 문제를 다룬다. 이렇게 단순한 '예/아니오' 질문의 답
은 두 개의 기호로 이루어진 쌍 중에서 하나로 표현될 수 있다. T/
F(참/거짓), Y/N(예/아니오), 1/0 등이 그 예다. (이 책에서의 일관성을
유지하기 위해 필자는 1을 '참/예/on', 0을 '거짓/아니오/off'로 사용하기로
한다.)

질문: 영국군은 수로로 오는가?　　　　　　답: 1

질문: 토니 블레어는 여자인가?　　　　　　답: 0

'예/아니오'형 질문은 언제나 두 개의 값 중에서 하나를 갖는 하나의 기호로 대답할 수 있다. 이 기호가 바로 이진수, 또는 비트^bit이다.

'비트'라는 용어는 1948년에 쓰인 섀넌의 논문 〈통신의 수학적 이론〉에서 처음 사용되었다. 이 논문은 요즈음 정보이론이라고 알려진 분야의 토대가 되었다.[1] 비트는 섀넌의 이론에서 정보의 기본 단위가 되었다.

'예/아니오'형 질문에 답을 하려면 1비트의 정보가 필요하다. 영국군이 육로를 택했는지 수로를 택했는지를 알리기 위해 올드 노스 처치의 첨탑에 등불을 걸려면 이진법 신호를 구성할 필요가 있다. 0은 육로, 1은 수로를 의미한다. 이 이진수를 메시지로 변환시키면 질문에 대한 답이 나오는 것이다. 그러나 그 메시지가 어떤 형태를 띠는가는 전혀 문제가 되지 않는다. 첨탑에 걸린 하나의 등불일 수

1　섀넌은 이 용어를 만들어낸 공을 벨연구소에서 함께 일한 동료 존 터키(John Tukey)에게 돌렸다. '비트'는 당시에 막 생겨났지만 그보다 훨씬 적합하지 않았던 '비지트(bigit)'라는 용어를 대체했다. 훗날 8비트를 묶어 '바이트(byte)', 4비트(1/2바이트)를 묶어 '니블(nibble)'이라고 부르게 되었다.(우연하게도 터키는 컴퓨터 공학 분야에서 가장 중요한 알고리즘 중 하나인 고속 푸리에 변환(fast Fourier transform)의 암호를 개발한 것으로 유명해졌다. 그러나 그 이야기는 이 책의 주제와는 완전히 다른 이야기이다.〕

도 있고 두 개의 등불일 수도 있다. 또는 붉은 등불 대 녹색 등불일 수도 있다. 교회의 왼쪽 모서리에 걸린 깃발과 오른쪽 모서리에 걸린 깃발일 수도 있다. 허공을 향해 쏜 대포 소리일 수도 있고, 일제히 사격하는 소총 소리일 수도 있다. 이렇게 매체는 모두 다를 수 있지만 메시지에 실린 정보는 여일하다. 메시지의 형태가 어떠하든 모두 1비트의 정보를 전달하고 있으며, 미국 독립군에게 영국군이 선택 가능한 두 가지의 경로 중 하나를 가리킨다.

그러나 만약 질문이 좀 더 복잡해서 '예' 또는 '아니오'로 간단하게 대답할 수 없는 경우라면? 예를 들어보자. 만약 영국군이 보스턴에서 기차를 타고 렉싱턴 역에 내린다면? 또는 18세기에 개발된 풍선 기구를 타고 날아가서 낙하산을 타고 매사추세츠 중심가에 떨어진다면? 이렇게 네 가지 가능성이 있다면 1비트의 정보만으로는 영국군의 진로에 대한 질문에 완벽하게 대답할 수 없다.

이런 경우, 메시지가 전달되기 전에 미국 독립군이 선택할 수 있는 가능성은 네 가지가 있고, 각각의 가능성이 똑같은 확률을 가지고 있다고 가정할 수 있다. 물론 어떤 가능성이든 추측으로만 선택할 수도 있지만, 아무런 정보도 없는 맹목적 추측이라면 그 선택이 옳을 가능성은 25퍼센트에 불과하다. 또한 '영국군은 수로로 오는가?'라는 질문에 답하는 1비트의 메시지는 가능한 전체의 답 중에

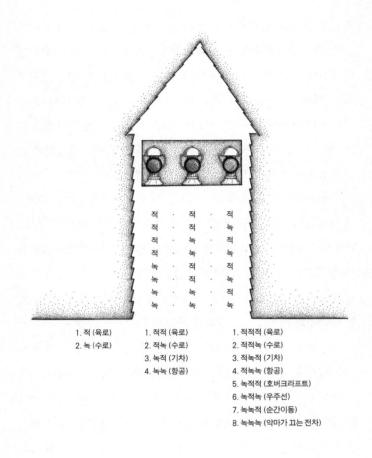

적	·	적	·	적
적	·	적	·	녹
적	·	녹	·	적
적	·	녹	·	녹
녹	·	적	·	적
녹	·	적	·	녹
녹	·	녹	·	적
녹	·	녹	·	녹

1. 적 (육로)

2. 녹 (수로)

1. 적적 (육로)

2. 적녹 (수로)

3. 녹적 (기차)

4. 녹녹 (항공)

1. 적적적 (육로)

2. 적적녹 (수로)

3. 적녹적 (기차)

4. 적녹녹 (항공)

5. 녹적적 (호버크라프트)

6. 녹적녹 (우주선)

7. 녹녹적 (순간이동)

8. 녹녹녹 (악마가 끄는 전차)

올드 노스 처치에 등불 하나, 둘, 셋을 걸었을 때

서 4분의 1만을 보여줄 뿐이다. 이 질문에 대해 0이라는 대답—올드 노스 처치에 걸린 하나의 등불—은 영국군이 육로를 택할지 기차를 타고 올지 기구를 타고 올지에 대해서는 정확한 답을 주지 못한다. '수로가 아님'이라는 메시지는 위의 질문에 대한 완벽한 답일 수 없다. 1비트로는 부족한 것이다.

만약 폴 리비어가 이러한 상황에 처했다면 그는 질문에 완벽하게 답하기 위해 다른 전략을 구상했어야 했을 것이다. 1비트 이상의 정보를 전달할 수 있는 방법이 있어야 하기 때문이다. 예를 들어 등불이 하나면 육로, 두 개면 수로, 세 개면 기차, 네 개면 낙하산, 이런 방법이 필요하다. 만약 여덟 가지 가능성이 있다면 그는 첨탑에 여덟 개의 등불을 걸어야 했을지도 모른다. 등불 하나면 육로, 두 개면 수로, 세 개면 기차, 네 개면 항공(기구-낙하산), 다섯 개면 호버크라프트, 여섯 개면 우주선, 일곱 개면 순간이동, 여덟 개면 악마가 끄는 전차… 이 경우에는 첨탑에 걸어야 할 등불의 개수가 너무나 많다.

그러나 만약 리비어가 '정말로' 영리하고 똑똑한 사람이었다면, 그는 방법을 약간 바꿔서 필요한 등불의 수를 줄일 수 있었을 것이다. 네 가지 가능성을 구별하기 위해 네 개의 등불을 달지 않고 단두 개의 등불만 달아도 충분히 메시지를 전달할 수 있다. 두 개의 등불에 모두 붉은색과 녹색의 필터를 달아 등불의 색을 바꿀 수 있게 하면, 적-적이면 육로, 적-녹이면 수로, 녹-적이면 기차, 녹-녹이면 항공이 되는 것이다. 붉은색 또는 녹색의 빛을 낼 수 있는 두 개의 등불—2비트—은 네 가지 가능성이 있는 질문에 대해서도 완벽하게 답할 수 있다. 네 가지 시나리오가 가능한 경우에도 완벽한 대답을 하기 위해 2비트의 정보면 충분한 것이다. 마찬가지로, 세 개의 적-녹 등불, 즉 3비트의 정보로 여덟 가지 가능성이 있는 질문에 완벽하게 답할 수 있다.

문제가 아무리 복잡해도, 가능한 대답의 (유한한) 개수가 아무리 많아도, 일련의 비트로, 일련의 '예/아니오' 질문에 대한 답으로 완벽한 답을 할 수 있다. 예를 들어 내가 1부터 1,000까지의 수 중에서 하나의 숫자를 생각하고 있고, 누군가가 단 열 개의 '예/아니오' 질문으로 그 숫자를 맞힌다고 하자.

질문: 그 수는 500보다 큰 수입니까?

답: 아니오.

질문: 그 수는 250보다 큰 수입니까?

답: 아니오.

(…)

질문을 잘 선택하기만 하면 열 번째 질문에서는 100퍼센트 확신을 가지고 내가 염두에 두었던 숫자를 맞힐 수 있다.

게임의 처음부터 내가 생각하던 숫자가 몇인지를 단순히 추측하기만 했다면 그 숫자를 맞힐 확률은 1,000분의 1, 즉 0.1퍼센트에 지나지 않았을 것이다. 그러나 각각의 '예/아니오'형 질문에서는 내가 생각하고 있던 숫자에 대해서 1비트씩의 정보를 줌으로써 불확실성이 줄어들었다.

질문: 그 수는 500보다 큰 수입니까?

답: 아니오.

이 질문과 답의 의미는 내가 생각하고 있던 숫자가 1부터 500 사이에 있다는 뜻이다. 따라서 가능한 답은 1,000개가 아닌 500개가 된다. 여기서 또 단순하게 추측만 한다면 맞을 확률은 500분의 1이 된다. 이 정도로는 아직도 확률이 높다고 볼 수 없다. 그러나 전보다는 두 배 높아졌다.

질문: 그 숫자는 250보다 큰 수입니까?

답: 아니오.

여기서 우리는 그 숫자가 1부터 250 사이의 어떤 수라는 것을 알 수 있다. 이제 가능한 답은 250개, 단순히 추측했을 경우 맞을 확률은 250분의 1이 된다. 질문과 답이 세 번 오가면 추측이 맞을 확률은 125분의 1로 높아진다. 계속해서 질문과 답이 일곱 번 이어지면, 확률은 여덟 가지 중의 하나—약 12퍼센트—로 높아진다. 열 번의 질문이면 100퍼센트 확신을 가지고 대답할 수 있게 된다. 각각의 '예/아니오'형 질문은 내가 생각하고 있는 숫자가 무엇이냐는 질문에 대한 답의 불확실성을 줄여준다. 각각의 '예/아니오'형 질문에 대한 답은 1비트씩의 정보를 제공한다. 1,000가지 가능성 중에서 하나를 구별하는 데는 오직 10비트의 정보만 있으면 충분하다. 10비트의 정보, 즉 1과 0의 숫자 열 개로 이루어진 문자열로 100퍼센트 확실하게 1,000개의 가능한 답이 있는 질문에 대답할 수 있는 것이다.

섀넌은 N개의 가능한 답이 있는 질문은 logN 비트의 문자열로 대답할 수 있음을 알아냈다. N개의 가능성 중에서 하나를 식별하기 위해서는 logN 비트의 정보만 있으면 된다.[2] 따라서 두 개의 가능성 중에서 하나를 식별하기 위해서는 1비트의 정보만 있으면 충분하다. 네 개의 가능성이 있을 경우에는 2비트, 여덟 개의 가능성이 있을 경우에는 3비트가 필요하다. 이 원칙은 어마어마하게 강력한 영향력을 가지고 있다. 우주 안에 존재하는 원자 중 하나를 무작위로 골라잡았다고 치자. 우주에 존재하는 원자의 개수는 10^{80}개에 불과하고 $\log 10^{80}$은 약 266이므로, 적당하게 선택한 '예/아니

---

2   이 경우 log 기호는 2를 밑으로 한 로그를 의미한다. 즉, x=logN은 방정식 $N=2^x$의 해이다. 수학자들은 로그의 밑을 종종 무시한다. 그 이유는 부록 A에 자세히 설명되어 있다.

오'형 질문을 266번만 되풀이해서 266비트의 정보만 얻어내면 내가 골라잡은 원자를 정확하게 알아낼 수 있다.

그러나 정보는 숫자를 추측하거나 '예/아니오' 질문에 대답하는 것 이상의 의미를 갖는다. 정보가 고작 스무고개에나 쓰이는 것이라면 유용한 것이라고 말할 수는 없다. 질문에 대한 답이 유한하다면 정보─1과 0으로 기호화된─는 어떤 질문에 대한 답을 전달하는 데도 쓰일 수 있다. 이는 "부르키나파소의 수도는 어디인가?"처럼 '예/아니오'로 딱 떨어지게 답할 수 없는 개방형 질문에도 해당된다. 만약 누군가가 내게 이런 질문을 한다면, 나는 어떤 방법으로든 질문자에게 답을 말해주어야 하겠지만, '와가두구Ouagadougou'라는 지명을 나타내는 문자열 또는 이러한 문자열을 만들어내는 '예/아니오'형 질문을 만들어내기는 힘들다. 그러나 내가 이 질문의 문장을 컴퓨터에 입력함으로써 그 답을 알아낸다면 그 처리 과정은 결국 위의 방법과 똑같다.

내 워드프로세서는 'Ouagadougou'라는 영문자열을 일련의 비트, 즉 1과 0으로 이루어진 문자열로 만들어서 하드 드라이브에 기록한다. 워드프로세서는 1과 0으로 영어 알파벳을 구성하는 기호 체계로 단어를 변환해줌으로써 영문자열을 하드 드라이브에 기록한다. 본질적으로 말하자면 'Ouagadougou'라는 철자가 나오도록 일련의 '예/아니오'형 질문을 함으로써 내 컴퓨터 스크린에 'Ouagadougou'라는 지명이 나타나게 되는 것이다. 영어 알파벳은 26개뿐이므로, 각각의 알파벳을 부호화하는 데 이론적으로는 5비트(또는 그 이하)만 있으면 족하다. 'Ouagadougou'는 11개의 알파벳으로 이루어져 있으므로 5비트짜리 문자열 11개가 있으면 이 철자를 만들어낼 수 있다. 따라서 "부르키나파소의 수도는 어디인가?"라는 질문에는 55비트로 완벽한 대답이 만들어진다.[3] 이렇게 변환된 비트들은 나의 하드 드라이브에 저장되었다가 편집자에게 이메일로 전송된다. 내 책의 편집자가 사용하는 이메일 수신 프로그램과 워드 프로세서는 전송받은 비트를 읽어서 다시 언어로 변환해 우리가 해독할 수 있는 형태로 인쇄해준다. 빙빙 돌아가는 길이기는 하지만 어쨌든 나는 "부르키나파소의 수도는 어디인가?"라는 질문에 대해 비트의 연속—일련의 '예/아니오'형 질문에 대한 답으로 이루어진—으로써 정확한 답을 해주었다.

문어文語는 기호의 연속이며 기호는 비트의 연속으로 씌어질 수 있다. 따라서 문어로 나올 수 있는 답을 가진 모든 질문, 어떠한 종

---

3 사실 대부분의 컴퓨터는 알파벳 하나를 5비트 이상으로 표시한다. 대중적인 컴퓨터 코드 중 하나인 ASCII를 예로 들어보면, 알파벳 글자 하나당 1바이트(8비트)의 정보로 표시된다. 이는 영어 알파벳 한 글자를 표시하는 데 필요한 비트보다 많은 비트지만, 대문자와 소문자를 구별하고 문장부호, 외국어 문자, 기타 자주 쓰이는 부호들을 표시할 수 있는 여유를 준다.

류든 유한한 답을 가진 모든 질문은 1과 0의 연속으로 답을 만들 수 있다. 거기서 한발 더 나아가, 섀넌은 유한한 방법으로 표현될 수 있는 해를 가진 모든 질문은 비트의 연속으로 씌어질 수 있다고 생각했다. 다른 말로 하면 모든 정보, 유한한 질문에 대한 모든 답은 일련의 1과 0으로 표현될 수 있다. 비트는 정보의 보편적 매체이다.

섀넌의 생각은 실로 놀라운 깨달음이었다. 만약 이러한 질문에 대한 어떠한 정보, 어떠한 답도 비트 스트링으로 인코드될 수 있다면, 주어진 메시지 안에 들어 있는 정보의 양을 계량할 방법이 있다는 뜻이 된다. 주어진 메시지를 인코드하는 데 필요한 비트의 최솟값은 얼마인가? 50비트? 100비트? 1,000비트? 50이든 100이든 아니면 1,000이든, 우리는 주어진 메시지에 포함된 정보의 양을 정확히 알 수 있다. 발신자에게서 수신자에게 어떤 메시지를 전달하기 위해 몇 비트가 필요한가, 이것이 바로 주어진 메시지에 들어 있는 정보의 양을 측정하는 방법이다.

섀넌은 또한 그 역의 논리도 성립한다고 보았다. 어떤 메시지, 즉 알파벳과 같은 기호의 연속을 가로챈다면, 그 기호의 연속 안에 들어 있는 정보의 성격까지는 알 수 없다 하더라도 정보의 최대량은 어림잡아 계산할 수 있다. 여기서 좀 더 오싹한 분석까지 가능해진다. 바로 이 책처럼 7만 개의 단어로 씌어진 책이 있다고 하자. 이 책에 쓰인 알파벳 문자는 모두 35만 개다. 그 알파벳 문자는 각각 5비트씩의 용량을 차지하며 인코드될 수 있다. 따라서 모두 합하면 이 책과 같은 책에는 200만 비트가 채 못 되는 정보가 들어 있고, 대개의 책은 그보다 훨씬 적은 양의 정보가 들어 있다. (이보다 약간 더 많을 수도 있다.) 200만 비트면 일반적인 CD 용량의 0.25퍼센트, 또는 DVD 용량의 0.04퍼센트에 해당한다. 따라서 정보이론 용어로 말하자면, 이 책에 담긴 정보의 용량은 브리트니 스피어스의 최근 앨범의 11초 분량, 또는 영화 〈덤 앤 더머 Dumb and Dumber〉의 2.5초 분량에 해당한다.

물론 이러한 분석이 위와 같은 매체들이 저장하고 있는 정보의 실제 양을 말해주지는 않는다. 다만 저장할 수 있는 정보의 최대량을 말해줄 뿐이다. 또한 저장하고 있는 정보의 성격에 대해서도 말해주지 않는다. TV 스크린이 초당 수십 장의 그림을 보여주고 종이 위에 지렁이 기어가듯 쓴 글씨 몇 자를 스피커가 아름다운 음악으로 들려주는 일들이 어떻게 가능한지를 말하려면 훨씬 더 많은 정보가 필요하다. CD나 DVD에 담긴 정보가 모두 인간에게 의미 있는 물음에 대한 답을 말하고 있는 것은 아니지만, 어쨌든 그것들도 정보의 일종이다. 〈덤 앤 더머〉의 1만 2,331번째 프레임에서 3,140번 픽셀의 색깔은 검은색인가, 아주 짙은 갈색인가? 브리트니가 반음 내린 미로

새된 소리를 지르는 시간이 3.214초인가 3.215초인가? 이런 질문에 대한 답이 우리에게는 아무런 의미가 없을 수도, 전혀 관심을 끌지 못할 수도 있다. 그러나 CD나 DVD는 이런 질문에 항상 대답할 수 있으며, 그렇게 대답하기 위해서는 많은 양의 정보를 필요로 한다. CD가 그토록 많은 정보를 저장하고 있는 이유, DVD는 CD보다 훨씬 더 많은 정보를 저장하고 있는 이유가 바로 그 때문이다. 이들 매체와 비교하면 책은 거의 사막에 가깝다. 책을 쓰는 저자를 더욱 주눅 들게 만드는 것이 있는데, 인간이 사용하는 언어로 씌어진 문자의 연속이 표현할 수 있는 정보의 양은 26개 기호(알파벳)의 연속이 전달할 수 있는 최대 정보량보다 훨씬 적다는 것이다.

언어에 담긴 정보의 알맹이를 탐색하기 전에 아주 간단한 예, 이진수의 열로 돌아가보자. 우리가 이미 보았던 것처럼 이진수의 열을 이루는 각 숫자는 1비트의 정보를 가질 수 있다. 그러나 항상 그런 것은 아니다. 누군가가 나에게 1,000비트짜리 이진수의 열—1,000비트의 정보를 가진 메시지—을 보냈다고 가정해보자. 아마도 한 문단 정도의 텍스트를 이진법으로 인코딩한 것이라고 추측할 수 있다. 그러나 그 메시지를 받아본 나는 깜짝 놀란다. 1111111111…. 이 숫자의 열에는 별로 많은 정보가 들어 있지 않다는 것을 나는 직관적으로 알 수 있다. 사실 정보이론의 맥락에서 보아도 이 숫자의 열은 별로 많은 정보를 담고 있지 않다.

나는 여기서 내가 받은 숫자의 열을 전부 공개하지 않았다. 다만 열 개의 1을 보여주었을 뿐이다. 따라서 이것을 본 사람은 1,000비트의 나머지 숫자열도 모두 1로 이루어져 있을 것이라고 추측할 수 있다. 나는 전체 숫자열의 1퍼센트만을 보여주었고, 본 사람은 별다른 생각 없이 나머지 99퍼센트를 추측했다. 따라서 단 10비트만 가지고도 나는 누군가에게 메시지 전체를 보낼 수 있었다. 어쩌면 그보다 훨씬 적은 비트만 가지고도 그렇게 할 수 있을지도 모른다. 만약 내가 그 숫자열이 111… 또는 11…, 한술 더 떠서 1…이라고 했어도 그것을 본 사람은 나머지 메시지 전체를 추측해낼 수 있었을 것이다. 다시 말해 나는 1,000비트의 메시지를 단 한 자리의 이진수로 압축할 수 있다. 나머지 메시지 전체를 전달하는 데 단 1비트면 충분했다. 그러나 그 메시지를 1비트로 압축할 수 있으려면 그 메시지 자체가 오직 1비트 또는 그 이하의 정보를 가지고 있어야만 가능하다.

마찬가지로 만약 내가 가진 메시지가 010101…이라면 이 메시지는 두 자리 숫자로 압축될 수 있다. 그리고 최대 2비트의 정보를 가지고 있을 것이다. 0110011001100110…이라는 메시지가 있다면, 숫자열 전체는 훨씬 더 많은 정보를 가진 1,000비트라 할지라도 이 메시지는 4비트의 정보만을 가지고 있다. 아무리 긴 숫자열이라도 예측 가능한 숫자열은 압축할 수 있다. 이진수의 열 전체를 생성하는 아주 간단한 규칙이 있다. 만약 전달하는 과정에서 이진수가 섞이거나 혼돈을 일으키면—1111의 숫자열에서 750번째 자리가 1이 아니라 0이라면—그 규칙은 '0'은 아마도 실수일 것이라고 알려준다. 단 몇 비트만 가지고 숫자열 전체를 생성할 수 있게 해주는 규칙은 입력상의 오류가 있을 경우 수정까지 할 수 있게 해준다. 즉, 그 규칙은 숫자열이 잉여성을 갖게 한다.

자, 우리는 커다란 원을 돌아 원점으로 다시 돌아왔다. 첫 장에서 정보란 어떤 기호의 열에서 모든 잉여 부분을 제거하고 남는 부분이라고 말했다. 그리고 이 장은 정보의 정의와 거기서 비롯되는 잉여성의 정의로부터 시작했다. 정보이론적 의미에서 잉여성을 정식으로 정의하지는 않았지만, 우리가 첫 장에서 언급했던 바와 거의 대동소이하다. 잉여성이란 기호의 열에 들어 있는 여분의 요소이며, 잃어버린 정보가 무엇인지 예측해서 채워 넣을 수 있게 해주는 구실을 한다. 불문不文의 규칙, 기호로 이루어진 열의 패턴 덕분에 우리는 메시지의 상당 부분을 무시할 수 있으며 심지어는 그 일부를 제거할 수도 있다. 11111…의 열에서 우리는 거의 모든 자리에서 1을 제거하고도 메시지 전체를 다시 복구할 수 있다. 이 메시지가 매우 간단하면서도 고도의 잉여성을 가지고 있기 때문이다.

컴퓨터 과학자들은 두 가지 이유에서 비트와 바이트의 연속에 들어 있는 잉여성을 중요시한다. 첫 번째 이유는 오류 수정을 위해서이다. 사람이 길고 긴 열의 숫자를 입력하다 보면 실수할 여지가 있다. 따라서 신용카드나 상품의 시리얼 넘버, 바코드 등 여러 가지 숫자의 열은 잉여성이라는 안전장치로 무장되어 있다. 입력하는 사람이 입력 오류를 저질렀을 경우 컴퓨터가 그 오류를 감지하도록 하기 위한 것이다.[4] 그러나 더 중요한 것은 컴퓨터도 사람처럼 실수를 저지른다는 사실이다.

CPU(중앙처리장치)도 곱셈이나 덧셈을 수행할 때 실수를 한다. 저장된 주소에서 숫자 하나를 빼먹거나 완전히 잊어버리기도 한다. 하드 드라이브는 데이터를 잃어버린다. 이러한 실수의 가능성에도 불구하고 컴퓨터는 항상 정확할 것이 요구되기 때문에 컴퓨터 프로토콜도 잉여성을 갖고 있다. 컴퓨터는 그 잉여성을 이용해 자신이 저지른 오류를 감지하거나 수정한다. (오류 수정은 컴퓨터가 명령을 수

---

4 아주 가까운 예로 이 책의 표지를 보자. 판권 정보가 들어 있는 쪽을 보면, ISBN이 인쇄되어 있다.(이 책 원서의 ISBN은 0-670-03441-X이다—옮긴이) 이 숫자 역시 잉여성으로 무장된 암호다. 마지막 숫자(또는 문자)는 체크 넘버로, 입력이 오류 없이 이루어졌는지를 체크하기 위한 것이다. 호기심이 많고 무엇이든 파헤쳐보아야만 직성이 풀리는 독자들을 위해 ISBN이 어떻게 만들어지는지 알아보자. 일단 체크 넘버(대시 뒤에 이어진 마지막 숫자)는 접어두자. 첫 번째 숫자에 10을 곱하고, 두 번째 숫자에는 9를 곱한다. 이렇게 해서 마지막 아홉 번째 숫자에는 2를 곱한다. 곱해서 나온 수를 모두 더한 뒤, 11로 나눈다. 나누어서 남는 수, 즉 나머지를 11에서 빼준다. 계산되어 나온 수가 바로 체크 넘버가 된다. 만약 그 수가 10이라면, 체크 넘버는 숫자가 아니라 X라는 기호로 표시한다. 뒷면 책표지에는 바코드도 있다. 이 바코드에도 체크 넘버가 있지만, 바코드는 ISBN과는 구성이 또 다르다.

행하는 데 절대적으로 중요한 요소이다.)

컴퓨터 과학자들이 잉여성을 중시하는 두 번째 이유는 컴퓨터 파일이 하드 드라이브의 마그네틱 코팅 위에 또는 그와 유사한 저장장치에 오직 1과 0으로만 기록되기 때문이다. 따라서 잉여성을 제거하고 알맹이 정보만을 남기면 디스크상의 더 작은 공간 안에 컴퓨터 파일을 압축해서 담을 수 있다. 내 하드 드라이브에 들어 있는 텍스트 파일—내가 처음으로 쓴 책《제로 Zero》의 첫 장—은 581개의 단어로 씌어졌고, 2만 7,500비트의 저장 공간을 차지한다. 이 파일을 압축 프로그램으로 압축하면 1만 4,000비트밖에 차지하지 않으면서도 똑같은 양의 정보를 저장하도록 할 수 있다.

텍스트 파일의 경우, 정보의 손실 없이도 저장 공간을 크게 줄일 수 있다는 사실은 크게 놀랄 일도 아니다. 우리는 이미 영어를 비롯한 여러 언어가 얼마나 큰 잉여성을 갖고 있는지 살펴보았다. 문법과 철자법, 관용법 등의 뒤에 숨어 있는 불문율은 모두 영어라는 언어에 커다란 잉여성을 부여한다. 완결되지 못한 영문자의 연속이 주어졌을 때 우리는 종종 큰 어려움 없이 그 연속을 완결 지을 수 있다. 영문자는 다른 기호체계와 비슷한 기호들이다. 따라서 문서로 씌어진 영어—이 기호들의 연속—도 원리상으로는 1과 0의 연속과 다를 바가 없다. 고도의 잉여성을 가진 다른 기호의 열처럼 영어도

정보의 손실은 전혀 없이 큰 폭으로 압축할 수 있다.[5]

여기서 말하는 압축이란 실제로 그 정도가 매우 크다. 텍스트의 연속에서 문자 하나를 식별하는 데 5비트—대문자와 소문자를 구분하려면 더 많은 비트가 필요하다—가 필요하지만, 각 영문자 알파벳은 평균적으로 1~2비트만을 차지한다.

섀넌의 정보이론이 거둔 가장 큰 성과는 잉여성을 정식으로 정의했다는 점과 어떤 기호의 연속이 얼마나 많은 정보—또는 잉여 부분—를 가질 수 있는지 정확하게 알아낼 수 있게 되었다는 점이다. 이 내용은 그 유명한 섀넌의 채널 용량 정리 channel capacity theorem 로 알려지게 되었다. 애초에 이 정리의 의도는 하나의 통신 채널에 얼마나 많은 정보를 실어보낼 수 있는지(주어진 전화선으로 동시에 얼마나 많은 통화를 수용할 수 있는지)를 계산할 수 있도록 하기 위한 것이었으나, 결국은 정보에 대한 과학자들의 관점을 영원히 바꾸어놓기에 이르렀다. 이 정리가 그토록 강한 영향력을 갖게 된 이유는 섀넌이 정보의 원천을 분석할 때 매우 놀라운 도구인 엔트로피를 사용한 데 있었다.

---

5   잉여성은 문자언어만이 가진 것이 아니다. 구어 역시 기호의 연속이다. 다만 그 기호가 시각적인 것이 아니라 청각적이라는 점이 다르다. 구어의 기본 기호는 문자가 아니라 음소(phoneme)다. 그러나 그 점을 감안하면 똑같은 분석을 시도할 수 있다. 섀넌의 이론이 가진 가장 큰 강점은 정보를 어떤 방법으로 전달하느냐에 구애받지 않는다는 것이다. 어떤 방법을 응용하든 수학적 속성은 변하지 않는다.

섀넌의 정보이론에서 중심 아이디어는 엔트로피이다. 엔트로피와 정보는 서로 밀접하게 연결되어 있다. 따지고 보면 엔트로피는 정보를 측정하는 단위이다.

채널 용량 정리를 이끌어낸 중심 아이디어 중 하나가 섀넌이 정보를 측정하는 수학적 방법으로부터 이탈한 것이었다. 1948년, 섀넌은 한 함수를 써서 비트를 이용해 만들어진 메시지의 정보 또는 통신선을 통해 송신된 정보를 분석하게 되었다. 그런데 섀넌의 함수는 볼츠만이 기체로 가득 찬 용기의 엔트로피를 분석하는 데 썼던 함수와 완전히 똑같았다.

처음에 섀넌은 이 함수에 어떤 이름을 붙여야 할지 난감했다. 그는 '정보 information'라는 용어는 막연하다고 생각했다. information이라는 명사는 영어에서 이미 너무나 많은 의미로 쓰이고 있었기 때문이었다. 어떤 이름을 붙일까? 그는 벨 연구소의 동료에게 이야기했다.

처음에는 '정보'라는 이름을 붙이려고 했는데, 이 말은 너무 많이 쓰이는 것 같았다. 그래서 '불확실성 uncertainty'이라는 이름을 붙이기로 결정했다. 동료인 존 폰 노이만 John von Neumann에게 이 이야기를 하자 그는 더 좋은 아이디어를 내주었다. 폰 노이만은 이렇게 말했다. "두 가지 이유에서 그 함수에는 '엔트로피'라는 이름을 붙여야 해. 첫째, '불확실성'이라는 이름은 통계역학에서 이미 같은 이름으로 쓰이는 함수가 있기 때문이야. 둘째, 이게 더 중요한데, 아직은 엔트로피가 뭔지 아는 사람이 아무도 없다는 거지. 그러니까 만약 이 함수에 대해서 논쟁이 생겨도 자네는 항상 유리한 고지에 서 있을 수 있어.[6]

사실 '엔트로피'나 '정보'라는 용어는 그 의미가 알 듯 말 듯한데다 서로 전혀 관련이 없는 듯이 보였다. 질문에 대한 대답인 정보가 어떻게 용기 안에 든 물질의 배열이 가질 수 있는 확률의 척도인 엔트로피와 연결될 수 있단 말인가? 그러나 1948년에 이르러 그 두 가지 개념은 애초에 섀넌이 예상했던 것보다 훨씬 긴밀하게 관련되어 있다는 것이 드러났다. 정보는 열역학의 중심 소재인 엔트로피 및 에너지와 깊은 관련이 있다. 어떻게 보면 열역학이란 단지 정보이론의 특수한 사례라고 할 수 있다.

섀넌이 유도한 함수는 대략적으로 말해 비트의 열이 얼마나 예측 불가능한가에 대한 척도이다. 예측 가능성이 적을수록 비트의 작은 열로부터 메시지 전체를 생성해낼 가능성이 적다. 다시 말하면 잉여

---

6 트리버스(Tribus)와 맥어빈(McIrvine)의 책 《에너지와 정보(Energy and Information)》, 180쪽에서 인용.

성이 적다. 메시지의 잉여성이 적을수록 그 메시지에 들어갈 수 있는 정보의 양은 많아진다. 따라서 섀넌은 예측 불가능성을 측정함으로써 그 메시지에 저장된 정보를 알아낼 수 있다고 생각했다.

1과 0으로 만들 수 있는 열에서 가장 예측 불가능한 열은 무엇인가? 내 주머니에 매우 예측 불가능한 비트 스트링 생성기―동전―가 있다. 동전 던지기는 완전히 무작위적인 사건이다. '무작위적 random'이라는 말은 간단히 말해 '예측 불가능하다'는 뜻이다. 동전을 던져서 어떤 면이 나올지를 단순하게 추측만 한다면 맞을 확률은 50퍼센트에 불과하다. 게다가 동전 던지기는 어떠한 패턴도 없는 사건이기 때문에 동전을 던진 결과로 얻어진 비트 스트링의 패턴을 알게 해주는 규칙도 없다.

여기에 무작위적 16비트 스트링이 있다. 나는 동전을 열여섯 번 던졌고, 앞면이 나오면 0, 뒷면이 나오면 1을 적었다. 결과는 1011000100001001이다. 이 스트링은 무작위적이고 어떠한 패턴도 읽을 수 없는 비트의 열이다. 동전을 던졌을 때 어떤 면이 나올지를 말해주는, 즉 50퍼센트보다 더 높은 확률을 기대할 수 있게 해주는 어떠한 기본 규칙도 없다. 이런 정보는 압축할 수 없다. 따라서 이 비트 스트링처럼 무작위적이라고 보이는 사건의 연속은 16비트의 정보를 가진다. 이 스트링에 들어 있는 각각의 기호는 1비트의 정보를 가진다.

　이와는 반대에 있는 극단의 경우를 보자. 즉, 내가 던지는 동전이 조작되어 있어서 100번을 던지면 100번 모두 뒷면이 나온다고 하자. 만약 이 동전을 가지고 16비트의 스트림을 생성한다고 하면, 1111111111111111이 될 것이다. 이 정보는 쉽게 예측할 수 있다. 동전을 던져서 어떤 면이 나올지, 또는 비트 스트림에서 어떤 숫자가 나올지 100퍼센트 확실하게 알 수 있기 때문이다. 이 스트림은 완전히 잉여적이다. 따라서 어떠한 정보도 전달하고 있지 않다. 이 스트림에 들어 있는 각각의 기호에는 1비트의 정보도 들어 있지 않다.

　그중간은 어떨까? 동전이 약간만 조작되어 있어서 던지면 75퍼센트는 뒷면이 나오고 25퍼센트는 앞면이 나오는 경우를 가정해보자. 이 동전을 열여섯 번 던지면 그 결과는 0101011111111111 정도가 나올 것이다. 이 스트림은 완전히 예측 가능하지는 않다. 그러나 동전이 조작되어 있기 때문에, 만약 누군가가 나에게 동전을 던지면 어떤 면이 나올지를(0과 1 중에서 어떤 숫자가 나올지를) 묻는다면, 1이라고 대답해도 맞을 확률이 75퍼센트나 된다. 이 시도에서는 동전을 던졌을 때 어떤 결과가 나올지를 예측하는 데 도움이 되는 내재적 규칙이 존재하는 셈이다. 따라서 이와 같은 비트 스트림은 어느 정도 잉여적이지만 완전히 잉여적이지는 않다. 어느 정도의 정보는 가지고 있지만 각 숫자마다 정보로 알차게 채워져 있는 것은 아니다.

기호의 연속적 열이 무작위적이면 무작위적일수록—따라서 예측성이 떨어지면 떨어질수록— 잉여성은 낮아진다. 이 문장은 언뜻 보기에 역설적 진술을 담고 있다. 태생적으로 무작위적인 메시지가 어떻게 정보를 전달할 수 있다는 말인가? 무작위성이란 의도적 정보의 반대 개념이 아닌가? 맞는 말이다. 그러나 섀넌의 요점은, 무작위적으로 보이는 기호의 연속적 열—예측이 거의 불가능한—이야말로 기호당 담긴 정보가 가장 많을 가능성이 높다는 것이다. 전혀 무작위적이지 않은, 예측 가능한 비트 스트림은 잉여적이며, 따라서 무작위적으로 보이는 열에 비해 기호당 담긴 정보가 적을 것이다.

내가 숫자 열의 정보 내용을 분석하는 위의 문장에서 '~일 것이다' 또는 '~일 가능성이 높다'는 식으로 표현한 이유는 위의 문장이 사실은 지나치게 단순화되어 있기 때문이다. 이는 미묘하지만 사실 중요한 문제다. 섀넌의 분석은 실질적으로 개별 메시지 그 자체보다는 메시지의 소스 source—전기 신호를 보내는 컴퓨터 또는 음성을 송신하는 휴대전화 등—에 대해서 이루어진다. 전원은 공급되고 있으나 정지해 있는 컴퓨터와 같은 데이터의 소스, 즉 메시지를 만들기 위해 '생성하는 모든 숫자는 1이다'라는 규칙에 의해 움직이는 컴퓨터는 변함없이 '1111111…'이라는 메시지만을 만들어낼 것이다. 이 소스에서 나오는 모든 메시지는 똑같아 보이며 또한 긴 메시지든 짧은 메시지든 어떠한 정보도 갖고 있지 않을 것이다. 그러나 어떠한 규칙도 가지고 있지 않은—즉, 1과 0을 독립적으로, 똑같은 분포로 생성하는— 데이터 소스는 '10110001'과 같이 '무작위적으로 보이는' 스트링을 만들어내기 쉽다. 각 자리마다 0의 정보를 가진 똑같은 메시지만을 생성시키는 '언제나 1'인 소스와는 달리, '무작위적으로 보이는' 소스는 다종다양한 메시지를 만들어낼 수 있으며 각 메시지는 숫자열의 자리마다 1비트의 정보를 담고 있다. 그러나—여기가 좀 교묘한 부분이다— '무작위적으로 보이는' 소스라도 '11111111…' 같은 메시지를 생성할 수 있다. 매우, 정말로 있을 법하지 않은 일이지만, 가능한 메시지이다.[7]

---

7 어떻게 똑같은 메시지인 '11111111…'이 한쪽에서는 전혀 정보를 담고 있지 못하면서 다른 쪽에서는 많은 양의 정보를 담고 있을 수 있단 말인가? 만약 이 이진수의 연속적인 열의 길이가 무한히 길다면, '무작위적으로 보이는' 소스가 처음부터 끝까지 오직 1로만 이어지는 메시지를 생성할 가능성은 절대적으로 '없다'. 대수의 법칙이라는 수학적 법칙 때문이다. 따라서 무한대로 긴 메시지의 경우, 우리는 단 하나의 메시지만 보고도 '항상 무작위적으로 보이는' 소스와 '언제나 1'인 소스를 구별할 수 있다. 다시 말하면, 엔트로피/메시지의 정보 내용과 엔트로피/메시지 소스의 정보 내용 사이에는 차이가 없다. '무작위적으로' 보이고 정보량이 높은 소스가 작위적으로 보이는 메시지를 생성할 확률은 낮다. '언제나 1'이며 정보량이 0인 소스에 의해 생성된 것처럼 보이는 메시지를 생성할 수도 있다. 이런 확률은 '극도로' 낮다. 8비트 메시지의 경우 이런 메시지가 생성될 확률은 0.1퍼센트 미만, 16비트 메시지의 경우는 0.0016퍼센트 미만이다. 사실 이러한 분석은 상자에 구슬을 던져 넣는 실험의 경우와 비슷하다. '무작위적으로 보이는' 소스로부터 작위적으로 보이는 소스가 생성한 것처럼 보이는 메시지가 나올 확률은 상자 속에 구슬을 던졌을 때 구슬 전부 또는 거의 전부가 왼쪽에만 떨어지거나 오른쪽으로만 떨어질 확률과 유사하다. 이 경우 역시 확률상 가능하다. 그러나 상당한 크기를 가진 시스템에서는 무시해도 좋을 만큼 그 확률이 낮

이 단서를 제외하면 이진수의 열에 들어 있는 정보 내용에 대한 이야기는 완벽하게 의미 있는 이야기가 된다. 그러나 그렇게 하자면—일단의 기호에 저장되어 있을 가능성이 있는 정보를 측정하려면— 그 숫자 열의 예측 가능성, 즉 '외연적 무작위성'의 측정 수단이 있어야 한다. 섀넌은 바로 그 수단을 고안해냈다. 만약 0과 1의 연속적 열에서 1이 나올 확률을 p라고 한다면, 그 무작위성은 $\log p$ 관련이 있다. 여기서 $\log p$는 아주 낯익은 표현일 것이다. 기체로 가득 찬 용기의 엔트로피 분석에서 멋지게 등장한 바 있는 그 녀석이다. 따라서 섀넌의 무작위성 분석이 볼츠만의 엔트로피 함수와 '정확하게' 일치하는 모습으로 나타난 것은 우연이 아니다.[8]

상자 안에 구슬을 던져넣는 것으로 볼츠만의 엔트로피 함수를 유도했던 것을 기억해보자. 그때 우리는 상자의 왼쪽 또는 오른쪽에 떨어진 구슬의 수가 몇 개인지를 세었다. 이 실험은 동전 던지기와 똑같다. 상자의 어느 한쪽에 떨어진 구슬은 던져서 뒷면 또는 앞면이 나온 동전과 유사하다. 동전을 던졌을 때 나올 수 있는 경우는 앞면 또는 뒷면뿐이다. 볼츠만의 엔트로피는 구슬 던지기 실험에서

다. 따라서 '대부분'의 경우—메시지가 충분히 크거나 기호의 열의 길이가 충분히 큰 메시지의 집합을 나타내는 경우—엔트로피/이진수 열의 정보 내용은 엔트로피/그 메시지 소스의 정보 용량과 정확히 일치한다. 열역학 제1법칙이 통계적인 것처럼, 이러한 등가성도 통계적이다.

8 서로 다른 엔트로피 함수를 모두 섭렵하고 싶거나 엔트로피와 정보에 대해 더욱 심도 있는 설명을 원한다면 부록 B를 참고.

각 결과가 나올 확률의 척도이다. 가장 확률이 높은 경우는 전체 시도의 절반은 상자의 왼쪽에, 나머지 절반은 오른쪽에 떨어지는 경우이다. 또한 이 경우의 엔트로피가 가장 높다. 가장 확률이 낮은 경우는 구슬 모두(100퍼센트)가 왼쪽에만 떨어지거나 오른쪽에만 떨어지는 경우로, 이 경우는 엔트로피가 가장 낮다. 이 두 극단의 사이에 있는 경우는 75퍼센트의 구슬은 왼쪽에, 25퍼센트의 구슬은 오른쪽에 떨어지는 경우로, 이 경우 엔트로피는 중간 정도에 해당된다.

우리가 이진수의 연속적 열에서 본 것도 이와 정확히 똑같다. 50퍼센트는 1이고 50퍼센트는 0이 나오는 경우가 가장 무작위적이며 가장 많은 정보를 가지고 있다. 또한 섀넌의 엔트로피도 가장 높다. 100퍼센트 1만 나오는 열이 가장 작위적이고 포함하고 있는 정보도 가장 적으며 섀넌의 엔트로피도 가장 낮다. 그중간 경우, 즉 75퍼센트는 1이고 25퍼센트는 0인 경우는 어느 정도 무작위적이고 약간의 정보를 포함하고 있으며 섀넌의 엔트로피도 중간 정도에 해당한다. (실제로 이런 열은 기호당 0.8비트의 정보를 갖는다.)

기호가 연속된 열의 엔트로피는 그 열이 옮기고자 하는 정보의 양과 관련이 있다는 것을 깨닫자마자 섀넌은 메시지가 가진 정보와 잉여성을 계량화할 수 있는 수단을 발견하게 되었다. 그것이야말로 그가 궁극적으로 찾아내고자 했던 것이었다. 그는 어떤 매체—신호용 깃발, 연기, 종루에 건 등불, 전신 등—를 통해 얼마만한 양의 정보를 전달할 수 있는지를 수학적으로 증명할 수 있었다. 또는 구리 전화선을 통해 전달되는 정보의 양도 수학적으로 계산할 수 있었다. 그 결과 놀라운 사실이 드러났다. 주어진 장비를 가지고 전달할 수 있는 정보의 양에는 기본적으로 한계가 있었다. 그는 또한 송신자와 수신자 사이의 잡음('채널'의 잡음)의 해결 방안, 단속적 시그널이 아닌 연속적 시그널로 이루어진 전송 수단의 문제에 대한 해결 방안까지 찾아냈다. 그의 연구는 컴퓨터의 작동을 가능케 하는 오류 수정 코드를 이끌어냈다. 섀넌은 어떤 조건하에서 1비트의 정보를 한 장소에서 다른 장소로 전송하는 데 필요한 에너지의 크기도 계산했다.

섀넌의 연구는 통신이론과 정보이론이라는, 과학적 지식에서 완전히 새로운 지평을 열었다. 기나긴 세월 동안 암호 제작자들은 정보와 잉여성의 측정 방법도 모른 채 정보를 숨기고 잉여성을 줄이려고만 노력했다. 공학자들은 자연이 허락한 효율의 한계를 알지 못한 채 메시지를 전달할 효율적 방법을 설계하는 데만 매달렸다. 섀넌의 정보이론은 암호학, 시그널 엔지니어링, 컴퓨터 과학, 그 외에도 여러 분야에서 혁명을 일으켰다. 그러나 정보이론의 역할이 거기서 그쳤다면 정보이론의 혁명을 상대성이론이나 양자역학이 일으킨 혁명과 견줄 수 없었을 것이다. 정보이론이 막강한 힘을 가질 수 있었던 근본적 이유는 이 이론이 물리적 세계와 매우 밀접하게 연결되어 있다는 점 때문이었다. 자연은 정보라는 수단을 통해 이야기하는 듯 보이며, 과학자들은 오로지 정보이론을 통해서만 자연이 보내는 메시지를 이해할 수 있었다.

섀넌 자신은 정보라는 추상적 세계와 열역학이라는 구체적 세계의 관계에 초점을 두지 않았다. 정보이론 연구 외에, 섀넌은 저글링을 수학적으로 분석하거나 사이버네틱스, 인공지능에 관심을 가졌으며 컴퓨터로 게임을 즐기는 법을 가르쳤다. 인공지능의 대가 마빈 민스키 Marvin Minsky 와의 대담을 기반으로, 그가 스스로 '최후의 기계'라 이름 붙인 것을 제작하기도 했다. 아마도 기계가 생각하는 방법을 터득할 때 일어날 수 있는 일들을 보여주는 것이었던 듯하다.[9]

---

9 아서 C. 클라크(Arthur C. Clarke)는 섀넌의 '최후의 기계'를 다음과 같이 묘사했다. "이보다 더 간단한 것은 있을 수 없다. 작은 나무 상자에 불과한 것으로, 크기는 담배 상자의 절반, 모양도 담배 상자와 비슷하지만 한쪽 면에 스위치가 하나 달려 있다. 이 스위치를 돌리면 일부러 더 시끄럽게 하려는 의도를 가진 듯한 붕붕거리는 소리가 난다. 뚜껑이 천천히 열리고, 그 밑에서 손이 하나 나타난다. 이 손은 아래로 움직여 스위치를 돌려 꺼버리고는 천천히 상자 속으로 돌아간다. 마지막으로 상자 뚜껑이 닫히면 붕붕거리는 소리도 멎고 다시 평화가 찾아온다. 어떤 일이 벌어질지 전혀 예상하지 못하고 있던 사람에게 이 장치의 심리적 효과는 할 말을 잃게 만든다는 것이다. 저를 움직이게 만드는 스위치를 꺼버리는 것 외에는

그러나 다른 과학자들은 온갖 질문으로 들끓었다. 섀넌의 엔트로피는 정말로 열역학의 엔트로피와 관련이 있는가? 아니면 그 둘 사이의 유사성은 표면적 닮음에 불과한가? 섀넌의 엔트로피—정보의 척도—가 수학적으로 볼츠만의 엔트로피—무질서의 척도—와 완전히 똑같다는 이유 때문에 그 둘이 반드시 '물리적으로' 연관되어 있다고 볼 필요는 없다. 서로 똑같아 보이지만 상관관계는 거의 없는 방정식도 많다. 수학적 일치성은 과학에서 흔히 발견된다. 그러나 사실 섀넌의 엔트로피는 정보의 엔트로피인 동시에 열역학적 엔트로피이다. 비트의 조작과 전송을 다루는 과학인 정보이론은 에너지와 엔트로피의 조작과 이동을 다루는 과학인 열역학과 매우 밀접하게 연관되어 있다. 사실 정보이론은 가장 끈질기게 남아 있던 열역학의 패러독스— 맥스웰의 악마—를 한꺼번에, 완전히 몰아내 버렸다.

맥스웰의 악마는 열역학 제2법칙에 구멍을 낸 주범이라고 여겨질 정도로 골칫거리였다. 이 작고 영악한 존재—그것이 사람이든 기계든—는 물질 속의 무작위적이고 통계적인 요소들을 이용해 에너

아무것도 하는 일이 없는—절대적으로 아무것도 없다— 기계에 대해서는 말할 수 없을 정도로 고약하다는 말밖에는 할 말이 없다." 슬론(Sloane)과 와이너(Wyner)의 《클로드 엘우드 섀넌 전기(Biography of Claude Elwood Shannon)》에서 인용.

지를 전혀 소비하지 않고도 엔트로피를 감소시키는 것처럼 보였다. 만약 이 악마의 행동이 원리상으로라도 옳을 수 있다면, 이는 열역학 제2법칙에는 허점이 있다는 뜻이었다. 이 악마를 만들어낼 방법을 고안하기만 하면 세상은 영원히 고갈되지 않는 에너지를 공급받을 수 있을 것이고, 그 속에서도 우주의 엔트로피엔 전혀 변동이 없을 것이다. 그러므로 이 악마는 제거되어야 했다.

이 악마를 제거하려는 노력의 첫 단계는 섀넌이 정보이론을 공식적으로 세상에 내놓기 전에 시작되었지만 그 시도는 정보이론과 관련되어 있었다. 1929년, 헝가리 태생의 물리학자 레오 질라드Leo Szilard는 수정된 형태의 맥스웰의 악마―셔터를 여닫는 대신에 이 악마는 원자를 칸막이의 어느 쪽에 있게 할 것인지를 결정한다―를 분석했다. 그러나 질라드의 악마가 기초해 있는 물리학은 맥스웰의 악마가 기초해 있는 물리학과 완전히 똑같았다. 자세한 분석을 통해 질라드는 어떤 방법을 동원하든 원자의 위치(또는 맥스웰의 경우 들어오는 원자의 속도)를 측정하려는 행동이 우주의 엔트로피를 증가시켜야만 한다는 것을 알게 되었다.

악마가 측정을 수행할 때 질라드는 "원자는 상자의 왼쪽에 있는가 아니면 오른쪽에 있는가", 또는 "원자는 차가운가 뜨거운가?", "셔터를 열어야 하는가 열지 말아야 하는가?"라는 질문의 답을 얻게 된다. 따라서 측정 행위는 입자로부터 정보를 추출하는 행위이다. 이 정보는 거저 얻어지지 않는다. 그 정보—정보를 추출하든 처리하든—에 대한 무언가가 우주의 엔트로피를 증가시키고야 만다. 실제로 질라드는 정보 1비트를 얻는 데 필요한 정보의 '비용'은 일정량의 유용한 에너지, 보다 정확하게 말하면 $kT \log 2$줄—여기서 T는 악마가 있는 방의 온도, k는 볼츠만의 엔트로피 방정식에 쓰였던 것과 똑같은 상수이다—이라고 계산했다. 이렇게 유용한 에너지를 사용함으로써 상자의 엔트로피는 증가한다. 따라서 이 정보를 얻거나 정보에 대해 어떤 행동을 취하려는 시도 자체가 우주의 엔트로피를 증가시킴으로써 상자의 엔트로피를 정보 1비트당 $kT \log 2$줄씩 감소시키려는 악마의 노력을 수포로 만든다.

1951년, 또 한 사람의 물리학자 레옹 브리유앵 ^{Léon Brillouin}은 그보다 한 걸음 더 나아갔다. 섀넌의 정리에서 영감을 얻은 그는 상자의 엔트로피를 높이는 악마의 행동을 더 구체적으로 파악하기 위해 노력했다. 브리유앵은 이 악마가 앞을 볼 수 없다는 것이 큰 걸림돌이라는 것을 깨달았다. 상자 안은 어둡고 악마는 원자를 볼 수 없었다. 그래서 브리유앵은 악마에게 전등을 주어서 빠르게 움직이는 원자를 볼 수 있게 해주었다. 들어오는 입자를 향해 전등을 비추어서 그 빛이 원자로부터 반사되면 악마는 거기서 얻은 정보를 바탕으로 행동하며 셔터를 열지 닫을지 결정하는 것이다.

브리유앵은 원자로부터 빛을 반사시키는 행동, 반사된 빛을 감지하는 행동, 거기서 얻은 정보를 바탕으로 취하는 행동 등이 모두 상자 안에서 최소한 악마가 감소시킨 부분만큼의 엔트로피를 증가시킨다고 계산했다. 그러나 들어오는 원자에 대한 질문—뜨거운가, 차가운가—에 답하기 위해 섀넌과 유사한 정보를 얻고 그 정보를 바탕으로 행동을 취하는 과정이 상자의 열역학적 엔트로피를 증가시켰으므로, 브리유앵이 열역학적 엔트로피가 섀넌의 엔트로피와 직접 연관되어 있다는 결론을 내렸다는 사실이 더 중요하다. 열역학 이론 대신에 정보이론의 원리로써 기체로 가득 찬 상자의 속성을 분석할 수 있게 된 것이다.

정보이론의 법칙들은 열역학의 법칙들과는 약간 다른 관점을 가지고 있다. 기체가 가득 들어 있는 상자를 예로 들어보자. 열역학적 법칙으로 보자면, 상자 속에서 찬 분자와 뜨거운 분자를 분리해놓기 위해서는 (에어컨을 작동시키든지 아니면 맥스웰의 악마를 동원하는 방법으로) 에너지를 투입함으로써 상자의 엔트로피를 낮추어서 상자의 한쪽은 차갑게, 한쪽은 뜨겁게 만들어야 한다. 그러나 에너지 투입을 중단하면 상자는 금방 평형상태로 돌아가 버린다.

이러한 열역학의 법칙 대신 정보이론의 법칙에서 보면 서로 주고

받는 것이 약간 달라진다. 처음에 상자는 평형상태에 놓여 있다. 여기에 에너지를(여기서도 에어컨을 작동시키든지 아니면 맥스웰의 악마를 동원하는 방법으로) 투입해 상자 속의 분자에 대한 정보를 수집하고 처리한다. 이 처리 과정은 상자 안에 저장되어 있는 정보를 변화시킨다. 브리유앵에 따르면, 맥스웰의 악마는 정보를 용기에 전달해서 뜨거운 분자와 차가운 분자를 분리한다.[10] 그러나 에너지 투입을 중단하면 저장되었던 정보는 상자 밖으로 유출되어 환경 속으로 사라진다. 자연의 입장에서 본다면 저장된 정보를 흩어서 없애버리려는 시도는 엔트로피를 증가시키려는 시도와 똑같아 보인다. 이 두 가지 시도는 완전히 동일하다.

이 주장은 당연한 듯 보이지만 당시에는 모든 이들에게서 동의를 얻지 못했다. 일부 과학자들과 과학철학자들은 정보와 열역학적 엔트로피가 연관되어 있다는 브리유앵의 주장에 반대했다. 그들은 이 두 가지 엔트로피 공식 사이의 유사성은 우연의 일치일 뿐이며 서로 연관성이 없다고 주장했다. 브리유앵의 주장에 대한 반대 견해는 지금까지도 계속 이어지고 있다. 실제로, 아주 정밀하게 측정해

---

10 브리유앵의 견해―시스템의 엔트로피가 높을수록 그 시스템이 갖고 있는 정보는 낮다―는 내가 '상자 속의 구슬' 실험에서 유도한 결론과는 상반되는 것처럼 보인다. 그러나 실은 이 두 가지 주장은 똑같다. 부록 B에 자세한 설명이 제시되어 있다.

보면, 임의로 엔트로피를 약간 증가시키고 소량의 에너지를 소비하면서 원자를 감지할 수 있다. 그러나 뜨거운 논쟁이 일어나면서 열역학과 정보이론 사이의 연관 관계는 더욱 확고하게 다져졌고 맥스웰의 악마는 종말을 고하게 되었다.

이 논쟁의 단초는 컴퓨터 과학이라는 전혀 예상치 못했던 분야에서 나타났다. 나중에 에니그마의 암호를 해독한 앨런 튜링이 1930년대에 이미 테이프에 부호를 찍거나 지우면서 테이프를 이동시킬 수 있는 간단한 기계로 컴퓨터가 할 수 있다고 상상되는 모든 일을 할 수 있음을 증명했던 것을 상기하자.[11]

테이프 위에 찍힌 부호를 1, 지워진 부분을 0이라고 간주하면, 튜링의 증명을 다른 방법으로 표현할 수 있다. "비트를 저장하고, 조작하고, 삭제함으로써 모든 컴퓨터가 할 수 있는 모든 일을 할 수 있다." 섀넌이 비트란 정보의 기본단위임을 증명했기 때문에, 정보처리는 비트를 조작하는 것과 다를 바가 없다. 튜링 머신이 담당하도록 설계되었던 것과 같다. 역으로 컴퓨터는 정보처리 기계 이상의 어떤 것이 아니다. 정보를 처리하는 과정에서 컴퓨터는 섀넌이 정립한 법칙을 따르게 된다.

---

11 나중에 보게 되겠지만, 우리가 여기서 논하고 있는 컴퓨터는 양자 컴퓨터가 아닌 '고전적' 컴퓨터다.

정보의 조작, 처리, 전송 과정은 에너지와 엔트로피의 소비 및 생산에 연관되어 있다. 에너지와 엔트로피의 조작은 튜링 머신이나 컴퓨터, 또는 두뇌와 같은 정보처리 기계의 가장 중요한 기능이다. 이러한 개념들은 밀접하게 연관되어 있다. 엔트로피, 에너지, 정보 사이의 관계를 이해하면 컴퓨터와 인간이 사고하는 방법을 이해할 수 있게 될지도 모른다. 섀넌의 발견에 뒤이어, 컴퓨터와 두뇌가 어떻게 기능하는지를 이해하기 위한 첫 걸음으로 과학자들은 컴퓨터가 정보의 조작을 수행할 때 에너지와 엔트로피를 얼마나 소비 또는 생산하는지를 알아내기 위한 도전에 착수했다.

1961년, 물리학자 롤프 란다우어 Rolf Landauer 는 컴퓨터(또는 두뇌)가 정보처리(또는 사고)를 수행하는 데 얼마나 많은 에너지를 사용하는지에 대한 놀라운 대답을 내놓았다. 우주의 에너지를 소모하거나 증가시키지 않고도 비트를 더할 수 있다는 결론이었다. 비트의 곱도 가능하다. 그러나 컴퓨터가 어떤 행동을 하면 열이 발생하는데, 이 열은 환경 속으로 방산되면서 우주의 엔트로피를 증가시킨다. 그 행동이란 비트를 삭제하는 행동이다. 삭제는 컴퓨터의 메모리가 에너지를 소모하게 하는 행동이다.

나중에 란다우어의 원리라고 알려진 이 현상은 반反직관적이다. 그러나 확실한 물리적 원리로부터 도출되었다. 실리콘칩 대신에 2

미터 길이의 당구대를 컴퓨터 메모리로 사용한다고 치자. 여기서는 500그램의 당구공이 정보의 기본단위인 비트다. 이 당구공이 당구대의 왼쪽 쿠션에 있으면 그 공은 0을 나타낸다. 오른쪽에 가 있으면 1이다. 이 메모리에서 이 비트를 가지고 우리는 간단한 조작을 할 수 있다. 여기서 유일한 규칙은 하나의 조작에 단 하나의 방법만이 있으며, 그 단 하나의 방법은 공이 왼쪽에 있든 오른쪽에 있든 유효하다는 것이다. 명령 설정은 양쪽에 공평해야 한다. 0인 공에는 우리가 1인 공에 주었던 것 이외의 방법을 따르라고 명령할 수 없다.

'부정否定, negate'이라는 연산을 예로 들어보자. 메모리가 0을 가지고 있으면 1로 바꾸고, 1을 가지고 있으면 0으로 바꾸는 것이다. 우리의 당구대 메모리로도 아주 쉽게 할 수 있는 연산이다. 방법은 이렇다. 당구공에 1줄의 에너지를 주어서 초당 2미터의 속도로 오른쪽을 향해 움직이게 하는 것이다. 1초 후에는 공을 정지시키고 1줄의 에너지를 도로 회수한다. 이 과정은 한 세트의 명령이며 두 개의 당구공 모두에 적용된다.

메모리가 0인 상태에서 시작한다면, 왼쪽 쿠션에 있는 당구공은 초당 2미터의 속도로 오른쪽을 향해 움직인다. 정확히 1초 후 공은 쿠션과 충돌하고, 바로 그 순간 우리는 공을 정지시키면서 공이 가진 에너지를 회수한다. 이때 0은 1이 된다. 반대로 메모리가 1에서 시작한다면 공은 오른쪽 쿠션에서 출발한다. 초당 2미터의 속도로 출발하자마자 곧 오른쪽 쿠션에 충돌해서 튀어나간 후, 초당 2미터의 속도로 왼쪽을 향해 움직인다. 정확하게 1초 후, 우리가 이 공의 에너지를 제거하면 공은 당구대를 가로질러 왼쪽 쿠션에 닿는다. 1이 0으로 된 것이다. 아주 이상적이고 완벽한 당구대라면 에너지 손실은 전혀 없다. 두 경우 모두에서 우리는 투입된 에너지 1줄을 회수한다. 에너지를 소모하거나 소실시키지 않고 메모리를 부정한 것이다.

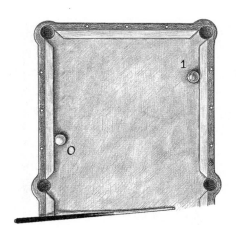

1과 0의 메모리가 저장된 당구대

이번에는 당구대의 메모리를 삭제하는 방법을 알아보자. 메모리
에 저장된 비트가 1이냐 0이냐에 상관없이, 우리는 모두 0으로 끝
나기를 원한다. 당구공이 모두 왼쪽 쿠션에 모여야 하는 것이다. 이
연산은 쉽지 않다. 여기서는 부정의 연산에서와 같은 트릭은 쓸 수
없다. 1인 메모리에서 출발한다면 똑같은 트릭을 쓸 수도 있지만, 0
인 메모리에서는 쓸 수 없다. 게다가 두 개의 공에 똑같이 적용되는
한 가지 세트의 명령만을 쓸 수 있기 때문에 "공이 오른쪽에 있으면
부정하지만, 왼쪽에 있으면 아무것도 하지 않는다"와 같은 명령은

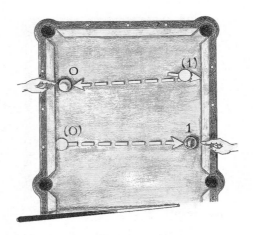

당구대의 메모리 1과 0의 부정 연산(손으로 에너지를 회수한다)

쓸 수 없다. 이 명령은 각각의 공에 서로 다른 명령을 주는 것이기 때문이다.

하지만 하나의 명령으로 메모리를 삭제하는 한 가지 방법이 있다. 당구대를 약간만 변형하면 가능하다. 에너지를 흡수하는 플러시 벨벳을 왼쪽 쿠션에 덧대어주는 것이다. 공이 이쪽 쿠션에 충돌하면 벨벳이 모든 에너지를 흡수하고 공은 정지하게 된다. 이제 앞에서처럼 부정의 트릭을 써보자. 다만 1초 후에 에너지를 다시 흡수하기 위한 마지막 명령은 주지 않는다. 공을 쳐서 1줄의 에너지를

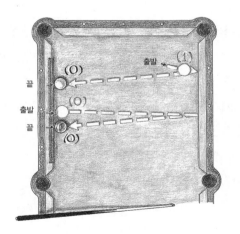

당구대의 1과 0 삭제하기

투입해 오른쪽으로 굴러가도록 만드는 데까지가 우리가 할 일이다.

메모리가 1인 경우, 공은 오른쪽 쿠션에서 출발하자마자 곧바로 쿠션을 때리고 반사되어 왼쪽으로 굴러간다. 1초 후, 공은 왼쪽 쿠션에 대어진 벨벳 천에 맞으면서 에너지를 모두 내어주고 왼쪽 쿠션에서 정지한다. 2초 후, 공은 움직이지 않았고 메모리는 그대로 0이다. 우리가 취한 방법은 1을 0으로 만들었다. 이렇게 해서 1에서 출발해도 메모리를 삭제할 수 있다는 것을 알게 되었다. 그러나 만약 메모리가 0인 상태, 즉 공이 왼쪽 쿠션에 있는 상태라면 어떻게 할까? 왼쪽에 있는 공은 우리가 에너지를 투입하면 곧장 오른쪽으로 굴러간다. 1초 후, 공은 오른쪽 쿠션과 충돌하고 반사되어 다시 왼쪽으로 굴러온다. 1초 후, 공은 벨벳에 충돌하면서 에너지를 내어주고 그대로 정지한다. 2초 만에 0이 1이 되었다가 다시 0이 되고 그대로 머무른 것이다. 우리의 방법은 메모리가 1일 때뿐만 아니라 0일 때도 효과가 있다. 그러나 여기에는 비용이 따른다. 에너지가 소모되는 것이다.

부정 명령에서 우리는 처음에 1줄의 에너지를 투입하고 마지막에 회수했다. 0을 1로 바꾸거나 1을 0으로 바꾸는 데는 에너지가 소모되지 않았다. (부정 명령은 약간 수정된 형태의 벨벳 당구대에서도 수행된다. 우리는 공이 벨벳에 닿는 순간, 에너지가 소실되기 전에 그 에너지를 회수할 수 있다.) 그러나 '삭제' 명령, 즉 모든 메모리를 0으로 맞춰놓는 명령에서는 벨벳이 공을 정지하도록 만들어야 한다. 벨벳이 브레이크 구실을 하는 것이다. 벨벳은 공으로부터 1줄의 에너지를 빼앗아—공이 오른쪽에서 출발했든 왼쪽에서 출발했든 상관없이— 열의 형태로 환경 속에 방출시킨다. 브레이크가 하는 일이 원래 그런 것이다. 우리로서는 이 메커니즘을 이용하는 것 외에 다른 선택의 여지가 없다. 삭제를 위한 명령 설정에 '에너지를 회수하라'는 명령을 끼워넣을 수는 없다. 에너지를 회수하려면 마지막 순간에 두 개의 공이 모두 왼쪽 쿠션에서 정지하도록 만들 수 없기 때문이다. 벨벳 조각을 덧대어줌으로써만, 즉 투입된 에너지의 회수를 포기함으로써만 우리는 메모리가 0이든 1이든 상관없이 유효하게 적용되는 삭제 명령을 실행할 수 있다. 메모리 삭제는 환경 속으로 스며드는 열을 발생시킨다. 이것이 바로 란다우어의 법칙이다.

메모리 1비트를 삭제하는 행동은 열을 발생시키고, 이 열은 환경 속으로 방출된다. 작은 술잔에 들어 있던 헬륨이 용기 속에 골고루 흩어지듯이 에너지는 방출되자마자 우주의 엔트로피를 높인다. 정보처리는 열역학적 과정이며 그 역 또한 성립한다. '삭제는 우주의 엔트로피를 증가시킨다'는 란다우어의 법칙의 핵심은, 더 깊이 들여다보면, 삭제는 '비가역적' 연산이라는 것이다. 메모리 1비트를 택해

서 열이 방산되도록 하면서 그 메모리를 삭제하면 삭제된 메모리를
다시 복구할 방법은 없다.

이 연산은 부정의 연산과는 다르다. 부정 연산은 두 번째 부정
연산에 의해서 쉽게 역전될 수 있다. 또한 가산 연산은 감산 연산
에 의해서 역전될 수 있다. 가역적 연산은 우주의 엔트로피를 증가
시키지 않는다. 비가역적 연산만이 엔트로피를 증가시킨다. 원자
의 운동을 비트의 조작으로 응용할 수 있는 것처럼, 시간의 화살인
엔트로피도 비트의 조작으로 응용할 수 있다. 우리는 비가역적 과
정—정보 또는 물리적 과정—을 담은 필름을 거꾸로 돌릴 수 없다.
우주의 엔트로피가 변했기 때문이다.

1982년, IBM의 물리학자 찰스 베넷Charles Bennett이 맥스웰의
악마를 영원히 추방하는 마지막 단계를 밟았다. 이 악마를 상자 안
에 넣고 상자의 한쪽은 차갑게, 한쪽은 뜨겁게 만들라고 명령하면,
악마는 셔터를 열지 말지, 닫을지 말지를 결정할 것이다. 악마는 상
자 안의 엔트로피를 역전시키는 데 도움이 되는 이진법의 결정을
하게 된다. 사실 악마의 본색은 우리가 내린 명령으로 프로그램된
정보처리 기계—즉, 컴퓨터—이다. 튜링 머신은 컴퓨터가 할 수 있
는 어떤 일도 할 수 있기 때문에, 튜링 머신이 이 악마의 역할을 하
게 할 수 있다. 튜링 머신은 어떤 방법으로든 원자의 속도를 측정해

서 그 측정 결과의 기록이 될 테이프에 비트를 써야 할 것이다. 그러고 나서 메모리 속의 이 비트를 이용해서 셔터를 열지 말지, 닫을지 말지를 결정하게 하는 프로그램을 실행시킬 것이다. 그러나 그렇게 정보를 쓰는 행동은 암묵적으로 우리가 이전에 측정해서 얻은 데이터를 지우기 위해 새 정보를 쓸 메모리 위치에 기록되어 있던 것들을 삭제할 것을 요구한다.

사용 가능한 메모리가 아주 많더라도—각각의 새로운 원자에 대해 사용되지 않은 메모리 섹션을 바꾸어서 줄 수도 있다— 메모리가 무한대로 크지 않다면 언젠가는 동이 나게 되어 있다. 우주의 입자 수는 유한하기 때문에 우리는 무한의 메모리를 가질 수 없다. 언젠가는 테이프가 동날 것이고 새로운 측정 결과를 기록하기 위해 악마는 테이프의 일부를 지워야 할 것이다.

한동안은 악마가 정보로 메모리를 채워나갈 수 있겠지만 얼마 안 가 테이프가 떨어져서 상자 안에서 차가운 원자와 뜨거운 원자를 갈라놓음으로써 제거하는 것보다 더 많은 열을 우주 속으로 방출하여 엔트로피를 생성시키게 된다. 베넷은 용기 속의 엔트로피를 감소시키려고 하는 악마는 언제나 비용을 지불해야 한다는 것을 증명했다. 그 비용은 메모리의 비용으로, 우주의 엔트로피를 올린 데 대한 대가이다. 무임승차, 영구 기계는 없다. 맥스웰의 악마는

111세를 일기로 죽음을 맞이했다.

사실 가장 큰 열역학의 역설은 정보의 조작에 관한 역설이었다. 섀넌은 맥스웰의 악마에 대한 역설을 해결하려 하거나 튜링 머신의 에너지 소모를 알아내려고 했던 것은 아니었다. 그러나 섀넌이 정보이론이라는 분야를 정립했을 때 열역학, 컴퓨터, 정보의 연결은 그가 상상했던 것보다 훨씬 강력했다.

정보이론은 섀넌과 볼츠만의 엔트로피가 서로 연관되어 있다고 열렬하게 주장했던 브리유앵이 알 수 있었던 것보다도 훨씬 심오했다. 1996년에 란다우어는 다음과 같이 썼다.

정보는 영혼과 육체가 분리된 추상적 실체가 아니다. 정보는 언제나 물리적 표현과 연결되어 있다. 돌판에 조각된 문자, 스핀, 전하, 펀치 카드의 구멍, 테이프의 부호, 기타 그와 비슷한 어떤 것으로 표현된다. 이런 관계는 정보의 처리를 우리가 사는 실제 물리 세계와 물리학의 법칙들, 사용할 수 있는 저장 공간 등의 모든 가능성과 한계에 연결시킨다.[12]

---

12 레프(Leff)와 렉스(Rex)가 엮은 《맥스웰의 악마 2(Maxwell's Demon 2)》, 355쪽에서 인용.

정보의 법칙은 이미 열역학의 역설들을 해결했다. 사실은 정보이론이 열역학을 통째로 삼켜버렸다. 열역학의 문제들은 열역학이 사실은 정보이론의 특수한 사례라는 것을 인정하면 해결된다. 이제 그 정보가 물리적이라는 것을 알았으므로, 정보의 법칙을 연구함으로써 우리는 우주의 법칙들을 파악할 수 있다. 모든 물질과 에너지가 열역학의 법칙을 따르듯이, 모든 물질과 에너지는 정보의 법칙을 따른다. 우리들도 예외는 아니다.

살아 있는 것들은 본래부터 컴퓨터나 상자 속의 기체와는 다른 것처럼 보이지만 정보이론은 누구에게나, 어떤 것에나 모두 적용된다. 컴퓨터가 하드 드라이브에 정보를 저장하듯이 우리 인간들은 각자의 뇌와 유전자에 정보를 저장한다. 또한 사실상 자연이 정보를 흩어버리고 파괴하려고 시도함에도 불구하고, 산다는 행위는 정보를 복제하고 보존하는 행위로 볼 수 있다. 정보이론은 케케묵은 질문, "삶이란 무엇인가?"에 대한 답을 내놓는다. 그 답은 우리를 대단히 어지럽게 한다.

4 생명

닭이 먼저냐 달걀이 먼저냐를 묻는 대신, 더 많은 달걀을 만들기 위한
달걀의 아이디어가 닭이었던 것 같다는 생각이 갑자기 들었다.
— 마셜 매클루언, 《미디어의 이해》

1943년, 제2차 세계대전이 한창이던 때, 유명한 물리학자였던 에
르빈 슈뢰딩거 Erwin Schrödinger 는 더블린의 트리니티 컬리지에서 여
러 번에 걸쳐 강의를 했다. 슈뢰딩거는 양자 분야에서 기본적 법칙
들을 이끌어낸 것으로 유명했다. 아마 독자들도 '슈뢰딩거의 고양
이' 이야기를 잘 알고 있으리라 믿는다. 슈뢰딩거의 고양이란 아원
자 영역의 양자역학 법칙과 일상적 세계에서의 고전적 물리 법칙의
차이에 기인하는 역설을 비유한 이야기이다. 그러나 당시 슈뢰딩거
의 강의 주제는 양자역학의 불가사의도, 당시에 이미 뉴멕시코 주
로스 알라모스의 과학자들이 지대한 관심을 보이고 있던 핵물질의
성질도 아니었다. 물리학자인 슈뢰딩거는 자신을 유명하게 만들어
준 양자역학과는 거리가 한참 멀어 보이는 주제로 강의를 했다. 그

는 생물학의 기초적 문제를 이야기했다. "생명이란 무엇인가?"

쥐나 박테리아가 돌이나 한 방울의 물과 다른 점은 무엇인가? 수천 년 동안 철학자와 과학자들이 끊임없이 매달려왔지만 만족할 만한 대답을 얻는 데는 실패한 물음이었다. 서로 전혀 관련이 없어 보이는 두 분야인 양자이론과 생명의 본질에 관한 철학 사이에 깊은 연관이 있음을 발견한 슈뢰딩거는 강의에서 그 문제에 대한 답을 찾으려고 시도했다. 아직 적절한 용어가 나오기 전— 섀넌의 정보이론은 그보다 5년 후에 등장했다—이었지만, 슈뢰딩거는 두 분야 사이의 연관이 정보라고 알려지게 될 어떤 것과 분명 관련이 있다고 판단했다.

슈뢰딩거는, 물리학자의 관점에서 보면 살아 있는 유기조직체는 끊임없이 죽음과 싸우는 존재라고 생각했다. 우주가 항상 엔트로피를 증가시키려고 함에도 불구하고 유기조직체는 언제나 내적 질서를 유지한다. 유기조직체는 궁극적으로는 태양으로부터 생겨난 음식물을 섭취하고 에너지를 소비함으로써 평형상태에, 즉 죽음으로부터 멀리 떨어진 곳에 있을 수 있다. 그가 강의하던 시절은 정보이론이 생겨나기 전이었으므로 비록 정보이론가들이 사용하는 전문용어를 알지는 못했지만, 슈뢰딩거는 생명이란 에너지와 엔트로피, 그리고 정보가 함께 추는 미묘한 춤이라고 설명했다. 당시의 다른 과학자들이 모두 그랬듯이 그는 이 정보라는 것이 대체 무엇인지,

어디에 틀어박혀 있는지 알지 못했다. 그러나 살아 있는 존재들의 가장 본질적인 기능은 정보의 소비, 처리, 보존, 복제라고 생각했다.

생명의 정보는 정신을 책임지고 있는 요소 그 이상의 것이며 우리가 머릿속에 우겨넣고자 하는 정보 이상의 의미를 갖는다. 정보는 지구상의 모든 생명체를 책임지고 있는 요소다. 정보의 법칙은 가장 하등한 박테리아나 세상에서 가장 작은 생명 입자로부터 시작해서 모든 살아 있는 피조물의 길잡이다. 우리 몸의 세포 하나하나가 모두 정보로 꽉꽉 채워져 있다. 우리는 그 정보를 처리하기 위해서 밥을 먹는다. 우리는 한 세대에서 다음 세대로 정보를 전달해주기 위해 혼신의 노력을 기울인다. 우리는 우리 안에 있는 정보의 노예다.

생명이 무엇이며 어떻게 생겨나게 되었는지를 이해하고 싶다면 정보가 우리를 향해 하는 말을 먼저 이해해야만 한다. 섀년의 이론은 정보를 측정하고 조작하는 방법에 대해, 그리고 그 정보가 살아 있는 유기조직체 내에 저장되기 위해서는 어떤 법칙을 따라야 하는지에 대해 이야기한다. 섀년의 정보이론은 생명에 대한 의문들이 철학자들과 신학자들 못지않게 물리학자들의 영역임을 확실히 해주었다.

1943년 더블린에서 슈뢰딩거가 강의했을 때, 과학자들도 유전자 암호에 대해 많은 것을 알고 있지는 못했다. 제임스 왓슨^{James}

Watson과 프랜시스 크릭 Francis Crick 이 DNA의 이중나선 구조를 밝힌 것은 그로부터 10년이 지난 후의 일이었다. 생물학자들은 유전 형질이 대를 이어 전해진다는 것을 알고 있었다. 생물학자들이 알고 있는 것은 유전 형질이 유전자라는 구성단위 속에 암호화되어 들어 있는데, 세포 안에 들어 있는 어떤 물질, 일종의 분자 형태인 이 물질이 앞에서 말한 유전자를 이룬다는 정도였다. 생물학자들과 물리학자들은 이 분자들이 어디에 위치하는지, 크기가 대략 어느 정도인지 어렴풋이 알고 있었다.

　슈뢰딩거를 포함해서 당시 대부분의 과학자들은 유전 정보를 가지고 있는 문제의 분자가 바로 단백질이라고 생각했다. 그것은 틀린 생각이었다. 현재의 생물학자들과 물리학자들은 DNA, 즉 디옥시리보핵산 deoxyribo nucleic acid 이 한때 신비에 가려져 있던 그 분자, 유전자 암호를 담고 있는 그 분자라는 것을 알고 있다. DNA는 정보가 흩어져 사라지는 것을 막고 그 정보를 저장할 것을 목적으로 만들어진 분자이다. 또한 필요할 경우 그 정보를 복제하기도 한다. 그러나 슈뢰딩거의 강의는 정보의 매체가 아니라 그 정보가 담고 있는 메시지에 대한 것이었으며, 자신의 이야기가 옳다는 것을 골자로 하고 있었다. 비록 슈뢰딩거는 다른 대안이 없어 유전자 암호를 모스부호의 점과 대시의 형태를 빌려서 이야기했지만, 우리는 이제 그것을 정보라는 관점에서 말할 수 있게 되었다.

당시에는 슈뢰딩거도 그 분자가 우리 세포 안에서 어떤 정보를 저장하고 있는지에 대해 정확하게 알지 못했고 정보이론의 전문적 표현으로 자신의 주장을 전달하지는 못했지만, 그가 말하려던 메시지의 핵심—당혹스러움—은 변함없이 타당하다. 슈뢰딩거로서는 우리 몸의 세포 안에 저장된 정보의 놀라운 영구성과 탄력성을 이해하기가 쉽지 않았을 것이기 때문이다. 그 정보는 반복적으로 복제되고 세대를 거듭하며 대물림되지만 아무리 시간이 흘러도 거의 변화를 겪지 않는다. 그 정보는 보존되며, 소실되지 않도록 보호받는다.

대개의 경우 자연은 이런 방식으로 작용하지 않는다. 엔트로피는 외부의 간섭이 없을 경우 증가하는 것이 자연스럽다. 상자 안에 들어 있는 기체는 금방 평형상태에 이른다. 정보는 흩어지고 소실되는 경향이 있다. 저장된 정보도 결국은 온 우주로 흩어진다. 특히 거대하고 복잡하고 온난한 시스템—이를테면 살아 있는 생명체— 속에서는 널리 확산된다. 그리고 생명체가 일단 죽음을 맞이하면 그 생명체의 몸은 즉시 부패하기 시작한다. 살점은 썩어서 흩어지고 살점을 이루던 분자 역시 사라진다. 그와 함께 그 생명체가 가지고 있던 유전자 암호 역시 바람 속으로 흩어진다. 어쨌든 생명체는 살아 있음으로 해서 자신의 정보를 보존하고 짧은 시간 동안이지만 엔트로피를 조롱하는 것처럼 보인다. 그렇지만 생명체가 죽음에 이르면 그 능력 역시 영원히 사라지고, 그 생명체가 가지고 있던 정보들이 산산이 흩어짐과 함께 엔트로피는 최후의 승자가 된다.

지금의 과학자들은 슈뢰딩거보다 훨씬 더 많은 것들을 안다. 1953년, 왓슨과 크릭은 유전자 코드가 기다란 끈 형태의 이중나선 구조를 가진 DNA 속에 저장되어 있음을 보여주었다. 정보를 훤히 꿰뚫고 있는 이 분자에서 가장 중요한 부분은 두 가닥의 끝이 서로 접합해 있는 가운데 부분이다. 각각의 가닥에서 메시지를 함유하고 있는 부분이 바로 그 부분이다. 이 끈이 가진 정보는 이진법 암호로 적혀 있지 않다. 0과 1, T와 F가 아니다. DNA의 정보는 4진법 암호로, 네 개의 기호를 가지고 있다. 각각의 기호는 네 가지 화학물질 또는 염기(아데닌, 티민, 시토신, 구아닌)를 나타낸다. 만약 우리가 분자 크기의 몸을 가지고 있어서 DNA의 한 가닥을 줄타기하듯이 타고 내려간다면, 순서가 정연하게, 예를 들면 ATGGCGGAG 하는 식으로 연결되어 있음을 볼 수 있다. 염기와 염기가 서로 접합하면서 이 가닥과 맞닿은 두 번째 가닥에서도 이와 똑같고 순서가 정반대인 염기 배열을 볼 수 있다.

아데닌과 티민은 서로 상보적이며 함께 접합하는 염기이다. 시토신과 구아닌도 상보적이며 함께 접합한다. 두 번째 가닥은 첫 번째 가닥과는 순서가 반대로 배열되면서 첫 번째 가닥의 염기를 상보적 염기로 치환한다. 따라서 예를 들면, ATGGCGGAG라는 염기 배열에는 TACCGCCTC라는 상보적 역배열의 가닥이 접합한다.

$$\rightarrow \ \text{A T G G C G G A G} \ \rightarrow$$
$$| \ | \ | \ | \ | \ | \ | \ | \ |$$
$$\leftarrow \ \text{T A C C G C C T C} \ \leftarrow$$

이 두 가닥은 서로 분리될 수 있기 때문에 DNA 분자는 같은 정보를 가진 두 장의 효율적인 복사본을 가진 셈이다. 여기서 '정보'라는 용어는 아주 적절한 표현이라고 할 수 있다. 사실 DNA는 섀넌이 말한 의미의 정보를 저장하고 있기 때문이다. 섀넌의 이론은 어떠한 기호의 열에도 그대로 적용된다. 다른 기호와 마찬가지로 DNA의 4진법 암호도 비트 스트링, 즉 1과 0의 열로 축소시킬 수 있다. 각각의 염기에 2비트씩을 배당하면 된다. (예를 들어 A, T, C, G를 각각 00, 11, 01, 10으로 치환하는 것이다.) 생명에 중요한 요소이니만큼 정보이론의 관점에서 보면 DNA는 정보를 저장하는 다른 어떤 매체와도 다를 바가 없다. DNA 나선에 저장된 정보를 조작하는 방법만 파악한다면 DNA를 튜링 머신의 '테이프'처럼 쓸 수 있다. DNA 나선에 유전자 암호를 쓰거나 읽을 능력이 있다면 그 정보를 컴퓨터에 옮겨 저장할 수도 있다. 사실 이미 여러 번 시도된 적이 있는 일이기도 하다.

예를 들어 2000년에 프린스턴 대학의 생물학자인 로라 랜드웨버 Laura Landweber가 'DNA 컴퓨터'를 개발했는데, 이 컴퓨터가 컴퓨터 과학자들 사이에서 '나이트 knight의 문제'라고 알려져 있던 유명한 퍼즐을 해결했다. 일정한 크기의 체스판— 랜드웨버의 경우에는 가로 세로 각각 3개의 정사각형이 그려진 판이었다—을 주었을 경우, 체스의 말 중 하나인 나이트가 서로 상대방을 공격하지 않고 체스판 위를 움직일 수 있는 경로는 모두 몇 가지일까?

랜드웨버는 오랜 세월 생물학자들이 DNA를 다루기 위해 개발한 몇 가지 도구들과 정보를 저장하고 있는 또 하나의 분자인 RNA(리보핵산, ribonucleic acid)를 이용했다. 과학자들은 효소와 화학물질들을 이용해 DNA 분자에 기록된 암호를 읽고, 주어진 DNA 가닥에 원하는 기호의 세트를 써 넣을 수 있게 하고, DNA 정보를 여러 벌 복제할 수 있게 하는 방법을 개발했다. 또한 원하지 않는 기호의 시퀀스를 가진 분자를 쪼개거나 파괴할 수 있는 능력도 갖게 되었다. 이 모든 방법들이 정보를 조작하는 연산이다. 사실 이러한 연산으로도 DNA로 원시적 컴퓨터를 만드는 데 충분하다.

랜드웨버는 주먹구구식으로 DNA 컴퓨터를 만들었다. 먼저, 각각 열다섯 쌍의 염기쌍을 가진 서로 다른 DNA 열여덟 조각을 합성했다. 그리고 각각의 DNA 조각에 특정한 공간을 나타내는 한 비트씩을 할당했다. 체스판을 구성하고 있는 아홉 개의 칸에 '나이트'가 있으면 1을, 공백이면 0을 준 것이다. (예를 들어 CTCTTACTCAATTCT는 좌상귀가 공백임을 의미한다.) 그다음에는 체스판의 모든 가능한 배열을 나타내는 수백만 개의 DNA 가닥 '라이브러리'를 만들었다. 즉, 나이트와 공백의 모든 가능한 순열을 나열한 것이다. 그러고 나서 하나의 나이트가 다른 나이트를 잡을 수 있는 배열의 순열을 조직적으로 제거해나갔다. 자르기 효소$^{cleavage\ enzyme}$를 써서 도움이 되지 않는 모든 분자들을 하나하나 잘라나간 것이다.[1]

---

1   나이트 퍼즐은 한 세트의 간단한 논리 진술로 축약할 수 있기 때문에 효소의 알고리듬은 실행하기 쉽다. 그러한 진술 중 하나를 예로 들면 "좌상귀는 공백이거나 그 위치에서 나이트가 공격할 수 있는 두 칸은 공백이어야 한다"가 있을 수 있다. 이 진술을 만족시키기 위해, 랜드웨버는 라이브러리를 둘로 나누었다. 항아리 하나에 "좌상귀에 나이트가 있다"를 의미하는 시퀀스를 타깃으로 하는 효소를 넣는다. 또 다른 항아리에는 공격받는 위치에 나이트가 있음을 표시하는 시퀀스를 타깃으로 하는 두 개의 효소를 넣는다. 부서진 DNA 조각들을 모두 제거하고 나면, 좌상귀에 나이트가 있고, 또한 그 위치로부터 공격받는 두 개의 칸 중 어느 하나에 나이트가 있음을 의미하는 시퀀스를 가진 DNA는 두 개의 항아리 중 어디에도 남아 있지 않게 된다. 그다음에 두 개의 항아리에 남은 것들을 한데 섞는다. 이제 랜드웨버의 라이브러리에서 좌상귀에 나이트가 있고, 또한 그 위치로부터 공격받는 칸 중 하나에 나이트가 있다는 진술의 시퀀스는 사라졌다. 랜드웨버는 체스판의 칸 하나하나에 대해서 모두 같은 과정을 반복했다. "1번 칸에 나이트가 없거나, 6번과 8번 칸에 나이트가 없다", "2번 칸에 나이트가 없거나 7번과 9번 칸에 나이트가 없다" 등으로 계속 반복한 것이다. 쪼개고, 자르고, 합하는 과정을 모두 되풀이하자 하나의 나이트가 다른 나이트를 공격하는 모든 DNA 조각들이 제거되었다.

이 과정은 컴퓨터의 논리 연산과 똑같다. 랜드웨버는 DNA 덩어리 조각들을 만들어 거기에 정보를 쓰고, 그 분자에 들어 있는 정보를 DNA가 논리 프로그램을 실행하는 것과 같은 방법으로 조작했고, 이렇게 하여 컴퓨터가 주어진 논리를 실행해 얻은 해답을 메모리 뱅크에 저장하듯 나이트 퍼즐의 해답을 갖고 있는 DNA 조각으로 가득한 비커를 가질 수 있었다. 이 DNA 조각들이 가지고 있는 마흔세 개의 암호를 읽어서 풀어낸—컴퓨터에 메모리 뱅크의 내용을 프린터로 출력하라는 명령을 내리는 것과 같다— 랜드웨버는 그중 마흔두 개의 DNA 조각이 나이트 퍼즐의 옳은 답을 가지고 있음을 발견했다. (나머지 하나는 틀린 답, 즉 돌연변이였다.) 랜드웨버는 DNA 조각에 컴퓨터 알고리듬을 실행시키는 데 성공했다.

그러나 자연의 기준에서 보면 랜드웨버의 방법은 매우 조잡하고 조악했다. 랜드웨버가 가진 도구 상자에는 DNA의 정보를 조작할 수 있는 방법의 가짓수가 매우 적었다. 랜드웨버는 정보를 가지고 있는 분자를 강제로 복제할 수 있었고, 그 분자들을 둘로 쪼개거나 파괴할 수 있었다. 그리고 DNA 조각 하나에 무無의 상태에서부터 특정한 암호를 써넣을 수 있었다. 그러나 튜링 머신이 할 수 있는 다른 기본 기능들은 수행할 수 없었다. 예를 들면 무의 상태에서부터 암호를 만들 수는 있었지만 일단 그 암호를 DNA에 써넣고 나면 편집할 수는 없었다. 즉, C를 빼내고 대신 A를 집어넣는 일은 할 수 없었다. 과정을 실행하는 도중에 일어나는 정보상의 실수—돌연변이—를 수정할 수도 없었다.

자연은 이 모든 것들을 할 수 있다. 효소(세포 내부에 있는 단백질)는 끊임없이 DNA 분자를 감시해서 돌연변이가 일어나면 그 부분을 편집한다. 우리 몸속의 세포 각각에는 이 단백질이 수천 개나 들어 있고, 이 단백질은 우리 DNA 속의 정보를 조작한다. DNA의 정보를 복제하고, DNA에 정보를 쓰고, DNA의 정보를 읽고, 편집하고, 다른 매체에 전달하고, DNA에 씌어진 정보에 따른 명령을 실행한다. 이 단백질을 만들고 통제하기 위한 명령 역시 DNA에 들어 있다. 어떻게 보면 우리 몸속에 있는 세포 각각의 심장부에는 DNA 분자에 저장된 명령을 실행하는 컴퓨터가 자리하고 있다고 볼 수 있다. 만약 우리 몸의 모든 세포에 들어 있는 컴퓨터가 똑딱거리며 움직이면서 DNA에 저장된 프로그램을 실행하고 있다면, 그 프로그램은 무엇을 하는 프로그램일까?

모든 종류의 유기조직체가 가진 유전자 암호를 해독하기 위해—위에서 말한 프로그램들의 세세한 부분까지 읽어내기 위해— 엄청난 노력이 기울여지고 있다. 이러한 프로그램의 세세한 부분까지 모두 알지는 못하지만 많은 진화론 생물학자들은 모든 프로그램들이 똑같은 일을 하고 있다고 짐작한다. 아주 간단한 하나의 명령을 수행하고 있다는 것이다.

복제하라. 너의 정보를 복사하라.

물론 프로그램들은 서로 아주 다른 방법으로 이 임무를 수행한다. 그러나 그 목표는 언제나 똑같다. 복제. 그 나머지는 모두 프로그램이 궁극의 목표를 달성하는 데 도움이 되는 장식물에 불과하다. 몸—그리고 팔과 다리, 머리와 뇌, 눈과 송곳니, 날개와 이파리와 섬모까지 포함해서—은 유기조직체의 유전자에 들어 있는 정보를 보호하기 위한 포장, 그 포장 속에 들어 있는 정보가 자기 복제를 할 수 있는 기회를 더 많이 만들어주기 위한 포장이다.

위와 같은 표현은 생명체의 의미를 지나치게 축소한 것일 수도 있다. 또한 우리가 생물학 시간에 배운 내용과는 상당히 동떨어진 것일 수도 있다. 생물학 시간에 배운 진화는 번식을 위한 각 '개체들'의 노력으로 그려졌다. 가장 잘 적응한 유기체가 살아남고, 유전자의 기능은 유기체를 더욱더 잘 적응하도록 만드는 것이었다. 그런데 모든 과학자들이 유전자를 이런 관점에서 보지는 않지만, 많은 생물학자들은 유기체의 유전자, 세포 속에 들어 있는 정보는 더 우수한 적자適者 유기체를 만들기 위해 '노력'하지 않는다고 주장한다.

단지 자신을 복제하기 위해 노력할 뿐이라는 것이다.

이는 아주 미묘한 핵심이다. 복제를 추구하는 것은 개체가 아니다. 개체 속에 들어 있는 정보다. 유기체에 저장된 정보는 자신을 복제하려는 목표를 가지고 있다. 유기체의 몸체는 부산물이고 그 목표를 달성하기 위한 도구이며, 그 몸체 속에 들어 있는 정보를 전달하고, 보호하고, 복제를 돕는 매개물이다. 유기체의 번식은 때때로 정보의 자기 복제 과정에서 생기는 부산물이다.

유기체의 정보는 종종 복제의 매개물인 유기체의 번식 '없이도' 스스로를 복제한다. 개미를 예로 들어보자. 전형적인 개미의 제국에서는 오직 하나의 유기체, 여왕개미만이 생식 능력을 갖고 있다. 여왕개미만이 번식을 한다. 여왕개미만이 알을 낳는다. 여왕개미의 제국에 속한 다른 수천, 수만의 개미들은 불임으로 생식 능력이 없다. 그러나 이 불임 개미들이 여왕개미의 알을 돌보고 어른 개미가 될 때까지 키운다. 이들은 여왕개미가 낳은 알의 부모는 아니지만 여왕개미의 새끼들을 정성껏 보살핀다.

이 제국의 유기체 거의 대부분은 어린 자식을 낳지 못한다. 이 유기체들은 스스로의 번식 능력을 포기하고 다른 개체의 새끼를 기르는 데만 골몰한다. 이들의 유전자에 저장된 정보가 이들로 하여금 여왕에게 복종하고 스스로의 생식에 대한 희망을 버리라고 명령하기 때문이다. 만약 각각의 개체들이 자신의 번식 능력을 통제할 수 있다면, 번식을 위해 노력하는 것이 각각의 '개체들'이라면 앞서 말한 전략은 전혀 무의미하다. 그러나 유기체에 저장된 '정보'가 번식 능력을 통제한다면 불임 개미의 행동은 합리적일 수 있다.

만약 우리가 개미 제국의 일개미라면, 우리의 어머니는 여왕개미이고, 여왕개미의 유전자는 우리가 가진 유전 물질—'여왕에게 복종하라' 유전자를 포함해서—의 거의 모두를 가지고 있다.[2] 여왕개미의 모든 자식들 역시 DNA 속에 '여왕에게 복종하라' 유전자를 가지고 있다. 따라서 이 유전자 프로그램의 명령에 따라 여왕에게 복종하고 자신의 형제자매를 돌봄으로써, 불임인 일개미들은 '여왕에게 복종하라' 유전자가 왕성하게 확산되도록 돕는다. 개체의 관점에서 볼 때 각 개체는 번식에 실패했지만 '여왕에게 복종하라' 유전자의 관점에서 보면 이 유전자는 성공했다. 이 유전자를 가진 개체들 대부분은 번식에 실패했지만 유전자 자신은 번식에 성공한 것이다. 따라서 불임은 각각의 개미 개체에게는 황당한 일이지만, 개

---

2 '여왕에게 복종하라 유전자'는 편의상 지어낸 허구의 유전자이다. '여왕에 대한 복종' 같은 여러 형질과 습성들의 경우, 어떤 하나의 유전자만을 그 원인으로 꼭 집어 말할 수는 없다. 이러한 형질과 습성들은 유전자 암호에 들어 있는 명령과 환경의 계기가 어우러져 만들어낸 복잡다단한 상호관계의 산물이다. 그럼에도 불구하고, 유전 프로그램이 하나의 간단한 유전자에 의한 것이든 훨씬 더 복잡한 요인에 의한 것이든 내가 주장하는 전반적 내용은 그대로이다. 따라서 내가 말하고자 하는 형질이나 습성이 단 하나의 유전자같이 간단한 어떤 것에 의해 통제되는 경우가 아주 드물다고 해도 나는 '여왕에게 복종하라' 유전자 같은 것을 예로 들겠다.

미의 유전자 속에 든 정보를 위해서는 완벽한 처방이다.

개미의 경우는 매개 유기체에게서 나타나는 유전자의 효과가 그 유기체를 더 유리한 적자로 만들려는 '의도'를 갖고 있지 않음을 보여주는 좋은 예이다. 다윈의 이론에 따르면 불임 개미는 불임이 아닌 개미보다 적자생존에 불리하다. 그러나 유전자는 종종 적자생존에 유리한 효과를 가져온다. 독물과 독니 유전자는 방울뱀이 독물과 독니 유전자를 후대에 전달하게 하는 데 도움이 된다. 숙주 유기체에게 이로운 효과를 가져다줌으로써 이 유전자들은 숙주 유기체, 그리고 그 유기체가 가진 정보의 번식 가능성을 높여준다. 그러나 모든 유전자가 숙주 유기체에게 이로운 효과를 가져다주는 것은 아니다. 어떤 유전자들은 노골적으로 해로운 효과—불임보다도 훨씬 더 해로운—를 가져온다. 그러나 다른 유전자들처럼 이 유전자들도 자기 복제를 위해 애쓴다.

T 유전자라고 알려진, 때때로 쥐에게 나타나는 유전자가 있다. 겉으로 드러나는 T 유전자의 이로운 효과는 없다. 사실 이 유전자는 종종 치명적 효과를 가져온다. 유전자 프로그래밍에서 두 개의 T 유전자를 갖게 된 쥐는 죽거나 번식 능력을 잃는다. 그러나 T 유전자를 하나만 가진 쥐에게서는 아무 일도 일어나지 않는다. 하긴 전혀 아무 일도 일어나지 않는 것은 아니다.

T 유전자는 아주 독특한 성질이 있다. 이 유전자는 자기 복제에 매우 뛰어나다. 정자를 생산하기 위해 세포 분열이 일어나는 동안 T 유전자는 어찌어찌 해서 앞으로 나아가 쥐의 정자 대부분에 스며든다. 정상 쥐의 유전자는 정자 세포의 50퍼센트 정도에 들어가 있다. 그러나 T 유전자는 정자 세포의 95퍼센트에 들어간다. 이 T 유전자는 자기 복제에 특히 능란한 정보의 덩어리로, 닥치는 대로 자신을 복제한다.

수컷 쥐의 몸속에서 돌연변이에 의해 T 유전자가 생기면, 이 T 유전자는 그 쥐와 후손들이 번식하는 한 자기 복제를 계속한다. 처음 T 유전자가 생겨난 쥐의 자식, 그 자식의 자식, 그 자식의 자식의 자식까지 계속 이어진다. T 유전자는 그 쥐의 가계에서 마구잡이로 번식하다가 종국에는 그 쥐가 속했던 집단 전체에 퍼져나간다. 그러나 T 유전자가 계속해서 자신의 유전자 프로그램을 실행시키는 동안, 그 정보를 보유한 쥐의 집단은 점점 파괴되기 시작한다. T 유전자는 단시간 내에 쥐의 집단 전체에 퍼지기 때문에 2~3대만 거치면 어미 쥐와 아비 쥐 모두가 T 유전자를 보유하게 된다. 이는 곧 이 두 쥐의 자손들은 두 개의 T 유전자를 갖는다는 뜻이다. 따라서 그 자손들은 죽게 된다. 생물학자 리처드 도킨스^{Richard} ^{Dawkins}에 따르면, T 유전자가 한 집단의 쥐를 완전히 멸종에 이르

게 했다는 증거가 있다고 한다.[3]

자신을 복제하라!' 프로그램을 실행시키는 것이 그 정보를 보유하고 있는 유기체에게 해로운 것일지라도, T 유전자가 관심을 갖는 것은 오로지 자기 복제뿐이다. 장기적으로 볼 때 T 유전자는 쥐 집단—T 유전자 자신까지 포함해서—을 완전히 쓸어버릴 수도 있다. 그러나 이 유전자는 자신이 실행시키고 있는 프로그램을 중단시키거나 무자비한 번식의 욕구를 누그러뜨릴 수 없다. T 유전자는 정말 이기적이다. 이 유전자는 숙주 유기체를 매우 위험한 상황에 빠뜨릴 수 있는데도 끊임없이 자신을 복제한다.

어떻게 보면 유전자는 자신을 번식시키기 위해 다른 유전자와 끊임없이 전쟁을 한다. 그러나 이 전쟁은 아주 복잡한 양상을 띠는데, 때로는 경쟁보다는 협동이 더 좋은 결과를 낳기도 한다. 많은 유전자들이 다른 유전자와의 협동 '전략'을 수용했다. 독니와 독물은 유기체가 다른 동물을 소화시킬 수 있게 하는 유전자와 손을 잡는 경향이 있다. 가끔씩 물거나 쏠 때 독물을 방출하는 초식동물이 있다. 독니와 관련된 유전 정보와 육식동물의 소화 기능에 관련된 유전 정보는 서로 상대방의 존재를 알지 못하지만, 그 두 유전자는 공존

---

3 도킨스는 자신의 유명한 저서 《이기적 유전자(The Selfish Gene)》에서 에 대해('유기체는 자신이 가진 정보를 전달하기 위한 매개체'라고 간주해야 하는 몇 가지 이유와 함께) 설명한다.

함으로써 상대방의 번식 가능성을 높여준다. 따라서 이 두 유전자는 서로 '협조'하는 것이다. (물론, 유전자는 의식을 가진 존재가 아니다. 따라서 실제로 유전자들이 '협조'하거나 '투쟁'하거나 어떤 '의도'를 갖지는 못한다. 그러나 이러한 유전 프로그램은 번식이라는 일정한 '목표'를 지니고 있으며, 그 프로그램의 목표를 달성하기 위한 다양한 수단—숙주 개체에 독니를 갖게 하거나 정자를 통해 유전자를 전파시킴으로써—을 가지기 때문에, 유전자를 의인화하는 것은 서로 다른 유전자가 각각의 프로그램을 실행하기 위해 다른 유전자와 맺는 상호관계를 설명하는 데 효과적인 방법이다.)

그러나 모든 유전자들이 서로 협력하는 것은 아니다. 예를 들어 T 유전자는 숙주 유기체인 쥐의 생명력을 감소시켜서 쥐의 몸이 보유한 유전자의 번식 기회를 감소시킨다. 모든 유기체의 내부에서는 각각의 유전자들이 자기 번식을 위해 애쓰면서 전쟁을 벌이고 있다. 또한 유전자의 관점에서 보면 유기체는 유전자가 자신의 목표를 달성할 수 있게 해주는 매개체에 불과하다. 사실, 우리 몸속의 정보의 입장에서 보면 매개체(우리 몸)는 쓰고 버려도 그만이다. 많은 유전자들이 결국에는 원래의 매개체를 버리고 새로운 매개체, 더 편한 매개체로 옮겨간다. 현대에 존재하는 생명체들의 많은 유전자들은 유기체의 몸을 얻어 타고 먼 길을 가는 히치하이커라고 할 수 있다.

우리 염색체—우리 세포의 핵산 안에 들어 있는 스물세 쌍의 유전정보 패키지 중의 하나—에는 바로 그러한 히치하이커에 의해 그 자리에 놓인 유전자 암호의 시퀀스가 들어 있다. 아주 먼 과거에는 때때로 이런 히치하이커들이 우리 몸을 감염시켜서 억지로 우리 몸의 세포에 들어와 우리 유전자 암호의 일부를 잘라내고는 그 자리에 자신들의 명령을 집어넣기도 했다. 1999년에 생물학자들은 아주 옛날에 그렇게 일어났던 감염의 흔적들을 발견했다. 그 흔적은 외래 암호—완전한 화석 바이러스의 명령 세트—로, 우리 몸으로 하여금 우리 세포가 필요로 하는 단백질이 아니라 그 바이러스가 원하는 단백질을 생산하도록 강제하는 암호였다.

　사실상 우리 몸을 이루는 각각의 세포가 가진 정보는 아주 오래된 히치하이커 유전자와 범벅이 되어 있다. 우리 몸은 이러한 인체 내생 레트로바이러스human endogenous retrovirus, HERV를 생산한다. HERV가 우리 몸에 유익한 효과를 가져오기 때문이 아니라 그 암호가 우리의 게놈 속에 들어가 있기 때문이다. 수천 년 전, 그 바이러스 유전자는 우리 몸에 무임승차했고, 인간이 번식하면서 그 바이러스도 함께 번식했다. 인간의 조직은 이 바이러스 침입자에게는 수단에 불과하다. 우리는 이 히치하이커로부터 아무런 이익을 얻지 못한다. 오히려 이들이 몇 가지 해를 끼친다는 증거가 있다.

172

다행히도 이 히치하이커들 중 일부 때문에 유익한 결과가 나타났다. 우리가 많은 에너지를 가진 존재가 될 수 있었던 것도 오래전의 히치하이커들 중 하나의 덕분이다. 우리 몸의 각 세포—실은 모든 동물과 식물의 세포—는 내부에 발전소를 가지고 있다. 이 발전소는 미토콘드리아라는 이름으로 알려져 있으며, 이것이 없으면 우리는 살 수 없다. 미토콘드리아는 화학물질로부터 우리 세포가 필요로 하는 거의 모든 에너지를 추출해서 그 에너지를 사용 가능한 형태로 변환시킨다.

　미토콘드리아는 사실 수십억 년 전에 단세포였던 원종原種 유기체 속에 우연히 주입된 히치하이커 박테리아라는 것을 알려주는 여러 증거가 있다. 그중 하나가 미토콘드리아는 우리 몸의 중심에 저장되어 있는 것과는 완전히 다른 DNA 세트를 가지고 있다는 점이다. 미토콘드리아의 DNA는 세포핵에 들어 있는 것과는 전혀 다른 명령의 세트를 보유하고 있다.[4] 우리 몸속의 모든 세포—피부 세포, 신경 세포, 간肝 세포, 신장 세포 등—는 그 안에 들어 있는 미토콘드리아 때문에 모순적인 이중 구조를 가지고 있다. 분열할 때마

4　미토콘드리아는 히치하이커이기 때문에 세포 조직에 중요한 단백질 중의 일부를 만들어내지 않고도 살 수 있다. 인간의 미토콘드리아 DNA는 약 3만 3,000비트의 정보를 보유하고 있다. 이 장(章)에 쓰인 글자의 열이 보유한 정보보다도 훨씬 적은 양이다.

다 세포는 자신의 DNA와 함께 미토콘드리아의 DNA를 함께 물려준다. 미토콘드리아의 DNA는 세포 분열 과정에서 무임승차를 하는 것이다.

과학자들이 아는 한 우리에게 이러한 정보의 조각을 주고 우리 조상의 세포에 주입시킨 원종 생명체—HERV 유전자의 원인이 된 바이러스와 우리가 가진 미토콘드리아 DNA의 원인이 된 박테리아처럼 생긴 생명체—는 절멸된 상태다. 그러나 그 생명체가 가졌던 정보는 아직도 우리 몸속에 남아 있다. 원종 생명체는 죽었지만, 매 개체를 갈아탄 정보는 살아남았다.

생명의 게임에서 번식하고 살아남는 가장 기본적인 요소가 우리 유전자 속에 들어 있는 정보—그 정보를 보호하고 있는 유기체가 아니라—라는 주장은 가장 강력한 논쟁을 불러올 법하다. 논쟁의 핵심은 불멸성이다. 우리 몸의 세포 하나하나, 심지어는 아직 태어나지 않은 아기의 세포라 하더라도 길어야 100년이면 죽음을 맞이하지만, 우리 세포 속의 정보는 본질적으로 불멸한다.

우리 유전자에 들어 있는 정보의 상당 부분은 수십억 년 이상 나이를 먹으면서 지구가 젊었던 시절 태고의 늪에서 떠돌던 유기체로부터 대를 이어내려왔다. 정보는 자신이 깃들어 있는 개체의 죽음마저도 뛰어넘을 뿐만 아니라 숙주 유기체가 완전히 멸종된다 해도 살아닐 수 있다. 이것이 '우리는 왜 죽어야 하는가?'라는 영원한 질문에 대한 대답이 될지도 모른다. 그러나 우리는 죽지 않는다. 우리는 불멸의 존재다. 여기서 '우리'란 우리의 육신이나 영혼이 아니라 우리 유전자에 깃들어 있는 정보의 조각들이라는 점이 중요하다.

이러한 논지가 '생명이란 무엇인가?'라는 질문에 대한 대답에 가까이 간 듯 보이기는 하지만, 슈뢰딩거의 당혹스러움에 대한 설명이 되지는 못한다. 엔트로피는 고전적 정보 저장장치를 퇴락시킨다. 컴퓨터의 하드 드라이브는 오염되고 책에 쓰인 글씨는 희미해지며 비석에 조각된 명문도 세월에 닳아 없어진다. 자연은 정보를 취해서 온 우주에 흩뿌리려 한다. 아무도 손댈 수 없고 아무도 쓸 수 없는 것으로 만들려고 하는 것이다.

그러나 우리 유전자 속의 정보는 시간과 엔트로피, 시간의 화살의 무자비함에 저항할 능력을 가지고 있다. 이 점이 바로 슈뢰딩거를 놀라게 했으며, 그로 하여금 생명의 본질에 대해 호기심을 품게 만들었다. 불멸성을 갖기 위해서는 엔트로피로부터 보호할 장치가 필요하다. 그러나 열역학의 법칙은 엔트로피는 누구에게도 도망갈 틈을 주지 않는다고 말한다. 그렇다면 생명은 대체 어떻게 존재할 수 있는 것일까?

순수하게 물리학적인 수준에서 이 질문은 그다지 어려운 수수께 끼도 아니다. 냉장고가 그 내부를 냉장고가 놓인 실내보다 더 시원 하게 유지함으로써 엔트로피를 국지적으로 역전시키듯이, 세포는 세포 안의 정보를 완벽하게 보호함으로써 엔트로피를 국지적으로 역전시키는 데 쓰이는 생물학적 엔진을 가지고 있다.

　각각의 세포에는 그 세포의 중심에서 정보를 조작하는 수천 개 의 효소가 들어 있다. 그 효소 중에는 복제 담당자, 편집 담당자, 오 류 검사 담당자 등이 있어서, 우리가 전형적인 컴퓨터에게 기대하 는 기능들을 수행한다. 사실 DNA의 이중나선 구조는 정보의 저 장 매체로서 특히 훌륭하고 안정적인 장치이다. 이 구조는 각각의 가닥에 한 벌씩, 두 벌의 똑같은 정보 세트를 보유하고 있기 때문이 다. 이 두 가닥을 대조하면 대부분의 오류는 드러나게 되어 있다.

　만약 짝이 맞지 않는 부분이 있으면 그 자리가 바로 오류가 일어 난 자리이다. 아마도 화학물질 A가 사고로 화학물질 C와 바꿔치 기 되었거나, 또는 이들 염기 중 하나가 실수로 겹친 것일 터이다. 분 자로 이루어진 작은 기계인 우리 세포 속의 효소는 끊임없이 DNA 가닥을 정찰하면서 짝이 맞지 않거나 다른 오류가 일어난 부분은 없는지 찾아다닌다. 만약 그런 오류가 있는 부분이 발견되면, 문제

가 있는 부분을 잘라내고 교체한다.[5]

이중나선에서 잘못된 분자를 떼어버리고, 다양한 유형의 광자$^{光}_{子}$를 조사하는 등 자연이 무작위적으로 실시하는 오류 검사는 DNA의 정보를 사라지게 하는 경향이 있다. DNA로부터 분자와 원자를 떼어내 꼬아 붙이거나 바꿔 붙이거나 하면서 벌이는 파괴 공작에도 불구하고 우리 세포 속의 오류 검사 메커니즘은 대개의 정보를 온전하게 보존할 능력을 가지고 있다. 다만 여기에는 비용이 든다. 에너지가 바로 그 비용이다.

냉장고가 엔트로피의 힘을 물리치기 위해 에너지를 필요로 하듯이 우리의 분자 모터도 어떤 시점에 이르러서는 계속 작동하기 위해 에너지를 소비한다. 예를 들어보자. 상보적 나선 가닥에서 아데닌과 결합하지 않고 티민끼리 결합해버린 바람에 DNA 가닥에 생긴 혹을 감지해내는 효소는 자외선의 광자를 흡수함으로써 활성화

---

5 효소라는 오류 검사 담당자는 매우 유능하기는 하지만 완벽하지는 않다. 어쩌다 한 번씩은 이 효소들도 오류를 잡아내는 데 실패해서 세포가 분열될 때 그 오류가 그대로 전달되기도 한다. 그 결과가 돌연변이다. 대개의 돌연변이는 유기체에게 해로워서 원치 않는 결과를 가져온다. 심지어는 숙주 유기체를 죽게 만들기도 한다. 어떻게 보면 그 죽음이 바로 최후의 오류 검사 메커니즘이라 할 수 있다. 유기체의 생존에 근본적으로 중요한 유전자에 일어난 돌연변이는 후대에 이어질 확률이 낮다.(돌연변이로 인해 유기체의 근본적 기능이 손상되었을 것이기 때문이다.) 그러나 그다지 중요하지 않은 정보(이를테면 히치하이커의 정보나 여벌로 복제된 유전자)에 일어난 돌연변이는 최후의 오류 검사를 거치지 않고 지나갈 수도 있다. 이는 크게 중요하지 않은 정보는 세대에서 세대로 이어지면서 점점 불안정해질 수 있다는 뜻이다. 다른 부분에 비해 이 부분에는 돌연변이가 들어 있을 가능성이 높다. 아주 드문 경우지만 돌연변이가 이로운 결과를 낳기도 한다. 이런 경우에는 숙주 유기체가 돌연변이 유전자의 발현에 의해 이득을 보므로 그 유전자가 그대로 후대로 이어질 가능성이 높다.

된다. 다른 효소들은 다른 형태의 에너지를 소비한다. 그러나 이 분자 기계의 생산과 유지, 작동에는 에너지가 필요하다. 이 기계도 해야 할 일이 있기 때문이다. 냉장고 안의 온도마저 실온으로 돌려놓으려고 하는 자연의 훼방으로부터 냉장고가 그 내부를 차갑게 지켜내듯이, 이 기계들은 우리 세포 속의 정보를 엔트로피의 무자비함으로부터 안전하게 지켜준다. 우리 세포는 정보를 보전하는 엔진으로서 아주 아름답게 그 기능을 수행한다. 우리의 유전정보는 수대에 걸쳐 복제되면서도 거의 변함없이 보존된다.

1997년에 과학자들은 우리의 정보보존 기계가 얼마나 훌륭한지를 보여주는 그래픽 자료를 입수했다. 생물학자 몇이서 잉글랜드의 체더 Cheddar 에서 발견된 9,000년 된 유골의 미토콘드리아 DNA를 분석했다. 그들은 이 유골의 어금니 중 하나에서 유전자 정보를 추출해 아주 온전하게 보존된 DNA 조각을 분석할 수 있었다. (일단 숙주 유기체가 죽으면, 그 유기체가 보유하고 있던 정보도 엔트로피의 무자비함을 피하지 못하고 파괴된다. 그러나 어금니의 중심에 있는 펄프는 다행히도 DNA 샘플을 추출할 수 있을 만큼 온전한 상태로 보존되어 있었다.) 이 생물학자들은 게놈의 중요한 부분에 비해 돌연변이 유전자를 가지고 있을 가능성이 높은 부분을 고르기 위해, 미토콘드리아 DNA 중에서도 그다지 중요한 정보를 갖고 있지 않은 것으로 보이는 조각을 분석했다. (즉, 최후의 오류 검사 메커니즘—죽음—을 활성화 시켜서 숙주 유기체를 사망케 할 만큼 중요하지 않은 돌연변이, 숙주 유기체를 죽게 만들 만큼 치명적이지는 않은 돌연변이.) 그러나 이 조각이 미토콘드리아 DNA 중에서 오류 가능성이 높은 부분이었는데도, 과학자들이 체더 지역에서 거주하는 주민들에게서 채취한 미토콘드리아 DNA와 비교해보았더니 거의 완벽하게 동일한 정보를 가지고 있었다.

체더 지역의 한 학교에서 역사 교사로 일하고 있는 에이드리언 타겟Adrian Targett의 미토콘드리아 DNA 속에 들어 있는 정보는 9,000년 된 유골에 저장되어 있는 정보와 거의 정확하게 일치했다. 생물학자들이 분석한 400개의 A와 T, G와 C의 열에서 타겟의 미토콘드리아 DNA는 단 하나의 돌연변이를 제외하고는 기호 하나하나가 모두 맞아떨어졌다. 두 남자의 미토콘드리아 DNA에 각각 저장된 800비트씩의 정보 중에서 단 2비트만 달랐던 것이다.

이렇게 거의 완벽한 일치가 우연히 일어났다고 볼 수는 없다. 이러한 우연이 실제로 발생할 확률을 따지면 천문학적 숫자로 나타날 것이다. 아마도 타겟은 유골의 형제나 자매의 후손이었을 것이다. 어쩌면 그보다 더 먼 친척 관계였을 수도 있다. 그러나 게놈 중에서 다른 부분에 비해 상대적으로 오류에 수용적인 부분이라 하더라도 매우 안정적으로 수 대에 걸쳐 유전 정보를 복제한다는 것이 확실하다. 9,000년 동안 복제가 계속되었지만, 타겟은 그 유골과 거의 정확하게 일치하는 DNA 시퀀스를 가지고 있었다.

좀 더 핵심적 DNA 조각—간섭받으면 숙주 유기체를 죽게 만드는—들은 그보다 훨씬 긴 기간 동안에도 보존된다. 2004년에 일단의 과학자들이 〈사이언스〉 지에 5,000개라는 상대적으로 큰 DNA 시퀀스를 발표했다. 이 시퀀스는 인간, 쥐, 생쥐에게서 100퍼센트 동일하게 나타나는 것으로 보이는 DNA였다. 이 시퀀스의 일부분은 포유류인 개를 비롯해 닭, 복어 같은 척추동물의 게놈에서도 상당히 온전한 상태로 남아 있다.

만약 이 정보가 사람이나 개, 닭이나 복어 등의 유기체에서 독립적으로 따로따로 발생한 것이 아니라 과학자들이 믿고 있는 것처럼 하나의 근원에서 발생해서 대를 이어내려온 것이라면, 이 정보는 수천만 년 전 포유류가 척추동물에서 갈라져 나오기 전부터, 아니 수억 년 전 물고기들이 갈라져 나와 파충류와 조류로 진화하기 훨씬 전부터 있었다는 이야기가 된다. 그 오랜 세월을 면면히 흐르면서, 수십억 번의 복제를 거쳐 그 정보는 정도는 약간씩 다르지만, 시간과 엔트로피의 무자비함으로부터 놀라우리만치 잘 보존되어 거의 온전하게 남은 것이다.

그러나 그렇다고 해서 우리 세포가 열역학 제2법칙의 예외라는 의미는 아니다. 우리 몸의 효소가 손상 부위를 수리하고 국지적으로 엔트로피를 역전시킴으로써 세포 안에 든 정보를 안전하게 지켜주기는 하지만, 효소라는 단백질도 일을 하기 위해서는 에너지를 소비한다.

이는 우리 몸의 세포 속에서 엔트로피는 항상 낮은 상태로 유지되지만 우주의 엔트로피는 증가해야 함을 의미한다. (냉장고의 예와 다르지 않다. 냉장고가 자신의 엔트로피를 감소시킴으로써 그 내부는 차갑게 유지하지만, 그 과정에서 열을 방출함으로써 우주의 엔트로피는 증가시킨다.) 어떻게 보면 우리 세포는 에너지를 먹는다. 그리고 그 배설물이 바로 엔트로피이다.

다행히도 우리 세포는 에너지원을 가지고 있다. 태양은 지구상의 (대부분의) 생명체들이 취할 수 있는 에너지원이다. 태양은 매년 시간당 수십조 메가와트의 에너지를 빛의 형태로 지구에 쏟아붓는다. 어떤 유기체는 직접 이 빛을 에너지원으로 취한다. 광자가 가진 에너지를 이용해 이산화탄소와 물로 당을 합성하는 것이다. 또 다른 유기체는 간접적으로 이 빛을 취한다. 빛을 직접적으로 취하는 유기체를 먹는 것이다. 또 다른 유기체는 빛을 직접 취하는 유기체를 먹는 유기체를 먹음으로써 간접적으로 태양의 빛을 취한다. 또 다른 유기체는 빛을 직접 취하는 유기체를 먹는 유기체를 먹는 유기체를 먹음으로써… 그다음은 여러분들의 짐작에 맡긴다.[6]

그러나 엔트로피는 어떤가? 유기체는 에너지를 소비할 뿐만 아니라 엔트로피를 떨쳐버려야 한다. 더 정확하게 말하면 열역학 제2법칙을 따라 슬금슬금 세포 속의 정보를 좀먹고 있는 과정을 역전시키려면 어떻게 해서든 자신을 둘러싼 환경의 엔트로피를 증가시켜야 한다. 그래도 우리에게 다행스러운 것은, 지구는 엔트로피를 쏟아붓기에 아주 좋은 장소라는 점이다. 지구는 평형을 향해 나아가고 있는 계系이다. 상자 속의 한구석에 몰려 있는 기체와 같은 상태라는 뜻이다.

만약 지구가 평형상태에 도달한 행성이라면 지표상의 어떤 지점도 다른 지점과 거의 똑같은 모양일 것이다. 어디서나 기온도 거의 같다. 사하라 사막의 기후와 북극 툰드라 지대의 기후가 거의 비슷해진다. 대기압도 어디서나 똑같다. 바람도 없고, 비도 오지 않고, 폭풍도 없으며, 고기압도 저기압도 없다. 바다에서는 파도가 사라지고, 따뜻한 날도 추운 날도, 북극의 빙산도 열대의 우림도 없다. 그

---

6 극소수이기는 하지만, 어떤 유기체들은 에너지원을 태양에 의존하지 않는다. 지구 내부의 열(지구 열은 대부분 지구 내부를 구성하는 물질들의 방사능 붕괴로부터 얻어진다)과 지구의 뜨거운 내부로부터 분출되는 화학물질로부터 에너지를 얻는다. 에너지를 어디에서 얻는가는 사실 중요하지 않다. 생명을 유지하기 위해서는 어떤 형태로든 이용 가능한 에너지가 있어야 한다는 것이 중요하다.

러나 지금 우리의 지구는 전혀 그런 모습이 아니다. 우리 지구는 매일매일이 어제와는 다른 역동적인 행성이다. 지구 곳곳을 여행해보면 곳곳마다 다른 풍경이 나타난다. 사막, 바다, 빙산, 습한 곳, 건조한 곳, 더운 곳, 추운 곳이 있으며, 같은 장소라도 연중 몇 번씩 기후가 변한다. 이런 상태는 평형과는 거리가 멀다.

지구는 평형에서 벗어나 있기 때문에 우리에게는 평형상태를 향해 조금씩 다가가면서 엔트로피를 증가시킬 여지가 있다. 예를 들면, 인간은 빅맥 햄버거처럼 쉽게 손에 넣어 쉽게 이용할 수 있는 형태로 에너지를 소비한다. 그러나 에너지는 무에서 창조되거나 파괴되지 않기 때문에 우리는 이 에너지를 덜 쓸모 있는 형태, 예를 들면 폐열(빅맥보다는 훨씬 덜 매력적이지만, 에너지를 함유하고 있는 물컹한 어떤 갈색 물질은 말할 것도 없고)로 변환시킨다. 그렇게 하면서 우리는 우리를 둘러싼 환경의 엔트로피를 증가시킨다. 물론 우리의 환경은 바로 지구다. 언젠가 지구가 더 이상 이런 엔트로피를 처리할 수 없는 때가 오면, 우리의 행성은 천천히 평형상태에 도달할 것이다. 그때가 되면 유기체들이 외부 환경의 엔트로피를 증가시킴으로써 자신의 엔트로피를 떨쳐내기는 점점 더 힘들어지고, 지구가 최대 엔트로피의 상태에 다가가는 동안 생명체들은 차례로 죽어갈 것이다. 그러나 이런 일은 일어나지 않는다. 이 역시 태양 덕분이다.

멀리서 지구를 바라보면 지구도 빛을 발한다는 것을 알 수 있다. 태양만큼 밝지는 않지만, 빛을 복사하는 것은 사실이다. 그 빛의 일부는 태양으로부터 온 빛을 직접 반사한 것이지만 일부는 그렇지 않다. 하나의 계로서 지구는 빛을 흡수한 뒤 형태를 바꾸어서 복사한다. 예를 들어보자. 태양은 감마선, 엑스선, 자외선 등을 방출하는데, 이 빛들은 지구 표면에 도달하지 못한다. 고에너지, 고온인 이 빛들의 광자는 오존 같은 대기 중의 분자와 충돌해서 그 분자를 깨뜨린다. 광자의 에너지가 화학 결합을 끊고 대기 중의 원자들을 더 빨리 운동하게 만든다. 이 과정은 지구 대기의 온도를 높인다. 그리고 뜨거운 물질은 광자의 형태로 에너지를 복사한다.

그러나 대기는 엑스선, 감마선, 자외선 복사의 원천보다 훨씬 더 차갑다. 뜨거운 광자를 복사하는 대신 적외선처럼 차가운 광자를 복사한다. 유기체가 이 과정을 돕는다. 식물은 가시광선을 흡수해 당으로 변환하고, 동물은 식물을 폐열과 적외선 복사로 변환시킨다. 종합적으로 말하면, 지구의 유기체는 수천 도의 고온을 내는 물질로부터 나온 가시광선을 고작 수십 도의 저온 물질이 내는 적외선으로 변환시킨다. 지구와 지구상의 생명체들은 뜨거운 광자를 차가운 광자로 변환시키고, 이렇게 차가운 적외선 복사는 우주를 향해 흘러나간다. 이런 방법으로 엔트로피를 떨어냄으로써 지구는 주변의 희생을 대가로 엔트로피를 감소시킨다.

깊은 우주는 매우 차갑다. 우주를 채우고 있는 배경 복사는 고작해야 절대온도에서 섭씨 3도 정도 높다. 전체적으로 보았을 때 우주는 평형상태이므로, 우주의 온도는 거기서 그다지 높지 않다. 전체 우주는 물리적으로 가능한 최저 온도에서 고작 몇 도 높은 상태에 있다. 혹독하게 차가운 평형상태의 온도보다 몇 도라도 더 높은 모든 것들, 절대 0도보다 10도, 100도, 1,000도 더 높은 모든 것들은 우주의 평형상태에 도달하지 못한 것이다. 물체가 뜨거울수록 우주의 평형상태에서 멀리 떨어져 있다.

또한 평형상태에서 멀리 떨어져 있는 물체일수록 더 많은 엔트로피를 거기에 쏟아부어서 차갑게 만들어야 평형상태로 가까이 가게 만들 수 있다. 지구와 지구의 생명체들이 하고 있는 일이 바로 이런 것들이다. 뜨거운 태양의 에너지를 취함으로써 태양을 식히고, 그 에너지를 다시 복사함으로써 우리 지구와 지구상의 유기체들은 엔트로피를 태양계와 그 너머의 먼 곳까지 토해낸다. 지구는 에너지의 원천을 취해서 그것을 덜 쓸모 있는 것으로 만든다. 열역학적 엔트로피의 단위로 보면, 지구는 매년 섭씨 1도당 1,024줄보다 약간 적은 양의 엔트로피를 감소시킨다. 그리고 이 엔트로피의 거의 모두를 우주 멀리로 보낸다.

따라서 종합적으로 말하면, 우리 세포 속의 정보는 에너지, 엔트로피, 그리고 정보를 교환하는 복잡하게 얽히고설킨 과정 덕분에 불멸성을 갖게 된 것이다. 우리 몸속의 분자 기계들은 유전 정보가 내리는 명령에 따라 움직인다. 이 기계들은 우리 세포 속의 정보를 복제하고 보관하며, 에너지를 소비하고 엔트로피를 만들어낸다. 그들이 이렇게 할 수 있는 것은 유기체가 태양으로부터 직접적으로든 간접적으로든 스스로 에너지를 얻어내고, 대기나 바다, 즉 지구의 환경 속으로 엔트로피를 방출하는 덕분이다. 지구는 태양이 빛을 발하는 덕분에 이 엔트로피를 떨어낼 수 있다. 에너지는 유입되고 엔트로피는 방출되며 우리 몸속의 정보는 보존된다.

이 사이클은 태양이 빛을 발하고 지구가 존재하는 한 계속된다. 태양의 빛이 갑자기 꺼져버리면 지구는 금방 차갑게 식어버린다. 바다는 얼어버리고 대기는 안정되며, 행성 전체가 절대온도에서 고작 10여 도 위인 평형 온도로 급속하게 접근한다. 모든 생명체는 죽음을 맞는다. 그러나 에너지원이 있는 한, 그리고 엔트로피를 떨어낼 방법이 있는 한 정보는 복제되고 상대적으로 적은 오류를 겪으면서 스스로를 보존한다. 그러면서 시간의 무자비함을 거스른다. 엔트로피가 정보를 소실시키려고 끊임없이 시도하지만 정보는 불멸한다.

'생명은 무엇인가?'라는 질문에 대한 과학자들의 대답이 썩 훌륭하지는 않더라도, 지금까지 설명한 정보의 복제와 보존이라는 복잡한 춤은 그 대답의 중요한 부분을 차지할 것이 자명하다. 정보는 생명의 본질이라는 신비를 이해하는 데 아주 중요한 역할을 한다. 그뿐 아니라 아직 대답하지 못한 또 하나의 질문, '우리는 어디서 왔는가?'에 대한 중요한 단서가 된다. 이 태고의 의문에 대해서도 정보는 놀라운 대답을 내놓는다.

우리 세포 속의 정보는 대를 이어내려왔으며, 우리 유전자 암호 속에 쓰인 것들은 인류의 탄생 시기까지 거슬러 올라가는, 종種으로서의 우리의 역사—이동, 전쟁 등—이다. 어쩌면 그보다도 더 먼 과거까지 거슬러 올라갈지 모른다. 그러므로 과학자들이 시간을 거슬러 되돌아보는 데 정보를 이용하는 것은 당연한 일이다.

인간 게놈을 해석하는 일은 모든 우리 조상들에 의해 씌어진 길고 긴 책을 읽는 작업과 같다. 각각의 게놈에는 그 조상들 각자의 서명과 번식의 사슬 속에서 그보다 먼저 만들어진 각각의 유전자 프로그램이 담겨 있다. 각자의 게놈에 담겨 있는 이러한 정보를 읽을 수 있다면, 다른 방법으로는 도저히 접근할 수 없는 흥미진진한 이야기를 읽을 수 있다.

그러한 흥미로운 사례 중 하나가 짐바브웨의 한 부족인 렘바족the Lemba에서 전해져 내려오는 믿기 힘든 전설이다. 아직도 이 부족의 부모들이 자녀들에게 수도 없이 되풀이해 들려주는 그 전설에 따르면, 3,000년 전에 부바Buba라는 이름의 한 남자가 살았다고 한다. 이 남자는 오늘날 이스라엘의 영토가 된 땅에서 부족을 이끌고 남쪽으로 내려왔다. 렘바족은 자신들이 사라진 유대족(고대 이스라엘 왕국을 이루던 열두 지파 중, 어디로 이동했는지 지금까지도 밝혀지지 않은 '단' 지파를 말함—옮긴이)이라고 주장한다. 자신들이 유대인이라는 것이다. 예멘을 지나 소말리아를 거쳐 아프리카의 긴 동부 해안선을 따라 오랜 여정을 지난 후, 그들은 결국 짐바브웨에 자리를 잡았다.

렘바족의 전설을 믿는 사람은 거의 없다. 이 부족과 유대족을 연결시킬 수 있는 요소는 거의 없다. 렘바족도 유대족처럼 안식일을 지키고 돼지고기를 먹지 않으며 아들에게 할례를 준다는 것은 사실이다. 그러나 구전되는 전설은 믿기 힘들고, 그들이 유대족의 후예라는 주장은 받아들이기 어렵다. 게다가 사라진 이스라엘의 부족에 대한 신화는 세계 곳곳에서 흔히 볼 수 있다. 많은 사람들이 자신들이야말로 사라진 이스라엘의 부족이라고 주장하고 있기 때문이다. 그러나 과학자들은 3,000년 전 전설의 한 작은 부분만은 진실이라는 흔적을 발견했다. 렘바족이 유전자에 저장하고 있는 정보 덕분이다.

1998년, 미국과 영국, 그리고 이스라엘의 유전학자들이 렘바족 남자들의 Y염색체를 분석했다. Y염색체는 남자 아이들에게 남성 성을 갖게 해주는 유전자의 다발이다. 이 유전자는 아버지에게서 아들로, 다시 그 아들에게로 유전된다. 여성에게는 Y염색체가 없다. 여성은 Y염색체 대신 두 벌의 X염색체를 가지고 있다.) Y염색체는 매우 흥미로운 염색체로, 어떤 사람이 유대인의 유산―성직 유전자 priestly gene ―을 갖고 있는지를 알려주는 강력한 지표이다.

유대족의 전통에 따르면 성직 계급인 코하님 cohanim 은 서로 밀접한 관계에 있는 집단으로, 전설에 따르면 그들은 실상 한 사람의 남자, 즉 모세 Moses 의 형인 아론 Aaron 의 후예라고 한다. 성직자, 곧 코헨 cohen 이라는 지위는 까마득한 옛날부터 아버지에게서 아들로, 손자에게서 증손자로 이어져 내려왔다. 만약 그 전설이 사실이라면 모든 유대족의 성직자는 똑같은 Y염색체, 즉 아론 자신이 가지고 있던 Y염색체를 가지고 있어야 한다.

그러나 현실은 그렇게 간단하지 않다. 코헨 Y염색체가 모두 동일하지는 않기 때문이다. 그러나 1997년에 과학자들은 유대족의 Y 염색체에서 성직 유전자 지표를 찾아냈다. 그들은 오늘날의 유대족 성직계급이 다른 사람들로부터 뚜렷이 구별되는 독특한 유전자를 공유하고 있음을 발견했다. 같은 유대인 남자라도 성직자 계급이 아닌 사람은 Y염색체 속에 이와 같은 종류의 유전자를 보유하고 있지 않았다. 유대족은 Y염색체에 성직 유전자를 대물림했으므로, 유대인들이 세계 곳곳에 흩어져 다른 종족이나 다른 인종과 혈연관계를 맺었는데도 모든 유대족의 성직자들은 비슷한 염색체 정보를 가지고 있었다. 유대족의 성직자들은 자신들의 독특한 유전자 정보를 수천 년 동안 성실하게 대물림해왔다. 또한 코하님 계급을 유지해온 모든 유대인들은 이 성직자 지표를 가진 부차집단을 가지고 있었다. 렘바족도 예외가 아니었다. 비록 유대족 뿌리로부터 갈라져 나오기는 했지만, 렘바족도 성직자의 유전 정보를 공유하고 있는 코헨 계급을 유지했다. 이 유전자 지표는 렘바족의 사제들도 세계에 흩어져 있는 유대족 성직자들과 같은 혈통임을 암시했다. 즉, 렘바족도 유대족의 유산을 가지고 있음을 보여준 것이다. 그 지표는 확실한 자취였다. 렘바족이 그 특별한 지표를 독립적으로, 무작위적 돌연변이에 의해 발전시켜왔을 확률은 이루 말할 수 없을 정도로 작다.

렘바족이 유대족으로부터 갈라져 나왔다는 문헌상의 기록은 없다. 그러나 그들의 유전자는 어떤 역사적 기록보다도 분명하게 그들의 이동 경로를 보여준다. 유전학자들은 우리 세포 속의 정보를 이용해 인종이나 민족적 집단이 이동해온 경로를 재구축한다. 유전학자들은 어떤 집단들이 어떤 특이한 유전 정보—혈액형 유전자 같은—를 공유하고 있는가를 비교함으로써 아주 오랜 옛날 사람들이 어떻게 이동하고, 어떻게 퍼져나갔으며, 어떻게 서로 혈연관계를 맺게 되었는가를 그려낼 수 있었다. 또한 생물학적 종으로서의 인간이 거의 완전히 멸종될 뻔한 위기를 겪기도 했음을 밝혀냈다.

1990년대 말, 캘리포니아 주립대학 샌디에이고 캠퍼스의 유전학자들은 서로 다른 영장류 동물들의 유전적 다양성을 분석했다. 각각의 동물들의 DNA 시퀀스가 다른 동물들의 DNA 시퀀스와 얼마나 다른가를 분석한 것이다. 침팬지와 고릴라 집단은 유전적 다양성—건강한 대규모의 종이라는 표시였다—을 보여주었지만, 인간의 모든 인종들은 몇몇 평균적 침팬지 집단에 비해 유전적 다양성이 훨씬 작았다. 인간의 유전적 다양성이 이렇게 믿을 수 없을 정도로 부족해진 이유는 무엇이었을까?

유전학자들의 주장이 옳다면, 80만 년 전부터 50만 년 전 사이에 어떤 사건이 일어나 우리 조상들은 완전히 멸종될 위기를 겪었다. 질병, 전쟁, 또는 그 외의 재앙이 일어나 인간이라는 집단의 대부분을 몰살시켰고 고작 1,000명 정도만이 살아남았다. 살아남은 극소수의 인간들은 겨우겨우 생명을 유지하면서 그 작은 수의 개체만으로 번식하여 종을 재건하는 데 성공했다. 그러나 대신 그들의 후손들—바로 우리들—은 유전적 다양성을 상실했다. 우리 조상들은 유전적 병목현상을 겪어야만 했다. 우리 모두는 극소수의 영장류 집단이 낳은 딸과 아들이다. 생물학적 종으로서, 우리 인간들은 수십만 년 전에 발생한 재앙 때문에 지독한 근친 교배를 해야만 했다.[7] 이러한 대재앙에 가까운 사건의 유일한 목격자는 우리 유전자 속에 남아 있는 정보다.

이 기법은 인간의 유전 정보에만 적용되는 것이 아니라 다른 종의 경우에도 적용된다. 인간의 게놈이 침팬지의 게놈과 얼마나 다른지, 침팬지의 게놈은 복어의 게놈과 얼마나 다른지, 편형동물의 게놈과 시아노 박테리아의 게놈은 얼마나 다른지를 비교함으로써 유전학자들은 침팬지의 조상과 우리 인간들이 갈라지기 시작한 약 600만 년 전까지 거슬러 올라가 오랜 세월 동안 이들 유기체에서 유전 정보가 어떻게 전파되어갔는지를 재구성해볼 수 있다. 과학자

---

7 과학자들은 유전자의 역사에 중요한 의미를 갖는 사건—유전적 병목현상, 생명의 나무에서 갈라진 새로운 가지—들의 발생 시점을 알아낼 수 있다. 유전자의 정보는 돌연변이라는 시계장치를 가지고 있기 때문이다. 이 기법은 태생적 불확실성을 안고 있고 앞에서 말한 시계장치의 정확성에 대해서 커다란 논쟁이 오가는 중이지만, 돌연변이가 인간의 유전자를 통해 얼마나 널리 확산되었는지를 관찰함으로써 과학자들은 중요한 사건들이 얼마나 먼 과거에 일어났는지를 대략적으로 계산할 수 있다. 돌연변이가 얼마나 자주 일어났는지를 알아낼 수 있다면, 두 집단의 인간들이, 또는 두 종(種)이 서로 갈라져 나간 시점을 알아낼 수 있다. 두 집단의 게놈에 담긴 정보에서 유사한 부분을 비교하고 두 게놈이 얼마나 다른지—두 조각의 게놈이 똑같아진 이후로 얼마나 여러 번 돌연변이가 일어났는지—를 판별함으로써 두 게놈의 분리가 시작된 때를 대략적으로 추산할 수 있다.

들은 포유류의 시대까지, 공룡들의 시대까지, 원시 지구의 끈적끈적한 늪 속에서 지구상의 첫 생명체가 떠다니기 시작한 그 첫 순간까지 거슬러 올라가며 정보를 추적할 수 있다.

우리의 게놈에 들어 있는 정보는 지구에서 생명이 탄생한 순간을 지켜본 목격자이다. 그 속에는 여러 시대가 지나간 흔적, 진화론적 유산의 자취들이 모두 남아 있다.[8] 유기체의 유전 정보를 담고 있는 매개체가 DNA가 아닐 경우에도 그 시간의 흔적들은 남아 있을 수 있다. 많은 과학자들이 어떤 시점에서는 생명의 정보가 DNA와 어느 정도 연관은 있으나 훨씬 연약한 분자인 RNA에 저장되었을 수도 있다고 믿고 있다. 일부 생물학자들은 그 이전에는 생명의 정보가 다른 매체에도 저장되었을 것이라고 믿기도 한다. 그러나 생명의 정보를 저장한 매체가 무엇이었든(그 정보가 어떻게 처음으로 자기 복제를 시작하게 되었든) 생명의 정보는 우리가 사는 행성의 나이만큼이나 오랜 역사를 가지고 있음이 분명하다. 또한 그 역사의 대부분은 우리 몸속의 세포 하나하나에 고스란히 보존되어

8　유전자 정보가 진화의 목적자임에도 불구하고, 창조론자들은 진화론을 공격하는 데 정보이론을 활용한다. 사실, 정보이론은 지적 설계(intelligent design) 운동의 견고한 보루라고 여겨지고 있지만 창조론자들의 정보이론 논쟁은 심각한 오류를 안고 있다. 예를 들어, 그들은 세월의 흐름과 더불어 게놈이 점점 더 많은 정보를 수집하는 것은 열역학 법칙들을 위반하는 것이라고 주장한다. 그러나 태양의 에너지와 지구가 엔트로피를 흘려버리는 덕분에 지구상의 유기체들은 자신의 게놈을 보존하고 복제하며 또한 수정할 수도 있을 뿐만 아니라 종종 게놈이 가지고 있는 정보의 양이 증가하기도 하는 것이다. 정보이론은 진화론의 토대를 위협하는 것이 아니다. 상황은 그와는 정반대다.

있다.

과학자들도 생명이 어떻게 시작되었는지는 정확하게 알지 못한다. 그러나 거의 불멸에 가까운 정보의 생명력 덕분에 그 역사는 생명의 최초의 순간까지 거슬러 올라가는 이야기들을 고스란히 보존하고 있다.

생명이란 정보가 자신을 복제하고 보존하기 위한 수단일 뿐이라고 보면 좀 으스스한 느낌이 든다. 그러나 그것이 사실이라 하더라도 그것만으로는 생명이라는 퍼즐을 완벽하게 맞출 수 없다. 생명이란 극도로 복잡하며, 우리의 존재는 순전히 유전자에만 의존해서 결정되는 것은 아니다. 유기체의 성장과 진화에는 환경도 중요한 영향력을 행사한다. 뿐만 아니라 순전한 우연과 행운도 작용한다. 지구상의 다른 어떤 종보다도 인간이 우월한 이유는 인간에게는 세포 하나하나에 각인되어 있는 정보의 한계를 초월하는 능력이 있기 때문이다. 인간에게는 '뇌'라는 놀라운 무기가 있다.

인간은 서로 의사소통하며 학습할 능력을 가진 존재들이다. 우리는 한 세대에서 다음 세대로 지식을 대물림하며, 또한 물려받은 지식을 바탕으로 더 많은 지식을 축적한다. 수세기에 걸친 노력 끝에 과학자들은 우리 인간의 유전자 암호를 변형시킬 수 있는 능력에

거의 다가갔다. 우리 안에 든 정보를 우리 손으로 바꿀 수 있는 날이 코앞에 다가온 것이다. 만약 우리가 우리 안의 정보를 마음대로 바꿀 수 있다면, 어떻게 우리를 정보의 노예라고 할 수 있겠는가?

인류는 자신의 유전자 암호를 해독하고 조작하는 방법까지 터득하고 있다. 그러나 우리가 유전자 암호에 관심을 갖는 이유는 거기에 들어 있는 정보 때문이지 유전자 암호를 악용하려는 목적에서가 아니다. 놀랍고도 경이로운 우리의 뇌는 정보를 조작하고 저장하는 기계이다. 그런데도 수천 년 동안 인간은 시간의 횡포에 맞서 그 정보를 지킬 능력이 없었다. 머릿속에 든 정보를 한 사람이 다른 사람에게 전달할 수단(말), 그리고 이 시간에 의해서 왜곡되고 손상되지 않도록 보존할 수단(글)이 나타나기 전에는 한 사람이 죽으면 그의 죽음과 함께 그가 가진 지식도 죽었다. 한 사람이 가진 지식만으로는 유전자 암호를 해독하기에 충분치 않았다. 그러나 말과 글 덕분에 인간은 그동안 축적된 지식의 총합을 보존할 수 있게 되었고, 어떤 지식을 개발하거나 수집한 사람이 죽은 후에도 그 지식을 보존할 수 있었다. 정보의 저장이 가능해지자 세대를 거듭하면서 정보는 점점 축적되었다. 정보를 전달하고 보존할 수단이 생긴 후에야 인간은 정보를 전달하고 보존하려는 냉혹하고 무자비한 유전자 프로그램을 길들일 수 있게 되었다.

물론 이 말이 역설적으로 들릴 수도 있다. 그러나 실은 그렇지 않다. 우리 유전자 속에 든 정보는 우리가 머릿속에서 처리하는 정보 또는 우리가 말과 글로 보존하고 있는 정보와는 종류가 매우 다르다.[9] 그러나 똑같은 법칙이 적용된다. 글은 정보의 최소 단위로 압축할 수 있는 기호(문자)의 연속이고, 말 역시 음소라고 알려진 청각 기호의 연속이며 이 기호 역시 비트로 압축할 수 있다. 섀넌의 정보 이론은 다른 어떠한 비트 스트링에도 적용되듯 말과 글에도 그대로 적용된다. 사실 글과 그보다 훨씬 오래된 의사소통 도구인 말에 대한 연구는 인간의 유전자 분석과 유사한 연구 결과를 낳았다. (불행하게도 말의 역사는 수백만 년이 아니라 고작해야 수만 년 과거로 거슬러 올라갈 수 있을 뿐이다.)

렘바족을 예로 들어보자. 과학자들이 렘바족의 유전자 정보를 해독할 수 있게 되기 훨씬 전부터 그들의 언어는 렘바족이 가진 유대족의 유산을 암시했다. 렘바족은 반투어(스와힐리어와 줄루어를 포함하는 아프리카 언어집단)를 사용하지만, 그들이 사용하는 낱말 중 일부에서는 외국의 영향을 엿볼 수 있다. 렘바족에 속한 씨족 중

---

9 하지만 실은 그 두 가지의 정보가 같은 종류일 필요가 있다. 만약 누군가가 정말 원한다면, 바이러스를 이용해 《걸리버 여행기》의 일부를 게놈 속에 집어넣을 수 있을 것이다. 그렇게 되면 여러 세대 동안 그 정보는 보존될 수 있을 것이다.

일부는 셈어의 영향이 강한 이름인 '새디키 Sadiqui', 히브리어에서 'sadiq'는 '정직한, 정당한, 올바른'이란 뜻을 가지고 있다. 새디키라는 이름은 예멘 지역의 유대인들 사이에서 종종 발견된다)'라는 이름으로 불린다. 언어는 게놈에 비하면 정보 저장 매체로서의 신뢰성이 떨어지기 때문에, 렘바족의 과거에 대한 정보 역시 그들의 언어보다는 유전자에 더 잘 나타나 있다. 그러나 그렇다고 하더라도 그들의 조상에 대한 정보는 존재한다.

다른 역사적 사건에 대한 증거도 있다. 우리의 게놈에 남아 있는 정보처럼 언어에 남아 있는 정보도 인류의 역사의 흔적—전쟁, 침입, 이동—을 고스란히 간직하고 있다. 영어를 예로 들어보자. 영어에는 다른 나라에 의해 점령당했던 역사가 남아 있다. 11세기까지 쓰인 고대 영어는 순전히 독일어였다. 10세기에 씌어져 어순까지 그대로 남아 있는 시, 〈말든의 전투 The Battle of Maldon〉에서 첫 구절을 보자.

Commanded he his men each his horse to leave,
fear to drive away and forth to go,
to think to their hands and to courage good.

이 구절의 구조는 매우 낯설게 느껴진다. 동사가 문장의 첫 부분이 아니라 맨 마지막에 등장한다. 현대 영어 "He commanded each of his men to leave his horse, to drive away fear and to go forth. (그는 부하들에게 말을 버리라고, 두려움을 떨치고 전진하라고 명령했다.)"와 비교해보면, 10세기의 영어는 마치 일부러 낱말을 마구 섞어서 혼란스럽게 만들어놓은 듯이 보인다. 사실 10세기에 씌어진 구절은 동사를 문장의 맨 뒤에 배치하는 현대 독일어의 구조와 거의 같아서,[10] 현대 영어보다는 현대 독일어에 더 가깝다.

1066년, 한 전투가 영어를 영원히 바꾸어놓았다. 노르망디 공작 윌리엄이 잉글랜드 침공에 성공했던 것이다. 프랑스인이었던 노르망디공이 앵글로-색슨 왕국을 정복하자 곧이어 프랑스어를 쓰는 그의 동지들이 잉글랜드의 새로운 귀족이 되었다. 궁정에서는 프랑스어를 썼고 농부들은 영어를 썼다. 이러한 탈평형의 상태는 그다지 오래 지속되지 않았다. 프랑스어를 쓰는 집단과 영어를 쓰는 집단이 섞이자 두 언어도 서로 섞였다. 한때 독일어에 가까웠던 영어

---

10 마크 트웨인(Mark Twain)은 19세기에 쓴 한 원고에서 이렇게 말했다. "그 동사가 독자들의 연상 작용의 바탕으로부터 얼마나 멀리 떨어져 있는지 보라. 독일의 신문에서는 동사가 다음 지면에서야 등장한다. 눈에 띄는 서문과 괄호를 한두 단락이나 계속 이어가다가 서둘러 인쇄하느라 동사도 없이 신문을 찍는 경우도 있다는 이야기를 들었다." Mark Twain, *A Tramp Abroad*(New York: Penguin, 1997), p.392.

는 300년 만에 어순을 포함해 프랑스어 문법에 상당부분 동화되었다. (현대 영어는 독일어에서 종종 볼 수 있는 것처럼 동사를 말미에 배치하지 않고 프랑스어에서처럼 문장의 중간에 등장시킨다.) 또한 많은 양의 프랑스어 단어가 영어에 수용되었는데, 프랑스어 단어와 독일어 단어를 누가 어떻게 사용하는지를 주의 깊게 분석해보기만 해도 언어학자들은 헤이스팅스 전투에서 누가 승리했고 누가 패했는지 알 수 있다.

식료품에 관련된 단어들을 예로 들어보자. '쇠고기'를 뜻하는 beef는 프랑스어 boeuf에서 왔다. '소'를 뜻하는 cow는 고대 영어에서 온 단어이다. '양고기'라는 뜻의 mutton의 어원은 프랑스어 mouton이고, '양'을 뜻하는 sheep은 고대 영어에서 왔다. '돼지고기'를 뜻하는 pork는 프랑스어 porc에서 왔고, '돼지'의 pig는 고대 영어이다. 영어를 쓰는 하인들은 전투에서 졌고, 때문에 가축들을 돌보는 일을 했다. 한편, 전투에서 승리한 프랑스인 귀족들은 그 가축에서 난 고기를 먹었다. 영어는 1,000년 전 헤이스팅스 전투가 남긴 흔적을 간직하고 있다. 우리 유전자에 들어 있는 정보가 그러하듯이, 우리의 언어에 보존된 정보는 우리 역사의 기록이다.

말과 글의 역할과 우리 뇌의 역할은 서로 별개의 문제다. 우리 뇌에 들어 있는 정보가 우리 유전자에 들어 있는 정보와 비슷하다는 말은 믿기 힘들어 보인다. 우선, 외부 환경의 영향을 받아도 변함없이 남아 있으려고 하는 우리 유전자의 정보와는 달리, 우리의 뇌는 주위 환경에서 수집한 정보를 습득하고 그 정보에 적응한다. 인간의 뇌는 정보를 처리하는 기계일 뿐만 아니라 정보를 습득하는 기계이기도 하다.

그러나 정보이론에 따르면 그 차이는 이론적 차이일 뿐이다. 모든 정보처리 기계는 정보이론의 법칙을 따라야 한다. 그 기계의 메모리가 우리의 뇌처럼 유한하다면 그 기계는 연산을 수행하기 위해 에너지를 소비해야만 한다. 에너지가 없다면 그 기계는 멈추고 만다. (우리도 그러하다. 뇌는 성인 인간의 체중에서 몇 퍼센트를 차지할 뿐이지만, 인간이 섭취하는 에너지와 호흡하는 산소의 20퍼센트를 소비한다.) 우리 머릿속의 정보—어떻게 저장되고 전파되는가와 상관없이 우리 뇌에 들어 있는 모든 신호가 다 똑같다—는 비트 스트링으로 축약될 수 있고 섀넌의 이론에 따라 분석될 수 있다.[11]

이는 좀 혼란스러운 개념이다. 정보이론의 관점에서 보면 우리 뇌의 미끈미끈한 정보 전송회로는 트랜지스터나 진공관, 또는 신호등이나 신호기와 다를 바가 없다. 이들 모두가 메시지의 매개체일 뿐,

---

11 여기에는 한 가지 예외가 있을 수 있는데, 그 내용—우리 머릿속의 정보는 고전적 정보가 아니라 양자적 정보라는 것—에 대해서는 이 책의 다음 부분에서 다루게 될 것이다.

메시지는 아니며 중요한 것은 메시지이다. 사실 뇌는 우리가 아는 어떠한 정보처리장치나 정보 저장장치보다도 훨씬 더 복잡하다. 그러나 그 복잡성이 정보이론의 법칙을 무효화하는 명분이 될 수는 없다. 정보이론의 법칙들은 메시지가 어떤 형태를 띠는가에 상관없이 적용된다. 뇌가 정보를 어떻게 암호화하고 전파하는지에 대한 우리의 지식은 미미하고, 뇌가 어떻게 그 정보를 처리하는지에 대해서는 더욱 아는 바가 없지만, 우리의 뇌에 저장되어 있는 정보 역시 섀넌의 법칙을 따른다는 것은 안다. 그리고 그 법칙 중 하나가 정보는 비트로 표현할 수 있다는 것이다.

생물학자 윌리엄 바이얼렉William Bialek 은 수년 동안 뉴저지 주의 프린스턴 대학에서 멀지 않은 곳에서 동물의 뇌가 정보를 암호화하는 데 이용하는 암호 체계를 해독하려는 노력을 기울였고, 부분적으로 성공을 거두었다. 그의 연구는 대부분 파리를 대상으로 진행되었다. 〈시계태엽 오렌지 Clockwork Orange〉(영국 작가 앤서니 버제스Anthony Burgess 의 소설로, 스탠리 큐브릭 감독에 의해 같은 제목의 영화로 만들어지기도 했다. 여기서 'orange'는 말레이시아 어에서 '사람'을 뜻하는 말 'orang'의 말장난으로, Clockwork Orange는 '시계태엽 사람' 정도의 뜻을 가진다. 이 소설의 주인공 알렉스는 온갖 악행을 저지르고 감옥에 가지만, 그곳에서 온몸을 결박당한 채 세뇌를 당하는 벌을 받고

자아의식을 상실한 기계적 인간으로 변한다. 이 소설로 인해 clockwork orange는 과학에 의해 개성을 상실하고 로봇처럼 변해버린 인간을 뜻하게 되었다—옮긴이)의 미니 버전을 연상케 하는 실험에서, 바이얼렉은 파리가 움직이지 못하게 한 후 시신경에 바늘을 꽂아 억지로 영화를 보게 만들었다. 좀 잔인하고 섬뜩한 느낌마저 들게 하지만, 이 실험에는 나름대로 이유가 있었다. 바이얼렉과 동료들은 실험 대상이 된 파리들이 서로 다른 것을 볼 때마다 뇌에서 발신하는 신호를 기록했고, 이 기록은 또한 정보가 뇌에서 어떻게 암호화되는지를 보여주었다.

파리의 뇌는 인간의 뇌처럼 뉴런이라는 특화된 세포로 이루어져 있다. 이 뉴런들은 서로 연결되어서 거대한 네트워크를 형성한다. 이 뉴런 중 하나를 제대로 자극하면 자극받은 뉴런에서 신호를 '발사'한다. 이 세포의 양쪽 말단에 각각 자리한 나트륨과 칼륨 이온은 복잡한 전기화학적 과정을 거쳐 자리를 서로 바꾼다. 뉴런은 0에서 1의 상태가 되었다가 두 이온이 몇 분의 1초 만에 다시 자리를 바꾸면 0의 상태로 되돌아간다. 뉴런은 서로 메시지를 주고받는, 즉 입출력 단자의 볼륨을 높였다 낮추었다 하는 복잡한 시스템을 가지고 있지만, 뉴런에서의 신호 발사는 결국 전부 아니면 전무다. 신호를 발사하거나 발사하지 않거나, 둘 중 하나이기 때문이다. 이 과정은 이진법적 결정에 다름 아니다. 신경 신호를 비트와 바이트로 축약할 수 있다는 가정을 위해 더욱 발전된 섀넌의 주장을 들먹일 필요도 없다.[12] 뉴런은 정보의 고전적 채널임이 명백하다.

바이얼렉은 파리가 그 채널로 어떻게 메시지를 암호화하는지 파악하고자 했다. 그는 파리의 시신경에 센서를 고정한 후 원초적 영상들을 보여주었다. 흰 막대, 검은 막대, 왼쪽에서 오른쪽으로 이동하는 막대 등이었다. 바이얼렉은 어떤 신호들이 시신경을 거쳐 뇌로 가는지 기록했다. 이 신호들을 해독함으로써 바이얼렉은 파리의 뇌가 시각 정보를 암호화하는 데 이용하는 신경 신호의 기초적 알파벳을 알아냈다. 또한 그 신호들이 얼마나 많은 정보를 암호화하는지도 파악했다. 정확한 수치에 대해서는 이견이 있지만, 파리의 뇌에 있는 뉴런은 1,000만분의 1초당 최고 5비트의 정보를 전송할 수 있는 것으로 보인다. 바이얼렉의 연구는 망막에 맺힌 시각 이미지처럼 복잡한 정보도 비트와 바이트로 축약되어서 뇌로 전달된다는 것을 확인해주었다. 파리가 아주 맛있어 보이는 토마토 샐러드를 보았다고 하자. 파리는 그 샐러드를 향해 다가가려고 한다. 이

---

12 그러나 뉴런을 비트로 변환하는 것은 겉으로 보는 것만큼 간단하지 않다. 뉴런의 신호는 0과 1이다. 그러나 뇌의 암호화 체계는 이 0과 1을 단순한 비트의 열로 간주하기보다는 타이밍으로 간주한다. 그럼에도 불구하고 섀넌의 이론은 아무리 복잡하다 해도 이 암호 역시 비트 스트링으로 변환할 수 있다고 주장한다.

때 파리의 뇌는 정보의 비트 스트링을 받아들여 그 비트를 처리하고 근육에 신호를 보내 파리의 몸이 토마토 샐러드를 향해 움직이게 한 것뿐이다. 파리의 뇌가 아무리 복잡한 정보처리 기계라 할지라도, 결국은 정보를 처리하는 기계일 뿐이다. 또한 고전적 정보이론에 따르면 우리의 뇌 역시 예외가 아니다.

이제 우리가 느끼는 기분은 전보다 한결 더 으스스해졌다. 우리가 비록 정보를 우리 세대에서 다음 세대로 전달할 수 있고 우리의 뇌로 〈오디세이 Odyssey〉 같은 웅장한 문학 작품을 창조할 수 있고 양자장이론quantum field theory같이 아름다운 이론을 정립할 수 있다고 해도, 과학자들이 우리에게 들려주는 말에 따르면 우리는 정보처리 기계보다 조금도 더 나은 존재가 아니다. 불가해할 정도로 복잡한 정보처리 기계, 다른 어떤 기계도 해낼 수 없는 일을 해내는 기계이지만 어쨌건 한낱 정보처리 기계일 뿐이다.

그런데 여기서 뭔가 허전한 느낌이 든다. 누가 뭐라 해도 우리는 지적이고 감각적이며 자의식을 가진 존재다. 우리는 사리를 분별한다. 그러나 컴퓨터 같은 무생물 정보처리 기계는 그렇지 않은 것 같다. 우리는 전자계산기나 컴퓨터와 무엇이 다를까? 단순히 스케일의 문제일까, 아니면 또 다른 어떤 요소가 개입되어 있는 걸까?

종교 지도자들은 말할 것도 없고 어떤 과학자들이나 철학자들은 그런 요소가 따로 있다고 생각하는 것 같다. 그러나 우리의 신경 세포를 통해 전송되는 것이 정보라고 인정한다면, 고전적 정보이론의 음울하고 축소지향적인 결론으로부터 달아날 길은 거의 없을 것 같다.

아니, 한 가지 길이 있기는 하다. 섀넌에 의해 설계도가 그려진 정보이론은 완벽하지 않다. 섀넌의 정보이론은 컴퓨터와 전화, 전화선과 광섬유 케이블을 통해 저장하거나 전송될 수 있는 정보를 묘사한 반면, 정보이론의 법칙들은 고전물리학에 의해 예상될 수 있는 내용들이다. 그리고 20세기에 들어서면서 상대성이론과 양자이론이라는 두 가지 혁명이 일어나 물리학의 고전적 영역에 마침표를 찍었다.

상대성이론과 양자이론은 우주를 보는 물리학자들의 눈을 바꾸어놓았다. 이 두 이론은 소박하고 상식적이며 기계적인 우주를 멀리 쫓아내고 그 자리에 훨씬 더 난해하고 철학적으로 혼란스러운 우주를 가져다놓았다. 또한 물리학의 다른 분야를 일신시킴과 동시에 정보이론 분야까지 일신시켰다. 물체가 매우 빠른 속도로 운동하거나 강력한 중력장에 놓였을 때 일어나는 몽환적 효과를 다룬 상대성이론은 정보가 한 장소에서 다른 장소로 이동할 때 낼 수 있는 속도에 한계선을 그었다. 매우 작은 물체들의 반직관적 성질을 다루는 양자이론은 정보에 비트와 바이트 이상의 어떤 것—최소한 아원자 영역에서는—이 있음을 보여주었다. 또한 그와 동시에 정보이론은 과학자들이 이제 겨우 이해하기 시작한 측면에서 이 두 혁신적 이론의 면모를 바꾸어놓았다. 상대성이론과 양자이론을 정보이론의 관점에서 봄으로써 물리학자들은 과학에서 가장 중요한 문제의 열쇠를 발견하고 있다. 그러나 그 해답을 얻으려면 우리는 상대성이론과 양자이론을 모두 깊이 파고들어 가야 한다. 본질을 따진다면 그 두 이론은 모두 정보이론이다.

5 빛보다 빠르게

브라이트라는 이름의 젊은 숙녀가 있었다.
그녀의 속도는 빛보다 훨씬 빨랐다.
어느 날 그녀가 상대적인 길로 출발했다. 그리고 그 전날 밤에 돌아왔다.
－A. H. 레지널드 불러, 〈상대성〉

15세기 말에 로마의 몰락과 함께 고전시대가 종말을 고했듯이 20세기 초에 양자역학과 상대성이론이 정립되면서 '고전' 물리학의 시대는 마침표를 찍었다. 처음에 봤을 때는 이 두 혁명적 이론—두 이론 모두 앨버트 아인슈타인 Albert Einstein이라는 젊은 과학자가 관련되어 있었다— 중 어떤 것도 정보를 다루고 있는 것처럼 보이지 않았다. 그러나 보이는 것이 전부가 아니었다.

상대성이론과 양자역학은 섀넌의 정보이론보다 더 일찍 탄생했지만, 이 두 이론은 실제로는 정보이론이다. 언뜻 보기에는 긴가민가하지만, 정보이론의 기초가 이 두 이론의 표면 아래 놓여 있다. 또한 정보이론은 상대성이론과 양자역학의 신비를 푸는, 그리고 이 두 이론의 난해한 갈등을 푸는 열쇠가 될 수도 있다. 만약 그렇게 된다면 그것은 현대물리학이 거둔 최고의 승리라고 할 것이며, 과학자들은 '만물의 이론', 가장 작은 아원자 입자로부터 가장 큰 은하성단에 이르기까지 우주에 존재하는 모든 물체들의 성질을 기술하는 일단의 수학 방정식을 만나게 될 것이다. 하나의 구리 케이블로 동시에 얼마나 많은 통화를 감당할 수 있는지를 파악하려는 연구에서 시작된 혁명이 이 우주 안의 모든 물체에 대한 기본적 이해로 이끌었다.

정보의 중요성이 어떻게 그렇게 넓고도 깊어졌는지 알고 싶다면 열역학과 섀넌의 '고전적' 정보이론 너머까지 가봐야 한다. 상대성이론과 양자이론의 영역까지 탐험해봐야 하며, 그 과정에서 정보에 대해 지금의 과학자들이 가지고 있는 지식과 정보가 어떻게 우주를 형태 지었는지 알 수 있게 될 것이다.

양자이론이나 상대성이론 모두 엔트로피와 정보에 밀접하게 연관되어 있다. 이 두 가지 혁명적 이론에 불을 댕긴 앨버트 아인슈타인은 일찍이 엔트로피와 열역학, 그리고 통계역학에 관심을 가졌기 때문에 그렇게 할 수 있었다. 사실, 아인슈타인이 시작한 혁명 중 첫 번째 이론인 상대성이론은 정보의 교환과 직접적 연관이 있다. 이 이론의 핵심 사고는 정보는 빛의 속도보다 빨리 이동할 수 없다는 것이다. 그러나 빛보다 빠른 장치와 타임머신을 개발하려는 물리학자들의 도전은 끊이지 않고 있다. 또한 그들이 만든 기계나 장치들 중의 일부는 실제로 작동하기도 한다.

아인슈타인은 물리학에 혁명을 일으킬 만한 인물이 아니었다. 하지만 일부 작가들이 묘사한 정도로 물리학의 혁명과 거리가 먼 사람도 아니었다. 전설처럼 알려진 이야기들과는 달리, 그는 학창 시절 수학 과목에서 낙제를 한 적이 없었다. 모든 평가 내용이 그를 수학의 천재라고 말하고 있다. 비록 특허청의 하급 사무원이었지만, 아인슈타인은 수리물리학의 학위를 가진 사무원이었다. (그에게 물리학을 가르쳤던 편협한 교수는 그를 제외한 모든 동기생들에게 조교수직을 주었지만, 성격상의 갈등 때문에 아인슈타인은 학위를 받자마자 곧바로 대학을 떠나야 했다.)

아인슈타인은 대학 강단에 설 수 있는 기회를 엿보면서 잠시 대리 교사로 일하기도 했지만, 결국 생계를 위해 1902년부터 특허청에서 일하기 시작했다. 특허청에 취직한 것은 잘한 일이었다. 그로부터 1년도 못되어 결혼을 했고, 곧 아버지가 되었기 때문이다. 비록 특허청에서 일하기는 했지만 그는 단순한 하급 사무원이 아니었다. 그는 학구열이 절정에 달한, 잘 훈련된 물리학자였다. 아주 짧은 기간 동안 그는 학위논문을 비롯해 다수의 과학 논문을 마무리 지었다. 그를 유명하게 만든 이론을 공식화하기까지는 몇 년의 세월이 더 걸렸다. 1902년부터 1905년까지의 기간 동안 그는 전혀 다른 물리학 분야인 열역학과 통계역학에 심취해 있었다. 이 분야는 볼츠만이 주로 관심을 가졌던 분야였다.

1902년, 아인슈타인은 《물리학 연감Annalen der Physik》에 엔트로피에 관한 논문을 발표했다. 이듬해에는 가역적 과정과 비가역적 과정에 대한 논문을 발표했다. 1904년에는 볼츠만의 방정식에 나오는 볼츠만 상수 k의 측정에 관한 논문을 내놓았다. 이들 논문들은 그리 크게 주목받지 못했다. 아마도 그가 볼츠만의 연구에 대해 정통하지 못했던 것이 그 이유 중 하나였을 것이다. 아인슈타인은 물질의 통계적이고 무작위적인 운동의 의미에 대해서도 연구했다. 브라운 운동에 대해서도 연구했는데, 그의 박사학위 논문은 분자의 반지름을 결정하는 통계적 방법에 대한 것이었다. 이러한 연구들은 곧 끝을 보게 되었다. 아인슈타인이 기적의 해인 1905년을 만나게 되었기 때문이다. 그해에 그는 물리학에 새로운 장을 열게 될 더욱 중요한 다른 연구로 관심을 돌렸다.

아인슈타인이 유명해진 것은 상대성이론 덕분이었다. 1905년에 발표한 중대한 논문들 중 하나가 제한된 형태의 상대성이론이었다. 그러나 이 첫 번째 상대성이론은 모든 조건에서 적용되는 것은 아니었다. 예를 들어 이 이론은 물체가 가속 중이거나 중력장의 인력을 받고 있을 때는 적용되지 않았다. 그러나 '특수 상대성이론'이라고 소개된 이 이론은 단순하면서도 심오하고 정확했다. 이 이론은 언뜻 보기에는 정보이론이나 열역학과는 상관없어 보이면서도 수십 년간 물리학자들을 괴롭혀온 골치 아픈 문제들을 해결했다. 그러나 그 문제들의 답은 정보이론의 테두리 안에 있었다. 아인슈타인의 상대성이론의 핵심은 정보가 한 장소에서 다른 장소로 어떻게 이동하는가 하는 것이었다. 그러나 이 질문의 답에 도달하기 위해서는 과학자들이 정보라는 개념을 생각해내기 이전에 발견된 또 다른 문제의 핵심으로 되돌아가야 한다.

그 문제란 도저히 알 수 없는 빛의 성질이었다. 빛의 성질은 심각한 딜레마였다. 과학자들은 1800년대 초중반에 이미 빛의 기본 성질에 대해서는 이해했다고 판단했다. 그들은 빛이 무엇인지 다 안다고 생각했고, 빛의 행동을 기술하는 방정식도 알아냈다고 생각했다. 그러나 그 두 가지 생각은 모두 틀린 것이었다.

빛에 대해서는 아인슈타인이 태어나기도 전부터 이미 심각한 논쟁이 오가고 있었다. 근대물리학의 창시자인 아이작 뉴턴은 빛을 한 장소에서 다른 장소로 순식간에 이동하는 아주 작은 입자의 총합이라고 확신했다. 또 한 명의 과학자 크리스티안 호이겐스

Christiaan Huygens(진자시계를 발명했다)는 빛이 입자가 아니라고 주장했다. 빛은 하나하나씩 떨어져 있는 입자가 아니라 물처럼 흐르는 파동에 더 가깝다는 것이 그의 주장이었다. 논쟁은 어느 한쪽이 확실하게 승리하지 못하고 앞서거나 뒤서거나 했지만, 대부분의 과학자들이 빛을 미립자로 본 뉴턴의 주장 쪽으로 기울고 있었다. 그러나 빛이 입자냐 파동이냐 하는 것은 사실 신념의 문제일 뿐이었다. 어느 쪽이 옳은지를 정확하게 가려줄 결정적 실험은 누구도 해내지 못한 상태였다. 그러다가 1801년에 영국 출신의 의사이자 물리학자인 토머스 영 Thomas Young이 어느 모로 보나 이 논쟁을 확실하게 판가름한 듯 보이는 실험에 성공했다.

영의 실험은 아주 간단했다. 두 개의 아주 좁은 슬릿 slit이 나 있는 장애물에 광선을 통과시킨 실험이었다. 이 장애물 너머에서 빛은 밝고 어두운, 아주 가느다란 띠의 패턴을 만들었다. 바로 간섭의 패턴이었다. 이 줄무늬는 파동을 공부하는 사람들에게는 매우 익숙한 현상이었다.

간섭의 패턴은 모든 종류의 파동에서 만들어진다. 이 현상을 이론적으로 알고 있지 못한 사람이라도 자주 접할 만한 현상이다. 잔잔한 호수에 돌멩이를 떨어뜨리면, 동그란 원을 그리며 퍼져나가는 물결을 볼 수 있다. 돌멩이가 수면에 닿는 순간, 수면은 골과 마루가 교대로 생겨나면서 사방으로 퍼져나간다. 돌멩이는 원형의 파동 패턴을 만든다. 이번에는 돌멩이 한 개가 아니라 두 개를 동시에 나란히 떨어뜨려보자. 그러면 파동의 패턴은 훨씬 복잡해진다. 각각의 돌멩이가 독립적으로 골과 마루의 패턴을 만든다. 양쪽의 골과 마루는 서로 부딪친다. 그리고 여기서 간섭이 생긴다. 마루가 골과 만나거나 골과 마루가 만나면 이 두 물결은 서로를 상쇄시키면서 수면을 완벽하게 고요한 원상태로 돌려놓는다. 고요한 수면 위에 두 개의 돌멩이를 동시에 떨어뜨리면 물결무늬 속에서 조용하게 흔들림이 없는 줄무늬가 따로 생겨나는 것을 볼 수 있다. 이 선이 바로 한쪽 돌멩이에서 만들어진 골과 다른 돌멩이에서 만들어진 마루가 서로 만나 파동을 상쇄시켜서 생긴 것이다. 이런 선들이 바로 간섭에 의해서 생겨난 것으로, 영이 빛의 실험에서 밝혀낸 것이었다.

　벽에 만든 두 개의 슬릿을 통과한 빛은 동시에 수면에 떨어진 두 개의 돌멩이와 같다. 수면파와 똑같이, 슬릿을 통과한 빛의 골과 마루도 장애물로부터 재빨리 퍼져나간다. 연못의 수면 위에 만들어진 물결처럼, 왼쪽 슬릿을 통과한 빛이 만든 골과 마루는 곧바로 오른쪽 슬릿을 통과한 빛의 골과 마루와 만난다. 골이 골과 만나거나 마루가 마루와 만나면 이 두 파동은 서로를 증폭시킨다. 그러나 마루가 골과 만나거나 골이 마루와 만나면 이 두 파동은 서로를 상쇄시

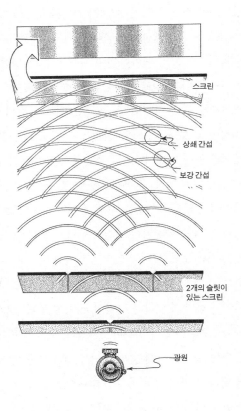

스크린

상쇄 간섭

보강 간섭

2개의 슬릿이
있는 스크린

광원

영의 간섭 실험

킨다. 위에서 보면, 두 개의 돌멩이를 동시에 떨어뜨린 연못 수면에서 나타나는 줄무늬처럼, 상쇄된 부분—빛이 서로를 없애버린 부분—은 어두운 띠의 패턴으로 나타난다. 그러나 빛을 간섭시켰을 때는 위에서 보면 그 띠무늬가 눈에 보이지 않는다. 때문에 반대쪽 벽에 놓인 스크린에 빛을 투사시켜야 한다. 영은 두 개의 슬릿을 통과한 빛이 스크린에 부딪치면 밝고 어두운 띠무늬가 나타나는 것을 보았다. 빛도 간섭 패턴을 만들기 때문이다.[1]

간섭은 본래 파동의 성질 중 하나였으므로 영의 발견—빛의 간섭 패턴—은 빛이 파동처럼 행동한다는 것을 보여주었다. 빛이 서로 충돌하며, 충돌하면 되튀어 나가는 입자라는 주장으로는 빛의 간섭 현상을 설명할 수 없었다. 그러나 빛이 서로 통과하거나 간섭하는 파동이라는 주장으로는 아주 세세한 부분까지 훌륭하게 설명할 수 있었다. 빛은 입자가 아니라 파동인 것으로 보였고 영은 이러한 주장을 더욱 확고하게 뒷받침해주는 몇 가지 실험을 더 보여주었다. 그는 빛에서 파동의 또 다른 성질인 회절 현상도 볼 수 있다는 것을 알아냈다. 빛은 경계선이 선명할 경우 이 경계선과 만나면

---

1   빛의 간섭 패턴을 만드는 가장 좋은 방법은 화장실에서 거울과 평행으로 레이저 빛을 쏘는 것이다. 이렇게 하면 거울과 수직을 이루는 벽에 레이저 빛이 충돌한다. 이때 거울을 통해 벽에 반사된 레이저 빛을 보면 밝고 어두운 띠무늬가 보인다. 아주 쉽게 간섭 패턴이 생기는 것이다. 이 패턴은 2-슬릿 현상보다 약간 더 복잡한 현상에 의해 만들어진다. 즉, 거울에 반사된 레이저 빛과 그 거울을 덮고 있는 유리에 반사된 레이저빛의 간섭에 의해서 만들어진다. 그러나 그 원리는 2-슬릿 실험의 경우와 동일하다.

약간씩 휘었다. 이것이 바로 회절 현상으로, 파동에서는 나타나지만 입자에서는 나타나지 않는 현상이다. 당시의 물리학자들 사이에서 빛의 입자설과 파동설에 대한 평결은 분명해 보였다. 빛은 입자가 아니라 파동이었다.

그러나 1860년대에 제임스 클러크 맥스웰—악마를 만들어냈던 바로 그 물리학자—이 전기장과 자기장을 기술하는 방정식을 도출해내면서 광파이론은 막을 내리고 말았다. 전자기적 현상인 빛은 맥스웰의 방정식을 따른다. 수학자들과 물리학자들에게, 맥스웰의 방정식은 매질을 통해 전파되는 파동을 기술하는 방정식과 매우 유사해 보였다. 빛은 파동적이었고, 맥스웰의 방정식은 빛의 운동을 매우 정확하게 기술했다. 사실 이 방정식은 빛의 속도를 말하고 있었다. 맥스웰의 방정식을 올바로 적용하면 빛의 속도를 정확하게 구할 수 있다. 빛의 파동설은 19세기 물리학계를 주도했다. 빛은 파동이었다. 하지만 무엇의 파동이란 말인가?

음파를 들을 수 있는 것은 공기의 떨림이 고막을 때리기 때문이다. 손뼉을 치면 손바닥이 공기 분자를 때리고, 그 공기 분자가 다른 공기 분자를 때리고, 그 공기 분자가 또 다른 공기 분자를 때린다. 이런 공기 분자의 출렁임이 음파가 되고, 이 음파가 우리 귓속으로 들어와 고막을 진동시키는 것이다. 마찬가지로 수면파는 물의 출렁임이다. 물 분자가 서로 밀고 당기면서 골과 마루를 이루며 기슭으로 전파되는 것이다. 어떤 경우든, 파동을 이루는 각각의 분자들은 그리 먼 곳까지 이동하지 않는다. 아주 좁은 거리를 꿈틀거리며 움직일 뿐이다. 매질—물 또는 공기— 속에 생기는 전체적 패턴은 아주 멀리까지 이동할 수 있다. 파동을 만드는 것은 바로 이 패턴이다.

빛이 파동이라면 서로 밀고 당기는 것은 무엇일까? 빛이 지나가는 매질은 무엇인가? 19세기의 물리학자들은 빛의 매질이 존재한다는 것은 인정하면서도 그것이 무엇이냐에 대해서는 그다지 많이 생각하지 않았다. 물리학자들은 광파를 실어나르는 가상의 매질을 발광성 에테르 luminiferous ether 라고 불렀다.

1887년, 미국 출신의 두 물리학자, 앨버트 마이컬슨 Albert Michelson과 에드워드 몰리 Edward Morley는 지구의 운동을 이용해 이 에테르를 탐지하려고 시도했다. 지구가 태양을 중심으로 공전하고 태양은 은하계의 중심 주변을 돌고 있으므로, 지구는 바다 위를 지나가는 고속 모터보트처럼 에테르와 부딪치며 지나가야 한다. 즉, 지구가 에테르의 '바람'을 맞받으며 운동하고 있으며, 이 바람은 태양 주변을 궤도운동하는 지구의 속도에 변화를 주게 된다. 그러므로 위를 향해 진행하는 광선은 아래를 향해 진행하거나 이 바람의 진행 방향을 가로질러 지나가는 광선과 속도가 달라야만 한다.

따라서 마이컬슨과 몰리는 에테르의 바람과 상대적으로 다른 방향으로 진행하는 광선들은 서로 속도가 달라질 것이라고 추측했다.

두 사람은 이 속도의 차이를 감지하기 위해 아주 교묘한 실험 장치를 고안했다. 실험 장치의 한가운데는 나중에 마이컬슨 간섭계라고 불리게 된 장치가 놓이는데, 이 장치는 빛의 파동적 성질을 이용해 거리나 속도를 매우 정확하게 측정한다. 간섭계는 빛을 나누어서 거리는 같고 방향이 다른 두 경로로 보낸다. 광선의 마루가 분광기에 닿으면 분광기는 광선을 두 개의 마루로 나눈다.

나누어진 광선은 서로 다른 방향으로 진행해서 거울과 부딪친 후 감지기—대개의 경우 스크린—에서 다시 합쳐진다. 경로의 길이는 같기 때문에, 두 광선의 속도가 같다면 두 개의 마루는 동시에 감지기에 도착해야 한다. 마루는 증폭되어 더 큰 마루를 만들 것이며 실험자들은 두 광선이 합쳐지는 스크린에서 아주 밝은 점을 보게 될 것이다. 하지만 에테르의 바람이 두 광선 중 하나를 다른 광선에 비해 느리게 만든다면, 이 광선의 마루는 늦게 도착하게 될 것이다.

사실 이 장치가 제대로 세팅되기만 한다면, 한 광선의 마루는 다른 광선의 골과 정확히 같은 시간에 도착할 것이다. 두 광선이 서로 합쳐지면 마루와 마루가 만나 서로 증폭되어 밝은 점이 나타나는 것이 아니라, 마루와 골이 만나 서로를 상쇄시켜 어두운 점이 나타나야 한다. 따라서 물리학자들은 마이컬슨의 간섭계를 가지고 에테르 바람의 미세한 영향을 감지할 수도 있었다. 과학자들이 할 일은 실험 장치의 방향을 어떻게 설정해야 에테르 바람이 밝은 점을 만들게 하거나 어두운 점을 만들게 할지를 측정하는 것뿐이었다.[2]

그러나 두 가지 실험을 어떻게 실시하든 빛의 속도는 어느 방향에서나 일정했다. 빛을 위쪽으로 진행시키든 아래쪽으로 진행시키든 옆으로 진행시키든 똑같았다. 1904년, 몰리는 실험실 환경이 간섭계에 대한 에테르 바람의 영향에 방해가 되지 않도록 하기 위해 높은 언덕에서 실험을 감행하기까지 했다. 그러나 전혀 차이가 없었다. 빛의 속도는 지구의 운동에 상관없이 어느 방향에서나 똑같았다. 에테르는 존재하지 않았다.[3] 마이컬슨-몰리 실험은 에테르 이론에 커다란 의문을 제기했고, 이 공로를 인정받아 마이컬슨은 1907

---

2 현대 과학자들은 빛의 속도가 일정하다는 것을 알기 때문에 마이컬슨 간섭계로 빛의 속도를 측정하기보다는 거리를 측정한다. 두 개의 경로의 거리가 조금이라도 다르면 스크린에는 밝은 점이 아닌 어두운 점이 나타나게 되어 있다.

3 되돌아보면, 에테르의 개념을 증명하는 듯 보이는 또 다른 실험이 있었다. 19세기 중반, 프랑스의 물리학자 아르망 피조(Armand Fizeau)는 에테르가 물과 함께 끌려가는 것을 확인하겠다는 목적으로 흐르는 물속에서 빛의 속도를 측정했다. 그러나 그러한 효과는 볼 수 없었다. 사실 아인슈타인에게 마이컬슨-몰리의 실험보다 더 큰 영향을 준 것은 피조의 실험과, 하늘에서 별의 겉보기 위치가 지구의 궤도에 따라 어떻게 달라지느냐─유한한 빛의 속도 때문에 나타나는 광행차(stellar aberration, 光行差)라는 현상이다─ 하는 것이었다.

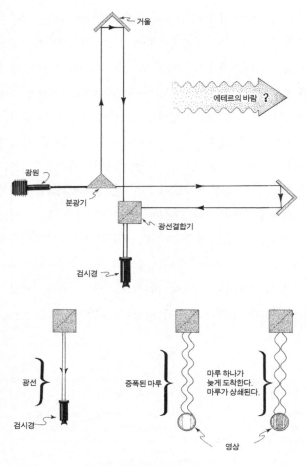

거울

에테르의 바람 ?

광원

분광기

광선결합기

검시경

광선

검시경

증폭된 마루

마루 하나가
늦게 도착한다.
마루가 상쇄된다.

영상

수정된 마이컬슨 간섭계

년 노벨 물리학상을 수상했다.[4]

빛에 관한 한, 그것—빛은 파동이지만, 파동을 전달할 매질인 에테르가 없다는 현상을 설명해야 한다는 점—은 문제의 절반에 지나지 않았다. 또 하나의 껄끄러운 문제가 있었다. 바로 맥스웰의 방정식이었다. 이 방정식은 전기장과 자기장—그리고 빛—의 성질을 규명하는 비할 데 없이 아름다운 방정식이었다. 아마도 19세기 물리학계가 이룬 최대의 업적이라고 말할 수 있을 것이다. 맥스웰의 방정식은 전자기장의 신비로운 성질을 깔끔하고 아담한 상자에 넣어 포장하고 예쁜 리본까지 달아놓은 것과 같았다. 그러나 아쉽게도 이 방정식마저 한 가지 오류가 있었다. 조금만 움직이면 방정식이 산산이 조각나버리는 것이었다. 좀 더 정확히 말하면, 맥스웰의 방정식은 정지 상태의 관찰자에게만 적용되었다.

만약 어떤 사람이 기차를 타고서 실험 중인 장소를 지나가면서 자신의 관점, 즉 자신의 '기준계 frame of reference'에서 실험을 기술한다면, 그는 맥스웰의 이론으로 그 실험을 설명할 수 없을 것이다. 간단히 말해 맥스웰의 방정식은 이동하는 기준계에서는 무용지

---

4   흥미롭게도, 대학에 다닐 당시 아인슈타인은 마이컬슨—몰리의 실험을 몰랐는데도 이와 비슷하게 에테르의 존재를 알아보려는 실험을 제안했다. 앞에서 언급한 바 있는 편협한 성격의 교수 하인리히 웨버는 젊은 물리학도 아인슈타인이 그 실험을 하도록 허락해주지 않았다. 아마도 웨버는 당시의 최첨단 물리학에 그다지 관심이 없었던 듯하다.

물이었다. 기준계가 움직이면 전기장이 자기장으로 바뀌거나 그 역의 현상이 발생하므로, 움직이는 관찰자가 입자에 작용하는 힘을 모두 더해 판단할 경우에는 종종 틀린 답을 얻을 수 있었다. 기차에 타고 움직이는 물리학자는 입자가 하늘을 향해 위로 움직인다고 계산하는 반면에, 정지 상태의 물리학자는 입자가 땅을 향해 떨어진다는 결론을 내릴 수도 있다.

이런 결과는 말도 안 되는 일이다. 똑같은 자연의 법칙이라면 관찰자가 움직이든 정지해 있든 한결같이 적용되어야만 한다. 기차를 타고 움직이면서 맥스웰의 방정식을 이용해 입자의 움직임을 관찰하는 관찰자도 가만히 정지해 있는 관찰자와 똑같은 결론을 얻어야 한다. 사실, 물리학의 법칙은 관찰자의 움직임에 따라 달라지지 않는다는 이러한 개념은 상대성이론의 두 가정 중 첫 번째 내용이다. 1905년, 아인슈타인은 상대성이론이라는 이름의 원천이 되었던 이러한 '상대성의 원칙'이 반드시 참이어야만 한다고 주장했다. 자연의 법칙은 관찰자의 운동에 좌우되어서는 안 된다. 상대성이론은 매우 직설적이면서도 한편으로는 난해하다. 자연의 법칙이 관찰자의 운동에 따라 다르게 적용되는 우주는 어떤 우주일지를 이해하기 위해서는 좀 더 복잡한 과정이 필요하다. 반면에 아인슈타인의 두 번째 가정은 단순명료하다.

마이컬슨과 몰리는 빛의 속도는 지구의 운동에 영향 받지 않는다는 것을 증명했다. 아인슈타인은 빛의 속도는 어떠한 운동에서도 영향 받지 않는다는 가정을 세움으로써 마이컬슨-몰리의 실험을 곧바로 인정했다. 관찰자가 어떤 운동을 하든 빛의 속도는 초속 30만 킬로미터이다. 이 빛의 속도를 c 라고 한다. 그러나 겉으로 보기에 이 가정은 대단히 터무니없어 보인다.

길을 걷고 있는데, 날아가던 파리가 내 콧잔등에 부딪치면 나는 별로 큰 충격을 받지 않는다. 쪼그만 파리 한 마리가 낼 수 있는 속도는 기껏해야 시속 2~3마일 정도니 말이다. 게다가 파리 정도의 무게로는 어떤 상황에서도 내게 줄 수 있는 충격은 미미하다. 그러나 날씨 좋은 여름날 고속도로를 시원하게 질주하는데 어떤 운 나쁜 파리가 자동차 앞 유리에 부딪친다면 '퍽' 하는 소리가 들릴 것이다. 고속도로를 질주하는 속도로 움직이는 사람의 얼굴에 파리가 부딪친다면 어느 정도 상처를 입히기 십상이다. 안경알에 금이 간다거나 코피가 날 수도 있다. 이렇게 되는 이유는 움직이는 사람의 운동에 의해서 파리의 운동에 대한 그 사람의 지각이 달라지기 때문이다.

가만히 정지해 있을 때와 자동차로 질주하고 있을 때, 이 두 경우에 파리의 상대적 운동은 매우 다르게 지각된다. 파리가 시속 10마일로 운동하고 사람이 정지해 있을 때 파리의 충돌 속도는 시속 10마일이다. 충돌에 의한 충격은 아주 미미하다는 결론이 나온다. 그러나 시속 80마일로 운동하는 사람에게 파리가 정면으로 충돌하는 경우, 파리의 충돌 속도는 시속 90마일이 된다. 이 정도면 '철썩'하는 소리가 나기에 충분하다.

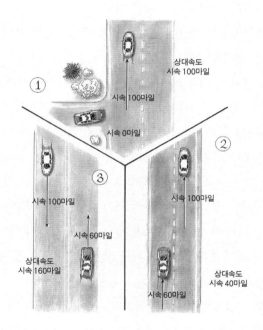

서로 다른 세 관점에서의 속도위반 차량

고전물리학에서나 우리의 상식적 일상생활에서 속도는 덧셈이 성립한다. 어떤 물체에 대해 상대적으로 운동하면, 움직이는 사람의 속도는 자신의 속도와 물체의 속도를 더한 만큼이 된다. 그리고 그 속도가 그 사람이 인식하는 운동 속도가 된다. 우리가 이 세상에서 경험하는 모든 것이 여기에 해당한다.

레이더 건을 가지고 있는 경찰을 예로 들어보자. 이 경찰이 속도 규정을 위반한 차량을 발견하고 그 차량의 속도를 측정할 때는 반드시 자신의 운동 속도를 가감해야 한다. 도로에 대해 시속 100마일로 질주하는 차량을 추적하는 레이더 건은 자신의 운동 속도에 따라 차량의 속도를 다르게 측정할 것이다. 만약 경찰이 정지 상태였다면 레이더 건은 정확히 시속 100마일이라고 표시할 것이다. 그러나 만약 경찰이 경찰차를 타고 시속 60마일로 속도위반 차량과 같은 방향으로 이동 중이었다면, 레이더 건은 대략 시속 40마일 정도밖에 감지하지 못할 것이다. 움직이는 순찰차의 관점에서 보면 상대 차량의 속도는 시속 40마일 정도로밖에 느껴지지 않는다. 반대로, 경찰차가 속도위반 차량과 반대 차선에서 시속 60마일로 이동 중이었다면 레이더 건은 시속 160마일을 표시할 것이다. 속도위반 차량은 지면에 대해서는 시속 100마일로 달렸지만 경찰차에 대해서는 160마일의 속도로 달린 것이다. 레이더 건이 감지하는 속도위반 차량의 속도는 경찰이 어떻게 운동하느냐에 따라 다르게 나타난다. 측정 결과는 경찰의 기준계에 좌우되는 것이다.

속도위반 차량의 자리에 광선을 놓고 보면, 빛의 속도가 일정하다는 아인슈타인의 가설은 곧 경찰차가 어떻게 움직이든 상관없이 속도위반 차량이 움직이는 속도는 시속 100마일로 일정하다는 이야기와 비슷하다. 정지해 있는 경찰은 속도위반 차량이 시속 100마일로 접근했다가 다시 시속 100마일로 멀어져 가는 것으로 느낀다. 속도위반 차량과 같은 차선에서 달리는 경찰차도 이 차량이 시속 100마일로 접근했다가 시속 100마일로 멀어져 가는 것으로 느낀다. 속도위반 차량을 향해 움직이는 경찰도 이 차량이 시속 100마일로 마주 오다가 시속 100마일로 멀어져 가는 것으로 느낀다. 마치 속도위반 차량이 경찰의 운동을 완전히 무시하는 꼴이다. 물론 실제 상황에서는 이런 현상이 발생하지 않는다. 만약 실제로 이런 현상이 발생한다면, 속도위반 범칙금을 낼 사람은 아무도 없을 것이다. 레이더 건을 전혀 믿을 수 없을 테니까!

상대성의 원칙에 따라서 빛의 속도는 일정하다는 가설은 그대로 유지할 수 없을 것처럼 보인다. 모두 서로 다른 방향으로 이동하는 세 명의 경찰이 있다고 하자. 이 경찰들이 동시에 동일한 광선의 속도를 측정한다. 빛의 속도는 일정하다는 가설은 이 세 경찰의 운동이 모두 다르다고 해도 이들이 측정한 빛의 속도는 변함없이 초속 30만 킬로미터여야 한다는 뜻이다. 상대성의 원칙에 따라서, 서로 다르게 운동하는 세 명의 관찰자가 동시에, 모두 똑같은 측정 결과를 얻으면서 그 결과가 모두 옳은 경우가 있을 수 있을까? 그건 불가능해 보인다.

그러나 가능하다. 또한 모순도 없다. 세 명의 관찰자는 모두 똑같은 빛의 속도를 얻으며 그들이 얻은 결과는 모두 옳다. 현대의 측정 장비는 매우 정확하게 그 속도를 측정할 수 있다. 위성이 나를 향해 접근하든 혹은 멀어지든, 위성에서 보내는 시그널은 항상 똑같은 속도, 초속 30만 킬로미터로 나를 향해 다가온다. 그렇다면 이 측정에서 어떻게 모순이 없을 수 있는 걸까?

그 답은 속도—그리고 정보—의 개념에서 찾을 수 있다. 속도란 간단히 말해 주어진 시간 동안 이동한 거리이다. 그러나 사람이 직관만 가지고 어떤 물체가 얼마나 빨리 움직이는지를 정확하게 알아낼 수는 없다. 어떤 방법을 쓰든 속도를 측정해야만 한다. 예를 들면, 어떤 물체가 1초 동안(시계가 필요하다) 얼마나 멀리까지(자가 필요하다) 움직였는지 재보아야 한다. 만약 세 명의 경찰이 빛의 속도를 측정하고 있다면 그들은 각자 자신의 시계와 자를 가지고 독립적으로 시간과 거리에 대한 정보를 효과적으로 수집하게 된다.

아인슈타인이 세운 두 가설 때문에 생기는 모순을 피해갈 수 있는 길은 시계와 자가 운동으로부터 영향을 받는다고 가정하는 방법뿐이다. 이 가정을 받아들이자면 수천 년 동안 우리가 믿어왔던 시간과 거리에 대한 가정을 버려야 한다. 더 이상 시간도 거리도 기준계의 변화와 상관없이 고정적이며 불변한다고 볼 수 없다. 시간과 거리도 상대적이라고 보아야 한다. 나의 기준계에 따라 시간과 길이

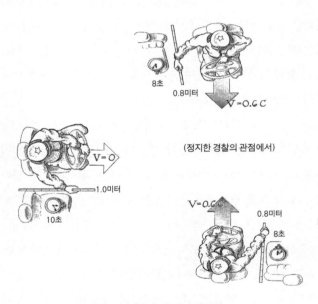

서로 상대적인 세 명의 슈퍼캅

가 변하는 것이다. 시간과 거리의 개념이 바뀌면 속도를 측정하는 방법에도 영향을 미친다.

다시 속도위반 차량으로 돌아가 보자. 이번에는 이 차량이 광선이라고 가정하자. 세 명의 슈퍼캅이 서로 다른 방향으로 움직이면서(한 명은 정지 상태이고 두 명은 서로 반대 방향에서 광속의 5분의 3, 즉 0.6c 로 움직인다) 속도위반 차량의 속도를 측정한다. 그리고 모두 똑같은 측정결과—빛의 속도 c 는 초속 30만 킬로미터—를 얻는다. 어떻게 이럴 수 있을까? 그것은 세 명의 슈퍼캅이 각각 줄어들거나 늘어진 자와 시계로 속도를 측정했기 때문이다. 정지한 슈퍼캅이 자신의 자를 보면 그 자의 길이는 정상으로 보인다. 또 시계가 가는 소리를 들어보면 시계도 정상 속도로 째깍거린다. 그러나 이 경찰이 0.6c로 움직이는 다른 경찰의 자를 보면 그들의 자는 길이가 20퍼센트나 줄어들어 있다. 각각 1미터가 아니라 80센티미터밖에 되지 않는 것이다! 게다가 정지한 경찰이 움직이는 두 경찰의 시계를 보니 시계도 늦게 가고 있다. 정지한 경찰의 시계가 10초를 셀 동안 움직이는 경찰들의 시계는 고작 8초를 셀 뿐이다.

정지한 경찰은 생각한다. "아하! 문제가 바로 이거였군! 내가 잰 빛의 속도가 옳아. 나는 정상적인 자와 시계를 가지고 빛의 속도를 쟀으니까. 하지만 움직이는 두 경찰의 측정 결과는 옳지 않아. 그들의 거리와 시간은 왜곡되어 있으니까." 그러나 이렇게 왜곡된 시간과 거리—움직이는 경찰의 시계는 늦게 가고 자의 길이는 짧아졌다—가 결국은 똑같은 측정 결과를 가져온다. 정지한 경찰도 움직이는 두 경찰이 짧은 자와 느려진 시계로 측정한 것과 똑같이 속도 위반 차량의 속도 c를 측정한다.[5] 따라서 정지한 경찰의 관점에서 보았을 때, 움직이는 두 경찰이 가진 자와 시계의 왜곡을 고려해야만 똑같은 값 c가 얻어진다.

이상한 것은, 움직이는 두 경찰은 자신들이 가진 자의 길이가 짧아지고 시계는 느려졌다는 사실을 인식하지 못한다는 것이다. 사실이들 움직이는 두 경찰이 각자 자신의 자와 시계를 보면 지극히 정상적으로 보인다. 하지만 상대방의 자와 시계를 보면 상대방의 자는 길이가 짧아지고 시계는 느려졌다는 것이 보인다. 따라서 움직이는 경찰은 각기 생각한다. "아하! 문제가 바로 이거였군." 그러면서 서로 짧아지고 느려진 동료 경찰의 자와 시계 탓에 잘못된 측정으로도 옳은 결과가 나왔다고 생각한다.

길이가 짧아진 자? 느려진 시계? 황당무계하게 들리겠지만, 실제

---

5   그렇게 되지 않을 것처럼 보이지만, 실제로 같은 숫자가 나온다. 상대적 관계를 변환하는 데 쓰이는 수학 기법을 로렌츠 변환(Lorentz transformation)이라 부르는데, 우리가 일상생활에서 흔히 경험하는 속도의 가감보다는 약간 더 복잡하다.

로 관찰된 것들이다. 예를 들어 입자물리학자들은 시계가 느려지는 것을 자주 경험한다. 어떤 아원자 입자들, 이를테면 뮤온muon이나 타우 입자tau particle 같은 것들은 전자의 배다른 형제 격으로 무게가 더 무거운데, 스스로 붕괴되어 좀 더 안정된 다른 입자로 변하기까지 존재하는 시간이 매우 짧다. (뮤온의 경우는 평균적으로 100만분의 1초가량 존재하다 사라진다.) 그러나 입자 가속기 속에서 뮤온은 광속의 99퍼센트에 가까운 속도로 운동하는데, 그 결과 뮤온의 내부 시계는 실험실의 시계에 비해 느리게 간다. 즉, 가속기에서 운동하는 뮤온은 정지해 있을 때보다 훨씬 오래 존재한다는 뜻이다. 지구를 중심으로 궤도운동을 하는 인공위성으로부터 신호를 받는 GPS 시스템 수신기는 위치를 추적할 때 상대적 시간의 지연을 계산해야 한다. 더 직접적인 예로, 1971년에 물리학자 두 명이 네 개의 원자시계를 제트여객기에 실어 여행을 시켰던 사례가 있다. 지구에 대한 운동의 여파로, 여행을 마친 뒤 이 시계들은 시간이 서로 맞지 않았다. 속도가 빠른 물체의 길이 수축과 시간 지연은 질량의 증가와 함께 우리에게는 매우 이상하게 느껴지는 상대적 효과로서 실제로 발생한다. 이러한 현상은 실제로 관찰되었고, 아인슈타인의 이론과 멋지게 맞아떨어진다.

아인슈타인의 두 가지 가정, 상대성의 원칙과 빛의 속도의 일정함은 여러 가지 기이한 현상들을 만들어낸다. 그러나 이 이론에는 아름다운 대칭성이 있다. 관찰자들은 세상에 대해 매우 다른 관점—길이, 시간, 질량 등 물질의 기본 성질에 대한 서로의 개념이 일치하지 않을 수 있다—을 가지고 있을 수도 있다. 그러나 동시에 이들 관찰자들의 관점은 모두 옳다.

다시 말해 아인슈타인의 이론은 지각(우리가 주변 환경으로부터 받아들이는 정보)과 현실을 분리시킬 수 없다는 것이 핵심이다. 관찰자가 어떤 것으로부터 정확한 정보(이를테면 속도위반 차량이 얼마나 빨리 달리는가)를 얻는다면 그 정보는 옳을 것이다. 그러나 한 가지 단서가 붙는다. 그의 관점에서만 옳다는 것이다. 똑같은 것을 측정해서 똑같은 정보를 수집한 다른 관찰자들이 다른 결과를 얻는 일도 왕왕 생긴다. 그 물체의 속도, 길이, 무게에 대해, 또는 시계가 째깍거리는 속도에 대해 각자 다른 수치를 내놓게 되는 것이다. 그러나 어느 한 관찰자의 정보가 다른 관찰자의 정보보다 더 옳다거나 그르다고 말할 수는 없다. 질량, 길이, 속도, 시간에 대한 문제의 답이 서로 상충된다고 해도 모든 관찰자의 정보가 다 똑같이 옳다. 인정하기 어렵겠지만 일반 상대성이론의 방정식은 아름답다고 말할 수 있을 정도로 어느 경우에나 잘 들어맞는다.

각각의 관찰자들이 어떻게 움직이는지를 안다면 이 방정식을 이용해 다른 관찰자가 보는 것을 정확하게 예측할 수 있다. 달리 말해 내가 수집한 정보와 일반 상대성이론의 방정식을 이용해 다른 관찰자가 보는 것을 계산해낼 수 있다는 뜻이다. 이것이 상대성을 이해하는 열쇠이다. 서로 다른 관찰자들은 같은 현상에 대한 같은 문제를 두고도 서로 다른 답을 이끌어낸다. 그러나 상대성의 법칙은 정보가 한 관찰자에게서 다른 관찰자에게로 전달되는 과정을 지배하며, 서로 다른 관찰자들이 같은 현상을 어떻게 다르게 해석하는지를 말해준다.

일반 상대성이론의 방정식은 멋지게 성립한다. 또한 그것이 설명하고 있는 현상들은 말할 것도 없고, 아인슈타인의 이론이 옳다는 것을 물리학자들에게 확실히 보여준다. 1920년대 초반, 훨씬 더 감도가 높아진 마이컬슨-몰리 타입의 실험 장치가 나타나 빛을 내는 에테르의 존재를 어렴풋이나마 감지했다는 소문이 돌았다. 이 소문을 접한 아인슈타인은 이런 유명한 말을 남겼다. "신은 난해하기는 하지만 심술궂지는 않다." 당시의 많은 과학자들처럼 아인슈타인도 자신의 이론이 옳다고 확신했음이 분명하다. 상대성이론은 틀리기에는 너무나 아름다운 이론이었다.

그러나 물리학자들에게는 아름다운 이론을 정립하는 것보다 더 즐겨하는 일이 있었으니, 그건 바로 누군가 다른 물리학자가 만들어놓은 아름다운 이론을 공격하는 일이었다. 수많은 물리학자들이 아인슈타인의 이론을 망가뜨리려고 기를 쓰고 달려들었다. 상대성 이론에 대한 실험은 실제로 실행하기가 어려웠으므로(일반 상대성이론이 예측한 몇 가지 현상들은 그 어려움 때문에 아직도 실험하지 못하고 있다), 이론가들은 다른 무기를 가지고 아인슈타인의 이론을 공격했다. 그 무기는 바로 사고 실험 thought experiment 이었다.

사고 실험에서 물리학자들은 어떤 가상의 시나리오를 만든 뒤 자신이 테스트하고자 하는 이론의 법칙들을 이용해 문제를 해결한다. 만약 이론에 허점이 있고 그 허점을 가려내려는 물리학자가 충분히 똑똑하다면 그 물리학자는 내재적 모순, 즉 그 이론이 스스로를 부정하는 상황을 일으키는 시나리오를 만들어낼 수 있다. 이런 상황이 발생하면 이론은 모순된 것이므로 옳지 않다. 그러나 만약 그 이론이 논리적으로 옳다면, 역설적으로 보이는 시나리오에 대해서도 일관된 설명이 가능하며 결국 모든 의문이 풀리게 된다. (맥스웰의 악마도 본질적으로는 사고 실험이었다. 그리고 이 악마는 열역학 문제에 종지부를 찍지 못했다. 이 악마 녀석은 열역학에 끝이 보이지 않는 문제를 일으켰다.)

아인슈타인 자신도 사고 실험을 좋아했고 (다음 장에서 보게 되겠지만) 다른 과학자들의 이론을 와해시키는 데 이를 즐겨 사용했다.

그러나 상대성이론의 경우에는 상황이 역전되었다. 아인슈타인이 다른 과학자들의 사고 실험에 맞서 싸워야 했다. 그중에서도 가장 절묘한 사례가 '헛간과 창'의 역설일 것이다.

15미터 길이의 창을 든 육상선수를 상상해보자. 이 선수가 앞뒤에 하나씩 두 개의 출입문이 있고 길이가 15미터인 헛간을 향해 뛰어간다. 처음에는 앞문은 열려 있고 뒷문은 닫혀 있다.

이 육상선수는 정말 발이 빠르다. 얼마나 빠르냐 하면, 광속의 80퍼센트의 속도로 뛴다. 그런 그가 헛간 속으로 뛰어 들어간다. 서까래에 가만히 앉아 있는 관찰자의 관점에서 보면 육상선수가 들고 있는 창의 길이는 줄어든다. (육상선수가 들고 있는 자―창―에 대한 상대적 효과 때문이다.) 창의 길이는 15미터가 아니라 9미터밖에 되지 않는다. 서까래에 앉은 관찰자가 이 창을 스냅사진으로 찍거나 어떤 방법을 동원해 길이를 측정한다면, 헛간의 길이는 15미터로 변함이 없는 반면 창의 길이는 9미터로 줄어든 것을 볼 수 있을 것이다.

다시 말해 정지 관찰자가 창의 길이에 대한 정보를 얻으려고 시도하면, 그는 길이가 9미터임을 발견하게 될 것이다. 아인슈타인의 이론이 말하듯이 정보는 실체 reality 이다. (정확한) 측정 도구로 창에 대한 정보를 수집하면 그 정보는 창의 길이가 9미터라는 것을 알려

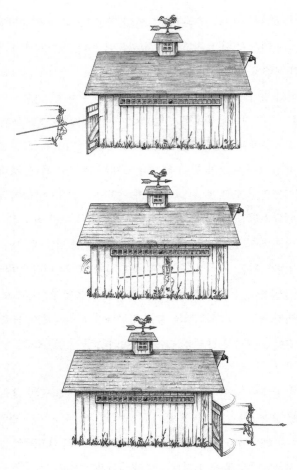

정지한 관찰자의 관점에서 본 '헛간과 창'의 역설

준다. 그렇다면 창의 길이는 9미터인 것이다. 그러므로 처음에는 15 미터였다는 것에는 괘념치 말아야 한다.

9미터 길이의 창은 15미터 길이의 헛간 안에 쏙 들어간다. 창이 헛간 안에 완전히 들어가면 전자 센서가 이를 감지해서 앞문을 닫는다. 그러면 그 순간에는 앞문과 뒷문이 모두 닫혀 있기 때문에 창이 완전하게 헛간 안에 들어 있는 형국이 된다. 그러다가 창의 앞쪽 끝이 뒷문에 닿는 순간 또 하나의 센서가 작동하면서 뒷문이 열리고, 육상선수는 헛간 밖으로 나올 수 있게 된다. 여기까지는 아주 잘 진행되고 있다.

그러나 이 사건을 육상선수의 관점에서 보면 사태가 아주 복잡해진다. 그의 관점에서 보면 헛간이 광속의 80퍼센트의 속도로 그를 향해 달려온다. 만약 육상선수가 헛간의 길이가 얼마인지에 대한 정보를 얻으려고 한다면, 그 길이가 고작 9미터밖에 되지 않음을 알게 될 것이다. 이러한 정보 인식은 현실이다. 그가 들고 있는 창의 길이는 여전히 15미터지만 그가 얻은 정보에 따르면 헛간의 길이는 9미터에 불과하다. 따라서 그의 창은 헛간 안에 쏙 들어갈 수가 없다! 그러면 어떻게 앞뒷문이 동시에 닫힐 수 있을까?

질문의 답은 질문의 한가운데 들어 있다. 이 역설에 대한 해답은 시간과 관련이 있다. 그러나 단순히 시간이 약간씩 지연되는 것보

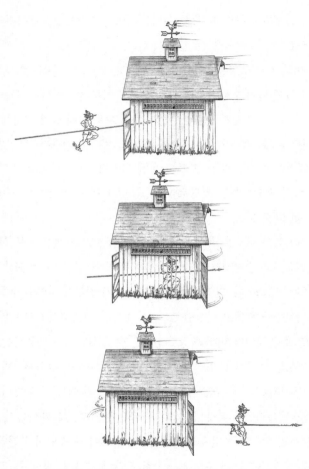

움직이는 관찰자의 관점에서 본 '헛간과 창'의 역설

다는 더 복잡하다. 상대성의 부작용 중 하나가 동시성—두 개의 사건이 같은 시각에 일어난다는 것—의 붕괴다. 서로 다른 관찰자는 두 개의 사건이 동시에 일어났는지, 하나의 사건이 먼저 일어나고 다른 사건이 먼저 일어났는지, 아니면 그 반대인지에 대해 서로 의견이 엇갈릴 수 있다.

이 경우 문제의 사건은 다음의 두 가지다.

(1) 앞문이 닫힌다.

(2) 뒷문이 열린다.

서까래에 앉은 정지 관찰자의 관점에서 보자. 육상선수가 헛간 안으로 뛰어 들어간다.

(1) 전자 센서가 앞문을 닫는다. 육상선수는 헛간 안에 있다.

(2) 또 하나의 센서가 뒷문을 연다. 육상선수는 밖으로 나온다.

그러나 육상선수의 관점에서 보면 사건의 순서가 역전된다. 육상선수가 헛간을 향해 뛰어 들어간다.

(2) 창의 앞 끝이 헛간의 끝에 도착하면 센서가 작동하면서 뒷문이 열린다. 육상선수는 계속 뛴다.

(1) 창의 뒤 끝이 앞문의 문턱을 넘는 순간 앞문의 센서가 작동하면서 앞문이 닫힌다.

육상선수와 서까래의 정지 관찰자는 사건의 순서에서 의견의 일치를 보지 못한다. 그러나 수학적으로 이 두 관찰자는 서로 상대방에 대해 모순이 없다. 두 개의 센서는 독립적이기 때문에 하나가 다른 하나보다 먼저 작동되어서는 안 될 특별한 이유가 없다. 한 기준계에서는 앞문의 센서가 먼저 작동하고, 다른 기준계에서는 뒷문의 센서가 먼저 작동한다. 다시 말하거니와 이런 현상은 모두 정보 전달의 문제이다.

정보는 한 장소에서 다른 장소로 순식간에 이동할 수 없다. 가장 빨리 이동하는 경우도 그 속도는 빛의 속도를 초월하지 못한다. 즉 '동시성'의 개념이 실제로는 아무런 의미가 없다는 뜻이다. 정보가 관찰자에게 전달되는 데는 시간이 필요하다는 것을 감안해야 하기 때문이다. 또한 관찰자의 운동도 그에게 정보가 전달되는 순서에 영향을 준다. 앞문이 닫혔다는 정보와 뒷문이 열렸다는 정보가 한 관찰자에게는 동시에 전달될 수 있다. 그러나 다른 관찰자에게는 앞문이 닫혔다는 정보가 먼저 전달될 수도 있다. 또 다른 관찰자에게는 뒷문이 열렸다는 정보가 먼저 도달할 수도 있다. 이 세 관찰자는 앞문이 먼저 닫혔는지, 뒷문이 먼저 열렸는지, 아니면 두 사건이 동시에 일어났는지를 두고 서로 다른 주장을 할 것이다. 누구의 주장이 옳을까? 모두 옳다.

아인슈타인의 상대성이론은 사건이 발생했다는 정보가 관찰자에게 도달했을 때 다만 그 관찰자의 관점에서 '발생했다'고 말한다. 그 정보가 (빛의 속도로) 사건에서 관찰자까지의 거리를 지나서 관찰자에게 도달하기 전까지는 그 사건은 '실제로는' 일어나지 않은 것이다. 여기서도 지각知覺—그리고 정보—은 현실이다. 이 때문에 동시성이 붕괴된다. 세 명의 관찰자가 서로 다른 순서로 정보를 받아들이기 때문에 사실상 그들이 관찰하는 사건은 각각의 관찰자에 대해 다른 순서로 발생한다. 괴이한 개념이지만 상대성이론에서 동시성의 붕괴는 물리학자들이 평생 끌어안고 살아야 할 개념이다. 이 개념은 길이 수축이나 시간 지연만큼이나 어떠한 원칙에도 위배되지 않는다. 결정적 파국은 면한 셈이다.

정말 그럴까? 동시성의 붕괴가 불가능한 시나리오를 만나게 할 수는 없을까? 시도는 얼마든지 해볼 수 있다. 이를테면 사고 실험을 약간만 개조해서 억지로라도 모순을 만들어보자. 헛간의 앞문과 뒷문에 따로따로 작동하는 두 개의 센서를 장치하지 않고 앞문에만 하나의 센서를 장치했다고 상상하자. 창의 뒤 끝이 앞문의 문턱을 넘는 순간 센서가 작동해서 앞문이 닫히고, 그다음에 뒷문이 열린다. 아주 짧은 순간이지만 뒷문이 열리기 직전에 두 개의 문이 동시에 닫혀 있는 상황이 된다. 이 경우에는 앞문 닫힘이 뒷문 열림으로 연결되기 때문에 이 두 개의 사건은 독립적이라고 볼 수 없다. 따라서 두 사건의 순서가 뒤바뀌는 것은 물리학의 법칙에 위배되는 것이다.

그 이유는 앞뒤가 뒤바뀌고 본말이 전도된 상대성의 세계에서도 인과율因果律, causality은 보존되어야 하기 때문이다. 저격수가 한 장군을 겨누어 총을 쏘는 장면을 상상해보자. 총알이 장군에게 맞고, 장군은 사망한다. 그러나 총을 발사하지 않으면 장군은 죽지 않을 것이다. 이 현장에 아주 빠른 속도로 움직이는 관찰자가 있어서 총이 발사되기 전에 총알이 장군에게 맞는 순간을 본다면 그는 저격수가 총을 발사하기 전에 그의 손에서 총을 빼앗을 수도 있다. 이 사람은 자신이 방금 본 저격 사건을 막을 수 있는 것이다! 마치 그가 시간을 거슬러 올라가 과거를 바꾸어놓은 것과 같다. 아무리 기이함이 가득한 현대물리학의 세계에서라 해도 황당무계한 이야기이다.

상대성이론에서도 사건의 순서를 바꿔놓는 데는 한계가 있다. 사건 (1)이 사건 (2)의 원인이 될 경우에는 관찰자가 사건 (1)이 발생하기 전에 사건 (2)를 볼 수 없다. 이러한 두 사건을 '인과관계로 연결되어 있다'고 말한다. 상대성이론에서의 시간 왜곡을 고려한다 하더라도, 빛의 속도로 달려오는 관찰자는 인과관계로 연결된 사건의 역전을 절대로 볼 수 없을 것이다. 내 어머니가 태어나기 전에 내가 태어나는 것을 볼 수는 없다. 내가 태어나기 전에 어머니가 먼저 태어나야 한다. 어머니의 존재가 나의 탄생의 원인이기 때문이다. 마찬가지로, 수정된 '헛간과 창'의 역설에서 앞문 닫힘은 뒷문 열림의 원인이 된다. 따라서 정지 관찰자든 육상선수든 누구의 시점에서도 뒷문은 앞문이 닫힌 다음에야 열린다. 수정된 센서를 장치한 시나리오로 되돌아가 보자.

육상선수의 관점에서 뒷문은 창의 뒤 끝이 앞문의 문턱을 넘으면서 앞문 센서가 작동해야만 열린다. 그렇게 되면 그가 들고 있는 15미터짜리 창의 앞부분은 앞문을 닫는 센서가 작동하기 전에 뒷문에 부딪치게 될 것이다. 최소한 육상선수의 관점에서는 결국 충돌이 일어난다.

아하! 이제야말로 아인슈타인이 꼼짝 못하게 된 것 같다. 앞에서도 보았듯이, 정지 관찰자의 관점에서는 창의 길이가 헛간의 길이와 꼭 맞으므로 뒷문이 열려서 충돌을 피할 수 있을 만큼의 시간이 충분하기 때문이다. 어떤 기준계에서는 충돌이 일어나고 다른 기준계에서는 아무 일도 일어나지 않는다! 이게 바로 모순이다. 아니면 모순인 것처럼 보인다. 그러나 이 모순을 피해갈 길이 있다. 우리가 고려해야 할 또 하나의 난해한 숨은 그림이 있는 것이다. 바로 여기서 정보이론이 스스로 모습을 드러낸다.

앞문의 센서는 뒷문까지 문을 열라는 신호를 보내야 한다. 센서는 헛간 앞에서 뒤까지 정보—문을 열라는 명령—를 전달해야 한다. 최소한 이 한 조각의 정보는 헛간의 앞에서 뒤까지 이동해야 하며, 정보는 한 장소에서 다른 장소로 즉시 이동할 수 없다. 정보도 물리적 실체이기 때문이다. 한 조각의 정보라도 전달되기 위해서는 시간이 필요하다. 정지 관찰자의 기준계에서, 앞문 센서가 문을 닫고 뒷문에 신호를 보낸다. 그러나 육상선수의 창은 출발시점부터 9미터이고 뒷문을 향해 광속의 80퍼센트의 속도로 이동한다. 단숨에 따라잡기는 힘든 속도다.

사실, 메시지가 빛보다 빠른 속도로 이동하지 않는 한, 메시지가 육상선수보다 빨리 뒷문에 도달하기는 불가능하다. 센서가 보낸 신호는 뒷문까지 너무 늦게 도착하는 것이다. 즉, 메시지가 도착하기 전에 창이 먼저 뒷문에 도달한다. 따라서 정지 관찰자의 시점에서도 충돌이 발생한다. 이제 두 관찰자는 '충돌이 발생한다'는 같은 결론을 얻는다. 역설을 피한 것이다. 정보가 빛의 속도보다 빠르게 이동하지 않는 한, 역설을 '피한' 것이다.

아인슈타인의 이론은 건재하다. 단, 정보의 이동 속도에 한계가 있다는 단서가 붙는다. 어찌어찌 해서 정보가 빛의 속도보다 빨리 이동한다면 인과관계가 깨어진다. 과거에 메시지를 보내 미래에 영향을 미칠 수도 있다는 이야기이다. 정보가 점잖게 행동하고 빛의 속도나 그 이하로 움직이기만 한다면 아인슈타인의 이론은 모순으로부터 완벽하게 자유롭다.

이것이 바로 '빛의 속도보다 빠른 것은 없다'는 그 유명한 명제의 기저에 깔려 있는 것이다. 그러나 사실 이 명제는 과장되어 있다. 빛의 속도보다 빠르게 움직일 수 있는 것이 있다. 심지어는 빛 자체도 어떤 의미에서 보자면 빛의 속도보다 빠르게 움직일 수 있다. 이 명제의 진짜 의미는 "'정보'는 빛의 속도보다 빠르게 움직일 수 없다"는 것이다. 한 조각의 정보를 취해서 전달한다. 그런데 그 정보는 빛이 가는 것보다 빨리 수신자에게 도달하지 못한다. 그렇지 않으면 인과관계가 깨진다. 인과관계가 깨지면 우주 속에서 사건의 순서는 더 이상 의미가 없다. 어머니가 태어나기 전에 내가 먼저 태어날 수도 있는 것이다.

상대성이론에 잠재된 듯 보이는 이러한 역설은 정보의 전달과 이동에 관련되어 있다. 깊이 파고들어 가보면 상대성은 정보에 대한 이론이다. 때때로 이 이론의 규칙들은 고개가 절레절레 저어질 정도로 난해하다. 그러나 이 이론의 허점을 찾아내려고 온갖 노력을 기울였던 20세기 수많은 과학자들의 도전에도 불구하고 상대성이론은 굳건히 자리를 지켰다. 빛보다 빠른 속도의 퍼즐은 정보의 퍼즐이다. 시간 여행의 문제 역시 정보의 문제이다.

뉴저지 주의 한 조용한 연구소에서 과학자들이 최초의 타임머신을 만들었다. 프린스턴 외곽에 위치한 NEC 연구소에서 물리학자인 리준 왕Lijun Wang은 빛보다 빠른 속도의 광파를 보냈다. 그리고 이 광파가 작은 방에 들어가기도 전에 빠져나가게 만들었다.

절대로 농담이 아니다. 이 실험은 2002년에 과학계의 정평 있는 전문지인 〈네이처 Nature〉에 실렸고, 미국의 여러 연구소에서 똑같이 재연되었다. 이 실험은 실제로 그다지 어려운 실험이 아니었다. 필요한 것은 기체가 가득 들어 있는 작은 방, 레이저, 그리고 아주 정밀한 스톱워치였다. 왕의 실험이 빛의 속도를 초월한 가장 드라마틱한 사례이긴 하지만 유일한 사례는 아니다. 왕의 실험이 있기 겨우 한 달 전, 이탈리아의 물리학자가 독창적 장치를 이용해 빛의 속도 c 를 뛰어넘는 속도의 레이저 빔을 만드는 데 성공했다. 그보다 5년 전에는 캘리포니아 주립대학 버클리 캠퍼스의 물리학자 레이몬드 치아오 Raymond Chiao 가 '터널링 tunneling '이라고 불리는 기묘한 양자역학적 성질을 이용, c 보다 빠른 광파를 만들었다.

빛보다 빠른 속도의 실험으로 가장 이해하기 쉬운 사례는 2000년에 이탈리아에서 있었던 실험이다. 피렌체의 이탈리아 국립 연구

위원회에서 실행된 이 실험에서 아네디오 라파니 Anedio Rafagni 와 동료들은 마이크로웨이브 빔을 링에 통과시킨 후 곡면 거울에 반사시켜 베셀 빔 Bessel beam 이라 부르는 마이크로웨이브의 빛을 만들었다. 위에서 내려다보면 베셀 빔은 X자 모양을 이루며 교차하는 평면파다. 과학자들은 X자 모양으로 교차된 평면파에서 두 개의 평면파가 겹쳐지는 지점이 광속보다 7퍼센트 빠른 속도로 움직이는 것을 관찰했다. 이 두 평면파는 마치 어떤 것—교차점—을 빛의 속도 c 보다 빠른 속도로 보내는 것처럼 보였다. (무슨 뜻인지 쉽게 이해하려면 양쪽 집게손가락을 거의 평행에 가까운 예각의 X자 모양으로 교차시켜보자. 두 손가락을 천천히 움직이면서 서로 분리시켜보면, 교차점이 움직이는 속도는 양쪽 손가락이 움직이는 속도보다 훨씬 빠르게 보일 것이다.) 그러나 이 실험 장치를 가지고 메시지를 실어보내려고 하면 어떻게 될까? 그 메시지는 빛보다 빠르게 이동할까?

이번에도 아인슈타인은 안심할 수 있을 것 같다. 그 대답은 '아니오'이기 때문이다. 상상해보자. 앨리스는 목성에서 보초를 서고 있다. 왕방울 눈을 가진 알파 켄타우로스 별의 침입자들을 발견한 앨리스는 지구에 '경고' 메시지를 보내야 한다. 다행히 지구와 목성 사이에는 베셀 빔을 이용한 통신 라인이 설치되어 있다. 이 통신선을 이용해 앨리스는 '경고'라는 1비트의 정보를 보내려고 한다. 갑작스

러운 신호의 변화—예를 들어 베셀 빔이 갑자기 깜빡거린다—면
충분하다. 베셀 빔이 한 번 깜빡거리면 1비트의 정보가 전송된다.
이 정보는 외계의 침입자들이 다가오고 있다는 의미이다.

앨리스는 손으로 베셀 빔의 한가운데를 손으로 가려서 빛을 흡

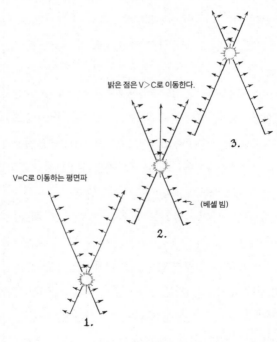

밝은 점은 V>C로 이동한다.

V=C로 이동하는 평면파

(베셀 빔)

3.

2.

1.

베셀 빔

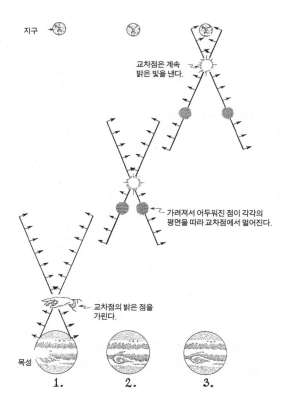

지구

교차점은 계속
밝은 빛을 낸다.

가려져서 어두워진 점이 각각의
평면을 따라 교차점에서 멀어진다.

교차점의 밝은 점을
가린다.

목성

1.   2.   3.

베셀 빔에 메시지를 실어보내려는 시도

수함으로써 교차점이 어두워지게 만들 수 있다. 교차점은 빛의 속도보다 빠르게 움직이므로, 이렇게 생긴 어두운 점은 빛보다 빠른 속도로 베셀 빔을 따라 이동해야 하지 않을까? 그러나 그렇지 않다. 밝은 점이 만들어진 방법—교차점은 지구를 향해 곧바로 움직이지만 평면파는 일정한 각을 가지고 움직인다— 때문에, 어두운 점은 빔의 중심에서 멀어지는 방향으로 움직이고, 교차점은 밝은 상태를 계속 유지한다.

지구에서 이 빔을 모니터하는 사람은 빔의 중심이 깜빡거리는 것을 전혀 감지하지 못한다. 앨리스가 목성에서 어떤 식으로 베셀 빔의 교차점을 조종하든, 지구상에서 모니터하는 이 빔은 결코 깜빡거리지 않는다. 앨리스가 보내려 하던 1비트의 정보는 사라졌다. 빛의 속도로 우주의 어딘가를 향해 떠나버린 것이다. 그리고 지구에서는 아무도 앨리스의 메시지를 접수하지 못한다. 베셀 빔의 교차점은 빛보다 빠른 속도로 움직이지만 단 1비트의 정보도 싣고 가지 못한다. 이 빛에는 정보를 실을 수 없는 것이다.

하지만 앨리스에게는 또 한 가지 방법이 있다. 지구에서 봤을 때 교차점을 이룰 양쪽 평면파에서의 각 점을 가리는 것이다. 이 경우, 빛의 파동은 움직이기 때문에 두 개의 점은 지구를 향해 이동하는 동안 서로를 향해 점점 가까이 다가가다가 마지막에는 수신자에게서 하나로 합해진다. 그러면 수신자에게는 갑자기 빔이 사라진 것으로 보인다. 이 경우, 지구는 1비트의 정보를 수신한다. 그러나 그 정보 역시 빛의 속도로 움직일 뿐이다. 평면파 자체는 빛의 속도 c 로 움직인다는 사실을 상기하자. 교차점이 빛의 속도보다 빠르게 움직이는 유일한 '물체'이다. 베셀 빔에서 가려진 부분은 지구를 향해 빛의 속도로 움직인다. 앨리스의 메시지는 빛의 속도로 전달될 뿐, 그보다 빠르게 도착하지는 못한다.

그러므로 이탈리아에서 실시한 베셀 빔 실험은 기하학적 트릭 이외에 어떤 것도 보태지 못했다. 실제로 빛보다 빠른 속도로 움직이는 것은 없었다. 반면에 리준 왕의 실험은 쉽게 무시할 수 없다. 사실 다소 황당하다고 할 수 있는 그의 실험 장치는 진짜 타임머신처럼 보이기까지 한다.

왕이 고안한 타임머신의 핵심은 세슘 가스를 채운 6센티미터 길이의 용기用器이다. 세슘은 반응성 금속으로, 가로등에 쓰이는 나트륨과 비슷하다. 제대로 설치하면 세슘 가스가 든 용기는 이상분산異常分散, anomalous dispersion이라고 알려진 특이한 성질을 갖는다. 이 방을 빛보다 빨리 움직이는 장치로 만들어주는 것이 바로 이 효과이다.

진공 속에서는 진동수가 다른 빛—무지개의 서로 다른 색깔들—

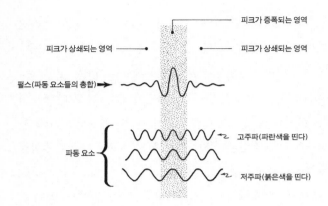

피크가 증폭되는 영역

피크가 상쇄되는 영역

피크가 상쇄되는 영역

펄스(파동 요소들의 총합)

고주파(파란색을 띤다)

파동 요소

저주파(붉은색을 띤다)

진공에서의 빛의 펄스와 푸리에 변환

도 똑같은 속도로 이동한다. 물론 그 속도는 빛의 속도다. 그러나 빛이 물이나 공기 같은 매질 속을 통과하면 이야기는 달라진다. 이 경우, 빛은 진공에서의 속도보다 느린 속도로 움직인다. 대부분의 경우, 색이 다른 빛은 느려지는 정도도 각기 다르다. 빛이 붉은색—진동수가 낮은 빛—에 가까울수록 고에너지·고진동수의 푸른빛보다 매질의 영향을 덜 받는다.

붉은빛에 가까운 빛은 기체가 든 상자나 물이 든 컵 속에서 푸른색에 가까운 빛보다 약간 더 빠르게 움직인다는 뜻이다. 이 효과는 분산dispersion이라고 알려져 있는데, 빛의 성질 중 파동적인 부분 때문에 중요하게 여겨진다. (무지개의 색깔을 분리할 수 있는 것도 이 효과 때문이다.)

빛의 펄스 같은 파동의 성격을 가진 모든 물체는 각각의 파동 요소를 나누어볼 수 있다. 빛의 경우에는 진동수가 각기 다른 광선으로 나뉜다.[6] 대부분의 공간에서 이 광선들은 서로 상쇄된다. 그러나 어떤 영역에서는 진동수가 서로 다른 광선들이 서로를 증폭시켜서 빛의 펄스를 만든다. 각각의 개별 광선들이 빛의 속도 c로 움직이므로, 이 펄스도 움직인다. 각 광선들이 만드는 증폭 영역과 상쇄 영역은 빛의 속도로 이동하면서 펄스 역시 빛의 속도로 움직이게 만든다. 최소한 진공 상태에서는 이런 현상이 일어난다. 그러나 공기처럼 분산적인 매질에서는 이야기가 조금 더 복잡해진다.

붉은색을 띠는 빛의 속도가 감소되는 폭은 푸른색을 띠는 빛보다 작기 때문에 상쇄 패턴이 흐트러지게 된다. 펄스가 기체로 가득한 상자에 가까이 접근하면, 상쇄는 완벽한 패턴에서 벗어난다. 고주파가 저주파에 비해 상대적으로 느려지면서 펄스가 넓게 벌어지는 것이다. 이 펄스는 기체 상자 안에서 이동하는 동안 점점 더 넓

---

6   이 기법을 푸리에 변환(Fourier Transformation)이라고 한다. 이 기법을 고안한 장 밥티스트 조셉 푸리에(Jean-Baptiste-Joseph Fourier)의 이름을 딴 것이다. 푸리에는 프랑스의 공포 정치 시대인 1794년에 단두대의 이슬로 사라질 뻔했으나 훗날 나폴레옹의 과학 자문을 맡았다.

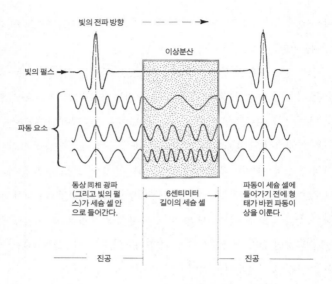

빛의 전파 방향 — — — ▶

이상분산

빛의 펄스 →

파동 요소 {

동상 同相 광파
(그리고 빛의 펄
스)가 세슘 셀 안
으로 들어간다.

6센티미터
길이의 세슘 셀

파동이 세슘 셀에
들어가기 전에 형
태가 바뀐 파동이
상을 이룬다.

— 진공 —

— 진공 —

이상분산 매질 속의 빛의 펄스와 푸리에 변환

어져서 기체 상자의 반대편에 도달할 때쯤이면 들어갈 때보다 훨씬
더 넓게 퍼진다. 펄스가 매질에 의해서 왜곡된 것이다.

그러나 매질이 빛을 정상적으로 분산─붉은색의 빛보다 푸른색
의 빛을 더 지연시킨다─시키지 않으면 이야기는 정말로 괴상해진
다. 매질 속에서 정산분산이 아닌 이상분산이 일어나면, 붉은색의
빛이 푸른색의 빛보다 더 많이 지연되고, 그 결과 타임머신이 만들

어진다.

펄스가 세슘 가스가 든 용기에 접근했던 앞의 경우처럼 매질은 깔끔한 상쇄 패턴을 무너뜨린다. 앞에서 공기를 예로 든 경우, 푸른 색 빛은 붉은색 빛보다 더 느리게 진행하면서 펄스의 근처에서 상쇄의 패턴이 망가지기 때문에 펄스가 넓게 퍼지는 것이다. 한편 세슘 가스 용기 안에서는 붉은색 빛이 푸른색 빛보다 느리게 진행하는데, 이 경우에는 펄스로부터 멀리 떨어진 곳에서부터 상쇄의 패턴이 흐트러진다. 마치 펄스가 아주 먼 곳에서 나타나는 것처럼 보이거나, 펄스가 빛보다 빠른 속도로 움직이는 것처럼 보인다. 사실, 이상분산 효과가 충분히 크면 펄스는 세슘 가스의 용기 안에 들어가기도 전에 밖으로 나올 수 있다!

상상으로 그려보기는 어렵지만 이런 현상은 빛의 성질에 의해 일어나는 필연적 현상이다. 여기에는 어떠한 트릭도 가미되지 않았다. 이 펄스는 빛보다 빠른 속도로 세슘 가스 용기 속을 진행하기 때문에, 용기 속에 들어가기도 전에 용기에서 나온다. 왕의 원래 실험에서 펄스는 빛의 속도의 300배나 되는 속도로 움직였으며, 실제로 용기 속으로 들어가기 62나노세컨드 전에 용기에서 나왔다. 왕의 실험이나 약간씩 개조된 다른 실험들이 여러 번 재연되었다. 이 실험에 대해서는 논쟁의 여지가 거의 없었다. 물리학자들 대부분은 이 펄스가 실제로 빛보다 빠른 속도로 이동했다는 데 동의한다. 예를 들어 듀크 대학의 물리학자 대니얼 고티에 Daniel Gauthier 와 두 동료들은 세슘 대신 칼륨 기체가 든 용기로 이 실험을 재연했다. 펄스는 빛의 속도로 이동했을 때보다 27나노세컨드 빠른 속도로 용기에서 나왔다. 이 펄스는 보편적 속도의 한계를 깨고 빛의 속도보다 2퍼센트 빠르게 이동했다.

고티에와 동료들은 빛보다 빠르게 움직이는 펄스를 만든 것에 만족하지 않았다. 그들은 그 펄스에 정보를 실어보내고자 했다. 정보를 실어보내기 위해서는 정보를 비트로 만들어서 보내야 한다. 고티에의 팀은 아주 짧은 시간 간격 후에 더 밝은 빛을 내거나(1로 암호화된다) 같은 시간 간격 뒤에 더 어두운 빛을 내는(0으로 암호화된다) 레이저 장치를 만들었다. 그다음에는 기체가 든 용기의 출구 쪽 끝부분에 검출기를 장치하여 검출기가 주어진 신뢰도로 1의 펄스와 0의 펄스를 식별하도록 했다. 만약 이 용기에서 정말로 정보가 빛보다 빠른 속도로 이동한다면 이 검출기는 펄스가 단순히 빛의 속도로 이동할 때보다 빨리 1 또는 0을 기록할 수 있어야 했다. 빛보다 빨리 움직이는 펄스는 자신이 가지고 온 정보를 빛의 속도로 움직이는 펄스보다 더 빨리 검출기에 가져다줄 수 있을 것이었다.

그들이 발견한 것은 그 반대였다. 기체 용기에서 나오기는 광속의 펄스가 광속보다 빠른 펄스보다 늦었으나, 정보를 넘겨준 것은 광속의 펄스가 먼저였다. 속도가 빠른 펄스가 검출기에 먼저 도착하기는 했으나 이 펄스가 가진 정보의 도착은 약간 지연되었다. 역시 이번에도 아인슈타인은 긴장을 풀 수 있었다. 베셀 빔 장치처럼, 기체 용기 타임머신은 빛보다 빠른 속도로 정보를 전달할 수 없었다. 그러나 그 이유는 베셀 빔 장치보다 좀 더 복잡하다. 이번에는 펄스의 형태와 상관이 있기 때문이다.

공기나 세슘, 칼륨 같은 분산성 매질을 통과하면, 펄스가 전과는 달라진다. 때로는 굵어지기도 하고 때로는 더 가늘어지기도 한다. 어떤 영역에서는 진폭이 커지고 다른 영역에서는 작아진다. 고티에의 실험에서 0의 펄스와 1의 펄스는 약간 다른 방식으로 왜곡되었다. 원래의 0의 펄스는 갑자기 어두워지도록 설계되어 있었다. 그러나 기체 용기를 지나며 왜곡이 일어난 후에는 전보다 어두워지는 속도가 떨어졌다.

한편 1의 펄스는 세슘 기체 용기를 지난 후 갑자기 밝아지는 속도가 떨어졌다. 0의 펄스는 어두워짐이 지연되고 1의 펄스는 밝아짐이 지연되었다는 것은 이 두 펄스를 재빨리 구분하기가 어려워졌음을 의미한다. 1의 펄스와 0의 펄스의 차이를 알아내기가 더 어려워졌기 때문이다. 이 두 펄스가 빛보다 빠른 속도로 기체 용기를 지나가기는 했지만, 이러한 왜곡 때문에 검출기가 각각의 펄스를 구분해서 인식하는 데는 더 긴 시간이 걸렸다. 이 펄스의 빨라진 속도로도 보상할 수 없을 만큼 긴 시간이 걸렸다. 종합하자면 이 펄스 자체는 광속의 한계를 뛰어넘었지만, 이 펄스에서 정보가 들어 있는 영역—펄스에서 비트가 실려 있는 부분—은 언제나 빛의 속도보다 느리게 움직인다.

양자 터널링이라는, 아원자 세계의 기이한 특성을 이용해서 광속보다 빠르게 정보를 전송하려 했던 또 다른 시도도 바로 이와 같은 효과 때문에 기대를 충족시키지 못했다. 고전적 세계에서 콘크리트 벽을 향해 공을 던지면 공은 벽을 맞고 튀어나온다. 양자의 세계에서도 광자와 같은 입자를 통과 불가능한 장애물을 향해 던지면 입자는 장애물과 충돌한 후 튀어나온다. 대부분의 경우 그렇다. 그러나 아주 오랜 기간 중에 한 번—그 확률은 장애물과 입자의 성질에 따라 달라진다—은 입자가 장애물을 통과한다.

광자를 예로 들어보자. 고전 물리학의 법칙에 따르면 밀봉된 상자에서는 빛이 새어나올 수 없지만, 그 상자에 갇힌 광자는 상자의 벽에 '터널'을 만들어 통과할 수 있다. 이러한 현상은 양자역학적 수학의 결과이며, 이미 여러 번에 걸쳐 실제로 관찰된 바 있다. 사실, 방사능 붕괴도 일종의 터널링이다. 예를 들어 알파 입자(두 개의 양성자와 두 개의 중성자가 결합된 입자)는 우라늄 238과 같이 불안정한 원자핵의 상자 안에 효과적으로 가두어둘 수 있다. 알파 입자는 이 핵 속에서 아주 오랜 세월(평균 45억 년)을 이리 튀고 저리 튀며 쉼 없이 움직인다. 그러다가 어느 날 갑자기 상자의 한쪽 면을 뚫고 나와 어디론가 사라진다. 하나의 알파 입자가 탈출해서 민감한 방사능 검출기에 닿으면 검출기가 삑삑거리는 소리를 낸다.

빛보다 빠른 어떤 것을 희구하는 사람들에게 터널링 효과가 흥미로운 이유는 이 과정이 믿을 수 없을 정도의 빠른 속도로, 그야말로 즉시적으로 일어나기 때문이다. 알파 입자는 펑 하고 갑자기 장벽을 통과한다. 장벽을 통과하는 데는 실제로 시간이 걸리지 않는다.[7] 입자가 사라짐과 동시에 다른 장소에 나타나는 것이다.

캘리포니아 주립대학의 물리학자 레이먼드 치아오는 실리콘 조각으로 코팅해 상대적으로 두꺼운 장벽에 광자를 발사하는 실험 장치를 만들었다. 광자는 이따금씩 이 장벽을 통과했다. 치아오가 광자가 장벽을 통과하는 속도를 측정했음은 물론이다. 그는 실제로 이 광자가 빛보다 빠른 속도로 장벽을 통과한다는 사실을 발견했다. 그러나 빛보다 빠른 속도로 정보를 전송하는 데 이 광자들을 이

---

7 정말 믿을 수 없는 현상이지만, 이 현상은 양자역학의 결과다. 이 현상에 대해서는 다음 장에서 더 자세히 다룬다.

용할 수 없다는 것도 알게 되었다.

기체 용기의 경우처럼 광자도 장벽을 통과하는 동안 '형태'가 변한다. 양자역학적 세상의 관점에서 보면 광자도 펄스와 다를 바가 없다. 광자는 입자처럼 행동하기도 하지만 웨이브 패킷처럼 행동하기도 한다. 이 패킷은 장벽을 통과하는 동안 모양이 변했다가 다시 되돌아온다. 사실 장벽을 통과하는 것은 오직 광자의 첨단부뿐이다. 장벽의 반대편에 이르면 패킷은 훨씬 작아진다. 그리고 첨단부의 모양이 바뀌는데 그 과정에서 이 빛의 펄스에 실어보낸 정보가 뒤로 밀려난다. 다시 한 번 아인슈타인은 크게 안도의 한숨을 쉴 수 있을 것 같다. 광자 자체는 빛의 속도보다 빠르게 이동한다 하더라도 정보는 빛의 속도보다 빠르게 이동할 수 없다. 상대성이론은 빛보다 빠른 속도로 정보를 전송하려는 모든 시도를 물리치고 꿋꿋하게 버티고 있다.

그러나 양자역학에 의해서 상대성이론은 새로이 위협받게 되었다. 이 문제는 아인슈타인이 직접 발견한 것으로, 결국 이 때문에 그는 자신이 창조한 이론을 버리게 되었다. 여기서도 핵심은 정보에 대한 이해였다.

6 패러독스

상대성이론은 정보에 대한 이론이다. 아인슈타인의 방정식은 공간을 가로질러 이동하는 정보의 속도에 한계가 있음을 못 박는다. 또한 같은 질문을 받은 서로 다른 관찰자들이 같은 사건에 대한 정보를 수집했는데도 서로 모순되어 보이는 대답을 하게 되는 이유를 설명한다. 상대성이론은 우주를 보는 과학자들의 시각을 바꾸어놓았다. 또한 아주 먼 거리에 떨어져 있는 물체들, 아주 빠른 속도로 움직이는 물체들, 매우 강력한 중력의 조건하에 놓인 물체들의 상호작용에 대한 개념을 바꾸어놓았다. 상대성이론은 아인슈타인의 가장 빛나는 업적이었다. 그러나 이 이론도 그에게 노벨상을 안겨주지는 못했다.

상대성이론이 당시의 수많은 석학들로부터 인정받았는데도 아인슈타인이 노벨상을 수상하지 못한 이유는 경직되고 보수적인 몇몇 노벨상 심사위원들의 거부반응이 있었기 때문이었다. 그러나 그는 1921년에는 빛의 양자이론이라는 또 하나의 위대한 업적으로 노벨상을 받았다.

노벨상을 수상했지만, 아이러니하게도 아인슈타인은 자신이 산파 역할을 했던 양자이론을 싫어했다. 거기에는 그럴 만한 이유가 있었다. 상대성이론에 대항해 빛보다 빠른 물체를 만들겠다는 시도는 양자이론의 법칙에서 나온 시도들에 비하면 어린애들의 장난에 불과했다. 아인슈타인 자신도 이러한 도전 중에서도 중요한 한 가지를 발견했다. 그가 아끼던 상대성이론에 구멍을 내는 듯한 양자이론적 트릭이었다. 그로서는 소름이 끼칠 일이지만, 양자역학에 논리적 허점이 있는 것처럼 보이는 부분을 발견했던 것이다. 처음에는 그 허점을 이용해 빛보다 빠른 속도로 정보를 전송할 수 있을 것처럼 보였다. 만약 그렇게 된다면 공학자들도 타임머신에 상당하는 기계를 만들 수 있다는 의미였다. 양자이론의 법칙이 과학자들에게 과거를 바꾸고 미래를 개조할 능력을 줄 수 있을 것 같았다.

아인슈타인은 자신이 발견한 이 허점, 즉 이 신비로운 우주의 메시지 전달 시스템이 양자 세계의 이론이 황당하다는 것을 증명해주어서 이 이론을 폐기하게 해줄지도 모른다고 생각했다. 그러나 그의 계산은 틀린 것이었다. 셀 수 없을 정도로 여러 번, 물리학자들은 아인슈타인이 발견한 양자의 신비롭고 '유령 같은 행동'이 두 입자를 연결해주는 것을 목격했다. 만약 그 두 입자들이 서로 커뮤니케이션할 수 있는 방법이 있다면 이 입자들은 빛보다 수천 배나 빠른 속도로 정보를 교환할 수 있었다. 아인슈타인에게는 지독한 악몽이었다.

자연이 양자 물체를 가지고 즐기는 기괴한 트릭은 여러 번 관찰된 바 있었고, 양자이론에 대한 매우 괴상한 예측도 이미 사실로 판명된 터였다. 정보에 대한 양자역학의 패러독스는 아인슈타인을 양자이론에서 멀어지게 했고, 그는 살아생전 이 문제들이 해결되는 순간을 보지 못했다. 이 문제들은 아직도 양자이론에서 가장 골치 아픈 부분으로 남아 있다. 그 당시로부터 거의 한 세기가 흐른 지금에서야 과학자들은 그 문제들에 대해 제대로 이해하기 시작하고 있다. 정보 과학의 덕분이었다.

상대성이론을 아끼고 사랑하는 아인슈타인이었지만, 똑같이 자신의 자식인 양자이론은 매우 싫어했다. 이 두 이론은 같은 뿌리에서 나왔다. 모두 열역학과 정보에 연관되어 있었으며 빛에서 태어났다.

상대성이론처럼, 양자이론의 이야기는 1801년에 있었던 영의 실

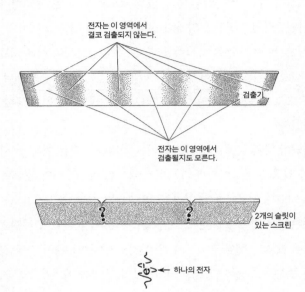

전자는 이 영역에서
결코 검출되지 않는다.

검출기

전자는 이 영역에서
검출될지도 모른다.

2개의 슬릿이
있는 스크린

← 하나의 전자

스스로 간섭을 일으키는 하나의 전자

험—빛의 입자설과 파동설 논란에 종지부를 찍은—으로 거슬러 올라간다. 영은 광선이 동시에 슬릿을 통과할 때 빛의 간섭 패턴이 만들어진다는 것을 보여주었다. 간섭 패턴은 파동에서 나타나는 성질이었다. 입자는 이런 성질을 갖고 있지 않았다.

영의 실험에서 광선을 점점 어둡게 해보자. 그러나 빛을 아무리 어둡게 조절해도 간섭 패턴은 그대로 나타난다. 만약 빛이 입자로 이루어져 있다면, 빛이 충분히 어두워진 어느 순간에 이르러서는 단 하나의 빛의 입자만이 슬릿을 동시에 통과할 것이다. 그러나 이 실험을 아무리 여러 번 반복해도 단 하나의 전자가 스크린의 어떤 점에 닿는 순간은 경험할 수 없다. 항상 간섭 패턴이 나타날 뿐이다. 하나의 입자가 동시에 슬릿을 통과해도 이 입자는 어찌된 일인지 스스로 간섭을 일으켜서 자신이 검출기의 한 점과 충돌하지 못하게 막는 것이다.

하나의 입자가 어떻게 간섭 패턴을 만들 수 있을까? 더 이상 나눌 수 없는 하나의 입자가 어떻게 스스로를 간섭시킬 수 있을까? 상식적으로는 있을 수 없는 일이다. 빛이 입자라면 간섭 패턴은 빛이 어두워짐과 동시에 갑자기 사라져야 한다. 그러나 실제로는 그렇지 않다. 간섭 패턴은 그대로 남아 있다. 따라서 과학자들은 빛은 입자가 아니라 파동이어야 한다는 결론에 도달했다. 파도가 바다에서 전파되어가는 양태를 기술한 맥스웰의 방정식도 그러한 결론을 뒷받침해주었다. 빛은 파동처럼 행동한다. 빛은 파동을 기술하는 수학 방정식으로 설명될 수 있다. 따라서 빛은 입자가 아니라 파동이어야 한다. 논쟁은 끝이 났다.

그러나 논쟁이 완전히 끝난 것은 아니었다. 빛을 파동으로 간주하기에는 몇 가지 문제점이 남아 있었다. 그중 가장 중요한 문제가 1887년에 대두되었다. 독일의 물리학자 하인리히 헤르츠Heinrich Hertz는 금속판에 자외선을 조사하면 스파크가 일어나는 이상한 현상을 발견했다. 자외선이 금속으로부터 전자를 방출시켰던 것이다. 입자설로는 빛의 간섭 효과를 설명할 수 없듯이, 파동설로는 이 광전자 효과photoelectric effect를 설명할 수 없었다. 파동설로 헤르츠의 스파크 현상을 설명할 수 없었던 것은 이 현상이 빛의 에너지와 관련이 있기 때문이었다. 금속에서 일어나는 스파크는 빛이 자신이 가진 에너지를 이용해 금속 원자로부터 전자를 방출시킴으로써 발생한다.

표면적으로는 이 문제는 정보이론이나 열역학과는 거리가 매우 멀어 보인다. 그러나 이 문제를 완전히 이해할 수 있게 되면서 상대성이론과 정보이론이 함께 대두되었다. 사실 금속의 스파크에 대한 설명은 오늘날 물리학에서 가장 심각한 철학적 문제를 유도했다. 그리고 이 문제는 우주가 움직이는 방식에 있어서의 측정과 정보의 역할과 관련이 있다.

그러나 19세기 물리학자들에게 금속의 스파크 현상을 설명하는 문제는 그다지 큰 의미가 있는 것 같지 않았다. 실상 이 문제는 공중으로 던져올린 공이 다시 땅으로 떨어지는 이유를 설명하는 것과 크게 달라 보이지 않았다. 전자는 일정한 에너지에 의해 원자에 결합되어 있다. 야구공이 중력 때문에 지구로부터 벗어나지 못하는 것과 마찬가지다. 전자를 원자로부터 해방시키려면 그 결합을 끊기에 충분한 에너지를 공급하면 된다. 충분히 큰 힘으로 야구공을 때리면 대기권 밖으로 날려보낼 수 있는 것과 마찬가지다.

아원자 입자를 때리는 힘이 충분히 크지 못하면, 전자는 원자로부터 달아났다가도 금방 제자리로 돌아온다. 공중으로 때려 올렸던 야구공이 다시 땅으로 떨어지는 것과 같다. 그러나 원자와의 결합력보다 충분히 큰 힘으로 전자를 때리면 전자를 원자로부터 완전히 방출시킬 수 있다. (야구공은 궤도운동에 진입한다.)

광전자 효과에서 전자를 방출시킨 에너지의 원천은 빛이다. 지금부터 잠깐 동안만 빛은 파동이라고 가정하자. 만약 그렇다면 전자를 때리는 빛은 자신이 가진 에너지 중 일부를 전자에게 주어야 한다. 전자는 상당량의 에너지를 받는다. 그 에너지가 금속 원자로부터 전자가 튀어나오게 만든다. 만약 빛의 파동이 전자에게 줄 만큼 충분한 에너지를 가지고 있지 않다면, 즉 이 파동의 전체 에너지가 전자를 방출시키는 데 요구되는 문턱값에 미치지 못한다면 전자는 제 위치에서 벗어나지 못한다. 그러나 이 파동이 충분히 큰 에너지를 가지고 있다면 금속에 스파크를 유도할 수 있을 것이다. 지금까지는 순조롭다.

파동설에서는 입사되는 파동의 에너지를 증가시키는 데 두 가지 방법이 있다. 첫 번째 방법은 파동을 크게 만드는 것이다. 1피트짜리 파도가 때리는 힘은 3피트짜리 파도가 때리는 힘보다 훨씬 약하다. 10피트짜리 파도라면 수영객을 혼절시킬 수도 있다. 파동의 높이는 진폭^{amplitude}이라고 한다. 파동이 클수록 진폭이 크고 더 큰 에너지를 가지게 된다. 파도의 경우에 진폭은 물리적 높이로 해석되지만, 종류가 다른 파동에서는 다르게 해석될 수도 있다. 음파의 경우 진폭은 음량과 관계가 있다. 소리가 클수록 음파의 진폭이 크다. 빛의 경우 진폭은 밝기와 관계된다. 밝은 노란색 광선은 어두운 노란색 광선보다 진폭이 훨씬 크다.

파동의 에너지를 증가시키는 두 번째 방법은 첫 번째 방법보다 약간 복잡하다. 파동을 더 자주 일어나게 만드는 것이다. 파도의 마루와 마루가 가까이 있을수록 1분 동안 해변에 도달하는 파도의 수가 더 많아지고, 파도가 해변에 전달하는 에너지는 더 커진다. 따라서 파동의 진동수가 커질수록 더 많은 에너지를 갖는다. 빛의 경우에 진동수는 색깔과 관련이 있다. 진동수가 작은 빛—적외선, 붉은색, 주황색—은 진동수가 큰 노란색, 초록색, 파란색, 보라색의 빛보다 에너지를 적게 가지고 있다. 자외선과 엑스선은 이들 가시광선보다 진동수가 훨씬 더 크기 때문에 더 큰 에너지를 가지고 있다.

따라서 금속으로부터 전자를 방출시키는 데 필요한 에너지의 문턱값이 있다면, 빛이 그 문턱을 넘는 데는 두 가지 방법이 있다. 밝기가 일정한 빛이라면 붉은빛에서 푸른빛, 자외선으로 진동수를 높이다 보면 어느 시점에서 원자가 금속 밖으로 튀어나온다. 금속의 스파크 현상은 바로 이렇게 일어난다. 붉은빛이나 초록빛, 푸른빛은 헤르츠의 금속판에서 스파크를 일으키지 못한다. 그러나 빛의 진동수가 충분히 높아져 자외선에 가까워지면 갑자기 스파크가 일어나기 시작한다.

문턱값보다 높은 에너지를 얻는 두 번째 방법은 광선의 진동수를 고정—예를 들면 노란색의 빛으로 고정시킨다—하고 빛의 밝기를 증가시키는 것이다. 아주 희미한 노란색 빛으로 시작했다면, 이 빛은 금속으로부터 전자의 방출을 유도하기에 충분한 에너지를 갖고 있지 못할 것이다. 그러나 이 빛을 더 밝게 만들면, 점점 더 많은 에너지를 갖게 된다. 이 광선의 진폭이 충분히 커져서 밝기가 충분히 밝아지면 갑자기 전자가 금속으로부터 방출되어 스파크가 일어나기 시작해야 한다. 그러나 실제로는 그렇게 되지 않는다.

노란색 빛이 아무리 밝아진다 해도 이 빛으로는 금속에서 전자를 튀어나오게 만들 수 없다. 하지만 자외선—빛의 파동설에 따르면 자외선은 금속에서 전자를 자유롭게 만들기에 충분한 에너지를 가지고 있을 수 없다—은 아무리 밝기가 약해도 스파크를 일으킬 수 있다. 단 하나의 빛 입자가 간섭 패턴을 만든다는 것이 말이 되지 않듯이, 어두침침한 자외선 빛이 밝디밝은 노란색의 빛으로는 불가능했던 스파크—금속으로부터 전자를 방출시키는—를 일으킬 수 있다는 것은 말이 되지 않는다. 진동수의 문턱값이 있듯이, 파동 이론에서는 광전자 효과를 일으키기 위한 진폭의 문턱값이 있어야 한다. 그러나 헤르츠의 실험은 진동수만이 문제가 된다는 것을 보여주었다. 이 실험은 과학자들이 오래전부터 인정해온 빛의 파동설에 모순되는 것이었다.

물리학자들은 당혹스러웠다. 빛의 입자설로는 간섭 현상을 설명할 수 없고 파동설로는 광전자 효과를 설명할 수 없었다. 무엇이 잘못되었는지를 파악하는 데 20년 세월이 걸렸다. 결국 아인슈타인이 특수 상대성이론을 내놓은 바로 그해, 1905년에 그 문제를 해결하자 빛의 파동설은 영원히 사라지는 듯했다. 양자이론이라는 새로운 이론이 그 자리를 대신 채웠다. 아인슈타인은 광전자 효과를 설명함으로써 노벨상을 수상했을 뿐만 아니라 양자이론을 물리학의 주류에 당당하게 진입시켰다.

아인슈타인의 연구는 그보다 5년 전 독일의 물리학자 막스 플랑크Max Planck가 수학적 딜레마를 해결할 방법을 찾았을 때 대두된 불순한 개념에 생명을 불어넣었다. 이 딜레마 역시 빛과 물질의 성질에 연관되어 있었다. 뜨거운 물질 덩어리가 얼마나 큰 복사열을 내는지—대장간의 쇠는 붉게 이글거리고 전구 속의 필라멘트는 하얗게 이글거리는 이유가 무엇인지—를 기술한 방정식들이 제대로 맞지 않았던 것이다. 어떤 조건 아래서는 이 방정식들이 의미를 잃으면서 수학적 무한대의 구름 속으로 흩어져버렸다. 플랑크가 그 해법을 찾아냈으나 거기에는 대가가 따랐다.

플랑크는 물리학적으로 터무니없어 보이는 가정을 세웠다. 그는 어떤 조건하에서는 물체의 움직임이 양자화된다고 가정했다.['양자quantum'라는 용어는 플랑크가 만들었다. 이는 '얼마나'를 뜻하는 라틴어에서 온 용어이다.] 예를 들어 원자 주변에 있는 전자의 에너지가 양자화되어 있다는 말은 전자가 갖는 에너지가 어떤 값은 될 수 있지만 어떤 값은 될 수 없다는 의미이다. 우리가 경험하는 일상생활에서는 이런 일은 일어나지 않는다. 자동차의 속도가 양자화된다고 상상해보자. 자동차가 시속 20마일이나 25마일로는 달릴 수 있지만, 21마일이나 23마일, 또는 20마일과 25마일 사이의 다른 속도로는 달릴 수 없다. 시속 20마일로 달리다가 가속 페달을 밟으면 한동안은 아무런 변화가 없다. 시속 20마일… 시속 20마일… 그러다가 갑자기 텅! 하고 시속 25마일로 달린다. 시속 20마일부터 25마일 사이의 다른 값은 그냥 건너뛴 것이다. 이런 일은 절대로 일어날 수 없다. 우리가 사는 이 세상은 부드럽고 연속적인 세상이다. 갑자기 불쑥 튀어오르거나 여기서 저기로 순식간에 이동하지도 않는다. 플랑크는 자신의 양자 가설을 '필사의 행동 act of desperation'이라고 불렀다. 그러나 비록 양자 가설이 기이한 개념이기는 해도, 이 가설은 복사 방정식을 짓누르고 있던 무한대의 구름을 멀리 쫓아버렸다.

아인슈타인은 빛에 양자 가설을 적용함으로써 광전자 효과의 퍼즐을 풀었다. 그 이전 100년 동안 거의 모든 물리학자들이 가정했던 것과는 반대로, 아인슈타인은 빛이 부드럽게 이어져 있는 연속체가 아니라 광자라고 알려진, 덩어리지고 불연속적인 입자라고 가정했다. 이 가정은 영의 간섭 실험과 같은 명백한 증거들에 모순된 가정이었다. 아인슈타인의 모델에서 각각의 입자들은 진동수에 비례해서 일정량의 에너지를 가지고 있다. 광자의 진동수를 배가시키면 그 광자가 가진 에너지를 배가시키는 것과 같다.[1] 이 개념을 인정하면 광전자 효과의 이해라는 커다란 성과를 얻을 수 있다.

아인슈타인의 구상에서, 금속에 충돌하는 각각의 광자는 전자에 반동을 준다. 광자가 가진 에너지가 크면 클수록 전자에 가해지는 반동도 커진다. 앞에서 언급한 것처럼 에너지가 문턱값을 넘어야만 하는데, 광자의 에너지가 너무 작아서 전자의 결합 에너지도 이기지 못하면 전자는 탈출하지 못한다. 빛의 파동설이 그랬듯이 아인슈타인의 가설은 파장의 문턱값을 설명한다. 광자가 충분한 에너지를 갖고 있지 않으면 이 광자는 원자로부터 전자를 방출시키지 못한다. 그러나 파동설과는 달리 아인슈타인이 내세운 빛의 양자 이론은 진폭의 문턱값이 무의미함을 설명한다. 단순히 빛의 밝기를 증가시키는 것만으로는 전자를 금속에서 탈출시킬 수 없는 이유를 설명한다.

만약 광선이 개별적 입자로 이루어져 있다면, 밝기가 증가한다는 것은 광선 속에 더 많은 입자가 들어 있다는 것을 의미한다. 십중팔구 한 번에 하나의 광자가 하나의 원자와 충돌할 것이므로, 만약 이

---

1 아인슈타인은 흑체(blackbody)라고 알려진 이론상의 물체에서 흘러나오는 빛의 엔트로피를 계산하려다가 이러한 결론을 얻게 되었다. 양자이론의 뿌리는 열역학과 통계역학에 단단히 연결되어 있다.

광자가 충분한 에너지를 갖고 있지 못하면 전자를 떼어낼 수 없다. 주변에 아무리 많은 광자가 있어도 마찬가지다. 원자 하나당 광자 하나가 충돌하는데, 여기서 입사되는 광자의 에너지가 너무 약하다면 빛의 밝기가 아무리 강하다 해도 어떤 일도 일어날 수 없다.

아인슈타인이 제기한 빛의 양자이론은 광전자 효과에 대해 감탄스러울 정도로 자세히 설명한다. 그의 가설은 빛의 파동설로는 설명할 수 없는 기이한 실험 관찰 내용까지 완벽하게 설명한다.[2] 당시의 물리학자들에게 이 효과는 매우 당황스러운 것이었다. 영은 빛이 입자가 아니라 파동처럼 행동한다는 것을 보여주었다. 그러나 아인슈타인은 빛이 파동이 아니라 입자처럼 행동한다는 것을 보여주었다. 이 두 이론은 정면으로 상충된다. 그러므로 둘 다 옳을 수는 없다. 아니면 둘 다 옳은 걸까?

상대성이론에서처럼 문제의 핵심에는 정보가 있었다. 상대성이론에서는 두 명의 관찰자가 똑같은 사건에 대해 정보를 입수하고도 서로 모순되는 답을 얻을 수 있었다. 한 사람은 창이 9미터라고 주

---

2 아인슈타인의 양자이론은 다른 효과들, 이를테면 형광성 물질에서의 스토크스의 법칙(Stokes's rule)까지도 설명한다. 광물 중에서 어떤 것들, 예를 들면 방해석 같은 것들에 고에너지의 빛을 조사하면 광물이 환하게 빛난다. 스토크스의 법칙은 이 빛들이 광물에 조사한 빛에 비해 항상 붉은빛—낮은 진동수—에 더 치우쳐 있다는 것이다. 이 현상은 빛의 파동설로는 설명이 어렵다. 그러나 양자이론으로는 쉽게 설명할 수 있다. 빛의 입자가 자신이 가진 에너지를 원자에 전달하면 원자가 그 에너지로 빛을 재방출하는 것이다. 이때 원자가 방출하는 에너지 패킷은 흡수한 에너지보다 적거나 같아야 한다. 즉, 방출된 광자의 진동수는 흡수된 광자의 진동수보다 작거나 같아야 한다.

장하고 다른 한 사람은 15미터라고 주장할 수 있었다. 그리고 그 두 관찰자의 주장은 모두 옳을 수 있다. 양자이론에서도 이와 비슷한 문제가 있다. 두 가지 방법으로 하나의 시스템을 관측하는 한 관찰자는 두 개의 서로 다른 답을 얻을 수 있다. 이런 식으로 실험을 하면 빛은 입자가 아니라 파동이라고 증명할 수 있다. 비슷한 실험을 약간만 다른 방식으로 다시 해보면 빛은 파동이 아니라 입자라는 것을 증명할 수 있다. 어느 쪽이 옳을까? 모두 옳다. 또 어느 쪽도 옳지 않을 수도 있다. 정보를 수집하는 방법이 실험 결과에 영향을 미친다.

양자이론은 정보의 이동에 대해 말할 때 정보이론의 용어들로 기술될 수 있다(1과 0의 이진법적 선택을 포함하여). 또한 그렇게 할 때 양자 세계의 패러독스를 전혀 새로운 깊이까지 들여다볼 수 있다. 파동과 입자의 모순은 시작에 불과하다.

아인슈타인의 이론은 플랑크의 양자 가설을 물리학의 주류에 등장시켰다. 그 후로 30년 동안 유럽 최고의 물리학자들은 아원자 세계의 성질을 설명하는 훌륭한 이론들을 발전시켰다. 베르너 하이젠베르크 Werner Heisenberg, 에어빈 슈뢰딩거, 닐스 보어 Niels Bohr, 맥스 본 Max Born, 폴 디랙 Paul Dirac, 앨버트 아인슈타인, 그리고 그 외의 여러 물리학자들은 빛과 전자, 원자, 그리고 극히 작은 물질들의 성질을 놀라울 정도로 정밀하게 기술하는 방정식을 세웠다.[3] 이들이 세운 방정식의 틀—양자이론—이 언제나 옳은 답을 내놓는 것처럼 보이기는 하지만, 아쉽게도 이 방정식들의 다른 결론들은 상식에 어긋나는 것 같다.

언뜻 보면 양자이론의 내용은 생뚱맞다. 기이하고 또한 모순되어 보이는 빛의 성질은 예사에 속한다. 실상 그러한 결론들은 양자이론의 수학에서 직접 도출된 것들이다. 빛은 어떤 조건에서는 입자처럼 행동하고 또 다른 조건에서는 파동처럼 행동한다. 빛은 입자와 파동의 성격을 모두 갖고 있지만 실상은 파동도 아니고 입자도 아니다.

이렇게 행동하는 것은 빛만이 아니다. 1924년 프랑스의 물리학자 루이 드브로이 Louis de Broglie는 아원자 물질—전자와 같은 입자—이 파동의 성질도 가져야 한다고 주장했다. 실험물리학자들에게 전자는 파동이 아니라 입자임이 명백했다. 아무리 얼빠진 관찰자라도 전자가 안개상자의 한쪽 끝에서 반대쪽 끝으로 아주 작은

---

3 때때로 그 정밀함의 정도는 기가 막힐 정도다. 예를 들어 전자가 자기장에서 어떻게 비틀리는지를 예측하는 이론이 있다. 여기에 숫자를 대입하면 소수점 이하 아홉 자리까지 실험 결과와 일치한다. 이는 1미터 안팎의 오차 범위로 지구와 달 사이의 거리를 예측하는 것과 맞먹는다.

비적飛跡을 남기며 이동하는 것을 목격할 수 있었다. 이 흔적은 아주 작은 물질의 덩어리, 즉 입자의 흔적이지 파동이 남기는 것은 아니었다. 그러나 양자이론은 상식을 뒤엎는다.

전자의 경우 그 효과를 관찰하기가 빛의 경우보다 어렵지만, 전자도 우리에게 익숙한 입자로서의 성질뿐만 아니라 파동으로서의 성질도 갖고 있다. 1927년, 영국의 물리학자들이 니켈 결정에 전자빔을 조사했다. 전자는 규칙적으로 배열된 원자와 충돌하고 다시 튀어나오거나 원자의 격자 사이로 통과했다. 통과한 원자들은 마치 영의 실험에서 두 개의 슬릿을 통과한 빛과 유사한 성질을 보였다. 전자도 서로 간섭하면서 간섭 패턴을 만들었던 것이다. 단 하나의 전자만 원자의 격자를 통과하게 한 경우에도 간섭 패턴은 사라지지 않았다.

이런 패턴은 서로 튕겨나가는 원자들에 의해서는 생길 수 없다. 이런 현상은 우리가 입자인 물질에서 기대하는 것들과 일치하지 않는다. 간섭 패턴은 의심할 바 없이 불연속적이고 단단한 입자가 아닌 매끄럽게 이어진 파동의 성격을 지닌다. 어찌 되었든 간에, 파동의 성질과 입자의 성격은 서로 상충되지만, 빛처럼 전자도 파동의 성격과 입자의 성격을 모두 가지고 있는 것이다.

이러한 파동-입자의 이중적 성격은 전자와 빛뿐만 아니라 원자와 분자에서도 볼 수 있다. 양자적 물질은 파동처럼 행동할 뿐만 아니라 입자처럼 행동한다. 파동으로서의 특성과 입자로서의 특성을 모두 가진 동시에 파동으로서의 특성에 일치하지 않는 성질과 입자로서의 특성에 일치하지 않는 성질을 모두 가지고 있다. 전자, 광자, 원자는 모두 입자이고 파동이면서 입자도 아니고 파동도 아니다. 양자적 물질이 입자(1)인지 파동(0)인지를 결정하기 위한 실험을 계획한다면, 그 실험 결과는 실험의 설정에 따라 어떤 때는 1로 나오고 어떤 때는 0으로 나올 것이다. 수신되는 정보는 그 정보를 수집하는 방법에 따라 달라진다. 이는 양자역학적 수학의 피할 수 없는 결과다. 이러한 결과를 파동-입자 이중성이라고 한다.

파동-입자 이중성은 정말 당혹스러운 결과—이를 이용해 고전 물리 법칙으로는 절대로 할 수 없는 일들을 할 수 있다—이며, 언뜻 불가능해 보이는 이런 성질은 양자역학적 수학에 그대로 녹아 있다. 이를테면 빛을 이용한 간섭계를 만들 수 있듯이, 전자의 파동적 성질 덕분에 전자를 이용한 간섭계를 만들 수 있다. 간섭계의 구조는 양쪽이 똑같다. 물질파 간섭계에서 전자 같은 입자의 빔을 분광기를 향해 쏘면 동시에 두 방향으로 갈라진다.

빔이 다시 합쳐지면 두 경로의 상대적 길이에 따라 서로 증폭되어 있거나 상쇄되어 사라진다. 간섭계를 적절히 조정하면 검출기에 전자가 전혀 검출되지 않게 할 수 있다. 두 개의 경로로 갈라진 빔이 서로를 완전히 상쇄시킬 수 있기 때문이다. 이러한 상쇄 현상은 아무리 약한 전자 빔에서도, 분광기에 충돌한 원자의 개수가 아무리 적어도 일어난다. 사실, 실험 장치를 제대로 설정하기만 하면 단 하나의 전자를 간섭계에 입사시켜서 분광기를 통해 두 개의 경로로 갈라놓아도 반대편의 검출기는 전자를 전혀 검출하지 못한다.

상식적으로는 전자처럼 더 이상 쪼갤 수 없는 입자는 분광기에서 선택을 해야 한다. 경로 A를 선택하거나 경로 B를 선택하거나, 왼쪽으로 가거나 오른쪽으로 가거나 선택을 해야만 한다. 경로 A에 0을, 경로 B에 1을 할당하면, 이 선택은 순전히 이진법적인 결정이다. 전자는 자신이 선택한 경로를 따라 이동해야 한다. 0이나 1 중에서 하나를 선택한 후, 간섭계의 반대편에 끝에 가서 검출기와 만나야 한다. 간섭계 안에서는 단 하나의 전자가 이동하고 있으므로 이 입자와 간섭을 일으킬 것도, 이 입자를 가로막을 것도 없다. 전자가 경로 A를 선택하든 경로 B를 선택하든 어떤 방해에도 부딪히지 말고 검출기에 닿아야 한다. 그러나 실제로는 그렇지 않다. 상식이 맥을 쓰지 못하는 것이다.

한 번에 단 하나의 전자만 간섭계에 들어가도 간섭 패턴이 생긴다. 어찌된 일인지 뭔가가 전자를 가로막고 있는 것이다. 전자가 분광기에서 나와 어느 정도 떨어진 곳에 있는 검출기에 닿지 못하도록 뭔가가 방해하고 있다. 하지만 그 '뭔가'가 무엇이란 말인가? 어찌 됐든 간섭계 안에 들어 있는 것은 전자가 유일하다.

역설적으로 느껴지는 이 의문에 대한 답은 선뜻 인정하기 어렵다. 불가능한 이야기로 들리기 때문에 의구심을 억누르기 힘들 것이다. 그러나 양자역학의 법칙이 그 범인을 찾아낸다. 전자의 운동을 방해한 범인은 바로 전자 자신이다. 분광기에 충돌한 전자는 두 개의 경로로 동시에 진행한다. 경로 A를 선택하지도, 경로 B를 선택하지도 않는다. 대신에 전자는 쪼갤 수 없는 입자임에도 불구하고 두 개의 경로를 동시에 선택하여 왼쪽과 오른쪽으로 동시에 이동한다. 0과 1을 동시에 선택하는 것이다. 두 개의 상호 배타적 선택 앞에서 전자는 동시에 둘 모두를 선택한다.

양자역학에서는 이런 현상을 중첩 superposition 이라고 한다. 광자, 전자 또는 원자 같은 양자적 물질은 (고전적 의미에서) 서로 모순되는 두 가지를 동시에 할 수 있다. 좀 더 정확하게 이야기하면, 서로 배타적인 양자 상태에 동시에 놓일 수 있다. 전자는 왼쪽 경로와 오른쪽 경로로 동시에 진행함으로써 두 장소에 동시에 있을 수 있다. 광자는 수직 방향과 수평 방향으로 동시에 편광될 수 있다. 원자는 동시에 위와 아래를(더 기술적으로 말하면, 스핀이 위와 아래를) 향할

수 있다. 정보이론의 용어로 말하자면 하나의 양자 물질은 동시에 0 과 1일 수 있다.[4]

이 중첩 효과는 여러 번 관찰되었다. 1996년, 콜로라도 주 볼더의 미국 표준기술 연구소에서 크리스 먼로 Chris Monroe, 데이비드 와인랜드 David Wineland를 필두로 한 물리학자들 한 팀이 베릴륨 원자 하나를 서로 다른 두 장소에 동시에 존재하게 만들었다. 먼저 그들은 독창적 레이저 시스템을 구축하여 서로 다른 스핀의 상태에 따라 물질을 분류했다. 레이저가 스핀 업 상태의 원자를 때리면 연구진은 이 원자를 한쪽 방향으로, 이를테면 왼쪽으로 살짝 밀었다. 스핀 다운 상태의 원자를 때리면 오른쪽으로 살짝 밀었다. 그다음에는 하나의 원자를 뽑아서 주변의 다른 원자들로부터 고립시켰다. 그리고 이 원자에 전자파와 레이저를 다량으로 조사해서 중첩 상태가 되게 만들었다. 이 원자는 동시에 스핀 업 상태와 스핀 다운 상태, 즉 1과 0의 상태가 되었다. 그다음에 연구진은 레이저 분리 시스템을 작동시켰다. 동시에 스핀 업 상태와 스핀 다운 상태였던 그 원자가 동시에 왼쪽과 오른쪽으로 움직였음은 물론이다. 이

---

4   이 말은 0과 1 사이의 중간, 즉 0.5라는 의미가 아니다. 방향을 생각해보면 쉽게 이해할 수 있다. 0이 좌회전이고 1이 우회전이라면, 0.5는 직진을 말할 것이다. 그러나 0과 1의 중첩은 좌회전과 우회전을 동시에 한다는 의미이다. 사람처럼 쪼갤 수 없는 고전적 객체로서는 불가능한 일이다.

원자의 스핀 업 상태는 왼쪽으로, 스핀 다운 상태는 오른쪽으로 움직였다. 고전적인, 쪼갤 수 없는 원자는 동시에 1과 0의 상태에 있을 수 없다. 그러나 콜로라도 팀의 데이터는 이 원자가 동시에 두 곳에 최대 80나노미터—원자 10개를 나란히 늘어놓은 거리—만큼 떨어져서 존재했음을 보여주었다. 이 원자는 극적인 중첩 상태에 있었던 것이다.[5]

하나의 전자가 고전적 물체로서는 절대로 할 수 없는 간섭을 일으킬 수 있었던 이유를 중첩으로 설명할 수 있다. 전자는 스스로를 간섭한다. 전자는 분광기에 닿으면 중첩 상태로 들어가 경로 A와 경로 B를 동시에 진행한다. 0과 1을 동시에 선택한 것이다. 마치 두 개의 유령 전자가 간섭계의 두 경로를 함께—하나는 왼쪽, 하나는 오른쪽으로— 지나가는 것 같다. 두 개의 경로가 합쳐지면 유령 전자는 서로를 간섭하면서 서로를 상쇄시키는 것이다. 전자는 분광기에 들어가기는 하지만 나오지는 않는다. 하나의 전자가 두 경로를 동시에 진행하면서 스스로를 상쇄시켜서 없애버리기 때문에 검출

---

5 양자이론에 대해서는 몇 가지 서로 다른 해석이 있다. 물리학자들은 하나의 양자적 물질이 동시에 두 장소에 존재한다는 것이 정말로 무엇을 의미하는지에 대해 아직 의견의 일치를 보지 못했다. (이 책에서 나는 이 책의 내용을 가장 분명하게 해줄 수 있는 해석을 선택했다. 이에 대해서는 9장에서 더 자세히 다룬다.) 그럼에도 불구하고, 양자적 행동을 고전적 틀에 끼워넣어서는 설명할 수 없다는 데는 모든 해석이 일치한다. 양자이론은 우리에게 어떤 점에서는 고전물리학의 상식을 버리라고 강요한다. 양자이론에 대한 모든 해석에서 중첩의 상태에 있는 양자 물질이 등장한다. 중첩이라는 용어의 의미가 약간씩 다를 뿐이다.

기에 닿지 않는다.

이 효과가 그다지 이상하게 여겨지지 않는다면 더욱 기괴한 상황을 만나보자. 중첩은 금방이라도 사라질 수 있는, 손에 잡힐 듯 잡힐 듯하면서도 끝내 잡히지 않는 상태다. 중첩된 물체를 들여다보는 순간, 예를 들어 전자가 0을 택했는지 1을 택했는지, 스핀 업인지 스핀 다운인지, 경로 A를 택했는지 경로 B를 택했는지에 대한 정보를 취하려고 하는 순간, 전자는 갑자기 (그리고 표면적으로는) 무작위적으로 어느 한쪽을 '선택한다'. 중첩이 무너지는 것이다. 이를테면 간섭계의 경로 중 하나에 덫을 설치하면—예컨대 경로 B를 비추는 레이저빔을 설치해서 전자가 이 빔을 통과하면 컴퓨터에 1이라는 신호를 보내도록 한다— 전자는 중첩될 수 없다.

전자는 경로 A와 경로 B를 동시에 지나가서 간섭 패턴이 사라지게 하는 대신 어느 한쪽을 선택한다. 덫을 설치하지 않으면 전자는 중첩 상태가 되어 두 개의 경로를 동시에 선택한다. 그러나 전자의 경로에 대한 정보를 추출하는 순간, 즉 전자를 검출하거나 측정하려고 하는 순간 중첩은 사라져버린다. 중첩이 붕괴되는 것이다.[6] 전자

---

6   흥미로운 점은 두 경로 중 하나, 예를 들어 경로 B에만 덫을 장치해도 같은 결과가 나온다는 점이다. 간섭계에 전자를 들여보냈을 때 이 전자가 경로 B를 선택하면 레이저는 지나가는 전자를 감지하고, 우리는 이 전자가 어느 경로를 선택했는지에 대해 1비트의 정보를 얻는다. 만약 전자가 경로 A를 선택하면 우리가 설치한 덫은 지나가는 전자를 감지하지 못한다. 그러나 감지기에서 아무런 신호가 나오지 않는다는 것은 전자가 경로 B를 지나가지 않았다는 뜻이다. 경로 A를 선택한 것이다. 따라서 레이저가 아무것도 감지하

가 선택한 경로에 대한 정보가 간섭계를 떠나는 순간, 전자는 즉시 무작위적으로 왼쪽 경로나 오른쪽 경로, 0 또는 1을 선택한다. 마치 신이 다툼을 해결하기 위해 우주의 동전을 던진 것처럼 말이다.

비록 중첩의 원리가 다른 방법으로는 도저히 설명할 수 없는 현상들을 설명해주기는 하지만, 이 원리는 하도 이상해서 많은 물리학자들이 선뜻 인정하지 못했다. 하나의 전자가 어떻게 동시에 두 개의 경로를 선택할 수 있는가? 하나의 광자가 어떻게 동시에 스핀 업 상태와 스핀 다운 상태로 존재할 수 있는가? 하나의 물질이 어떻게 두 가지 서로 상충되는 선택을 동시에 할 수 있는가? 그 답—당시에는 아직 알려지지 않았던—은 정보와 관련이 있었다. 정보를 수집하고 전달하는 행동에서 과학자들은 중첩이라는 불안정하고 반직관적인 개념을 이해하는 열쇠를 찾았다. 그러나 1920년대와 1930년대의 과학자들은 정보이론과 관련된 수학으로 무장하고 있지 못했다. 그렇더라도 완전히 속수무책은 아니었다. 중첩이라는 역설적 개념에 접하자 물리학자들은 이 개념을 무력화하기 위해 그들이 가장 좋아하는 무기를 꺼내들었다. 바로 사고 실험이었다. 그중에서 가장 중요한 예는 아인슈타인이 아니라 오스트리아의 물리학

지 못한다 해도 우리는 1비트의 정보를 얻는 셈이다. 레이저가 전자를 전혀 건드리지 못해도 경로 B의 닻은 전자의 중첩을 붕괴시킨다. 어떻게 됐든 전자는 경로 B가 아니라 경로 A를 선택한 것이다.

자 에어빈 슈뢰딩거로부터 나왔다.

양자역학의 현대적 형태는 독일의 물리학자 베르너 하이젠베르크가 행렬이라는, (당시로서는) 비교적 낯선 수학 기법에 기초해서 이론적 틀을 마련했던 1925년에 제대로 모습을 갖추기 시작했다. 행렬은 약간 불안정한 성질을 갖고 있다. 곱셈에 대해 교환법칙이 성립하지 않기 때문이다.

두 수를 서로 곱할 때는 그 순서가 특별히 중요하지 않다. 5 곱하기 8이나 8 곱하기 5나 똑같은 값을 갖는다. 다시 말해 수의 곱셈은 교환법칙이 성립한다. 그러나 행렬 A에 행렬 B를 곱한 값은 행렬 B에 행렬 A를 곱한 값과 종종 크게 다르다. 요즘에는 물리학자들도 교환법칙이 성립하지 않는 수학에 익숙하다. 그러나 당시에는 하이젠베르크의 행렬 역학이 큰 혼란을 불러왔다. 그 이유는 부분적으로 교환법칙이 성립하지 않는 행렬의 성질이 매우 이상한 결과를 불러온다는 데 있다. 그 결과가 바로 하이젠베르크의 불확정성의 원리였다.

하이젠베르크의 이론에서 행렬은 우리가 측정할 수 있는 입자의 성질—위치, 에너지, 운동량[7], 편광 등의 관측 가능량—을 나타내기도 한다. 하이젠베르크의 수학적 틀에서는 두 행렬의 곱이 교환법칙을 따르지 않을 때 이상한 현상이 일어난다. 그들의 정보가 매우 혼란스러운 방식으로 연결되어 있기 때문이다.

위치와 운동량은 행렬 곱셈에서 교환법칙이 성립하지 않는 관측 가능량들이다. 물리학 용어로 말하면 입자의 위치와 운동량은 상보적complementary이다. 하이젠베르크 이론의 수학은 한 쌍의 상보적 관측 가능량 중 한 가지에 대해 정보를 수집하려고 하면 나머지 한 가지에 대한 정보는 잃는다는 것을 암시한다. 따라서 입자의 위치—입자가 어디에 있는가—를 측정하면 자동적으로 그 입자의 운동량에 대한 정보는 잃게 된다. 역으로, 입자의 운동량에 대한 정보를 수집하려고 하면—그 입자가 얼마나 큰 운동량을 갖고 있는지에 대한 불확정성을 감소시키려고 하면— 그 입자가 어디에 있는지에 대한 불확정성은 증가한다. 그 입자는 우주의 어디에도 있을 수 있다. 이것이 바로 그 유명한 불확정성의 원리이다.

고전물리에서는 터무니없는 개념이다. 두 가지 상보적 관측 가능

---

7 운동량은 어떤 물체가 얼마나 큰 '힘'을 가지고 있느냐에 대한 잣대이다. 운동량은 물체의 질량과 속도에 따라 달라진다. 시속 5마일로 달리는 자동차는 시속 30마일로 달리는 자동차보다 운동량이 작다. 시속 30마일로 달리는 자동차와 충돌하면 그 충격이 훨씬 크다. 마찬가지로, 시속 30마일로 달리는 트럭의 운동량은 같은 속도로 달리는 승용차의 운동량보다 훨씬 크다.

량에 대한 완벽한 정보를 동시에 얻기는 전혀 불가능하다는 의미이다. 원자의 위치와 운동량을 동시에 알 수는 없다. 한 가지에 대해서는 완벽한 정보를 얻을 수 있지만, 그러려면 나머지 한 가지에 대해서는 어떠한 정보도 얻기를 포기해야 한다. 여기가 바로 인간의 지식의 태생적 한계다.[8] 그러나 과학자들은 한계를 싫어한다.

하이젠베르크의 수학적 틀이 기이한 극미세계—양자적 물질의 세계—를 아주 멋들어지게 설명했지만 행렬 이론은 상식의 많은 부분에 위배되었다. 하이젠베르크의 불확정성 원리는 혼란스럽고, 중첩은 터무니없었다. 하이젠베르크의 양자이론이 많은 적을 부른 것은 당연했다. 그 적들 중에서 가장 중요한 인물이 바로 슈뢰딩거였다.

슈뢰딩거는 정부情婦와 함께 휴가를 떠나겠다고 결심할 정도로 하이젠베르크의 행렬 역학을 혐오했다. 그는 정부를 데리고 알프스의 산장에 올라갔다가 하이젠베르크의 행렬 이론을 대체할 만한 새로운 이론을 가지고 내려왔다.[9] 하이젠베르크의 틀과는 달리 슈뢰딩거판 양자이론은 물리학자들에게 익숙한 수학—뉴턴 역학,

---

8   사실은 이 원리가 자연에 대해서도 한계를 짓는다. 이에 대해서는 다음 장에서 다룬다.
9   수학자 헤르만 베일(Hermann Weyl)은 슈뢰딩거가 이 이론을 발견한 것을 가리켜 '때늦은 애욕의 격발'이라고 묘사했다.

맥스웰의 방정식과 같은 적분방정식과 미분방정식—을 기초로 하고 있었다. 행렬로써 양자적 물질을 기술하는 대신, 슈뢰딩거의 방법은 파동처럼 행동하는 수학적 구조를 이용했다. 파동함수wave function라는 이 구조는 행렬 같은 이상한 수학에 일절 의존하지 않고 물질의 양자역학적 특성을 설명했다. 그러나 아무리 익숙한 수식으로 양자이론을 설명한다 해도 불확정성의 원리나 중첩의 기괴함은 사라지지 않았다. 슈뢰딩거가 대안을 제시하고 나서 몇 년 후, 물리학자들은 슈뢰딩거의 방법이 수학적으로 하이젠베르크의 방법과 같은 의미를 갖는다는 것을 증명했다. 비록 그 두 이론은 서로 다른 형태의 수학적 대상을 이용했지만 그 형식의 밑바닥에 깔린 내용은 전혀 다르지 않았다. 따라서 불확정성의 원리와 중첩의 기이함은 하이젠베르크의 이상한 행렬 역학이 빚어낸 허구가 아니었다.

하이젠베르크의 이론처럼 슈뢰딩거의 이론도 양자 물리학자들을 괴롭히는 중요한 문제를 안고 있었다. 물론 거기에는 중첩도 포함되어 있었다. 중첩이라는 피할 수 없는 개념은 슈뢰딩거를 내내 괴롭혔다. 결국 그는 그 개념이 얼마나 어처구니없는 것인지를 보여주기 위해 사고 실험을 계획했다. 그 과정에서 그는 자신과 하이젠베르크가 구축한 체계를 붕괴시킬 뻔했다.

슈뢰딩거의 사고 실험은 중첩된 양자 물질로부터 시작한다. 그 종류는 어떤 것이든 상관없다. 이진법적 선택을 안고 있는 것이면 된다. 동시에 스핀 업/스핀 다운 상태인 원자, 동시에 수평/수직으로 편광된 광자, 0과 1 사이에서 하나를 선택하도록 강요당하고 있는 것이면 된다. 그러나 이 사례에서는 전자가 분광기와 충돌한 후 두 경로를 동시에 선택했다고 가정하자. 양쪽 경로 모두 한 상자와 연결되어 있다. 그리고 그 상자 안에는 작은 고양이가 한 마리 들어 있다.[10] 경로 A는 막다른 골목과 같아서, 만약 전자가 이 경로를 선택하면 아무런 일도 일어나지 않는다. 즉 0이다. 그러나 경로 B는 전자 검출기로 향한다. 전자가 검출기에 닿으면 검출기는 전기 모터에 신호를 보내고, 전기 모터는 망치를 작동시킨다. 망치는 고양이 상자 안에 놓인, 독약이 든 작은 약병을 쳐서 깨뜨린다. 약병이 깨지자마자 불쌍한 고양이는 즉사하고 만다. 즉 1이다. 전자가 경로 A를 선택한 경우, 즉 0이면 고양이는 산다. 반면에 전자가 경로 B, 즉 1을 선택하면 고양이는 죽는다.

자, 그럼 슈뢰딩거의 고양이는 어떻게 되었을까? 중첩 현상 덕분에 전자는 동시에 경로 A와 경로 B를 지나간다. 0과 1이 동시에 일어나는 것이다. 따라서 전자는 검출기에 닿기도 하고 닿지 않기도

---

10 물리학자들에게는 다행스럽게도, PETA(People for the Ethical Treatment of Animals)는 사고 실험에 대해 크게 화를 내지 않았다.

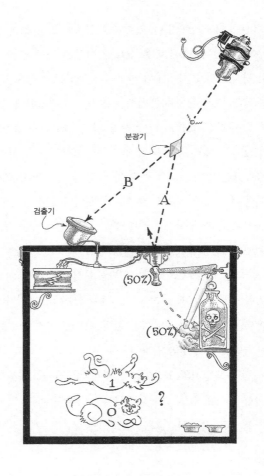

분광기

B

A

검출기

(50%)

(50%)

1

?

슈뢰딩거의 고양이

한다. 망치는 작동하기도 하고 작동하지 않기도 한다. 독약이 든 약병은 깨지기도 하고 깨지지 않기도 한다. 모두 동시에 일어나는 일이다. 고양이는 죽는다. 또한 죽지 않는다. 0과 1이다. 양자역학의 법칙들은 고양이 자체가 중첩 상태에 있음을 의미한다. 동시에 살아 있기도 하고 죽어 있기도 하다는 것이다. 어떤 유령 같은 존재가 되어 살아 있으면서 동시에 죽어 있는 상태이다. 어떻게 죽어 있으면서 동시에 살아 있을 수 있을까?

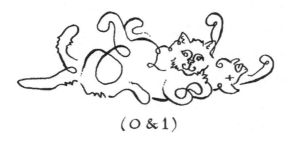

(O & 1)

살았나 - 죽었나 고양이

하지만 잠깐! 상황은 점점 더 섬뜩해진다. 누군가가 그 상자를 열어보지 않는 한 중첩 상태는 유지된다. 고양이가 살았는지 죽었는지, 고양이의 상태가 0인지 1인지 알아보기 위해 정보를 얻어내려

하는 순간, 간섭계의 덫과 같은 결론이 나온다. 누군가가 이 시스템에서 정보를 얻어내려고 하면 중첩—슈뢰딩거의 용어에 따르면 고양이의 파동방정식— 상태는 붕괴된다. 고양이는 삶이냐 죽음이냐를 선택한다. 갑자기 이쪽 아니면 저쪽, 0 아니면 1을 선택한다. 그러나 원칙상, 상자가 어떠한 영향도 받지 않는 한, 고양이-상자 시스템 속의 고양이에 대해 어떠한 정보도 빼내지 않는 한, 고양이의 중첩 상태도 방해받지 않는다. 고양이는 동시에 살아 있기도 하고 죽어 있기도 한 상태로 남는다. 마치 관찰 행동이나 정보 수집 행위가 고양이를 죽이는 것처럼 보인다. 이렇게 황당해 보이는 결론이지만, 실은 중첩의 원리에 따른 피할 수 없는 결과다.

이 사고 실험을 제안했을 때 슈뢰딩거는 이 실험이 바보스러운 결론을 얻게 되리라는 것을 알고 있었다. 고양이처럼 거시적인 대상은 전자 같은 현미경적 대상과 유사하게 행동하지 않는다. 고양이 같은 생명체가 동시에 살아 있기도 하고 죽어 있을 수도 있다는 생각 자체가 코웃음의 대상이었다. 그러나 양자역학의 수학은 이런 일이 일어날 수도 있다고 말한다. 그렇다면 우리는 어째서 반은 살아 있고 반은 죽은 사람이 거리를 걸어가는 것을 보지 못하는 것일까? (대학원생은 빼고 말이다.) 우리는 왜 야구공이나 고양이나 사람처럼 덩치가 큰 물체가 중첩 상태에 있는 것을 볼 수 없는 걸까?

어떤 물리학자들은 양자 세계와 고전적 세계를 가르는 기본적 차이가 있다고 주장해왔다. 어떤 과학자들은 양자역학의 법칙들이 더 이상 적용될 수 없고 그 이후부터는 고전역학의 법칙이 힘을 발하게 되는 특별한 크기의 한계가 존재하는 것이 아닐까 하는 의문을 제기해왔다. 그러나 실험물리학자들이 주장할 수 있는 한, 그러한 한계나 장벽은 없다. 과학자들은 점점 큰 물체들에서 중첩 상태를 발견하고 있다. 예를 들어 빈 대학의 물리학자 안톤 차일링거Anton Zeilinger는 슈뢰딩거의 고양이와 맞먹는 풀러린이라는 대형 분자를 만들었다. 이 풀러린이라는 물질은 60개 또는 그 이상의 탄소 원자들로 이루어져 있는데, 둥그런 새장처럼 생겨서 속은 비어 있는 분자다.

양자적 기준에 따르면 이 분자는 어마어마하게 큰 물체다. 그런데도 차일링거가 격자를 향해 풀러린을 쏘아서 통과시키자 각각의 풀러린 분자는 여러 경로를 지나간 뒤 검출기에 닿았다. 이 물질은 원자나 전자, 광자보다는 훨씬 크기가 크지만 동시에 두 가지 경로를 선택해야 했다. 중첩 상태가 되어야 했던 것이다. 지금까지 과학자들은 양자이론의 법칙과 관련해 크기의 한계를 발견하지 못했다. 우주의 모든 것들이 이 법칙에 지배받고 있는지도 모른다.

따라서 우리는 패러독스에 부딪혔다. 양자이론의 수학은 과학자들에게 야구공이나 고양이처럼 커다란 물체도 중첩 상태에 있도록 할 수 있어야 한다고 말한다. 그러나 야구공이 동시에 두 장소에 존재한다거나 고양이가 동시에 살아 있기도 하고 죽어 있기도 한다는 것은 황당하다. 만약 양자역학의 법칙이 거시적 세계에까지 적용된다면 거시 세계의 물질들은 왜 양자 세계의 물질들처럼 행동하지 않는 걸까? 이건 말이 안 되는 것 같다.

이 정도로 상식에서 벗어났다면 더 이상 이야기를 끌고 갈 가치가 없는 것처럼 보이기도 한다. 그러나 그러한 역설은 그 하나만이 아니었다. 아인슈타인도 그런 역설 중 하나를 직접 발견했다. 그는 이런 불손하고 반항적인 양자역학의 성질을 혐오했다. 그래서 자신이 산파 역할을 했던 양자이론을 무력화시키기 위해 갖가지 노력을 기울였다. 그의 노력은 거의 성공을 거두는 듯 보였다.

슈뢰딩거의 고양이의 역설은 양자이론의 고전적이고 난해한 퍼즐 중 하나가 되었다. 그러나 중첩 현상이 기이하기는 해도 그 현상이 양자역학의 가장 난해한 요소는 아니었다. 최소한 앨버트 아인슈타인에게는 그랬다. 아인슈타인은 다른 방향에서 또 하나의 위협적 요소를 보았다. 이 요소는 어떠한 정보도 빛보다 빠른 속도로 이동할 수 없다는 그의 신성한 이론을 위협하는 듯 보였고, 이 요소를 이용하면 과학자들이 타임머신도 만들 수 있을 것처럼 여겨졌다.

아인슈타인과 두 동료, 보리스 포돌스키 Boris Podolsky, 네이선 로즌 Nathan Rosen 은 1935년에 이 문제를 발견했다. 슈뢰딩거처럼 이들도 양자역학의 부조리함을 증명할 사고 실험을 계획했다. 그 실험은 대단히 탁월한 것이었다. 이 실험에서 그들은 얽힘이라고 알려지게 된 양자물리학적 성질을 이용해서 양자역학의 틀 전체를 모순 덩어리로 격하시키려고 시도했다.

아인슈타인- 포돌스키- 로즌의 사고 실험은 공간 속을 유유하게 떠다니는 한 입자에서 시작한다. 입자란 것이 늘 그러하듯이, 갑자기 이 입자가 붕괴해서 두 개의 작은 입자로 쪼개지더니 서로 반대 방향으로 날아간다. 뉴턴의 법칙에 따르면 두 입자가 질량이 같으면 똑같은 속도로 반대 방향으로 날아가야 한다. 만약 그중 한 입자가 다른 입자보다 무거우면, 무거운 입자는 천천히 움직이고 가벼운 입자는 빨리 운동해야 한다.[11]

순전히 논쟁을 계속하기 위해, 원래의 입자가 무거운 입자와 가벼운 입자로 붕괴되었다고 하자. 붕괴된 입자는 하나는 왼쪽으로, 하나는 오른쪽으로 날아간다. 붕괴에 의해 탄생한 이 한 쌍의 입자 중

---

11 운동량 보존의 법칙에 따른 결과이다.

에서 어느 한쪽을 측정하기까지는 이진법적 질문이 남는다. 가볍고 빠른 입자는 왼쪽으로 날아갔을까 오른쪽으로 날아갔을까. 또는 다른 각도에서, 왼쪽으로 움직이는 입자는 가벼운 입자일까 무거운 입자일까, 빠를까 느릴까, 0일까 1일까. 이 특별한 입자의 쌍을 아인슈타인-포돌스키-로젠의 머리글자를 따서 EPR 쌍이라고 부른다.

이제 EPR 쌍 중에서 왼쪽으로 날아가는 입자의 속도를 측정했다고 치자. 이 입자는 다른 입자보다 빠를 수도 있고 느릴 수도 있다. 가벼울 수도 있고 무거울 수도 있다. 0일 수도, 1일 수도 있다. 왼쪽 입자의 속도를 측정하는 순간 우리는 왼쪽의 입자가 두 가지 상태 중 어느 쪽인지를 알 수 있다. 이 입자가 빠른지 느린지 알 수 있는 것이다. 그러나 왼쪽 입자의 속도를 측정함으로써 또한 오른쪽 입자에 대한 정보도 얻을 수 있다. 왼쪽 입자를 측정해서 그 입자가 빠르게 움직인다—0이다—는 것을 아는 순간, 우리는 자동적으로 입자 B는 천천히 움직인다—1이다—는 것을 알 수 있고, 그 역도 성립한다. 단 한 번의 측정으로 1비트의 정보—0 또는 1—가 얻어지면서 두 입자의 상태를 알 수 있게 되는 것이다.

이 두 입자는 정보이론적으로 연결되어 있다. 이것이 바로 얽힘이다. 얽혀 있는 한 쌍의 입자 중에서 하나에 대한 정보가 나머지 하나에 대한 정보를 준다. 두 번째 입자에 대해서는 어떠한 측정도 할 필요가 없다. 정보이론적 의미에서 (또한 양자역학적 의미에서) 이 두 물체는 마치 하나의 입자인 것처럼 행동한다. 하나의 입자에 대해서만 측정해도 두 입자 모두를 측정한 것과 같다.

다른 식으로 얽혀 있는 EPR 쌍도 만들 수 있다. 이를테면 스핀이 똑같고 방향이 반대인 입자의 쌍이 있다. 속도가 같고 방향이 반대인 입자의 쌍을 만들었던 것과 똑같다. 이렇게 얽혀 있는 쌍 중 하나를 측정해서 그 입자의 스핀이 업이라는 것을 알게 되면 나머지 하나의 스핀은 다운이라는 것도 동시에 알게 된다. 빛의 입자인 광자로 편광의 방향이 반대인 쌍을 만들 수도 있다. 왼쪽으로 움직이는 광자가 수평 방향으로 편광되어 있다는 것을 알면 오른쪽으로 움직이는 광자는 수직으로 편광되어 있는 것이다.

지금까지는 크게 황당할 것이 없는 이야기이다. 이런 일은 거시 세계에서도 흔히 일어난다. 이를테면 두 개의 상자 중 한쪽에는 1센트짜리 동전을, 다른 한쪽에는 5센트짜리 동전을 넣었다. 한 친구가 그 상자 중 하나를 열어보았는데 그 안에 5센트짜리 동전이 들어 있다면, 다른 상자 안에는 1센트짜리 동전이 들어 있어야 한다. 1비트의 정보를 주는 한 번의 측정으로 이 두 상자가 어떤 '상태'—1센트가 들어 있는지 5센트가 들어 있는지—인지를 말할 수 있다. 그러나 이 조합에 중첩을 더하면 사정은 달라진다. 중첩 상태에 있

는 양자적 입자가 얽히게 해놓으면, 상황은 매우 섬뜩해진다.[12]

전처럼 EPR 쌍의 입자를 만들어보자. 단순하게 설명하기 위해 질량 대신 스핀을 이용한다. 우리가 만든 EPR 쌍은 스핀은 똑같으면서 방향만 반대이다. 한쪽 입자의 스핀이 다운이면 나머지 하나는 업이다. 입자 A의 상태가 0이면, 입자 B는 1이다. 우리가 이 입자 중 하나가 스핀 업을 '선택'하게 만들면 나머지 하나의 입자는 즉시 스핀 다운을 선택한다. 어찌어찌 해서 입자 A가 스핀 업을 선택하면, 수십억 광년 떨어진 이 입자의 쌍둥이도 곧바로 똑같으면서 방향이 반대인 스핀을 선택한다. 중첩 상태가 깨지는 것이다.

고전적 이론으로는 이 효과를 설명할 수 없다. 측정하기 전에 이 입자들이 몰래 자신들의 '운명'을 선택했던 것이라고 발뺌할 수도 없다. 원하기만 하면 우리는 실제로 측정 행위가 있기 전까지는 입자들이 0 또는 1의 상태가 아닌 두 가지 상태의 중첩 상태에 있었다는 것을 입자에 대한 먼로- 와인랜드 타입의 실험으로 증명할 수 있을 것이다. 이는 양자이론의 수학이 빚어낸 필연적 결과이다. 입자 B는 우리가 입자 A를 측정하는 바람에 이 입자가 1이 되기를

---

12 사실은 중첩 현상이 없어도 얽힘은 비슷한 문제를 일으킨다. 입자의 운동량과 위치를 동시에 아는 것은 하이젠베르크의 불확정성의 원리에 모순될 수도 있음을 알고 있었기 때문에, EPR 논문의 원문에도 이 잠재적인 문제가 언급되어 있다. 중첩과 얽힘의 공식은 훗날 아인슈타인의 주장 중에서 일부를 물리학자 데이비드 본이 수정하였다.

'선택'한 바로 그 순간 0이 되기로 '선택'한 것이다. 입자들이 우리의 측정보다 한발 앞서서 선택한 것이 아니다.

입자 B는 멀고 먼 은하 너머에 떨어져 있으면서 어떻게 그렇게 즉시 선택을 할 수 있을까? 언뜻 보면 도저히 그럴 수는 없는 일인 것 같다. 한 입자에서 쌍둥이 입자에까지 가려면 빛의 속도로도 수십억 년이 걸리고, 정보는 빛의 속도를 능가하여 이동할 수 없으므로 입자 B가 입자 A의 선택에 대해 인식하기까지는 역시 수십억 년이 걸려야만 이치에 맞을 것 같다. 그리고 그런 연후에야 입자 B는 입자 A의 반대 상태를 선택함으로써 중첩 현상을 깨뜨릴 수 있을 것이다. 그러나 현실은 그렇지 않다.

입자는 자신의 쌍둥이 입자가 측정되었고 어느 한쪽을 선택했음을 즉시 안다. 입자 A가 1을 선택했음을 '알고서 입자 B가 0을 선택하기까지 지체되는 시간은 전혀 없다. 아인슈타인은 이런 즉시적 커뮤니케이션, '먼 거리에서의 유령 같은 행동'에 공포를 느꼈다. 그러나 이 행동은 결국 증명되었다.

1982년, 물리학자 알레인 어스펙트 Alain Aspect 는 이 먼 거리에서의 유령 같은 행동을 처음 보았고, 그 후로 같은 실험이 여러 번 되풀이되었다. 오늘날 가장 발전된 형태의 EPR 실험은 제네바 대학에서 재연되었다. 이 대학의 물리학자 니콜라스 기신 Nicholas

Gisin과 그의 동료들은 입자들을 몇 년 동안이나 얽힌 상태로 둠으로써 상식을 넘어섰다. 그들이 얽어둔 입자는 광자였다. 칼륨, 니오븀, 산소로 만들어진 결정에 레이저를 쏘아서 광자의 쌍을 얽어둘 수 있었다. 결정이 레이저의 광자를 흡수하자 두 개의 얽힌 입자가 방출되었고, 이 입자들은 서로 반대 방향으로 날아가 유리 케이블 속으로 들어갔다.

기신의 팀은 제네바 호수를 돌아 근처의 마을로 연결된 거대한 광섬유 네트워크에 접속할 수 있었다. 2000년, 이 팀은 얽힌 광자의 쌍을 베르네Bernex와 벨레뷰Belleveu라는 근처의 마을로 쏘아 보냈다. 이 두 마을은 6마일 정도 떨어져 있었다. 대단히 정교한 시계로 측정한 결과, 이 두 입자는 아인슈타인이 예측한 대로 행동함을 알 수 있었다. 중첩되어 있는 두 입자는 측정이 발생하면 언제나 동등하면서 서로 반대되는 성질을 갖자고 공모하는 것처럼 보였다. 그리고 이 두 마을 사이의 거리 때문에 입자 B가 어떤 선택을 하기 전에 광속의 메시지("이봐! 난 측정당했어. 그래서 난 1을 선택했거든. 너도 어떻게 해야 하는지 알지?")가 입자 A에게서 입자 B에게로 전달될 시간은 없었다.

사실 과학자들은 어떤 형태의 '메시지'가 입자 A에서 입자 B로 전달된다면 그 메시지는 입자 B가 자신의 '상태'를 정하고, 또 그러한 결정이 측정되기 전에 광속의 1,000만 배의 속도로 이동해야 한다고 생각하고 있었다. 따라서 어떤 의미에서는 양자 얽힘의 속도가 (최소한) 광속의 수백만 배였다.

이 입자들이 빛의 속도보다 훨씬 빠른 속도로 '커뮤니케이션'을 한다면 이 입자들을 이용해 빛보다 빠른 속도로 메시지를 전송할 수 있지 않을까? 앨리스와 밥 사이의 중간쯤에 얽힌 입자의 소스를 두면, 앨리스가 입자에 정보를 인코드해서 자기 쪽의 스트림을 조작하고, 반대편에 있는 밥이 그 정보를 받을 수 있지 않을까?

이 질문에 대해서는 답이 나와 있다. 그 답은 다음 장에서 다룬다. 그런데도 얽힘에 관한 미스터리는 그대로 남는다. 아인슈타인이 이 개념을 제안했을 때 이것은 마치 귀신에 홀린 듯한, 혼란스러운 개념이었다. 양자역학의 2대 미스터리가 바로 중첩 현상과 먼 거리에서 일어나는 이 유령 같은 행동이다.

미시 세계의 두 물체는 왜 서로 다른 두 장소에 동시에 존재할 수 있는 걸까? 미시 세계의 물체들은 왜 거시 세계의 물체들과 다른 성질을 갖는 걸까? 입자들은 우주 반대편에 서로 떨어져 있는데도 어떻게 서로 즉시 커뮤니케이션을 할까? 입자들은 메시지를 전송하는 데 어쩌면 그토록 익숙할까? 이 역설들은 양자이론의 심장부를 이룬다. 이 역설을 풀 수 있다면 양자 세계의 신비도 풀 수 있다.

과학자들은 거의 그 경지에 다가가 있다. 이 두 역설을 설명하는 이론도 정립했다. 그 새로운 이론은 상대성이론과 양자이론을 동시에 떠받치던 주춧돌 위에 세워졌다. 그 이론은 섀넌의 이론보다 훨씬 더 발전된 정보이론이니, 이른바 양자 정보이론이라고 하는 것이다.

7 양자 정보

논리적이고 일관적인 부조리를 버리고
비논리적이고 모순된 부조리를 선택하는 것이
무슨 해방이란 말인가?
—제임스 조이스, 《젊은 예술가의 초상》 중에서

워털루라는 이름을 들으면 우리는 장대한 전투를 떠올린다. 1815년, 벨기에 근역의 워털루에서 웰링턴 공작은 나폴레옹 보나파르트의 군대를 물리쳤다. 거의 200년이 지나 전혀 다른 워털루—캐나다의 워털루—에서 또 하나의 전투가 펼쳐졌다. 이번에는 지식을 위한 전투였다. 레이 라플람 Ray Laflamme 과 동료들은 양자 세계의 미스터리를 물리치기 위해 분투하는 중이었다.

토론토에서 한 시간 반가량 떨어진 대학 연구소에, 라플람은 색깔은 흰색에 크기는 사람 키만 하고 다리가 세 개 달린 실린더 두 개를 설치했다. 그다지 아름다운 물건은 아니었다. 최첨단 양자연구소보다는 차라리 정유 공장이나 다른 공장 같은 곳에 더 어울릴 듯한 장치였다. 그러나 아원자 세계를 이해하는 데는 이 실린더들이 어떠한 재래식 현미경보다도 월등했다.

이 실린더에 가까이 가려면 먼저 지갑을 꺼내서 치워야 한다. 멋모르고 접근했다가는 지갑 속의 신용카드는 무용지물이 되어버린다. 이 실린더가 엄청나게 강한 자석이기 때문이다. 자기장의 보이지 않는 힘을 이용해 1미터 이상 떨어져 있는 종이 클립이나 캐나다 동전을 끌어당겨 제 몸에 붙여버린다.

이 자석들이 원자를 춤추게 한다. 강력한 자기장이 원자의 스핀을 위로 향하게 한 후 마치 복잡한 발레 안무에 따라 춤을 추는 것처럼 원자를 빙빙 돌고 배배 꼬이게 한다. 이 원자의 스핀에 저장된 것이 정보—양자 정보—이며 복잡한 춤은 초보적 컴퓨터 프로그램이다. 이 자석과 자석의 영향을 받는 원자가 원시적인 양자 컴퓨터를 만든다.

컴퓨터가 정보를 조작하듯이 양자 컴퓨터는 양자 정보를 조작한다. 양자이론에 따른 법칙들의 난해한 미스터리까지 고려해 섀넌의 이론을 확장한 것이다. 양자 정보는 일반적 정보보다 훨씬 강력하다. 양자 비트는 1과 0 같은 섀넌의 고전적 정보가 지니지 못한 성질을 부가적으로 가지고 있다. 양자 비트는 여러 부분으로 갈라져서 방의 이쪽 끝에서 저쪽 끝까지 순간이동할 수 있으며, 동시에 상호 모순된 연산을 처리할 수 있다. 또한 그 외의 여러 가지 기적 같은 일들을 할 수 있다. 양자 정보는 순전히 고전적인 정보로서는 도달할 수 없는 자연 자원까지 건드린다. 이러한 부가적 성질 때문에, 충분히 크기만 하다면 양자 컴퓨터로는 인터넷 보안을 위해 고안된 어떠한 암호체계도 깨뜨릴 수 있으며, 보통의 컴퓨터로는 불가능한 엄청난 계산도 해낼 수 있다.

그러나 그보다 중요한 것은, 양자 정보가 양자 세계의 신비를 푸는 열쇠라는 점이다. 또한 양자 컴퓨터는 과학자들이 지금까지 가본 적 없는 영역에까지 가볼 수 있게 해준다. 양자 정보와 양자 컴퓨터 덕분에 실험물리학자들과 이론물리학자들은 양자 세계가 감추고 있던 비밀을 엿볼 수 있게 되었다. 또한 과학자들은 양자 정보가 물리학의 고전적 정보에 비해 물리 법칙의 기반에 더 밀접하게 연관되어 있음을 깨닫고 있다. 사실, 양자 정보는 아원자 세계와 거시 세계의 법칙─쿼크와 별과 은하와 우주 자체를 지배하는 법칙─을 이해하는 열쇠가 될지도 모른다.

상대성이론과 양자역학이 등장하면서 고전 물리의 시대가 끝났듯이, 고전적 정보이론은 양자 정보이론이라는 더 깊고 넓은 이론이 등장하면서 무대를 떠났다. 양자 정보에 대한 연구는 시작일 뿐이었다. 원자와 전자, 광자의 행동을 지배하는 법칙은 표준적 뉴턴역학이 다루는, 램프와 공과 깃발 같은 거시 세계의 물체들에 대한 고전 법칙들과는 매우 다르기 때문에, 전자를 비롯한 양자적 물질이 지닌 정보는 고전적 물질에 기록할 수 있는 단순한 정보와는 다르다. 고전 정보이론가들은 정보를 비트라는 용어로 이야기한다. 양자 정보이론가들은 양자 정보를 큐비트 qubit[1] 라는 용어로 이야기한다.

고전적 정보이론에서는 어떠한 예/아니오 형 질문에도 예, 또는 아니오(1 또는 0)로 대답할 수 있다. 그러나 양자이론에서는 예와 아니오 사이의 이러한 깔끔하고 분명한 구분이 사라진다. 양자적 물체는 동시에 두 가지일 수 있다. 간섭계의 왼쪽에 있으면서 동시에 오른쪽에 있을 수 있고, 스핀 업 상태이면서 동시에 스핀 다운 상태일 수 있다. 1이면서 동시에 0일 수 있다는 것이다. 고전적 물체가 두 상태의 모호한 중첩 상태에 있을 수 없는 반면—고전적 물체는 언제나 이쪽 아니면 저쪽이어야 한다. 온 아니면 오프, 왼쪽 아니면 오른쪽, 1 아니면 0이다— 양자적 물체는 중첩 상태에 있을 수 있다.[2] 따라서, 단순명료한 예/아니오 형 질문(슈뢰딩거의 고양이는 살았나 죽었나?)이라 해도 단순하게 1 또는 0으로 대답할 수 없는 경우

---

1 큐트릿(qutrit), 큐닛(qunit) 등 보다 복잡한 양자 정보 단위도 있지만, 이 책에서는 큐비트면 충분하다.
2 중첩이란 두 상태의 중간, 이를테면 희미한 전구, 당구대의 (왼쪽 구석이나 오른쪽 구석이 아니라) 중간에 있는 당구공이 아니다. 이런 것들은 고전적 비트의 용어로 기술할 수 있는, 애매모호하거나 불분명하지 않은 것들이다. 양자적 물체들은 이처럼 분명한 상태에 있지 않다. 이들은 동시에 두 가지 값을 갖는 것이며, 중첩 상태 또한 동시에 모순된 두 값을 갖는 것이다.

가 종종 생긴다. 고양이는 (이론적으로) 살아 있으면서 동시에 죽었고, 전자는 왼쪽에 있으면서 동시에 오른쪽에 있으며, 빛은 입자이면서 동시에 파동이다. 단순히 1과 0만으로는 이중성 또는 중첩 상태를 기술할 수 없다. 양자적 물질의 영역은 고전적 세계의 깔끔한 이분법이 통하지 않는다.

그러나 우리가 보았듯이 양자이론(이 문제에서는 상대성도 마찬가지다)은 정보의 이동을 다루는 이론이다. 따라서 고전적 정보이론의 1과 0으로 상황을 설명할 수 없다면 과학자들은 양자 물질에 실린 정보를 어떻게 커뮤니케이션할 수 있다는 말인가? 여기에서 등장하는 것이 바로 큐비트다. 고전적 비트와는 달리, 양자 비트는 두 가지(또는 그 이상) 모순된 값을 동시에 가질 수 있다. 큐비트는 0이면서 동시에 1일 수 있다. 고전적 정보의 단위로는 슈뢰딩거의 고양이의 살아 있으면서 동시에 죽어 있는 상태를 기술할 수 없지만 큐비트로는 가능하다. 그러나 양자 정보의 성질을 논하기 위해서는 양자 정보의 양자적 성질을 말해줄 큐비트라는 새로운 용어에 대해 설명해야겠다.

고전적 고양이는 살아 있거나(0), 죽어(1) 있다. 그러나 이론적인 슈뢰딩거의 고양이는 살아 있으면서 동시에 죽어 있을 수 있다. (0&1)인 것이다. 이것이 바로 0인 동시에 1인 큐비트다. 누가 상자를 열어보지 않는 한, 중첩 상태의 고양이는 이론적으로 이렇게 살아 있으면서 죽은 상태—이 고양이는 (0&1)의 큐비트를 저장할 수 있다—를 유지할 수 있다. 그러나 누군가가 이 고양이가 죽었는지 살았는지 알아보려 하면 중첩 상태는 깨진다. (0&1) 상태가 즉시 고전적 비트로 변하는 것이다. 고양이는 0의 상태—살아 있음—와 1의 상태—죽었음— 중에서 한 가지를 '선택'한다.

큐비트라는 용어의 의미는 약간 까다롭다. 그러나 꼭 필요한 용어다.[3] 비트는 하나 또는 두 개의 고전적 비트와 같지 않다. 곧 보게 되겠지만 (0&1)은 '0과 1'과는 크게 다르다.

고전적 정보의 비트를 저장하는 데 어떤 매체—깜빡이는 전등, 깃발, 펀치카드, 마그네틱테이프—라도 상관없었듯이, 큐비트도 어디에 저장하든 상관없다. 큐비트는 간섭계에 들어간 전자의 위치를 표현한다. 왼쪽은 (0), 오른쪽은 (1), 그리고 왼쪽과 오른쪽의 중첩 상태는 (0&1)이다. 큐비트로 원자의 스핀 방향—스핀 업, 스핀 다운, 스핀 업과 스핀 다운—을 나타낼 수도 있다. 광자의 편광—수직, 수평, 수직과 수평—도 나타낼 수 있다. 중요한 것은 큐비트를 저

---

3 실제로 과학자들은 물체의 양자 상태를 기술하는 데 브라-켓(bra-ket) 기호라고 알려진 것을 사용한다. '브라'는 ⟨ |라는 기호로 표현되는 수학적 대상이다. '켓'은 | ⟩라는 기호로 표현되는 수학적 대상과 밀접하게 연관되어 있다. 중첩 상태에 있는 슈뢰딩거의 고양이는 | 0⟩ + | 1⟩ (기술적 이유 때문에 2의 제곱근으로 나뉜다)처럼 켓으로 쓸 수 있다. 왜 켓을 쓰는가, 이에 대해서 설명하자면 이야기가 너무 길다. 하지만 혹시 고양이를 브라로 표현하려는 시도를 해볼 생각이 있는지?

장한 매체가 아니라 그 큐비트가 표현하는 양자 정보이다.

슈뢰딩거의 고양이의 역설은 큐비트와 보통의 비트 사이의 차이에 근거해 있다. 원자나 전자, 또는 그 외의 양자 물체들은 왼쪽 경로와 오른쪽 경로를 진행함으로써 중첩 상태에 있을 수 있다. 이런 상태는 순수한 (0)의 상태나 (1)의 상태가 아니라 (0&1)이다. 원자가 상자 속으로 들어가면 저장하고 있던 큐비트를 고양이에게 전달한다. 고양이는 원자가 그랬던 것처럼 (0&1)의 상태가 된다. 유일한 차이점은 (0&1)이 앞에서 원자의 경우에 그랬던 것처럼 '왼쪽 경로'와 '오른쪽 경로'의 중첩을 표시하는 것이 아니라는 점이다. 고양이의 경우에는 (0&1)이 '삶'과 '죽음'의 중첩을 의미한다. 정보의 '형태'가 변한 것이다. 그러나 정보 그 자체, (0&1)의 큐비트는 똑같은 상태로 존재한다.

큐비트에 대한 연구인 양자 정보이론은 요즈음 물리학계에서 가장 뜨거운 관심이 쏠리는 분야이다. 실질적 면에서 큐비트는 고전적 비트가 할 수 없는 일들을 할 수 있다. 큐비트를 조작하는 기계인 양자 컴퓨터는 고전적 컴퓨터로는 불가능한 일들을 할 수 있다. 이론상 양자 컴퓨터는 존재할 수 있는 어떠한 고전적 컴퓨터보다도 월등한 능력을 가진다. 충분한 크기로 만들 수만 있다면 인터넷상의 어떠한 암호도 뚫을 수 있다. 보안이 완벽한 온라인 상거래를 엿보고 암호를 깨뜨린 후, 거래에 사용된 신용카드 번호와 개인 정보를 빼내는 것도 장난처럼 할 수 있다. 이는 현재 세상에 알려진 최고의 슈퍼컴퓨터라 해도 능력 밖의 일이다. 미국 국방성이 양자 컴퓨터의 개발에 신경을 곤두세우는 것도 괜한 일이 아니다. 양자 정보 이론가들이 연구비 마련에 전혀 어려움이 없는 것도 양자 컴퓨터가 가진 놀라운 잠재력 덕분일 것이다. 그러나 많은 과학자들이 양자 컴퓨터에 관심을 갖는 이유는 이러한 실용적 측면 때문이 아니다. 곧 설명하겠지만 양자 컴퓨터를 양자역학의 역설을 푸는 방법의 하나로 보기 때문이다.

사람들이 양자 컴퓨터를 연구하는 이유가 무엇이든 간에, 암호를 깨거나 실험실에서 양자의 역설을 만들어내기 전에 먼저 큐비트를 조작하고 저장할 능력이 있어야 한다. 양자 정보를 저장할 양자 물체를 먼저 손에 넣어야 한다는 뜻이다. 레이 라플람의 연구소에서 과학자들은 유동체 속에 든 원자를 이용했다. 클로로포름 같은 물질의 분자에는 일렬로 늘어선 여러 개의 탄소 원자—전자의 구름에 둘러싸인 탄소핵—가 들어 있다. 각각의 탄소핵은 스핀이 있다. 보통의 경우 원자핵의 스핀은 어떤 방향이든 향하고 있을 수 있지만, 강력한 자기장이 걸리면 자기장의 방향에 따라 정렬되려 하는 성질이 있다. 라플람은 이러한 성질을 이용하여 원자를 자신이 원하는 방향으로 향하게 만들었고, 원자핵이 위 또는 아래를 향하게 함으로써 (1) 또는 (0)을 저장했다. 또는 자기장과 함께 정밀하게 시간 조절을 한 전자파를 흘려줌으로써 중첩 상태, 즉 (0&1)에 놓이게 했다. 어떤 상태인지를 파악하기 위해 이 중첩 상태를 측정하면, 시도횟수 중 50퍼센트는 중첩이 붕괴되면서 0의 상태가 되고 나머지 50퍼센트는 중첩이 붕괴되면서 1의 상태가 된다. 그러나 슈뢰딩거의 고양이처럼, 측정을 하기 전에는 중첩 상태가 유지된다.

중첩이라고 해서 모두 이처럼 간단하지는 않다. 겉으로는 멀쩡해도 치우침이 있는 동전—이를테면 100번을 던지면 앞면과 뒷면이 고르게 50번씩 나오지 않고 한쪽 면이 75번 나오는 동전—처럼 중첩에도 치우침이 있다.

자, 처음에 언급했던 슈뢰딩거의 실험에서 간섭계를 한 단계 더 설치했다고 상상해보자. 처음에 그랬던 것처럼 전자 하나가 분광기를 통과하게 한다. 전자는 두 가지 가능한 상태, 왼쪽과 오른쪽의 중첩 상태에 놓인다. (0&1)의 상태가 되는 것이다. 그러나 이번에는 각각의 경로에 또 하나의 분광기가 놓인다. 이렇게 되면 전자는 네 가지 상태의 중첩에 놓인다. 동시에 서로 다른 네 장소, 즉 경로 A, 경로 B, 경로 C, 경로 D에 있을 수 있게 된다. 전자의 위치를 측정하면 이 네 가지 경로 중 주어진 경로에 있을 확률은 25퍼센트이다.

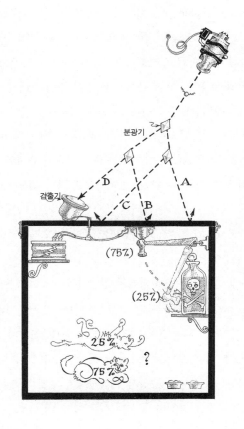

분광기

검출기

D

A

C B

(75%)

(25%)

25%

75%

?

수정된 슈뢰딩거의 고양이

경로 D에만 독약이 든 병을 깨뜨리는 장치가 연결되어 있다면 우리가 상자를 열었을 때 고양이가 죽을 확률은 25퍼센트이다. 살아 있을 확률은 75퍼센트가 된다. 그러나 우리가 상자를 열기 전까지 고양이는 살아 있을 확률 75퍼센트, 죽었을 확률 25퍼센트의 중첩 상태에 있다. 이러한 양자 상태는 ([75%]0 & [25%]1)로 나타낸다. 즉, 고양이는 살아 있으면서 동시에 죽어 있다. 고양이는 중첩 상태에 있지만 치우침이 있는 동전처럼, 우리가 고양이의 상태를 확인하기 위해 측정을 시도하면 살아 있을 확률은 죽어 있을 확률보다 세 배나 높다. 고양이의 상태를 측정하면 네 번 중 세 번은 살아 있고 (0) 네 번 중 한 번은 죽은(1) 고양이를 발견하게 될 것이다.

이 실험의 중첩은 원래의 슈뢰딩거의 고양이 실험과 똑같이 유효하다. 측정 결과에 대한 확률이 약간 달라졌을 뿐이다. 사실, 결과의 확률이 서로 다르게 섞인 중첩의 상태는 수도 없이 많다. 실험을 제대로 구성하기만 하면 시도 횟수에 대해 고양이가 x번은 살아 있고 y번은 죽어 있도록 중첩 상태를 조작할 수도 있다. x와 y의 합이 100이라 할 때, 이러한 중첩 상태는 ([x%]0 & [y%]1)로 표시한다. 여기서 주목할 것은, (0&1)의 상태가 실은 ([50%]0 & [50%]1) 상태의 간단한 표현이라는 것이다. 이렇게 치우침이 없는 특수한 상태는 이 책에서도 자주 등장할 것이므로, 전체적 내용이 허락하는 한

이 상태를 간단하게 (0&1)로 나타내기로 한다.

라플람의 거대한 자석은 원자핵을 과학자가 원하는 상태에 놓을 수 있다. 원자핵의 스핀에 과학자가 원하는 어떠한 x와 y의 조합으로도 ([x%]0 & [y%]1) 큐비트를 저장할 수 있다. 그다음에 전기를 이용해 컴퓨터가 0과 1을 조작하듯이, 자기장과 전자파를 이용해 이 큐비트를 조작한다. 예를 들어 컴퓨터는 비트를 부정할 수 있다. 처음에 0의 비트로 시작해서 부정 연산으로 1을 만들거나 그 역의 연산을 하는 것이다. 라플람과 10여 명의 다른 과학자들은 큐비트를 부정할 수 있다. ([x%]0 & [y%]1) 큐비트가 저장된 양자 물체에 부정 연산을 하면 이 큐비트는 ([y%]0 & [x%]1)이 된다. 이것이 양자의 부정 연산이다. 과학자들은 이렇게 큐비트로도 다른 많은 일을 할 수 있다. 다양한 기법(큐비트를 원자의 스핀에 저장하느냐, 빛의 편광에 저장하느냐, 다른 양자적 성질에 저장하느냐에 따라서)을 이용해서 재래식 컴퓨터로 고전적 정보의 고전적 비트를 조작하듯이 양자 정보의 큐비트를 조작할 수 있다. 미국의 많은 과학자들이 원시적 양자 컴퓨터를 만들었다.

물리학자 피터 쇼어 Peter Shor 는 1995년에 이런 유형의 양자 컴퓨터가 어떠한 고전적 컴퓨터보다도 빠른 속도로 인수분해를 할 수 있음을 증명했다. 이 이야기는 오늘날 사용되는 대부분의 암호 작성법이 곧바로 무용지물이 된다는 뜻이다.

　인터넷에서 사용되는 대부분의 암호 작성법의 기본인 공인 키 암호체계는 정보의 일방통행로이다. 우편함에 우편물을 갖다 쏟아놓는 것과 똑같다. 누구나 우편함에 편지를 집어넣을 수 있듯이 아무나 메시지를 암호화할 수 있다. 그러나 올바른 암호 해독의 '키'를 가진 사람만이 그 메시지를 해독할 수 있다. 우편함의 열쇠를 가진 우편배달부만이 우편함을 열어 그 속에 든 우편물을 꺼낼 수 있는 것과 같다. 누군가가 암호를 알고 있지 않다면 정보는 체크인만 할 뿐 체크아웃은 되지 않는다. 누구든 편지를 쏙 집어넣기에는 편하지만 팔을 집어넣어서 안에 든 편지를 꺼내기는 어렵게 되어 있다는 점에서 우편함은 일방통행 장치이다. 공인 키 암호체계는 한쪽 방향으로 가기는 쉽지만 반대로 가기는 어려운 수학적 기능에 의존하므로 역시 일방통행 장치이다. 곱셈과 비슷하다.

　컴퓨터가 두 수를 서로 곱하기는 매우 쉽다. 아무리 큰 수의 곱이라도 100만분의 몇 초면 뚝딱 해치운다. 그러나 그 반대 과정인 인수분해는 매우 어렵다. 충분히 큰 목표 수를 영리하게 선택하면, 아무리 뛰어난 고전적 컴퓨터라 해도 곱했을 때 목표한 수가 나오는 두 수가 무엇인지를 알아낼 수는 없다. 이것이 바로 대부분의 공인 키 암호체계에 감추어진 일방통행식 장치이다. 암호를 암호일 수 있게 해주는 것이 바로 인수분해의 난해함이다.

쇼어가 양자 컴퓨터는 인수분해를 고전적 컴퓨터보다 훨씬 빠르게 해낼 수 있음을 증명하자, 이 발견은 공인 키 암호체계 보안의 핵심을 곧바로 찔렀다. 고전적 컴퓨터가 인수분해를 하자면 우주의 나이만큼이나 긴 세월이 걸릴 수라도 양자 컴퓨터는 단 몇 분 만에 풀어낼 수 있다. 쇼어의 알고리듬은 일방통행로를 역주행하기 때문에 인수분해를 곱셈만큼 쉽게 해낸다. 수의 인수분해가 이렇게 쉬워지면 공인 키 암호체계는 아무짝에도 쓸모가 없게 된다. 쇼어의 알고리듬의 핵심에는 양자 정보의 특이성이 자리 잡고 있다. 큐비트는 고전적 컴퓨터로는 불가능한 일들을 가능하게 한다.

극도로 큰 수의 인수분해는 양자 컴퓨터가 극복한 유일한 '불가능'이 아니다. 양자 컴퓨터는 고전적 정보의 신성한 금언들을 무자비하게 짓밟는다. 3장에서 이야기한 '숫자 맞추기' 게임을 떠올려보자. 내가 1부터 1000까지의 숫자 중에서 어느 한 숫자를 골랐을 때, 그 숫자가 무엇인지 맞추려면 예/아니오 질문을 몇 번만 하면 된다. 고전적 정보이론에서는 100퍼센트 확실하게 그 숫자를 맞추는 데 예/아니오 질문을 10번만 하면 된다. 내가 고른 숫자가 무엇인지에 대한 불확실성을 모두 제거하는 데 10비트의 정보가 필요한 것이다. 1997년, 뉴저지 주 벨 연구소의 물리학자 로브 그로버 Lov Grover 는

10 큐비트의 메모리를 가진 양자 컴퓨터는 위의 문제를 네 개의 예/아니오 질문으로 해결할 수 있음을 증명했다. 문제의 범위가 커지면 커질수록 양자 컴퓨터와 고전적 컴퓨터의 차이도 점점 넓고 깊게 벌어진다.

섀넌이라면 그로버의 알고리듬을 불가능하다고 생각했을 것이다. 정보이론에서는 질문의 범위를 좁혀가면서 더 이상 압축할 수 없는 핵심까지 압축하기 때문에, 256비트의 정보가 필요한 문제를 16비트의 예/아니오 질문으로 맞추기는 불가능했을 것이다. 그러나 그로버의 알고리듬은 바로 그런 일을 해낸다. 어떻게 그것이 가능한지를 보기 위해 우선 작은 문제부터 시작해보자. 0부터 15까지 16개의 숫자 중 하나로 열 수 있는 번호 자물쇠가 있다. 그중 단 하나(예를 들면 9)가 이 자물쇠를 열 수 있는 번호다.

고전적 정보이론이라면 이 열쇠번호를 찾기 위해 네 개의 예/아니오 질문이 필요했을 것이다. 그 네 개의 질문을 보자.

질문 1: 번호는 홀수인가? 9는 홀수이므로 답은 '예', 즉 1이다.
질문 2: 이 번호를 2로 나누고 소수점 이하를 버리면 남은 정수는 홀수인가? 9를 2로 나누면 4.5이고 소수점 이하를 버리면 4가 된다. 따라서 답은 '아니오', 즉 0이다.

질문 3: 같은 계산을 반복한다. 질문 2에서 나온 수를 2로 나누고 다시 소수점 이하를 버린다. 남은 수가 홀수인가? 4를 2로 나누면 2, 짝수이다. 따라서 답은 '아니오', 즉 0이다.

질문 4: 다시 한 번 같은 계산을 반복한다. 나온 수는 홀수인가? 2 나누기 2는 1, 홀수이다. 따라서 답은 '예', 즉 1이다.

네 개의 질문과 네 개의 답, 그리고 0부터 15까지의 범위에서 이 네 개의 답을 만족시키는 유일한 숫자는 9이다. (수학에 재능이 있는 독자라면 위의 질문이 숫자 9를 이진법 코드, 즉 1001로 표현하게 한 것임을 눈치챘을 것이다.) 이 네 개의 질문—또는 이와 비슷한 종류의 다른 질문, 이를테면 '더 큰가/더 작은가'와 같이 변형될 질문—을 한 후에는 찾고 있는 숫자가 9라는 것을 알아내어 자물쇠를 열 수 있었을 것이다.

그러나 그로버의 알고리듬은 이와는 전혀 다른 방향에서 접근한다. 본질적으로 중첩과 얽힘의 원리를 이용한 이 알고리듬은 한 번에 한 가지씩이 아니라 모든 것을 한꺼번에 묻는다. 더 구체적으로 말하면, 그로버의 알고리듬은 4 큐비트를 쓰는데, 각각의 큐비트는 치우침 없이 균등한 얽힘에서 시작한다. 마치 하나의 커다란 물체를 형성하는 4 큐비트인 것처럼 보인다. 보기에는 정신이 없지만, 우리가 다루는 것은 중첩 상태의 물체이다.

[([50%]0 & [50%]1)([50%]0 & [50%]1)([50%]0 & [50%]1)
([50%]0 & [50%]1)]

여기서 당장 측정을 시도하면 첫 번째 큐비트는 0 또는 1일 확률이 50 대 50이다. 두 번째, 세 번째, 네 번째 큐비트도 마찬가지이다. 기본적으로 우리에게는 가능한 서로 다른 결과가 열여섯 가지 있고, 모두 다른 어떤 한 가지와 중첩되어 있다. 0000, 0001, 0010, 0011, 0100, 0101, 0110, 0111, 1000, 1001, 1010, 1011, 1100, 1101, 1110, 1111. 이 숫자들은 0부터 15까지의 영역에 들어 있는 모든 숫자들을 이진법으로 표시한 것이며 또한 모두 중첩되어 있다.

그로버 알고리듬의 다음 단계는 중첩되어 있는 이 끔찍한 물체들을 번호 자물쇠에 구겨넣는 것과 똑같은 수학적 과정이다. 기본적으로 예/아니오의 질문을 한다. 이 4 큐비트의 물체가 들어맞는가? 이 질문의 답이 주어지지만, 곧바로 자물쇠를 열 수 있는 형태로 주어지지는 않는다. 하지만 큐비트에 억지로 구겨넣는 효과는 있다. 확률이 변하게 되므로 중첩은 이제 50 대 50이 아니다. 점점 오답 확률

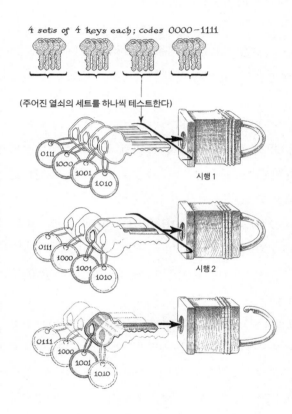

4 sets of 4 keys each; codes 0000–1111

(주어진 열쇠의 세트를 하나씩 테스트한다)

0111
1000
1001
1010

시행 1

0111
1000
1001
1010

시행 2

0111
1000
1001
1010

그로버 알고리듬 : 오답인 숫자는 **빠른 속도로** 사라진다.

이 떨어지고 정답의 확률은 점점 높아진다. 정답 숫자가 9, 또는 이 진법으로 1001인 이 경우에, 자물쇠로부터 나온 우리의 4 큐비트는 다음과 같이 보일 것이다.

[([25%]0 & [75%]1) ([75%]0 & [25%]1) ([75%]0 & [25%]1) ([25%]0 & [75%]1)]

자, 이 어지러운 숫자들을 다시 한 번 자물쇠에 넣어보자. 정답은 확률이 더 높아졌고 오답은 확률이 떨어졌다. 따라서 다음과 같은 결과가 나온다.

[([0%]0 & [100%]1) ([100%]0 & [0%]1) ([100%]0 & [0%]1) ([0%]0 & [100%]1)]

n개의 질문을 요하는 고전적 문제에 대해서는 이 시점에 이르기까지 √n개의 과정을 거쳐야 한다. 이 과정을 통해 오답은 제거되고 정답만 남는다. 4 큐비트에 대해 측정하면 중첩은 붕괴되고 우리에겐 1001—번호 자물쇠를 여는 비밀번호—이 주어진다. 그로버 알고리듬은 단 두 개의 예/아니오 질문만 내놓는다. 이 4 큐비트가 맞는 것

인가? 그러나 '4 큐비트'는 중첩 상태에 있었으므로 실제로는 이 질문은 여러 개의 번호에 대한 예/아니오 질문을 동시에 하는 것이다. 정답이 나오도록 하기 위해서는 약간의 수학적 조치가 필요하다. 그러므로 2개의 과정을 지나게 된다. 그런데도 양자 컴퓨터는 고전적 컴퓨터에 비해 훨씬 적은 수의 예/아니오 질문만을 필요로 한다.

4 큐비트의 정보를 필요로 하는 문제에 대해 그로버 알고리듬은 두 개의 질문으로 정답을 구해낸다. 약간의 발전이라 할 수는 있으나 그다지 인상 깊을 정도는 아니다. 그러나 문제의 규모가 큰 경우, 예를 들어 256비트 또는 그 이상의 정보가 필요한 문제의 경우 n개의 질문과 $\sqrt{n}$개의 질문의 차이는 엄청나다. 단 몇 초의 연산과 가장 강력한 컴퓨터를 동원해서 우주의 시작부터 끝까지의 기간 동안 연산을 계속하는 것의 차이일 수도 있다.

쇼어의 인수분해 알고리듬은 이와 비슷한 방법으로 큐비트를 이용하는데, 매우 많은 중첩 상태의 숫자를 모두 동시에 효과적으로 테스트한다. 모두 얽혀 있고 중첩 상태에 있는 큐비트의 집합이 있으면, 조* 단위의 영역에서도 단 하나의 숫자를 찾는 연산을 즉시 해낼 수 있다. 마치 온 우주에 존재하는 번호로 여는 모든 자물쇠를 다 열 수 있는 마스터키를 쥐고 있는 것과 같다. 양자 정보는 헤아릴 수 없이 강력하다. 그러나 과학자들은 그 힘을 길들이는 데 어려움을 겪고 있다.

1998년에 최초의 양자 컴퓨터가 탄생했다. 각각 IBM과 MIT에서 활동하던 물리학자 아이작 추앙 Issac Chuang 과 닐 거셴펠드 Neil Gershenfeld 는 레이 라플람의 실험 장치와 비슷한 장치를 양자 컴퓨터의 핵심 장치로 활용했다. 이들의 양자 컴퓨터는 강력한 자기장 속에 놓인 원자로 구성되어 있었다. 큐비트는 이 원자들의 스핀이었다. 자기장을 세밀하게 조정함으로써 추앙과 거셴펠드는 원자의 스핀이 그로버 알고리듬에 맞추어 춤을 추도록 만들었다. 원자가 춤을 추며 빙빙 돌다가 한 과정을 지나면, 2 큐비트의 이 컴퓨터는 네 개의 가능한 답 중에서 정답을 찾아냈다. 고전적 컴퓨터로는 할 수 없는 연산을 한 것이었다.

그러나 양자 컴퓨터에 대한 연구는 매우 느리게 진행되고 있다. 2000년에 라플람은 7 큐비트 컴퓨터를 만들었다고 발표했고, 2001년에는 추앙이 이와 비슷한 7 큐비트 컴퓨터를 써서 쇼어의 알고리듬으로 숫자 15를 3과 5로 인수분해했다. 열 살짜리 꼬마라도 별로 시간을 들이지 않고 할 수 있는 연산이다.[4] 그러나 이 일은 양자 컴퓨터에 관한 한 대단한 이정표로서, 쇼어의 알고리듬을 실

---

4   사실, 이 성공은 보기보다 인상적이지 못했다. 이 연산은 15가 24보다 작은 수라는 것을 이용한 것이었다. 따라서 연산 과정에서 약간의 메모리를 절약할 수 있었다.

행한 첫 사례였다.

문제는 인터넷상에서 암호를 깨뜨리기 위해서는 얽힘에 의해 서로가 모두 연결되어 있는 수백 큐비트의 컴퓨터가 필요하다는 점이다. 과학자들은 현재 10 큐비트에도 겨우 도달해 있다. 라플람, 추앙, 거셴펠드, 그 외의 몇몇 물리학자들이 사용하는 테크닉도 그다지 멀리 나아가지 못했다는 것이 일반적 견해이다.[5] 공학자들도 그들이 가진 기술을 양자 컴퓨터를 만드는 데 돌려야 하게 될 것이다.

강력한 자기장 안에 있는 원자 이외에도 다른 매체에 양자 정보를 저장할 수 있어야 한다. 그러나 그들이 시도해본 모든 매체들—빛의 편광, 양자점 quantum dot 이라 불리는 실리콘 트랩의 전하, 조그만 전선의 고리를 흐르는 전류의 방향 등—은 제각각 서로 얽혀 있는 다량의 큐비트를 만들어내는 데 어려움이 있었다. 현재 이런 테크닉 중 어떤 것도 원자 스핀을 이용한 양자 컴퓨터만큼 발전되지 못했다.

이에 비하면 가장 초기의 고전적 상업용 컴퓨터 UNIVAC조차도 수만 비트의 메모리를 가지고 있다. 간단하고 단순한 만큼, 겨우

---

5 사실, 이 문제는 원자 스핀 컴퓨터가 진정한 양자 컴퓨터인가, 무엇이 양자 컴퓨터를 '양자적'이게 하는가에 대한 논쟁과 관련이 있다. 그러나 이런 논쟁은 매우 큰 논란을 불러일으켰다. 중요한 것은 이 컴퓨터들이 양자 정보로 양자 알고리듬을 수행한다는 점이다.

7~10 큐비트의 메모리를 가진 이제까지의 양자 컴퓨터는 암호 해독기로서의 가치가 없다. 과학자들이 상업용 암호를 깰 수 있을 만큼 큰 양자 컴퓨터를 만드는 날이 올지는 확실치 않다. 그렇지만 과학자들은 자그마한 양자 컴퓨터를 가지고 이런저런 시도를 하는 일에 전율을 느낀다. 과학자들이 양자 컴퓨터에 전율하는 것은 그들이 양자 정보이론에 그토록 깊은 관심을 보이는 진짜 이유와 관련이 있다. 암호 해독은 재미도 있고 중요하기도 한 일이다. 그러나 과학자들이 자연에 대해 품고 있는 의문에 비하면 아무것도 아니다. 물리학자들은 단 1 큐비트의 정보를 조작할 때도 양자 정보의 본질을 이해하려고 애쓴다. 양자 정보를 이해함으로써 우주의 실체, 즉 자연의 언어를 이해할 수 있기 때문이다.

양자 정보이론가들이 이 분야에 그토록 열광하는 이유는 양자역학의 역설과 관련이 있다. 이 역설은 핵심을 따지고 들어가면 결국은 정보의 저장과 전달에 대한 역설이다.

예를 들어 슈뢰딩거의 고양이의 역설은 고전적 대상에 양자 정보를 저장하려는 데서 나온다. 어떤 이유에서인지 고양이에게는 양자 정보를 저장할 수 없다. 고양이처럼 덩치가 크고 고전적이며 단순하지 않은 대상이 양자 정보의 저장 매체로 쓰이는 것을 가로막는 무언가가 있다. 고전적 정보는 고양이에게도 저장할 수 있다. 물론 1과 0을 저장하기 위해서는 여러 마리의 고양이를 죽이거나 살려두어야 하고, 그러자면 많은 비용이 드는 것을 피할 수 없다. 그러나 고양이에게 양자 정보, 즉 큐비트(0&1)를 저장하려고 하면 그 이상한 '슈뢰딩거의 고양이'의 역설이 나타난다. 양자적 대상에게서 고전적 대상에게로 양자 정보를 옮겨놓으려고 하면, 이를테면 고양이에게 전자를 옮겨놓으려고 하면 해괴한 일이 발생한다.

마찬가지로 하이젠베르크의 불확정성의 원리도 정보 전달의 문제이다. 입자의 특성—이를테면 원자의 위치—을 측정하려면 양자적 대상(원자)으로부터 또 하나의 대상(원자의 위치를 기록할 장치)으로 정보를 옮겨놓아야 한다. 그러나 양자역학 이론에 따르면 양자적 대상이 가진 두 개의 상보적 특성에 대한 정보를 동시에 얻는 것은 불가능하다. 예를 들어 입자의 위치와 운동량을 동시에 알 수는 없다. 측정 행위, 또는 한 입자에게서 측정자에게로 정보를 이동시키는 행위가 측정 자체에 영향을 미친다. 입자의 위치에 대한 정보를 얻으면 그 입자의 운동량에 대한 정보는 잃게 된다.

얽힘의 기이함 역시 정보 전달의 또 다른 문젯거리이다. EPR 쌍의 한 입자를 측정하는 것은 나머지 하나의 입자에 대해서도 측정하는 것과 같다. 아주 먼 거리에 떨어져 있는 대상에서 측정 장치까지, 마치 빛의 속도보다 훨씬 빠른 속도로 정보가 전달되는 것처럼 보인다. 정보 전달 행위 자체가 내가 정보를 전달하려는 입자에 영향을 미치기 때문에 우주의 절반 정도 거리에 떨어져 있는 입자에까지 영향을 미치는 것처럼 되어버린다. 서로 얽힌 두 입자 사이의 관계의 본질은 무엇일까? 빛의 속도로 정보를 이동시킨다 해도 서로 정보를 교환하는 것이 불가능한 상태의 두 물체가 어떻게 얽힘의 상태를 유지하자고 '공모'할 수 있는 것일까?

대부분의 과학자들은 양자이론의 법칙들이 만물—원자뿐만 아니라 고양이에게까지—에 적용되어야 한다고 믿지만, 거시 세계의 대상들은 미시 세계의 대상들처럼 양자적 행동을 보이지 않는 것이 분명하다. 만약 거시 세계의 대상들도 그렇게 행동했다면 양자이론이 우리에게 이토록 기이하게 보이지는 않을 것이다. 우리는 아마 양자이론에 익숙해 있었을 것이다. 그러나 양자역학은 사실 매우 기이하다. 솔직히 말해서 황당하다. 또한 이러한 황당함의 중심 문제는 양자 정보의 전달 행위이다. 양자적 대상에 대해 측정하고 정보를 수집할 때마다, 아니면 어떤 원자나 광자, 또는 전자로부터 다른 대상으로 양자 정보를 전달할 때마다 아주 당혹스럽고 기이한 상황이 벌어진다.

사실상 양자이론의 황당함—원자, 전자, 빛이 보여주는 불가사의

한 성질들—은 정보와 관련이 있다. 정보를 어떻게 저장하고, 어떻게 한 곳에서 다른 곳으로 이동시키며, 어떻게 소진시키는지에 대한 것에 관련이 있다. 이런 문제들에 대해 과학자들이 완전하게 이해하기만 한다면, 아원자 세계는 왜 거시 세계와 다르게 돌아가는지, 원자는 두 장소에 동시에 존재할 수 있는데 왜 고양이는 삶과 죽음의 중첩 상태에 있을 수 없는지를 알 수 있게 될 것이다. 사람은 한 발짝 떨어진 곳에 있는 다른 사람의 마음조차 헤아리지 못하는데, EPR 쌍의 입자들은 우주를 가로질러 멀리 떨어져 있으면서도 어떻게 상대방의 선택을 '감각으로' 알 수 있는지도 알게 될 것이다. 대부분의 과학자들은 양자이론의 법칙이 작은 물체들뿐만 아니라 큰 물체에도 적용된다고 믿지만, 거시 세계와 미시 세계가 돌아가는 방식에는 분명 큰 차이가 있다. 이런 것들이 바로 양자이론의 기본적 의문들이며 과학자들은 1920년대 이후로 이 문제들에 집착해왔다.

이 의문들에 대한 답은 우리 가까이에 있을지도 모른다. 어쩌면 양자 정보이론가들이 고작 10여 큐비트를 조작하는 데 온 시간을 쏟아붓고 있는 것도 그 때문일 것이다. 양자 컴퓨터가 아직은 암호를 해독하고 숫자를 인수분해하는 데 한참 부족하지만, 그래도 여전히 강력한 힘을 가지고 있는 것은 부정할 수 없다. 과학자들은 이 컴퓨터들을 통해 양자 정보의 행동 방식을 이해하려고 노력한다. 양자 컴퓨터는 양자 정보를 저장하고, 전달하며, 측정하고, 양자 정보가 소진되는 과정을 주시한다. 양자 컴퓨터의 진정한 가치는 그 컴퓨터가 수행하는 프로그램에 있는 것이 아니라 양자 세계가 돌아가는 원리에 대해서 과학자들에게 주는 지식에 있다. 단 1 큐비트로도 양자 정보의 이동에 대한 규칙을 알아낼 수 있다. 사실, 양자적 대상의 측정이라는 단순한 행위가 양자 딜레마의 핵심이며 이 단순한 행위가 매우 이상한 효과를 일으킨다.

그러한 효과 중 하나는 처음에는 좀 이상해 보이지만, 약간만 생각해보면 매우 골치 아픈 문제라는 것을 알게 된다. 방사성 물질의 원자를 들여다보는 것―측정하는 것―만으로도 방사성 붕괴를 막을 수 있다. 방사성 물질 원자의 특징에 대한 일반적 상식과는 어긋나는 이야기이다.

방사성 물질의 원자는 불안전한 핵을 가지고 있다. 예를 들어 우라늄 235는 넘쳐나는 에너지 덕분에 스스로를 쪼개놓으려고 발버둥 친다. 그러나 중성자와 양성자를 묶어놓는 결합력 때문에 한동안은 그 넘치는 에너지를 통제할 수 있다. 그러다가 임의의 어느 순간, 핵이 두 조각으로 갈라지면서 엄청난 에너지를 쏟아낸다. 수십 년 동안 과학자들은 이런 핵의 쪼개짐, 즉 붕괴 속도를 측정했다. 어

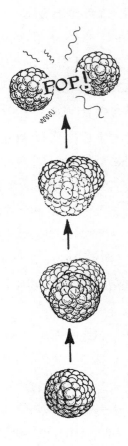

양자적 관점에서 본 핵 붕괴

떠한 영향력도 가하지 않고 그대로 두면 우라늄 원자는 항상 정확히 일정한 속도로 붕괴된다. 각각의 방사성 물질 원자는 자기만의 독특한 붕괴 속도를 보인다. 이런 속도를 핵의 '반감기'라고 부르는데, 이는 방사성 핵의 기본 성질 중 하나다. 여러 개의 우라늄 원자를 항아리 안에 놓아두고 일정한 시간이 지나면 그중 일부는 붕괴되어 있다. 그리고 우리는 그 시간 동안 몇 개의 원자가 붕괴되어 있을지 예측할 수 있다. 방사성 원자가 붕괴되는 것을 막을 방법은 전혀 없을 듯하다.

이 원자핵들을 약간만 다른 각도에서 보면 허점이 드러난다. 양자이론의 관점에서 보면 각각의 불안정한 핵은 사실 슈뢰딩거의 고양이와 똑같다. 이 핵들은 계속해서 중첩 상태에 있기 때문이다. 하나의 양자 상태, (0)은 불안정하기는 하지만 붕괴되지 않은 핵을 말한다. (0)의 상태에서 핵은 하나다. 대개 원자는 (0)쪽으로 심각하게 치우친 중첩 상태, 또는 좀 더 복잡하게 표현하면 ([100%]0 & [0%]1) 상태에서 출발―완전히 (0)인 상태에서 시작할 수도 있다―한다. 그러나 시간이 지나면서 이러한 치우침은 조금씩 변한다. 원자핵의 중첩이 점점 더 심해지는 것이다. 시간이 지나면 ([99.9%]0 & [0.1%]1) 상태가 되었다가 ([98%]0 & [2%]1)로 변한다. 조금 더 시간이 지나면 ([85%]0 & [15%]1)이 된다. 시간이

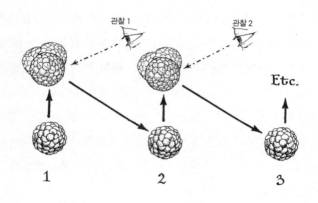

양자의 제논 효과

더 흘러 (1)의 상태가 충분히 커지면 갑자기 중첩이 붕괴되면서 핵이 갈라진다. 마치 자연이 이 핵의 상태를 측정하거나 우주의 동전을 던져서 (0)의 상태가 아니라 (1)의 상태—핵이 갈라진 상태—가 되어야 한다고 결정한 것 같다. (이러한 자연 붕괴에 대해서는 잠시후에 다시 논하기로 한다.)

그러나 양자이론에 따르면 단지 원자핵을 자꾸만 측정하는 것만으로도 방사성 붕괴를 막을 수 있다. 순수한 ([100%]0 & [0%]1)의 상태는 핵이 붕괴되지 않은 상태이다. 중첩 상태가 변하려고하자마자, 즉 광자를 방출하려고 하자마자 이 원자를 측정한다면 원자의 상태는 (0)의 상태일 것이 분명하다. 이 원자는 아직 중첩 상태에서 큰 변화를 가져올 만한 시간이 없었다. ([99.9%]0 & [0.1%]1) 정도의 상태일 수도 있지만, 측정해보면 항상 (0)이 나온다. 핵은 아직 붕괴되지 않았다. 그러나 측정 행위로 인해 중첩은 붕괴된다. 원자핵을 측정함으로써 원자의 상태는 다시 ([100%]0 & [0%]1)로 돌아가서 순수한 원자핵으로 돌려놓는다. 원점으로 돌아온 것이다. 이때 재빨리 원자핵을 다시 측정하면 중첩 상태는 완전히 처음으로 돌아간다. 다시 한 번, 재빨리 측정한다. 다시 한 번, 다시 또 한 번. 매번 우리는 아직 붕괴되지 않은 원자핵을 본다. 또한 매번 원자핵을 처음의 순수한 (0) 상태로 돌려놓는다. 재빨리 반복되는 측정으로 인해 중첩은 변화를 일으키지 못한다. 원자핵은 (1)의 상태에 전혀 다가가지 못한다. 따라서 붕괴될 기회는 거의 전무하다. 원자핵의 측정을 계속해서 되풀이하면 붕괴를 막을 수 있다. 이것은 사실이다. 냄비 뚜껑을 너무 자주 열어보면 물이 끓지 않는 것과 마찬가지다.

반복되는 측정으로 원자핵의 붕괴는 일어나지 못한다. 양자의 제논 효과[6]라고 부르는 이러한 효과는 포획된 이온과 광자를 이용해 연

---

6   그리스 엘레아학파의 철학자 제논의 이름을 따서 이렇게 부른다. 그는 경주의 궤적을 무한히 작은 조각으로 나누면 경주를 완주하는 것은 불가능해진다고 주장했다.

구되었다. 이론가들은 이와 반대 효과도 있을 수 있다고 주장한다. 세밀하고 조심스럽게 관찰하면 원자의 붕괴를 유도할 수 있다는 것이다. 양자의 제논 효과와 반反제논 효과는 측정 행위—정보의 전달—가 방사능 붕괴와 같은 실질적이고 물리적인 현상과 직접 관련이 있다는 것을 보여준다. 어떤 방법이 동원되었는지는 몰라도 양자 정보는 물질의 행동 방식을 지배하는 법칙들과 연관되어 있다.

사실 양자 정보를 수단으로 핵붕괴의 물리적 과정을 완전히 다시 만들 수도 있다. 관찰하는 사람이 없어도 원자핵의 자연 붕괴를 정보 전달의 한 행동으로 볼 수 있다. 핵은 순수하고 붕괴되지 않은 상태에서 출발해서 붕괴와 미붕괴의 중첩 상태로 들어간다. 슈뢰딩거의 고양이처럼 원자핵도 붕괴와 미붕괴 상태로 동시에 존재한다. 그러다가 무언가가 일어난다. 무언가가 핵에 대한 정보를 얻기 시작한다. 또는 무언가가 원자의 상태를 측정한다. 무언가가 핵의 상태에 대한 정보를 주변 환경에 전달하기 시작한다. 이러한 정보 전달이 중첩을 붕괴시킨다. 우주의 동전 던지기의 결과에 따라서, 핵은 전혀 붕괴되지 않은 (0)의 상태나 완전히 붕괴된 (1)의 상태를 선택한다. 만약 전자라면 이 과정은 처음부터 다시 시작한다.

만약 후자라면 핵은 우리가 방사성 물질의 원자에 대해서 예상하는 그대로의 과정을 거쳐 자연 붕괴를 시작한다. 방사성 붕괴의 전체적 틀은 완벽하게 일관적이다. 이러한 특징을 이용하면 주어진 기간 동안 몇 개의 원자가 붕괴될 것인지 정확하게 예측할 수 있다. 핵 붕괴를 정보 전달의 과정으로 볼 수도 있다. 그러나 한 가지 찜찜한 구석이 남아 있다. 핵을 측정하는 그 '무언가'가 바로 그것이다. 원자에 대한 정보를 수집하고 그 정보를 주변 환경에 퍼뜨리는 그 '무언가'는 대체 무엇일까?

그 '무언가'는 바로 자연이다. 바로 자연이 계속해서 측정을 수행한다. 슈뢰딩거의 고양이에 관한 역설을 푸는 열쇠가 바로 여기에 있다.

과학자들은 일반적으로 자연을 어떤 형태의 존재라고 보지 않는다. 절대 다수가 우주를 의식을 가진 존재로 보지 않는다. 초자연적 존재가 작은 캘리퍼스를 들고 우리 주변을 분주하게 돌아다니고 있다는 것을 믿지도 않는다. 그러나 자연—우주—이 어떤 의미에서는 끊임없이 모든 것을 측정하고 있다는 것은 굳게 믿는다.

우주는 입자로 넘쳐난다. 지구는 태양으로부터 날아온 광자의 세례를 받고 있다. 그 입자들 덕분에 우리는 주변 환경을 인지할 수 있다. 창밖의 나무를 내다볼 때 우리의 뇌는 자연이 우리에게 준 정보를 처리한다. 태양으로부터 온 광자는 나뭇잎에 반사되어 우리 눈에 닿는다. 우리 눈의 망막이 그 정보를 받아들이든 받아들이지 않든, 나무에 대한 정보가 거기에 있다. 어떻게 보면 그 나무에 쏟아지는 햇살은 자연의 측정 도구이다. 그 햇살이 나무로부터 정보—나무의 키는 6피트, 색깔은 초록색이며 바람에 흔들리고 있다—를 취해 그 정보를 주변 환경에 전파한다.

광자에 담겨 있는 정보를 눈을 감아 무시한다고 해도 나무의 존재는 지각할 수 있다. 나뭇잎을 흔드는 바람 소리가 들릴 것이고, 한 나무에 부딪쳤다가 다른 나무를 스쳐가는 공기 분자의 흐름이 느껴질 것이다. 그런 것들이 음파를 만든다. 나뭇잎이 바스락거리는 소리를 들을 귀가 있든 없든, 그 정보는 주변 환경 속으로 흩어진다.[7] 물론 손으로 직접 그 나무를 측정할 수도 있다. 나무 위로 기어올라가 나무껍질의 분자가 내 손의 분자와 만날 때의 딱딱하고 거칠거칠한 촉감도 느껴볼 수 있다. 그러나 나무가 거기에 있다는 것을 알기 위해 그렇게 할 필요는 없다. 빛과 소리의 형태로 자연이 그 나무에 대해 이미 수집해놓은 정보를 처리하기만 하면 된다. 빛과 공기의 입자는 자연의 탐침, 자연의 측정도구이다. 우리는 그저 그 입자들에 이미 맡겨진 정보를 접수하기만 하면 된다.

태양을 없애고 지구의 대기를 제거하면 위와 같은 정보의 원천도 더는 존재하지 못한다. (물론 태양과 대기가 사라진다면 우리의 오감을

---

7 정말 그렇다. 나뭇잎이 떨어지면 소리가 난다. 의문의 여지가 없다. 선승(禪僧)들이여, 그 소리에 귀를 기울여라!

잃는 것 정도는 거론할 문제 축에 끼지도 못한다!) 지구는 공기 한 방울 없고 완전히 깜깜한 곳이 되어버릴 것이므로 반사된 빛이나 음파 등을 통해 그 나무에 대한 정보를 얻는 것도 불가능하다. 사람은 멀리 떨어져 있는 나무를 느낄 수 없다. 자연이 우리를 위해 수집해준 정보가 흡수되는 주요 관문인 눈과 귀가 더 이상 어떠한 신호도 접수하지 못하기 때문이다. 그러나 사람이 신호를 접수하지 못한다고 해서 자연이 정보 수집을 중단하는 것은 아니다. 전혀 그렇지 않다.

자연은 태양이나 바람이 나무를 측정하도록 할 필요가 없다. 멀리 떨어진 별에서 오는 광자도 지구를 두드린다. 별빛만 가지고 나무를 식별하기에 사람의 시력은 너무 약하지만, 영리한 과학자들은 광검출기를 써서 나무의 윤곽을 분간한다. 정보는 여전히 환경 속으로 흘러들고 있는 것이다. 지구 자체의 온도는 절대영도보다 높기 때문에 지구도 광자를 방출한다. 적외선 카메라를 쓰면 지구의 광자 방출을 촬영할 수 있다. 그리고 이 광자가 나무와 충돌할 때도 나무의 실루엣에 대한 정보가 노출된다. (나무도 정보가 실려 있는 적외선을 방출한다. 나무를 절대영도로 냉각시켜야만 적외선 방출을 멈출 수 있다.) 냉각된 나무가 지구의 따뜻함과 멀리 떨어진 별의 희미한 빛에서도 차단된 채 먼 우주 속을 떠돌아도, 자연은 여전히 그 나무를 측정한다. 우주에는 대폭발 직후에 방출된 광자가 풍부하게 흩어져 있다. 이 광자들이 계속해서 나무에 와서 부딪치고 충돌하면서 나무에 대한 정보를 수집해 환경 속으로 흘려보낸다. 정보가 실제로 거기에 있다는 것을 증명하는 간단한 트릭인 것이다. 적절하게 맞추어진 검출기를 가진 관찰자라면 나무에 충돌하고 튀어나가는 광자를 볼 수 있다.

광자가 없어도 자연은 여전히 나무를 관찰한다. 우주는 은하의 가장 먼 끝에서 오는 중성미자—아주 작고 무게가 거의 없는 입자로 다른 물질의 상호작용도 거의 없다—뿐만 아니라 먼 은하로부터 오는 우주선 cosmic ray 으로 충만해 있다. 이 입자들은 나무를 통과하기도 하고 나무에 부딪쳐 튀어나가기도 한다. 기술적으로는 매우 어렵지만, 이론상으로는 적절한 검출기만 있으면 나무가 지나가는 입자에 미치는 영향도 목격할 수 있다. 정보는 여전히 환경 속으로 흩어지고 있다.

만약 우리가 이 나무와 우주를 채우고 있는 입자를 완전히 갈라놓는다면 어떤 현상이 발생할까? 이 나무를 빛을 복사하지 못하도록 절대영도의 진공상자 속에, 중성미자와 우주선과 광자와 전자와 중성자를 비롯해 자연이 정보를 수집하는 데 활용하는 모든 탐침들로부터 격리시켜 가둔다면? 그렇게 하면 자연이 나무로부터 정보를 얻는 것을 막을 수 있을까? 놀랍게도 그렇지 못하다. 자연은 어떻게 해서든 그 나무로부터 정보를 얻어낼 방법을 찾아낸다. 항상, 가장 깊숙한 진공의 상태, 절대영도의 상태에서도!

우리가 이 나무를 모든 입자들―자연이 정보를 수집하는 데 이용하는 모든 수단들―로부터 차단한다 하더라도 자연은 우주 속의 어떤 지점에서도 활용할 입자를 만들어낸다. 아주 작은 스케일의 입자들이 끊임없이 생겨났다가 사라진다. 이런 입자들은 생겨나서 정보를 수집한 다음, 그 정보를 환경 속으로 퍼뜨리고, 처음 나타날 때처럼 그렇게 아무 일도 없었던 듯 사라진다. 이렇게 찰나적으로 생겨났다 사라지는 입자들이 바로 2장에서 다루었던 진공 요동으로, 우주의 어느 곳에서나―가장 깊고 가장 추운 곳에서도― 나타난다. 진공 요동 때문에 물체를 자연의 측정으로부터 완전히 격리시키는 것은 불가능해진다. 진공 요동은 하이젠베르크의 불확정성의 원리에 따른 결과라는 이론(실험에서도 확인되었다)이 이미 세워져 있다.

지난 장에서 설명한 것처럼 하이젠베르크의 불확정성의 원리는 정보에 대한 제한이다. 어떠한 관찰자도 완벽한 정확도로 어떤 물체가 가진 두 가지 상보적 성질을 동시에 측정할 수는 없다. 예를 들어 입자의 위치와 운동량에 대한 정보를 동시에 정확하게 얻는 것은 불가능하다. 입자의 위치에 대해 모든 것을 안다는 것은 운동량에 대해서는 아무런 정보도 없다는 것과 같은 뜻이다. 그러나 정보는 물리적인 계의 상태와 연관되어 있다. 누군가가 있어서 정보를 추출하든 하지 않든, 그 정보를 조작하든 하지 않든, 정보는 존재한다. 어떤 입자의 양자적 상태를 측정하기 위해 꼭 사람이 필요하지는 않다. 입자는 이미 양자적 상태를 지니고 있기 때문이다. 정보는 우주에 존재하는 물체의 고유한 성질이며, 하이젠베르크의 불확정성의 원리는 정보에 대한 제한이다. 따라서 불확정성의 원리는 실제로 우주에 존재하는 물체의 양자적 상태에 대한 것이지 양자적 상태의 측정에 대한 것은 아니다.

대부분의 대중 과학서적들이 하이젠베르크의 불확정성의 원리를 소개할 때 측정 행위가 측정되는 계를 어떻게 '교란'하는지 설명한다. 전자의 위치를 측정하기 위해 광자를 충돌시키면서 약간의 에너지를 준다. 그러면 전자의 운동량에 대한 정보가 줄어들면서 그 입자의 속도가 변한다. 그러나 이 정도 설명으로는 완벽하지 않다. 불확정성의 원리는 과학자가 어떤 대상을 측정하고 있느냐 하지 않고 있느냐에 상관없이 유효하기 때문이다. 불확정성의 원리는 누군가가 어떠한 정보를 수집하고 있느냐 아니냐에 상관없이 자연의 모든 측면에 대해서 유효하다. 가장 깊은 진공 상태에서조차 유효하다.

양자역학에서 또 한 쌍의 상보적 성질이 에너지와 시간이다. 어떤 입자가 얼마의 에너지를 갖고 있는지 정확히 안다면, 그 입자가 얼마나 오랜 시간 동안 그 에너지를 갖는지에 대해서는 알 수 없다. 그 반대의 경우도 마찬가지다. 양자역학의 법칙은 이 원리가 입자뿐만 아니라 우주 속의 모든 곳―빈 우주―에 적용됨을 증언한다.

빈 우주? 빈 우주라면 에너지가 제로여야 하지 않는가? 하이젠베르크의 불확정성의 원리에 의하면 그렇지 않다. 만약 이런 영역의 에너지가 완전히 제로였다면 우주 속 어떤 영역의 에너지에 대해서는 완벽한 정보를 얻을 수 있었을 것이다. 그러나 에너지-시간의 상보성 때문에 우리는 우주의 그 영역이 그 에너지를 가지고 있었던 기간에 대한 정보를 가질 수 없다. 아마 우주의 그 영역이 제로 에너지였던 기간은 엄청나게 짧은 순간뿐이었을지도 모른다. 그러고 나서는 어느 정도의 에너지를 가져야만 한다. 마찬가지로 운동량-위치의 상보성을 매개로 하여 우주의 한 영역에 정확하게 고정되어 있는 점을 우리가 알고 있다면―불확정성이 극히 작은 아주 좁은 영역을 보고 있다면―그 영역이 얼마나 큰 운동량을 가지고 있는지에 대해서는 정보가 거의 없다. 점점 더 작은 영역으로 좁혀 들어가면(따라서 이 영역의 위치를 점점 더 정확히 알게 되면), 우리가 관찰하고 있는 그 영역의 운동량에 대해서는 점점 더 모르게 된다. 운동량이 정확하게 제로라는 것은 그 영역의 운동량에 대해 완벽한 정보를 얻었다는 뜻이므로 그 영역은 제로가 아닌 운동량을 가져야만 한다. 진공이라 해도 마찬가지다.

이건 너무나 이상한 논리다. 에너지나 운동량을 가질 수 있는 물질이 전혀 없는데, 어떻게 공간 속의 텅 빈 영역이 에너지와 운동량을 가질 수 있는가? 우리를 위해 자연이 이 문제를 해결해준다. 즉, 여러 가지 입자가 계속해서 생겨났다 사라진다. 입자는 생겨나서 아주 짧은 순간 동안 에너지와 운동량을 가지고 있다가 사라진다. 일반적으로 입자가 가진 에너지가 클수록 (에너지-시간의 관계 때문에) 입자가 살아 있는 기간은 짧고, 입자가 가진 운동량이 클수록 (운동량-위치의 관계 때문에) 살았던 공간이 좁다. 다시 말해 아무리 깊고 깊은 진공 속에서라도 입자는 생겨났다 사라지며, 우리가 관찰하는 공간의 영역을 좁히면 좁힐수록 그 안에는 더 많은 입자가 있으며, 그 입자들의 수명은 더 짧고 에너지는 더 크다. 이 입자들은 끊임없이 어딘가에 부딪치고 튕겨나오면서 자신이 만났던 물체에 대한 정보를 가져다가 환경 속으로 그 정보를 퍼뜨린다. 그러고는 진공 속으로 다시 사라진다. 이것이 바로 진공 요동이다.

꾸며낸 이야기가 아니다. 실험실에서 실제로 관찰된 내용이다. 조건만 맞으면 이런 입자들은 금속판 주변을 돌아다닌다. 캐시미어

효과Casimir effect라고 알려진 현상이다. 1996년, 워싱턴 대학의
물리학자들은 바로 이 양자 요동에 의한 힘을 측정했다. 비록 이 힘
은 개미 몸무게의 3만분의 1 정도로 매우 작지만, 입자가 이런 힘을
가지고 있다는 것을 확인할 수는 있었다. 그 후로 몇 번의 다른 실
험에서도 워싱턴 대학에서 얻었던 결과를 확인했다. 순식간에 나타
났다 사라지기는 하지만 입자는 분명 존재한다. 이 입자들의 효과
를 직접 확인할 수도 있다. 또한 입자는 우주 속의 어떤 영역에서도
끊임없이 생겨나고 사라지기 때문에, 자연은 언제나 이 입자들을
측정한다. 자연의 측정을 막을 수 있는 방법은 없다.

　자연발생적으로 중첩 현상이 붕괴— 핵 붕괴에서 일어났던 것처
럼—되는 것도 진공 요동으로 설명할 수 있다. 원자핵을 측정하기
위해 사람이 직접 개입할 필요는 없다. 자연이 스스로 이 진공 요동
으로 측정하기 때문이다. 이따금씩, 이렇게 순식간에 나타났다 사
라지는 입자들이 원자핵에 충돌해 측정을 하고, 거기서 얻은 정보
를 환경 속으로 퍼뜨린다. 원자핵은 아주 작은 타깃이기 때문에 이
런 일은 (일반적으로) 상대적으로 아주 드물게 일어난다. 그러나 진
공이라 하더라도, 외부의 영향으로부터 차단되어 있다고 하더라도,
붕괴되지 않은 상태와 붕괴된 상태가 중첩된 원자핵의 상태는 무작
위로 자연이 측정한다.

중첩 상태는 어느 순간 갑자기 무너지며, 원자핵은 온전히 있을 것인지 붕괴될 것인지를 '선택'해야 한다. 자연이 측정하고 있음을 모르는 외부의 관찰자가 보기에는 원자핵이 아무런 이유도 없이 그저 어느 날 갑자기 쪼개지는 것으로밖에는 보이지 않는다. 측정이 일어날 때마다 생기는 이러한 무작위적 선택 때문에, 어떤 원자핵이 언제 붕괴할지는 정확하게 말할 수 없다. 상자를 가득 채운 기체가 어떻게 움직일지를 예측하기가 쉬운 것처럼 이러한 원자핵의 앙상블이 어떻게 붕괴되는지를 밝히는 것은 쉽지만, 원자 하나가 상자 안에서 무작위적으로 돌아다니는 행동을 예측하기 어려운 것처럼 하나의 원자핵이 어떻게 행동할 것인지를 예측하는 것은 불가능하다.

이렇게 꾸준히 일어나는 측정은 양자 영역의 규칙에 따른 피할 수 없는 결과다. 슈뢰딩거의 고양이의 역설이라는 비밀도 여기서 생겨난다. 따라서 양자이론에서 가장 중요한 질문 중 하나에 대한 대답도 여기서 찾을 수 있다. 왜 미시 세계의 물체는 거시 세계의 물체와 다른 성질을 갖는가? 왜 원자는 중첩 상태에 있을 수 있는데 고양이는 그럴 수 없는가? 그 대답은 '정보'다.

양자 정보를 환경 속으로 전달—자연에 의한 계속적 측정—하는 행동이 고양이와 원자를, 거시 세계와 미시 세계를 다르게 만든다. 정보가 양자 세계의 법칙이 야구공이나 사람같이 더 큰 물체에 적용되지 못하게 만드는 이유다.

슈뢰딩거의 고양이의 역설에서 그랬던 것처럼 일단은 작은 것에서 출발해보자. 양자 물질, 이를테면 70개의 탄소 원자로 이루어진 풀러린의 대형 분자를 가지고 있다고 상상해보자. 우리는 이 분자를 중첩 상태에 놓고 이 분자를 간섭계에 통과시켜서 두 장소에 동시에 존재하게 함으로써 이 분자의 큐비트를 (0&1)로 기록할 수 있다. 이 큐비트는 얼마나 오랫동안 흔들리지 않고 이대로 있을 수 있을까?

이론상 이 분자는 관찰되지 않는 한 중첩 상태로 있을 수 있다. 즉, 관찰자(여기에는 자연도 포함된다)가 끼어들어서 이 물질의 양자 상태에 대해 정보를 빼가려고 하지 않는 한 그 상태를 유지한다. 누군가가 교란시키지 않는 한, 이 분자는 여기도 아니고 저기도 아닌, 두 장소에 동시에 존재하는 상태로 슈뢰딩거의 고양이처럼 아주 행복한 시간을 보낼 수 있다. 빈 대학에 있는 안톤 차일링거의 실험실에서 여러 번 재연되었던 것이 기본적으로는 바로 이 상태였다.

그러나 이 분자가 교란되지 않도록 지키기는 쉽지 않다. 만약 이 분자가 공기 중에 노출되어 있다면 질소와 산소 분자가 끊임없이 이 분자에 와서 충돌한다. 질소 분자는 풀러린 분자에 부딪치면서 풀러린 분자에 대해 측정한다. 그리고 정보를 추출한다. 여기서 질소 분자와 풀러린 분자는 얽힌 상태로 발전한다.

충돌이 일어나면 질소 분자는 풀러린 분자에 대한 정보를 가져간다. 예를 들어 이 두 분자의 충돌을 지켜보면 한쪽 분자의 위치에 대한 정보를 얻을 수 있다. 따라서 질소 분자의 궤적을 측정하면 풀러린 분자에 대해서도 정보를 얻게 된다. 이것이 얽힘의 핵심이다. 하나의 물체에 대한 정보를 얻으면 자동적으로 나머지 하나의 물체에 대한 정보도 얻어진다. 따라서 이쪽에서 저쪽으로 흐르는 정보 덕분에 풀러린 분자와 질소 분자는 얽혀 있다.

질소 분자가 다른 공기 분자, 예를 들어 산소 분자와 충돌하면, 산소는 질소를 '측정'하고 역시 질소와 얽히게 된다. 우리가 만약 입자 탐지기만큼 민감하다면, 산소의 궤적을 측정해서 역추적함으로써 풀러린의 위치에 대한 정보를 얻을 수 있다. 풀러린에 대한 정보는 이제 질소뿐만 아니라 산소도 가지고 있다. 또 이 분자들이 공기 중에서 다른 입자들과 충돌하고 온 또 다른 입자들과 충돌하면 그 정보는 공기 중의 모든 분자들에게 분산된다. 풀러린에 대한 정보는 풀러린이 환경과 얽혀 있는 한 아주 먼 곳까지 퍼져나간다.

풀러린에서 환경으로 정보가 흘러가기 때문에 중첩 상태를 유지하기는 불가능하다. 중첩은 붕괴되고 풀러린은 (0) 또는 (1)의 상태 중 하나를 선택해야 한다. 어떤 물체가 점차적으로 환경과의 얽힘을 증가시켜가는 과정—어느 물체에서 그 물체를 둘러싼 환경으로 정보가 흐르는 것—을 결깨짐 decoherence[8]이라 한다.

그렇다면 결깨짐은 미시적 물체와 거시적 물체의 차이를 이해하는 열쇠라고 할 수 있다. 정보가 한 물체에서 주변 환경으로 전파되면 그 물체는 중첩에서 벗어난다. 점점 더 고전적인 물체처럼 행동하는 것이다. 이론상으로는 고양이도 주변 환경으로 정보가 새어 나가는 것만 막을 수 있다면 중첩 상태에 있을 수 있다. 정말로 살았나-죽었나 고양이를 가질 수 있다는 뜻이다. 그러자면 결깨짐을 막아야 한다.

풀러린처럼 상대적으로 아주 작은 물체의 결깨짐은 어떻게 막을까? 분자에 대한 정보가 밖으로 새어 나가는 것을 어떻게 막을까? 가장 확실한 방법은 우리의 풀러린에 와서 충돌하려 하는 다른 분자들의 수를 최소화하는 것이다. 그러자면 먼저 풀러린을 진공 속에 두어야 한다. 그렇게 하면 상자 또는 방 안에 떠돌아다니는 공기 속의 분자들을 제거할 수 있다. 아주 정밀한 진공 상태라면 실험 기간 동안 풀러린에 와서 부딪치는 분자가 전혀 없을 수도 있다. (그리

---

8 이 개념이 처음 소개되었을 때 결깨짐은 그 논리가 너무도 난해하여 초기의 제안자 중 한 사람이었던 한스 디터 체(Hans Dieter Zeh)까지도 고생했을 정도였다. 그러나 그 후로는 완전하게 주류 이론의 하나가 되었으며 실제로 관찰되기도 했다. 어떻게 보면 결깨짐은 엔트로피와 닮았다고 할 수 있다. 그러나 곧 다루어질 내용처럼 결깨짐은 엔트로피보다 더 기본적인 현상이다.

고 실내 공기의 온도를 낮추면 공기 중의 분자들이 움직이는 속도를 느리게 함으로써 풀러린과 충돌할 가능성을 낮출 수 있다.) 또 빛—광자도 풀러린과 충돌한다—을 비롯해 풀러린과 얽힐 수 있는 모든 것으로부터 풀러린을 차단시켜야 한다. 그러나 완벽하게 어둡고 어떠한 입자도 존재하지 않는 실내라 해도 풀러린은 자발적으로 자신의 존재를 드러낼 수 있다.

모든 물체는 빛을 복사한다. 절대영도 이상의 온도에 있는 모든 물체는 광자를 방출할 가능성이 있다. 아주 작은 한 방울의 에너지를 빛의 형태로 주변에 내놓는 것이다. 이 광자는 자신을 방출한 물체에 대한 정보를 가지고 있다. 자신을 방출한 물체와 자동적으로 얽히면서 그 물체에 대한 정보를 주변 환경에 전파한다. 물체의 결깨짐을 돕는 이러한 광자의 방출을 막을 수단은 어디에도 없다. 그러나 이 과정을 최소화할 수는 있다. 물체의 온도가 낮으면 낮을수록 복사되는 에너지는 작아지고 방출하는 광자의 수도 줄어든다. 따라서 일반적으로 물체가 차가울수록 결깨짐이 일어나는 속도가 더뎌진다. 2004년 2월, 차일링거의 실험실에서는 온도의 상승이 풀러린의 결깨짐 속도를 높인다는 것을 보여주는 논문을 발표했다. 분자가 뜨거워지면 뜨거워질수록 간섭에 의한 줄무늬—중첩 상태에 있음을 외부적으로 보여주는 표시—가 줄어들다가 사라진다. 그러므로 일반적으로 물체가 차가울수록 중첩 상태에 있을 수 있는 시간이 길어진다.

고양이처럼 우리가 일상적으로 만나는 거시적 대상들은 어떨까? 먼저 중첩 상태에 있는 고양이를 상상해보자. 이 고양이에 (0&1)의 큐비트를 저장해두었다. 고양이에 저장된 이 큐비트는 얼마나 오래 유지될까?

그러나 실험을 시작하자마자 우리는 문제에 봉착한다. 고양이 주변은 공기가 둘러싸고 있다. 고양이에게 와서 충돌했다가 튀어나가면서 측정하려고 하는 분자들의 수를 최소화하기 위해서는 고양이를 진공 속에 넣어야 한다. 고양이를 진공실에 넣었을 때 생겨날 (불쾌한!) 결과는 무시하더라도, 그렇게 한다는 것 자체가 비현실적이다. 풀러린 분자와는 달리 고양이는 덩치가 아주 큰 타깃이다. 아주 정밀한 진공이라도 그 안에는 수천 개의 분자가 들어 있다. 풀러린 같이 작은 입자에게는 아무런 문제가 되지 않는다. 어떤 한 입자가 풀러린에 와서 충돌할 가능성은 극히 적기 때문이다.

공기 중의 분자가 풀러린에 와서 충돌하게 하려면 아주 많은 수의 분자가 필요하다. 그러나 상자 안에 고양이처럼 큰 물체가 들어 있다면 아주 정밀한 진공 속에서라도 주어진 임의의 순간에 어떤 입자가 와서 충돌할 확률은 아주 높다. 큰 물체는 작은 물체에 비해 훨씬 더 빈번하게 측정된다. 환경 속에 있는 광자나 다른 입자에 의한 측정도 마찬가지다. 이런 입자들도 아주 작은 풀러린 분자보다는 고양이처럼 큰 물체에 부딪치기가 더 쉽다. 이렇게 이루어지는 측정에 의해 고양이에 대한 정보가 주변 환경 속으로 전파된다.

이처럼, 만약 고양이를 절대영도에 가깝게 냉동시킨다고 해도 풀러린 같은 미시적 물체에 비하면 상당한 양의 복사가 이루어진다. 임의의 원자라도, 또 그 원자가 낮은 온도에 있어도 광자를 방출할 수 있다. 온도가 낮을수록 광자를 방출할 가능성은 낮아진다. 풀러린은 고작해야 60~70개의 원자로 구성되어 있으므로 온도를 충분히 낮추기만 하면 원자로부터 광자가 방출되는 것을 막을 수 있다. 큐비트를 저장하고자 하는 기간 동안 광자가 방출될 확률을 1,000분의 1 정도로 낮추면 풀러린을 구성하는 원자 중 어떤 것도 광자를 방출하지 못하게 할 확률을 90퍼센트 이상으로 높일 수 있다. 그러나 1,000분의 1의 확률이든 100만분의 1의 확률이든, 그보다 더 나아가 10억 분의 1, 수조 분의 1의 확률로 원자가 광자를 방출하더라도, 고양이를 이루고 있는 원자가 광자를 방출할 확률은 거의 100퍼센트라고 말할 수 있다. 고양이를 이루고 있는 원자 모두가 광자를 방출하지 못할 확률은 사실 0퍼센트다. 물체가 크면 클수록 그 물체가 복사를 통해 정보를 흘리는 것을 막기는 어려워진다.

따라서 종합적으로 말하자면 물체가 작을수록, 덜 복잡할수록, 차가울수록, 결깨짐이 줄어든다. 물체가 크고 복잡할수록, 뜨거울수록, 그 물체를 격리시키려는 노력을 아무리 쏟아도 주변 환경 속으로 확산되는 그 물체에 대한 정보는 커진다. 과학자들은 절대영도에 가까운 깊은 우주 속의 완벽한 진공 속에 있는, 직경 1마이크론—사람 머리카락 굵기의 10분의 1— 정도의 먼지 알갱이만큼 작은 입자라도 100만 분의 1초면 결깨짐이 일어난다고 계산한 바 있다. 이 입자에 큐비트를 저장한다면 자연이 측정을 시도해 아주 눈 깜짝할 사이에 중첩 상태를 붕괴시킬 것이다. 이렇게 작은 입자의 결깨짐을 막는 것도 그토록 어렵다면 하물며 상자 속의 고양이처럼 크고 따뜻하고 복잡한 물체의 결깨짐을 막는 것은 얼마나 더 어렵겠는가.

이것이 바로 미시적·양자적 세계와 거시적·고전적 세계의 기본 차이다. 자연도 차갑고 크기가 작은 물체에 대한 정보를 얻기는 어렵다. 따라서 이런 물체들은 비교적 오랜 기간 동안 양자 정보를 보존한다. 그러나 자연이 크고 따뜻한 물체에 대한 정보를 얻기는 쉽다. 우리가 일상생활에서 마주치는 모든 물체들이 바로 여기에 속한다. 양자 정보가 야구공이나 고양이처럼 큰 물체에 저장되었다고 해도 그 정보는 금방 주변 환경 속으로 흩어지면서 그 물체가 가지고 있던 중첩 상태는 붕괴된다. 큰 물체는 자신에 대한 정보가 주변 환경 속으로 확산되는 순간 금방 주변 환경과 얽히게 된다.

정보—그리고 결깨짐—는 슈뢰딩거의 고양이의 역설에 대한 해답을 쥐고 있다. 슈뢰딩거가 사고 실험을 처음 발표했을 때, 그의 주장은 세부적 부분까지 대부분이 옳았다. 그러나 결깨짐의 효과는 미처 예상하지 못했다. 그의 주장대로 입자는 중첩 상태에 있을 수 있다. 그 입자의 중첩 상태를, 그 입자에 저장된 큐비트를 고양이에게 전달할 수도 있다. 최소한 이론상으로는 고양이도 어느 정도 중첩 상태에 있게 할 수 있다. 그러나 고양이는 덩치가 크고 온도가 높기 때문에 고양이의 상태에 대한 정보는 누군가가 상자를 열어보기도 전에 주변 환경 속으로 새어 나가버린다. 고양이의 상태는 눈 깜짝할 사이보다도 더 짧은 순간에 결깨짐이 일어나고 만다. 고양이의 중첩 상태는 거의 의식할 수 없을 정도로 짧은 순간에 사라진다. 고양이는 아주 효과적으로, 그리고 즉각적으로 삶과 죽음을 '선택'한다. 양자역학의 법칙을 따른다고 해도 고양이는 고전적 물체답게 행동한다. 우리는 고양이가 중첩 상태에 있는 순간을 포착하거나 고양이의 간섭 패턴을 만들 수 없다. 고양이에게서 주변 환경으로 새어 나가는 정보의 흐름이 너무나 빠르기 때문이다. 자연은 누군가가 상자를 열어보기 오래전에 이미 고양이를 측정했다. 완벽하게 격리된 환경이라고 해도 자연은 측정할 수단과 방법을 가지고 있다. 크고 따뜻한 물체는 작고 차가운 물체에 비해 훨씬 쉽게 측정할 수 있다.

고양이를 죽이는 범인은 바로 결깨짐이다. 결깨짐은 거시적 물체가 고전적으로 행동하게 만들고 미시적 물체는 양자적으로 행동하게 만든다. 우리의 뇌도 예외는 아니다.

뇌는 정보를 처리하는 기계이며 정보의 법칙을 따른다. 고전적 정보이론은 우리가 대단히 복잡한 정보처리 기계에 지나지 않는다고 말한다. 우리가 기본적으로는 튜링 머신이나 컴퓨터와 크게 다르지 않다는 뜻이다. 물론 이런 말은 아주 황당한 결론인 듯 들리지만, 그렇지 않을 수도 있다. 만약 우리 머릿속에 든 정보가 고전적 정보가 아니라 양자적 정보라면, 우리의 정신세계는 전혀 새로운 차원에 들어가게 된다.

양자 중첩 현상과 중첩의 붕괴 현상을 우리 정신 속에서 일어나는 일들과 대단히 유사하게 본 과학자들이 있었다. 양자 영역에서 슈뢰딩거의 고양이는 어떤 과정—측정 또는 결깨짐—이 일어나서 정보를 주변 환경 속에 전파하기 전까지는, 중첩이 붕괴되고 고양이로 하여금 삶이냐 죽음이냐를 선택하게 만들기 전까지는 죽어 있지도 살아 있지도 않은 상태다. 이와 비슷하게 인간의 정신도 다중적이고 의식의 문턱 아래서 떠돌아다니는 반쯤만 형성된 생각들을 동시에 이해하는 것 같다. 그러다가 어느 순간 어떤 생각이 구체화되면서 의식의 전면에 등장한다. 생각은 전의식에서 중첩 상태로 있다가 중첩과 파동방정식이 붕괴되는 순간 의식으로 진입한다.

양자적 의식에 찬성하는 사람들은 이렇게 유사한 과정이 단순한 우연의 일치가 아니리라고 추측한다. 1989년, 영국의 수학자이자 양자이론가인 로저 펜로즈Roger Penrose는 공개적으로 양자적 의식 주창자들의 그룹에 들어갔다. 그는 《황제의 새로운 사고 The Emperor's New Mind》라는 책에서 뇌는 고전적 컴퓨터보다는 양자 컴퓨터처럼 행동할지도 모른다고 주장했다. 그러나 우리가 앞에서 보았듯이 뉴런은 정보를 저장하고 조작하는 고전적 장치에 가까운 속성을 보인다. 만약 뇌가 양자 정보를 저장하고 조작할 수 있다면 생물학자들에게 익숙한 뉴런의 표준적인 화학적 변환 외에 또 다른 메커니즘이 있어야 한다.

애리조나 대학의 마취학자 스튜어트 해머로프Stuart Hameroff는 철학자들과는 다른 각도에서 의식에 대해 관심을 보였다. 그는 의식을 제거하고 재건하는 훈련을 받았기 때문이었다. 마취술이 발달했지만 의학은 아직 의식 현상에 대한 이해 수준이 원시적 단계에

머물러 있다. 의식 상태에 대한 그럴듯한 정의조차 없다. 따라서 의식은 활발한 연구 주제이며, 해머로프는 이 주제에 큰 매력을 느꼈다. 신경생리학을 연구하는 동안 의식에 대해 이해하려고 노력했던 해머로프는 뇌에서 양자적 속성을 가졌을 법한 장소를 찾았다. 튜불린 tubulin 이라는 단백질로 이루어진 관상 형태의 작은 구조물인 마이크로튜불 microtubule 이 바로 그것이었다. 이 미세관은 인체의 구조에 꼭 필요한 요소로서, 뉴런을 비롯한 우리 세포의 골격을 이루고 있다. 그러나 이 미세관이 우리의 관심을 끄는 이유는 이것이 담당한 고전적 역할 때문이 아니라 (잠재적으로) 양자적인 역할 때문이었다.

튜불린 단백질은 최소한 두 가지의 서로 다른 형태—수축형과 확장형—를 가질 수 있으며 그 크기가 상대적으로 작기 때문에, 이론상으로는 양자적 물체의 속성을 가질 수 있다. 곧, 두 가지 상태, 즉 수축 상태와 확장 상태에 동시에 있을 수 있다. 중첩 상태에 놓이는 것이다. 튜불린은 큐비트를 저장할 수 있다. 또한 개개의 튜불린 단백질은 이웃한 튜불린 단백질의 양자 상태에 영향을 미칠 수도 있다. 또 영향을 받은 튜불린 단백질은 그 이웃의 튜불린 단백질에 영향을 미친다. 그렇게 해서 뇌 전체로 영향이 전파된다.

1990년대에 펜로즈와 해머로프는 이러한 튜불린 기반 양자 메시징 시스템이 거대한 양자 컴퓨터처럼 행동할 수 있음을 보여주었다. 만약 우리의 뇌가 기존의 고전적 컴퓨터와 유사하게 작동하는 양자 컴퓨터라면 그 양자 컴퓨터는 우리의 의식이 존재하는 곳에 있을 것이다. 이로써 우리가 단순한 계산기로 끝나지 않고 그 이상의 존재인 이유가 설명될 것이다. 우리는 고전적 컴퓨터가 아니라 양자 컴퓨터이기 때문이다.

양자 두뇌의 개념은 몇몇 물리학자들과 인간의 의식을 연구하는 과학자, 그리고 다수의 신비주의자들로부터 관심을 끌었다. 그러나 대부분의 신경생물학자들과 인지과학자들은 이 개념에 그리 큰 의미를 부여하지 않았다. 양자 물리학자들도 마찬가지였다. 이 개념은 비약이 너무 심했다. 게다가 뇌는 양자 컴퓨팅을 하기에는 매우 적당하지 않은 곳이었다.

양자 정보는 그 속성상 매우 약하다. 자연은 끊임없이 측정을 실시하고 저장되어 있던 큐비트를 전파하면서 그 정보를 환경과 얽히게 만든다. 양자 정보의 최적의 생존 조건은 진공 속에 고립된데다가 매우 낮은 온도로 유지되는 극히 작은 물체에 저장되는 것이다. 튜불린 단백질은 원자나 작은 분자 같은 양자 물체에 비하면 상당히 큰 편이고 대형 분자인 풀러린보다도 훨씬 크다. 더구나 뇌는 따뜻하고 (일반적으로) 진공과는 비교할 수 없을 정도로 여러 가지 물질로 가득 차 있다. 이 모든 조건들이 튜불린 분자 속에 저장되어 있을지도 모를 양자 정보를 확산시키려는 음모를 꾸민다. 2000년에 펜실베이니아 대학의 물리학자인 맥스 테그마크 Max Tegmark 가 수치를 대입한 결과 뇌가 양자 컴퓨터로서 얼마나 악조건에 놓여 있는지가 드러났다.

뇌의 온도, 양자 물질이라고 알려진 여러 다양한 물체들의 크기, 근처에 있는 이온 같은 물질들에 의한 교란 등에 대한 데이터를 종합한 결과, 테그마크는 마이크로튜불을 비롯하여 양자 물체로서의 가능성이 있는 뇌 속의 다른 물질들이 결깨짐이 일어나기 전에 얼마나 오랫동안 중첩 상태를 유지할 수 있는지 계산할 수 있었다. 그가 얻은 결과를 보면, 중첩이 지속되는 시간은 10^{-13}에서 10^{-20}초였다. 가장 빠른 뉴런이라도 10^{-3} 스케일에서 활동하므로, 테그마크는 뇌의 양자적 속성이 어떠하든 간에 뉴런이 그 속성을 어떻게 이용해볼 새도 없이 너무 빨리 결깨짐이 일어나버린다는 결론을 내렸다. 양자적 의식을 주장하는 사람들은 아직도 인간의 정신은 양자적 속성을 가지고 있다고 말하지만, 그렇다고 볼 수 있는 측면은 거의 없다. 결깨짐은 너무나 강력한 현상이다. 뇌는 아무리 뒤져보아도 결국 고전적 물체라고 할 수밖에 없다.

인간의 뇌가 '단순히' 정보를 조작하고 저장하는 기계에 불과하다고 하더라도, 뇌는 그 속에서 무슨 일이 어떻게 일어나는지에 대해 과학자들도 아직 대략적 수준에서밖에 이해하지 못할 정도로 복잡하고 교묘하다. 철학자들과 과학자들은 의식이 어디서 오는가는 고사하고 의식이 무엇인가를 정의하는 데조차 어려운 세월을 보내야 했다. 의식이란 단지 이리저리 떠돌아다니는 정보를 충분히 많이, 충분히 복잡하게 모아놓은 곳에서 나오는 것에 불과할까? 꼭 그렇지 않다고 말해야만 할 이유—의식이 인간에게 갖는 의미에 대한 인간들의 결벽증을 제외하면—를 과학자들은 아직 발견하지 못했다. 우리의 뇌가 단지 매우 복잡한 정보처리 기계일 뿐이라고 하더라도 뇌는 우리 세포 안에 있는 정보처리기와는 수준도 다르고 시간 단위도 다르다. 그러나 우리의 유전자처럼 우리의 뇌도 정보—그리고 결깨짐—의 법칙을 따른다. 정보이론에서는 미시 세계와 거시 세계가 아무런 차이도 없는 것처럼, 뇌와 컴퓨터 사이에도 기본적 차이가 전혀 없다. 결깨짐은 슈뢰딩거의 고양이가 원자처럼 행동할 수 없음을 보여주었던 것처럼, 우리의 뇌가 양자 컴퓨터일 수 없는 이유를 보여준다. 또한 아원자 입자들이 거시 세계의 물체들과 다르게 행동하는 이유를 설명한다.

결깨짐은 양자역학을 그토록 기이하게 만드는 것이 무엇인지에 대한 완벽한 답이 되지는 못한다. 그러나 양자적 우주의 속성을 이해하는 데서는 커다란 진전이며, 양자적 세계와 고전적 세계를 기술하는 데 별도의 법칙이 필요하지 않음을 보여준다. 양자 법칙은 모든 스케일에서 유효하다. 또한 미시적 물체와 거시적 물체가 전혀 다르게 행동하는 것처럼 보이는 것은 자연의 끊임없는 정보 수집과 전파 때문이다.

이 과정의 처음부터 끝까지, 자연은 정보를 조작한다. 자연은 정보를 측정하고, 전파하고, 재배열한다. 그러나 과학자들이 아는 한, 자연은 결코 정보를 없애거나 새로 만들어내지 않는다. 결깨짐은 정보의 제거를 의미하지 않는다. 중첩이 붕괴되고 원자 같은 물체에 저장되어 있던 양자 정보가 '빠져나가면', 그 정보는 사라지는 것이 아니라 주변 환경 속으로 전파된다. 결깨짐의 과정은 복제불가no-cloning, 삭제불가no-deletion라고 알려진 두 가지의 양자 정보 법칙을 따른다. 이 법칙들은 양자이론의 수학에서 나온 것으로, 큐비트가 한 장소에서 다른 장소로 이동할 수는 있으나 원본과 똑같이 복제되거나 완전히 제거될 수는 없음을 뜻한다. 따라서 결깨짐은 정보를 창조하지도 파괴하지도 않는다. 자연은 물체에서 정보를 입수해 주변 환경에 전파할 뿐이다. 따라서 정보는 보존되는 것으로 보인다.

이러한 정보의 전파—결깨짐—는 우리가 이미 보았던 어떤 것과 유사하다. 만약 여러 개의 기체 원자를 상자의 한구석에 넣어두면 이 원자들은 재빨리 상자 안의 공간 전체를 차지하며 흩어진다. 이 시스템의 엔트로피가 빠른 속도로 증가하는 것이다. (또한 만약 이 상자의 온도를 낮추면 원자가 흩어지는 속도가 느려진다.) 순전히 통계적인 현상이라 하더라도, 마치 자연이 원자를 사방으로 흩어지도록 모종의 힘을 쓰고 있는 것 같다.

마찬가지로 만약 어떤 물체에 정보를 저장하면 그 입자들의 무작위적 운동과 진공 요동이 정보의 전파를 모의해서 정보가 주변 환경 속으로 확산되게 만든다. 그 정보는 여전히 존재하지만, 확산이 계속되면 다시 거두어들이기는 점점 더 힘들어진다. 엔트로피처럼 결깨짐도 일방적 현상이다. 설령 가능하다고 해도, 천문학적 관점에서 본다면 자연이 우리의 환경 속에 흩어져 있는 정보들을 취합하여 어떤 거시적 물체에 몰아넣어서 그 물체를 중첩 상태가 되게 만들 가능성은 거의 없다. 엔트로피처럼 결깨짐은 시간의 흐름의 방향을 가늠할 수 있게 한다. 그러므로 결깨짐도 시간의 화살이다. 그리고 이 두 가지는 서로 연계되어 있다. 양자 정보의 결깨짐은 $k\log 2$만큼씩 계의 엔트로피를 증가시킨다.

왜 그런지는 확실히 알 수 없지만 결깨짐은 엔트로피보다 더 기본적인 현상이다. 상자 속 기체의 엔트로피가 100만분의 1초의 시간 단위로 증가한다면, 결깨짐은 그보다 수십조 배 더 짧은 시간 단위로 일어난다. 엔트로피는 어떤 계가 평형에서 벗어날 때 비로소 증가하기 시작한다. 그러나 자연은 언제나 물체를 측정하고 거기서 정보를 얻어내 전파시킨다. 따라서 결깨짐은 계가 평형에 있을 때도 계속 일어난다. 엔트로피가 열역학 제2법칙을 이끌어냈다면, 결깨짐은 그보다 훨씬 더 강력할지도 모르는 새로운 법칙과 관련이 있다. 그 법칙은 다음과 같다.

정보는 무에서 유로 창조되지도 않으며, 유에서 무로 파괴되지도 않는다.

이 법칙은 열역학 법칙들을 간단히 요약하면서 양자역학과 상대성이론의 기묘함을 설명한다. 또한 물리적 물체가 다른 물체들과 상호작용하는 과정과 과학자들이 자연 세계에 대한 이해를 얻을 수 있는 방법을 기술하는 새로운 법칙이다.

그러나 이 새로운 법칙, 즉 정보의 법칙은 아직 확고하게 자리를 잡지 못했다. 많은 과학자들이 이 법칙의 정당성을 인정하지만 여러 가지 문제와 이 법칙에서 예외가 될 수도 있는 현상들에 대한 설명이 아직 이루어지지 않았다. 가장 심각한 문제는 상대성이론에서 나왔다. 아인슈타인이 발견한 법칙들과 정보의 법칙은 서로 어울리지 않는 면이 있기 때문이다.

그런데도 상대성이론이 정보이론과 부딪칠 때면 늘 정보이론이 승리를 차지하는 것 같다. 어쩌면 우주의 온갖 것들이 모두 죽거나 파괴된다고 해도 정보만은 살아남을지도 모른다. 우주에서 가장 파괴적인 힘을 지닌 깊고 깊은 수렁, 블랙홀에서조차 정보만은 살아남을지도 모른다.

8 갈등

그것에 대해서는 경외심이 일어나는 것도 당연하다.
그것은 움직일 수 없는 기준이며 모든 추억과 주장에 대한 말없는 증인이기 때문이다. 또한 우리의 불안한 삶 속에서 각각 관심의 방향과 어두움의 농도가 다른 과거와 미래는, 마치 태양처럼 빛나는, 솔기 없이 매끄러운 진실의 의복이다.
– 조지 산타야나

정보는 마치 자신이 상대성의 역설에 책임이 있다는 듯, 양자이론의 미스터리에서 한 중심에 자리한다. 그러나 과학자들은 아직 완벽한 양자 정보이론을 수립하지 못했다. 따라서 이 이론이 제기하는 모든 철학적 문제들에 대해 답을 내놓기에는 어려움이 있다. 비록 결깨짐이 슈뢰딩거의 고양이의 역설뿐만 아니라 거시 세계와 미시 세계의 명백한 차이에 대해서도 잘 설명하는 듯 보이지만, 아직도 많은 문제들이 해답을 얻지 못하고 있다. 그중에서 가장 심각한 문제는 상대성과 관련이 있다.

물리학자들은 얽힘의 메커니즘을 아직 정확하게 이해하지 못하고 있다. 그저 아주 먼 거리에 떨어져 있는 입자들까지도 모종의 '음모'를 꾸미고 있다는 것을 어쩔 수 없이 인정할 뿐이다. 양자이론과 양자 정보의 법칙들은 얽힘을 아주 멋지게 기술해낸다. 그러나 얽힘이 어떻게 작용하는지는 설명하지 못한다. 얽힌 입자들이 어떻게 서로 모의하는지는 밝혀내지 못한 것이다. 그것을 밝혀내기 위해 과학자들은 점점 더 이상한 영역으로 나아가고 있다. 최고임을 자부하는 양자 실험들이 과학으로는 풀 수 없는 현상인 텔레파시의 영역과 어깨를 스치고 있을 정도다. 아인슈타인이 말한 '유령 같은 행동'이 더욱더 유령과 같아지면서 오히려 유령 이야기보다 더 섬뜩해지고 있다. 그러면서 과학자들로 하여금 시간의 흐름이라는 개념에 대해 의문을 제기하게 만들고 있다.

블랙홀의 신비는 사실 유령 이야기보다 더 섬뜩하다. 망가진 별들이 제 사정권에 들어오는 것—빛도 예외가 아니다—은 모조리 끌어다가 게걸스럽게 먹어치운다. 그래서 눈에 보이지 않는 그 문턱을 넘는 것들은 모조리, 다시는 돌이킬 수 없도록 파괴된다. 아니, 혹시 돌이킬 수 있을까?

정보가 정말로 보존된다면, 즉 창조되지도 않고 파괴되지도 않는다면, 블랙홀도 자신이 먹어치운 정보를 완전히 파괴하지는 못할 것이다. 그래서 어쩌면 블랙홀은 거대한 정보 저장장치일지도 모른다. 양자 정보를 한 점 흠결 없이 감추고 있다가 수십억 년이 흐른 어느 날 갑자기 한꺼번에 토해낼지도 모른다. 사실 2004년까지 과학 분야에서 있었던 내기 중 세계에서 가장 유명한 것은 스티븐 호킹 Stephen Hawking 과 킵 손 Kip Thorne 이 한편이 되고 존 프레스킬 John Preskill 과 몇몇 다른 과학자들이 한편이 되어 벌인 것으로, 블랙홀로 빨려 들어간 정보가 보존되느냐 보존되지 않느냐 하는 것이었다. 자칫 경박한 내기처럼 보이기도 하지만 이 내기는 자연이 진정으로 따르는 법칙과 직결된 내기였다. 만약 정보가 보존된다면 정보는 어떠한 망원경이나 로봇의 팔로도 닿을 수 없는 곳, 어떠한 관찰자도 볼 수 없는 곳에까지 침투할 수 있다. 정보는 호시탐탐 엿보려는 눈으로부터 블랙홀을 가려주는 두꺼운 장막 너머에까지 우리를 데려다줄 수 있다. 정보가 우주에서 가장 신비로운 물체의 비밀을 벗기고, 물리 법칙이 깨지고 양자이론과 상대성이론이 직접 충돌하는 영역의 신비를 벗겨줄 것이다.

정보를 이해하면 블랙홀도 이해할 수 있다. 블랙홀을 이해할 수 있다면 우주의 궁극적 법칙도 이해할 수 있다. 그들의 내기는 실로 어마어마한 내깃돈 아닌 내깃돈이 걸린 내기였고, 내기의 승부가 갈리자 이 이야기는 세계 곳곳에서 신문과 뉴스의 헤드라인을 장식했다.

상대성이론과 양자역학의 갈등은 아직도 물리학을 뿌리부터 흔들고 있다. 세계 곳곳의 과학자들은 이 갈등의 결과를 예측하느라 분주하다. 예를 들어 얽힘의 개념은 상대성이론의 심장이라 할 수 있는 정보 이동의 속도 제한(정보는 빛보다 빨리 이동할 수 없다)을 위협한다. 만약 아주 멀리 떨어진 입자들이 측정이 일어난 후에 서로 동등하고 방향이 반대인 양자 상태에 있자고 모의했다면, 이 입자들을 빛보다 빠른 속도로 메시지를 전하는 데 이용할 수 있지 않을까?

이론가들은 그럴 수 없다고 말한다. 그 이유는 잠시 뒤에 설명하기로 하자. 그러나 몇몇 사람들은 얽힘이 새로운 형태의 커뮤니케이션의 비밀을 쥐고 있다는 희망을 버리지 못한다. 금융업으로 거부가 된 스위스의 자선가 마르셀 오디어 Marcel Odier 도 그런 사람들 중 하나이다. 오디어와 그의 아내 모니크 Monique 는 '심리물리학 Psycho-physics'이라 명명한 분야를 개척하기 위한 재단을 설립했다. 심리물리학이란 과학과 신비가 반씩 섞여 있는, 물리학과 초심리학이 교차하는 분야다.

오디어는 사람—그리고 동물들도—에게 텔레파시 능력이 있다고 확신한다. 그의 재단은 이 현상을 연구하는 몇몇 그룹에 연구기금을 마련해주었다. 그는 텔레파시를 믿을 만한 충분한 증거가 있다고 말하지만 어떤 메커니즘으로 사람의 정신이 다른 사람의 정신과 연결되는지는 아직 모른다. 그러나 양자역학이 어떤 길을 마련해줄 것처럼 보였다. 얽힘 현상이 바로 그 열쇠였다. 오디어는 얽힘이 텔레파시의 메커니즘을 설명해주리라고 믿었고, 그래서 제네바 대학의 한 실험에 6만 달러를 기부했다. 양자 얽힘의 '속도'를 측정하려는 니콜라스 기신 Nicholas Gisin 의 실험이었다.

대부분의 신중한 과학자들처럼 기신은 텔레파시가 눈속임이라고 생각한다. 그런데도 얽힘 현상은 오디어를 비롯해서 초과학적 현상에 관심을 가진 많은 사람들의 눈길을 끌 만큼 기이하다. 기신이 오디어의 기부를 받아들이는 데는 아무런 문제가 없었다. 기신과 그의 동료들은 일류급 실험을 할 수 있었다. 기신의 연구진도 얽힌 입자를 통해—곧 설명하겠지만, 양자 정보의 법칙은 얽힘 현상에만 의존해서는 메시지를 전송할 수 없다는 것을 보여준다— 사람과 사람이 정보를 전달할 수 있는 메커니즘의 단서를 포착하는 데는 실패했지만, 텔레파시만큼이나 엉뚱한 또 다른 현상을 발견했다. 상대성이론과 양자역학 사이에는 시간의 속성에 대해 근원적 갈등이 존재하고 있음을 실험으로 밝혀냈던 것이다. 양자이론에서는 상대성이론과 일상생활에서와는 달리 '전'과 '후'의 개념이 없을 수도 있다.

이론물리학자들은 오래전부터 상대성이론과 양자이론이 서로 상충된다는 것을 알고 있었다. 상대성이론은 끊김이 없이 부드럽게 이어진 이론이다. 이 이론은 공간과 시간, 그리고 중력의 성질을 다루고 공간과 시간의 조직을 끊김도 구멍도 없이 부드럽게 짜인 한 장의 직물처럼 간주한다. 양자이론은 거칠거칠하고 여기저기가 끊겨 있는 이론이다. 패킷, 양자 비약, 에너지 덩어리, 불연속적이고 여기저기가 갈라진 우주를 다룬다. 상대성이론과 양자이론은 우주를 기술하는 방식이 크게 상이하다. 수학적 방법도 매우 달라서 때로는 서로 맞지 않기도 한다. 대부분의 경우 이 두 이론이 정면으로 충돌하지는 않는다. 상대성이론은 은하와 별, 그리고 빛의 속도에 가까운 속도로 움직이는 물체들을 다룬다. 그러니까 아주 크고 빠른 물체들이다. 양자역학은 원자와 전자, 중성자 등을 비롯한 미립자들의 세계, 아주 작고 때로는 매우 차가우며 느리게 움직이는 것들의 세계를 다룬다. 이 두 영역은 매우 다른 영역이고 대부분의 경우 서로 겹치는 일이 없다. 대부분의 경우 그렇다는 말이다.

얽힘은 이들 두 이론이 서로 정면으로 충돌하는 부분 중 하나다. 아인슈타인은 정보의 이동 속도에 한계를 설정했다. 그러나 양자이론은 얽힌 입자들은 자신의 파트너가 측정되는 그 순간, 즉시 그 사실을 느낀다고 말한다. 양자이론은 입자들이 어떻게 서로 모의를 하는지에 대해 불가지론적인 반면, 아인슈타인의 이론은 메시지가 한 장소에서 다른 장소로 전달되는 과정을 매우 조심스럽게 정의한다. 이것이 바로 갈등의 중요한 원인이고, 기신이 이해하려고 노력했던 바로 그 영역이기도 하다.

6장에서, 2000년에 기신이 어떻게 얽힌 광자의 쌍을 만들었는지를 설명한 바 있다. 그가 만든 광자 쌍은 제네바 호수를 휘감은 광섬유 케이블 속에서 서로 반대 방향으로 움직였다. 그가 한쪽 광자를 측정하자 다른 하나의 광자는 즉시 그 사실을 눈치챘다. 만약 이 두 입자가 모종의 방법으로 한쪽이 다른 한쪽에게 메시지를 전송했다면, 그 메시지는 빛의 속도보다 1,000만 배 이상 빠른 속도로 이동했어야 했다. 그래야만 그 두 입자의 모의가 성공할 수 있었을 것이다. 공교롭게도 이 '얽힘의 속도' 측정은 우연한 사건이었다. 마르셀 오디어가 자금을 지원했던 2000년의 실험과 오디어의 지원 없이 실시했던 2002년의 재실험에서 기신은 자연이 얽힘을 모의했음을 밝혀내려고 시도했다. 그는 아인슈타인의 방법대로 입자의 얽힘을 손상시키려고 했는데, 그 시도가 실패로 돌아가자 그는 상대론적 물체에는 간단하게 적용되는 '전'과 '후'의 개념이 양자 물체에는 적용되지 않는다는 것을 보여주었다.

기신의 트릭은 얽힌 입자쌍이 '창과 창고'의 역설을 실제로 실행하도록 만드는 것이었다. 5장에서 설명한 것처럼 이 역설은 두 참여자의 상대적 운동을 이용해 사건의 순서가 일치하지 않음을 보여주었다. 관찰자 A(정지해 있는 구경꾼)는 창고의 뒷문이 열리기 전에 앞문이 먼저 닫힌다고 생각한다. 반면에 관찰자 B(육상선수)는 앞문이 닫히기 전에 뒷문이 먼저 열린다고 생각한다. 앞문과 뒷문이 실제로 연결되어 있지 않는 한, 사건의 순서가 일치하지 않아도 두 관찰자의 생각은 동시에 모두 옳다.

제네바의 연구소에서 기신과 그의 동료들은 고전적 EPR 실험으로 얽힘과 중첩의 상태에 있는 몇 쌍의 광자를 베르네와 벨레뷰 마을로 보냈다. 그러나 여기에 뜻밖의 함정이 있었다. 그들의 실험장치가 움직이고 있었던 것이다. 첫 번째 실험에서 연구진은 매우 빠른 속도로 회전하는 검출기를 썼다. 이 검출기에 창과 창고의 역설에 등장하는 육상선수의 역할을 맡겼던 것이다.

이 장치의 운동 덕분에, 움직이는 검출기의 관점에서 보면 입자 B가 다른 마을의 검출기에 도달하기 전에 입자 A가 먼저 검출기에 잡혔다. 입자 A가 검출기에 잡히자마자 그 측정으로 인해 중첩은 붕괴되었다. 두 입자 사이에 어떠한 형태의 '커뮤니케이션'이 있었다면 입자 B는 입자 A가 중첩에서 이탈했다는 것을 알았어야 하고, 어떻게 해서든 자신도 중첩에서 벗어났어야 한다. 입자 A는 자기 자신에 대한 측정 때문에 중첩이 붕괴되었지만, 입자 B는 자기 파트너에 대한 측정 때문에 중첩이 붕괴되었다.

그러나 정지한 검출기의 관점에서 보면 상황은 그 반대다. 정지한 검출기의 기준계에서 입자 B는 입자 A가 움직이는 검출기에 도달하기 전에 정지한 검출기에 잡혔고, 측정되었다. 정지한 검출기의 관점에서 보면 입자 B의 중첩이 붕괴된 것은 자신에 대한 측정 때문인 반면, 입자 A의 중첩이 붕괴된 것은 파트너에 대한 측정 때문이다.

한 입자에 대한 측정이 웬일인지 다른 입자에게 영향을 미쳤다면—만약 그 두 입자 사이에 있었던 모종의 커뮤니케이션이 그들로 하여금 서로 모의를 하게 했다면— 기신의 실험은 영향을 끼친 쪽이 어느 쪽이고 영향을 받은 쪽이 어느 쪽인지 구별하기는 불가능하다는 것을 보여주었다. 즉, 누가 메시지의 발신자이고 누가 수신자인지 알 수 없다는 것이다. 매우 난감한 상황이다. 한쪽 입자와 다른 쪽 입자 사이에서 어떠한 형태의 커뮤니케이션이 있었다면, 어느 입자가 먼저 측정되었는지를 알 수 없다는 것은 어느 입자가 모의의 주동자이고 어느 입자가 추종자인지에 대해서도 알 수 없다는 뜻이다.

2002년의 실험은 첫 번째 실험의 발전된 형태였다. 이 실험에서는 움직이는 검출기 대신에 움직이는 분광기를 사용했다. 첫 번째 실험에서처럼 이 실험도 똑같은 결과를 가져왔다. 어느 입자가 먼저 잡혔는지에 대해 검출 결과가 서로 일치하지 않았다.

만약 한 입자에서 다른 입자로 메시지가 전송되었다고 해도, 정확한 발신자는 물론 정확한 수신자도 없다. 이 입자들은 전과 후의 개념을 무시하는 것처럼 보인다. 이 입자들은 누구를 먼저 측정하고 누구를 나중에 측정하는지, 누가 발신자이고 누가 수신자인지에 대해 전혀 신경을 쓰지 않는다. 실험을 어떻게 계획하든 간에 얽힘은 전혀 방해받지 않으며, 두 입자는 측정에 의해 강요받기 전까지는 어느 쪽도 자신의 상태를 '선택'하지 않음에도 불구하고 마지막에 가서는 서로 반대의 양자 상태를 가지면서 끝낼 것을 모의한다. 텔레파시는 어불성설이며, 양자 세계는 초심리학자의 환상보다도 훨씬 더 기묘한 세계다.

기신의 실험은 메시지 교환이라는 틀로 얽힘을 설명하는 것이 얼마나 어려운 일인지를 보여주는 드라마틱한 본보기이다. 두 개의 입자가 어떤 방법을 통해서든 서로 커뮤니케이션을 해야만 한다고 보는 것은 아주 당연한 생각이다. 표면상으로는 그 외의 대안이 있을 수 없을 것 같다. 과학자들은 측정 행위나 결깨짐이 있기 전에는 중첩 상태가 붕괴되지 않는다는 것을 증명해왔다. 입자는 교란되지 않는 한 두 상태의 모호한 결합을 유지할 수 있다. 그러나 두 입자 중 하나가 측정되면 양쪽 모두의 중첩이 깨진다. 그리고 중첩의 붕괴는 언제나 서로 상관되어 있다. 만약 한 입자가 스핀 업이면 다른 하나는 스핀 다운이다. 만약 하나가 수평으로 편광되어 있으면 나머지 하나는 수직으로 편광되어 있다. 파동방정식의 붕괴는 동시에, 서로 상관된 채로 일어나지만, 실제로 발생하기 전에는 결정할 수 없는, 본질적으로 무작위적인 사건이다. 언뜻 모순으로 보이는 이러한 상황에서 벗어날 수 있는 유일한 길은 서로 얽힌 두 입자가 모종의 방법을 통해 커뮤니케이션을 하고 있다고 가정하는 것뿐이다. 그러나 기신은 이들 사이에 만약 커뮤니케이션이 있다고 해도 그 커뮤니케이션은 매우 기이한 형태의 메시지일 수밖에 없다는 것을 보여주었다. 그 메시지는 빛보다 빠른 속도로 움직인다. 발신자가 누구이고 수신자가 누구인지도 상관하지 않는다. 그런데도 메시지는 항상 정확하게 전달된다.[1]

사실, 얽힘을 메시지의 교환으로 보지 않는 것이 가장 현명하다. 왜냐하면 메시지란 어떤 정보가 한 입자에서 다른 입자로 보내어지는 것을 의미하기 때문이다. 그리고 오래전부터 서로 얽혀 있는 한 쌍의 입자끼리는 그 '유령 같은' 힘을 통해 한쪽에서 다른 쪽으로 정보를 전달할 수 없다는 이론이 굳어져 있었다. 1970년대에 물리학자 필립 에버하르트 Phillippe Eberhard 는 이 이론을 수학적으

---

1 이보다 더 황당한 사실은, 적어도 이론상으로는 이 입자들이 서로 얽히기 전에 측정이 일어났다고 해도 서로 얽힌 입자끼리는 이러한 상관관계를 보인다는 것이다. 이것을 '지연 선택(delayed choice)' 실험이라고 하는데, 얽힘 상태는 입자들이 서로 얽혔다는 것을 알기 전부터 존재한다는 것을 의미한다.

로 증명했다. EPR 쌍을 이용해 빛보다 빠른 속도로 정보를 전달하는 것은 불가능하다. 또한 기신은 실험으로 왜 그러한지를 잘 보여주었다. 입자 A의 양자 상태와 입자 B의 양자 상태가 서로 상관相關—한쪽의 양자 상태가 다른 쪽의 양자 상태에 따라 달라진다—되어 있을 수는 있어도 그들 둘 사이에 인과관계는 없다. 입자 A의 측정이 그의 쌍둥이에게 '지금 중첩을 깨뜨려!' 하는 신호를 보내는 것은 아니라는 뜻이다. B가 A의 중첩 붕괴의 원인이 아니듯이 A는 B의 중첩 붕괴의 원인이 아니다. 이 두 입자는 우연히 동시에 중첩의 붕괴를 일으킨 것일 뿐, 누가 먼저 측정되었는지에 대해서도, 아인슈타인의 인과율에 대해서도 관심이 없다. 이 입자들이 왜 이러는지에 대해서는 적당한 설명이 없다. 이런 현상은 양자이론의 수학이 낳은 결과지만, 그 이면에는 그럴듯하고 직관적인 물리적 이유가 없다.[2] 이런 상황은 당혹스럽기 짝이 없다. 그러나 물리학자라면 받아들일 수밖에 없는 상황들 중 하나다. EPR 쌍의 유령 같은 행동을 이용해 0과 1 같은 비트, 또는 (0&1) 같은 큐비트를 빛보다 빠른 속도로 한 장소에서 다른 장소로 보내는 것은 이론상으로도 불가능하다. 물리학자들이 얽힘을 이용해 물체를 실험실의 한쪽에서

---

2   어느 정도 가능성을 보이는 실마리가 있기는 하지만 말이다. 이 문제는 9장에서 더 자세히 다룬다.

반대쪽으로 순간이동시킬 수는 있어도 위와 같은 일은 불가능하다.

'순간이동teleportation'이란 말은 오해를 불러일으키기 십상이지만, 이 과정을 발명한 IBM의 물리학자 찰스 베넷Charles Bennet이 선택한 용어이니 어쩔 수 없다. 순간이동이란 말은 〈스타트렉Star Trek〉에서 스포크가 빛 속에서 사라진 다음 다른 행성에서 다시 나타나는 장면을 생각나게 한다. 양자 순간이동은 그런 과정과는 사뭇 다르다. 양자 순간이동은 물질이 아니라 정보를 이동시킨다.[3]

1997년, 로마 대학의 물리학자 프란체스코 드 마르티니Francesco De Martini가 이끄는 팀과 빈 대학의 안톤 차일링거가 이끄는 팀이 EPR 쌍을 이용해 한 원자에서 다른 원자로 큐비트를 전송하는 데 성공했다. 두 팀의 실험은 세부에서 약간의 차이가 있었지만 본질적으로는 동일했다. 이들은 EPR 쌍을 이룬 두 입자 중 하나와 큐비트가 저장된 또 다른 입자를 측정함으로써 두 입자가 얽힘 상태

---

3 그 차이는 따로 토론할 가치가 있다. 양자역학은 입자와 입자의 차이를 구별하지 않는다. 예를 들어 '전자'라면 우주 안의 어디에 있는 전자라도 모두 똑같은 전자로 취급한다. 유일한 차이는 이 입자들이 가진 양자 상태, 즉 가지고 있는 양자 정보다. 전자 A의 양자 상태를 우주 저 멀리 전송한 다음 전자 B로 재구성한다면, 원본 전자(복제불가의 원칙에 따라 그 원자의 양자 상태는 이미 파괴되고 있다)와 순간이동의 과정을 거쳐 재구성된 원자는 다른 점이 없다. 어떻게 보면 스포크는 순간이동 과정을 살아남지 못한다. 순간이동의 과정에서 똑같이 복제되는 동안 파괴된다. 그러나 원래의 스포크와 재구성된 스포크를 보고 어느 쪽이 진짜고 어느 쪽이 복제된 스포크—실제로는 복제된 것이 아님에도 불구하고—인지를 알 수 있는 사람이 없다면, 순간이동 후의 스포크는 진짜 복제인간이라고 해야 할까 아니면 원래의 스포크라고 해야 할까? 이 질문에 답을 하는 것은 과학자가 아니라 철학자의 몫이지만, 나라면 만약 스타트렉 식의 순간이동이 실제로 가능하다고 해도 절대로 사양하겠다.

가 되도록 했다. 실험실의 반대편에서는 EPR 쌍 중에서 나머지 하나의 입자와 비어 있는 입자, 즉 큐비트를 받게 될 입자를 측정했다. 이 실험은 연쇄적 얽힘을 일으켰다. 큐비트를 저장한 원자는 EPR 쌍 중에서 한 입자와 얽히고, EPR 쌍의 한 입자는 EPR 쌍의 나머지 한 원자와 얽히고, 이 입자는 큐비트를 받을 비어 있는 타깃 원자와 얽혔다. 그 후에 약간의 조작을 거쳐서 큐비트는 소스 원자로부터 타깃 원자에게 전달되었다. 복제불가의 법칙 때문에 큐비트의 원본은 파괴되었지만, 그 원자의 양자 상태는 멀리 떨어진 실험실 반대편까지 유령 같은 행동에 실려 그대로 전달되었다.

EPR 쌍을 이용해 양자 정보를 전달하려는 시도는 정보의 순간전송이 불가능하다는 법칙에 위배되는 것이 아닐까? 그렇지 않다. 양자 정보의 순간전송 과정에는 하나의 조건이 있기 때문이다. 양자 정보의 전송에는 발신자에게서 수신자에게로 전달될 2비트의 고전적 정보가 필요하고, 정보는 빛의 속도보다 빠르게 이동할 수 없다. 그 2비트의 정보가 없으면 '약간의 조작'도 있을 수 없다. 고전적 정보의 비트가 없으면 타깃 입자에서 양자 정보를 재구성할 수도 없다. 먼 거리에서의 유령 같은 행동이 양자 상태를 한 원자에서 다른 원자로 전송하는 양자 정보 순간이동의 메커니즘이기는 하지만, 원자에 실려 있는 실제 정보는 한 장소에서 다른 장소로 아무리 빨라야 빛의 속도로 이동할 수 있을 뿐이다. 따라서 이 시도 역시 정보는 빛의 속도보다 빨리 이동할 수 없다는 법칙에 위배될 수 없다.

얽힘의 행동은 유령 같지만, 정보는 빛의 속도보다 빨리 이동할 수 없다는 아인슈타인의 법칙은 흔들림 없이 유지된다. 얽힘은 정보의 행동을 구속하는 법칙들을 무너뜨리지 못한다. 그러나 얽힘은 여전히 꽤 큰 대가를 초래한다. 순서의 전과 후, 그리고 인과율의 개념에 대한 아인슈타인의 조심스러운 강조를 무시한 채 양자 상태는 순식간에 무너지고, 얽힘의 신비로운 음모는 그 무엇보다도 어두운 상태로 남는다.

과학자들은 아직 얽힘을 완벽하게 이해하지 못하고 있다. 그러나 양자 정보의 법칙은 얽힘의 위협으로부터 안전한 것으로 보인다. 그렇지만 또 하나의 검은 미스터리가 정보보존의 개념을 무너뜨리려고 위협하고 있다. 그 미스터리는 우주 전체에서도 가장 검은 것, 바로 블랙홀이다.

블랙홀은 아인슈타인의 상대성이론이 낳은 악몽 같은 유산이다. 블랙홀은 시공의 피륙에 생긴 열상裂傷이며 점점 부풀어오르는 물건처럼 계속해서 커지기만 하면서 아무리 메우고 또 메워도 절대로 메워지지 않을 심연이다. 또한 호시탐탐 노리는 눈—자연의 눈까지 포함해서—을 막아주는 두꺼운 커튼에 가려져 있다. 어떠한 정보도 블랙홀의 중심을 지나 외부 환경으로 나가지 못한다. 사실 블랙홀 가까운 곳은 우주의 나머지 부분으로부터 차단되어 있다. 어떻게 보면 블랙홀은 그 자체가 하나의 우주이다. 블랙홀은 장엄한 죽음을 맞은 거대한 별이다.[4] 별은 그 생애를 통틀어 위태로운 평형상태에 있는, (대부분이) 수소로 이루어진 구름이다. 한편에서는 별이 가진 희소한 질량—중력이 별 자체에 가해진다—을 아주 작은 한 점으로 찌그러뜨리려는 힘이 작용한다.

다른 한편에서는 별의 용광로 속에서 이글거리는 핵반응—수소를 헬륨으로, 그리고 더 무거운 원소로 변환시킨다—이 별을 폭발시켜 산산조각 내려고 용을 쓴다. 별의 질량에 따라 다르지만 수백만, 수십억 년이 지나는 동안 이 두 힘은 서로 균형을 유지한다. 중력은 밖으로 향하는 핵융합의 힘 때문에 별을 작은 점으로 찌그러뜨리지 못한다. 반면에 별의 중심에 있는 핵융합의 용광로는 별을 이루고 있는 모든 물질을 꽁꽁 묶어두는 중력 때문에 별을 폭발시키지 못한다.

---

4 우리 태양보다 10~100배 정도밖에 무겁지 않은 보통의 블랙홀의 경우에는 맞는 말이다. 그런데 이와는 다른 종류의 블랙홀도 있다. 은하의 중심에 버티고 있는 초거대 블랙홀(supermassive black hole)이 그것이다. 우리 은하의 중심에 있는 Sgr A*(Sagittarius A*, Sagittarius는 궁수자리)는 우리 태양보다 250만 배나 무겁다. 초거대(그리고 중간 크기의) 블랙홀에도 평범한 종류의 블랙홀과 같은 물리적 원리가 적용되지만, 과학자들도 이 별이 어떻게 생겨났는지는 확실히 알지 못한다.

그러나 별이 가지고 있던 연료가 소진되면 이 균형이 깨지기 시작한다. 핵융합 용광로는 기운을 잃고 덜덜 떨거나 불규칙하게 불꽃을 터뜨리다가 온갖 연료를 모두 소진시킨다. 이제 별은 수축했다가 팽창했다가 다시 수축한다. 어느 시점에 이르면 별의 연료가 모두 고갈된다. 밖으로 향하던 힘은 사라지고 이제 중력만 남는다. 그 중력을 감시하던 힘은 사라졌다. 충분히 무거운 별이라면 어마어마한 폭발과 함께 매우 빠른 속도로 스스로 수축하기 시작한다. 초신성의 폭발은 우주에서 가장 격렬한 사건이다.

별이 가진 무게의 대부분은 격렬한 에너지의 폭발로 산산이 흩어지지만, 붕괴된 별의 중력에 갇힌 상당 부분이 남아 순식간에 더 작아진다. 별이 충분히 크다면, 그 어떤 힘으로도 붕괴를 막을 수 없을 만큼 중력이 크다. 따라서 별은 점점 더 밀도가 높아지고 크기는 점점 더 작아진다. 우리 태양보다도, 지구보다도, 달보다도, 농구공보다도, 오렌지보다도, 완두콩보다도, 그리고 결국에는 원자 하나보다도 작아진다. 과학자들이 아는 한, 이런 별이 거의 무無의 상태로 수축하는 것을 막을 힘은 이 우주에 존재하지 않는다. 우리 태양 무게의 수십, 수백 배가 전혀 부피가 없는 한 점으로 수축된다. 이 점이 바로 특이점 singularity, 즉 밀도 무한대, 시간과 공간의 곡률이 무한대인 점이다. 블랙홀은 시공에 뚫린 바닥 없는 심연, 시간과 공간이 더 이상 어떠한 의미도 갖지 못하는 무한대의 균열이다. 블랙홀은 매우 무거운 물체이기 때문에 상대성이론을 따르는 한편 아주 작은 물체이기 때문에 양자역학의 법칙을 따르는데, 바로 이런 점 때문에 블랙홀은 이 두 이론이 정면으로 부딪치는 곳이다. 시공에서 일어나는 이러한 균열, 블랙홀의 심장부에 있는 특이점을 연구함으로써 과학자들은 이 두 이론의 갈등을 풀어낼 길을 찾을 수 있을 것이다. 그 결과는 하나의 통일된 이론, 모든 스케일과 우주의 모든 영역에서 고루 적용될 수 있는 이론이 될 것이다. 또한 그것이 물리학의 궁극적인 목적일 것이다.

　그러나 불행하게도 블랙홀 연구는 이론상으로도 전혀 불가능하다. 우주라는 피륙에 난 이 상처는 그 속을 보여주지 않는다. 블랙홀의 특이점은 엿보는 눈으로부터 철저히 가려주는 장막에 둘러싸여 있다. 이 장막은 비록 물리적 물체―우리는 이 장막을 관통해서 지나간다 해도 그 장막을 느끼지 못한다―는 아니지만, 두 우주 사이의 경계를 표시한다. 이 이벤트 호라이즌event horizon, 블랙홀의 바깥 경계)을 일단 통과한 것은 그 어떤 것도 블랙홀의 손아귀에서 벗어나지 못한다. 심지어는 빛조차도 붕괴된 별의 인력으로부터 탈출할 수 있을 만큼 속도가 빠르지 못하다.

　이 괴물에게 블랙홀이라는 이름을 붙인 사람은 프린스턴 대학의 물리학자 존 휠러 John Wheeler 였다. 그는 이 괴물이야말로 우주에서 가장 어두운 물체임에 틀림없다고 생각했다. 이 거대한 별은 일방통행만을 허락하는 장벽을 넘은 모든 빛과 물질을 빨아들인다. 따라서 하늘에 생긴 거대한 검은 얼룩처럼 나타난다.

과학자들이 블랙홀의 검은 얼룩을 직접 보려면 아직 10년은 더 있어야 한다. 그때가 와도 과학자들은 그 주변에 있는 별들의 움직임으로부터 블랙홀의 존재를 추측할 수 있을 뿐이다. 예를 들어 우리 은하의 중심에는 눈에 보이지 않지만 거대한 질량 덩어리의 주변을 돌고 있는 거대한 별들이 있다. 그 보이지 않는 질량 덩어리의 무게는 우리 태양의 수백만 배에 달한다. 그 주변을 도는 별들의 운동은 블랙홀의 인력에 의한 것이다. 비록 블랙홀을 볼 수는 없지만, 블랙홀이 별을 끌어당기고 물질을 삼키는 것은 볼 수 있다.

그러나 온 우주에서 가장 강력한 망원경이 있다고 해도 블랙홀의 실루엣을 보는 것으로는 특이점, 즉 붕괴된 별의 심장부에 난 시공의 균열에 대해서는 아무것도 알 수 없다. 사실, 우리가 블랙홀의 목구멍 안으로 탐사선을 띄워넣는다 해도 그 탐사선은 특이점이나 이벤트 호라이즌 뒤에 숨어 있는 영역에 대해 우리에게 그 어떤 것도 알려줄 수 없다.

우리가 블랙홀로부터 안전한 거리만큼 떨어져서 궤도비행을 하고 있는 우주선에 타고 있다고 하자. 우주선에는 1회용 탐사선이 탑재되어 있다. 암호화된 메시지를 매초 한 번씩 모선으로 삑! 삑! 삑! 송신하도록 설계된 작은 로봇이다. 이 탐사선은 아주 튼튼하게 만들어져 있어서 어떠한 중력으로도 찌그러뜨릴 수 없고 어떠한 방사능으로도 그 회로를 녹일 수 없다. 블랙홀이 아무리 이 탐사선을 파괴하려고 용을 쓰더라도 탐사선은 마지막 순간까지 매초 한 번씩 삑! 하고 모선으로 메시지를 전송할 것이다.

자, 이제 탐사선을 블랙홀로 발사하자. 탐사선의 관점에서 보면, 탐사선은 붕괴된 별을 향해 날아가면서 매초 한 번씩 메시지를 발신한다. 탐사선은 여러 가지 신기하고도 기괴한 시각적 효과들을 경험한다. 빛을 휘게 만드는 중력의 힘 덕분이다. 우주에 있던 모든 별들이 우리 눈에 보이는 하늘의 절반도 안 되는 공간 안에 모두 뭉쳐져 있다. 그러나 우리의 탐사선은 즐겁게 노래를 부르며 계속 전진한다. 이벤트 호라이즌을 넘는 것도 그에게는 별로 호들갑스러운 사건이 아니다. 탐사선은 이벤트 호라이즌을 넘는 순간 메시지를 보낸다. "나는 이벤트 호라이즌을 넘는다… 지금!" 그러나 거기에는 어떠한 물리적 장벽도 없고 이제 돌아올 수 없는 선을 넘었다는 것을 암시하는 어떠한 표시도 없다. 별다른 일은 아무것도 일어나지 않는다. 탐사선은 특이점을 향해 계속 전진하면서 매초 한 번씩 삑!

삑! 메시지를 전송한다. 이 신호음에는 탐사선이 보고 있는 것들에 대한 정보가 담겨 있다. 이미 이벤트 호라이즌을 넘었기 때문에 탐사선이 보내는 정보는 블랙홀을 가리고 있던 장막 너머에 대한 것들이다. 탐사선은 특이점을 향해, 블랙홀의 중심을 향해 다가간다. 그러고는 사라진다. 마지막 순간까지 삑삑 울리면서 말이다. 우리의 탐사선은 우리에게 블랙홀의 심장 근처에 있는 미지의 영역에 대한 소중한 정보를 보내주었다.

여기서 유일한 문제는 탐사선이 보내준 소중한 메시지들이 모선에는 결코 도달하지 못한다는 사실이다. 비록 탐사선은 매초 한 번씩 신호를 보냈지만, 아인슈타인의 상대성이론은 탐사선이 빠른 속도로 움직이는 동안 중력장이 시간과 공간에 영향을 미쳤음을 지적한다. 따라서 모선의 관점에서 보면, 블랙홀에 접근하면 할수록 탐사선의 시계는 이상하게 돌아간다. 시계가 늦어지는 것이다. 탐사선이 블랙홀에 가까워질수록 신호음의 간격은 점점 더 벌어진다. 1.1초 간격이었다가, 1.5초 간격이었다가, 3초 간격이었다가, 10초 간격이었다가, 2분 간격이었다가, 이렇게 계속 간격이 벌어진다. 탐사선이 이벤트 호라이즌에 접근하면 메시지는 더욱더 띄엄띄엄 들어온다. 게다가 더 이상한 것은 탐사선을 눈으로 확인하기가 점점 더 어려워진다는 것이다. 이벤트 호라이즌에 가까이 다가갈수록 탐사선에서 오는 빛은 점점 더 붉은색을 띠면서 차차 희미해진다. 얼마 후 탐사선은 사람의 눈에는 보이지 않는다. 모선에 탑재된 민감한 적외선 망원경으로도 이벤트 호라이즌을 향해 꾸준히 접근하고 있는 탐사선을 관측하기가 힘들어진다.

우리는 탐사선을 계속 관측하면서 이제는 며칠마다 한 번씩 들어오는 메시지를 기록한다. 이제 메시지는 몇 주에 한 번꼴로 들어온다. 이제 몇 년에 한 번, 몇십 년에 한 번… 수십 년을 지켜보아도 믿어지지 않을 정도로 희미한 그림자만 남은 탐사선은 이벤트 호라이즌의 코밑에서 얼쩡거리며 결코 그 선을 넘지 못하고 있다. 결국 우리는 탐사선으로부터 길게 늘어진 메시지를 받는다. 그 메시지를 다 받는 데 몇 년이 걸린다. "나아아아아아아아아느ㅇㅇㅇㅇㅇㅇㅇㅇㅇㅇㅇㅇㅇ은 이이이이이이이이이이이브ㅇㅇㅇㅇㅇㅇㅇ에에에에에에에엔트ㅇㅇㅇㅇㅇㅇㅇㅇㅇㅇㅇㅇㅇ 흐ㅇㅇㅇㅇㅇㅇㅇㅇㅇㅇㅇㅇㅇㅇㅇㅇㅇㅇㅇㅇㅇ르ㅇㅇㅇㅇㅇㅇㅇㅇㅇㅇㅇㅇ으아아아아아아아아아아아아아아이이이이이이이이이이이이이즈ㅇㅇㅇㅇㅇㅇㅇㅇㅇㅇㅇㅇㅇㅇ느ㅇㅇㅇㅇㅇㅇㅇㅇㅇㅇㅇㅇㅇ을 느ㅇㅇ으어어어어어어어어어엄느ㅇㅇㅇㅇㅇㅇㅇㅇ은드ㅇㅇㅇㅇㅇㅇㅇㅇㅇ으아아아아아아아아아아아아아아아…" 그러나 마지막 한 마디, "지금!"은 결코 도착하지 못한다. 탐사선으로부터 마지막 신호가 들려오고, 탐사선은 망원경의 시야에서도 점점 희미하게 사라진다. 이벤트 호라이즌의 문턱에 영원히 다가가기만 할 뿐, 결코 그 문턱을 넘지는 못한다.

우리가 아무리 열심히 노력해도, 우리의 탐사선이 아무리 발전하고 우리의 망원경이 아무리 첨단이라 해도, 정보를 이벤트 호라이즌 너머로 보내는 것은 절대로 불가능하다. 강력한 중력장이 이벤트 호라이즌을 넘은 것은 빛마저도 결코 다시 빠져나가지 못하게 삼켜버리듯이, 정보 역시 삼켜버린다. 이것이 이벤트 호라이즌의 놀라운 속성이다. 이 속성으로 인해 블랙홀의 내부는 우주의 나머지 부분들로부터 철저히 유리되어 있다. 정보가 빠져나가는 것이 막혀 있기 때문이다.

이벤트 호라이즌 너머에 무엇이 있는지 직접 가서 볼 수는 있다. 블랙홀로 풍덩 빠져들면 되니까. 하지만 거기서 발견한 것들을 다른 누구와 공유할 수는 없다. 블랙홀의 중심에 무엇이 있는지 발견— 특이점의 미스터리를 벗길 수도 있을지 모른다—할 수는 있겠지만, 지구에 있는 과학자들에게 거기서 본 것들을 들려줄 수는 없다. 우주에서 가장 강력한 정보 전송장치가 있다 해도 마찬가지다. 이벤트 호라이즌은 우주의 검열관이다. 자신의 등 뒤에 있는 것들을 그 어느 관찰자도 알아내도록 허락하지 않는다.

이러한 정보의 바리케이드는 너무나 완벽해서, 외부의 관찰자는 블랙홀에 대해 극히 제한된 정보만을 얻을 수 있을 뿐이다. 블랙홀의 크기는 알 수 있다. 블랙홀이 근처의 물체들에 미치는 영향을 관찰하면 그 질량이 얼마나 큰지 알 수 있다. 블랙홀의 회전속도도 알수 있다. 각 운동량이 얼마나 큰지도 알 수 있다. (회전하는 블랙홀의 이벤트 호라이즌은 납작하게 눌린 구^球 형태이다. 블랙홀 근처에 있는 물체들은 블랙홀의 스핀에 의해 여러 가지 설명하기 힘든 영향을 받는다.) 성격상 블랙홀이 상당한 양의 전하를 가지고 있으리라고 믿을 만한 근거는 없지만, 블랙홀이 가진 전하의 크기도 측정할 수 있다. 그 외에는 블랙홀에 대한 대부분이 수수께끼이다. 어떻게 보면 블랙홀은 위에서 말한 세 가지 속성 외에는 전혀 분간이 되지 않으므로, 온 우주에서 가장 단순한 물체라고 볼 수도 있다.

블랙홀이 무엇으로 이루어졌는지는 아직 알 수 없다. 수소 가스의 구름으로 되어 있을 수도 있고, 반물질^{antimatter}의 거대한 벽돌일 수도 있고, 중성자 덩어리일 수도 있고, 자동차일 수도 있다. 블랙홀이 생겨나기 위해 어떤 종류의 덩어리가, 어떤 물질이 있어야 했는가를 묻는 것은 적절하지 않다. 블랙홀을 이루는 물질에 대한 (그리고 저장되어 있는) 모든 정보를 우리는 결코 손에 넣을 수 없다. 그 물질들은 이미 이벤트 호라이즌 너머 커튼 뒤로 사라졌기 때문이다. 그 물질에 대한 정보에 접근할 수 없으므로 우리는 모든 블랙홀이 붕괴된 별로 이루어졌는지, 아니면 외계의 쓰레기통이 임계 질량을 넘어서면서 생겨났는지 확실하게 단언할 수 없다. 블랙홀이 만들어질 때 어떤 물질의 덩어리가 들어갔는지 우리는 말할 수 없다. 우리가 판단할 수 있는 것은 블랙홀의 질량의 크기, 그리고 그것이 어떻게 회전하고 있느냐 하는 것뿐이다.

1960년대에 휠러는 블랙홀의 구성에 대한 정보가 거의 전무한 상태를 빗대어 다음과 같이 유명한 말을 했다. "블랙홀은 머리카락이 없다." 즉, 블랙홀은 다른 것과 구별되는 어떠한 특징도 없다. 블랙홀이 무엇으로 만들어졌는지를 알려줄 만한 어떠한 실마리도 이벤트 호라이즌 밖으로 나와 있는 것이 없다.[5] 1970년대에 스티븐 호킹과 몇몇 다른 물리학자들이 이 이론을 증명했으므로 '대머리 정리 no-hair theorem'는 이제 블랙홀 이론에서 기본적 교의로 인정되고 있다. 블랙홀은 이벤트 호라이즌 뒤로 숨는 순간, 자신의 탄생에 대한 모든 정보를 꿀꺽 삼켜버린다.

자연조차도 이벤트 호라이즌 너머의 영역에 대한 정보는 가져오

---

5 이론물리학자 킵 손에 따르면, '머리카락이 없다(no-hair)'는 말을 프랑스어나 러시아어로 옮기면 대단히 외설적인 표현이 된다고 한다. 러시아의 한 편집자는 '노 헤어'라는 말이 너무나 외설스럽다는 이유로 이 정리에 대한 논문의 출판을 거부했다고 한다.

지 못한다. 자연의 탐사 장비와 측정 장치를 모두 동원해도 이벤트 호라이즌 너머로 침투했다가 돌아올 수는 없다. 우주를 뒤덮은 광자가 그런 것처럼 우주선宇宙線, cosmic ray도 블랙홀의 목구멍으로 넘어가면 사라진다. 진공 요동에 의해 생겨난 입자조차도 꿀꺽 삼켜버린다. 이벤트 호라이즌 너머로 사라진 정보를 다시 끌어내올 수 있는 힘을 지닌 것은 그 어디에도 없다. 심지어는 자연도 하지 못한다. 블랙홀의 탄생에 대한 정보는 우주에서 영원히 사라져버렸다.

이런 상황은 정보이론가에게는 당혹스럽기 짝이 없는 상황이다. 바로 앞 장에서 정보는 항상 보존되는 것으로 보인다고 말했다. 자연은 양자 정보를 창조하지도 파괴하지도 않는다. 다만 다시 배열하고 저장하고 확산시킬 뿐, 자연은 정보를 소멸시키지 않는다. 그러나 블랙홀은 바로 그런 행동을 하는 것만 같다. 원자에 양자 정보를 저장한 다음, 블랙홀에 퐁당 빠뜨려서 우주에서 완전히 사라지게 만드는 것이다. 사실, 그 원자에 저장된 모든 원자 정보―원자로서의 정체성까지 포함해서―가 완전히 사라진다. 남아 있는 것이라고는 그 원자의 질량, 각 운동량, 전하 등의 흔적뿐이고 그마저도 모두 블랙홀에 보태진다. 우리가 블랙홀에 던져넣은 원자의 양자 상태가 어떠했는지, 어떤 양자 정보를 가지고 있었는지는 고사하고, 그것이 원자인지 중성자인지 반물질인지를 자연의 힘으로도 알아낼 수 없다. 이러한 상황은 정보의 파괴라고 보는 것이 옳을 것 같다. 따라서 정보보존의 법칙이라는 새로운 법칙이 직격탄을 맞아 산산이 부서지는 것이다. 이것이 바로 블랙홀의 정보의 역설이다.

블랙홀의 정보의 역설에 대해 널리 알려진 비유가 몇 가지 있다. 대개가 블랙홀에 백과사전을 집어넣는다는 등 하는 이야기들이다. 그러나 그런 이야기들은 거의 의미가 없는 말장난일 뿐이다. 블랙홀의 정보의 역설이란 백과사전 안에 들어 있는 고전적 정보들이 사라진다는 정도의 이야기가 아니기 때문이다.

이 문제는 그보다 훨씬 더 심오한 의미를 갖고 있다. 이 역설의 근본적 뿌리는, 최소한 자연의 입장에서는, 블랙홀에 던져넣은 물체가 무엇이든 그 물체에 대한 모든 양자 정보가 소실된다는 것을 뜻하기 때문이다. 정보는 보존된다고 믿을 만한 충분한 근거가 있는데도, 그 물체에 담긴 정보가 사라진다는 것이다. 정보에 대한 접근이 불가능해졌다면 그 정보는 파괴된 걸까? 그 정보는 과연 흔적도 없이 지워진 걸까? 정확한 답은 아무도 모른다. 그러나 그렇지 않다고, 즉 블랙홀에 던져지는 가장 고통스러운 고문에도 불구하고 그 정보는 살아남는다고 믿을 만한 이유는 있다.

이벤트 호라이즌에 가려진 영역에 대한 정보를 추출하기는 불가능하다. 그렇지만 자연은 결코 엿보기를 포기하는 법이 없다. 자연은 끊임없이 우주선, 광자, 진공 요동을 이용해 그 너머를 탐색한다. 비록 이러한 시도가 어떠한 정보도 끌어내지 못한다 해도 상당한 정도의 효과는 있다.

자연이 시도하는 마지막 측정 계획은 입자들이 우주의 구석구석에서 끊임없이 생겨났다 사라지는 진공 요동을 이용한 것이다. 이 입자들은 쌍─입자와 반입자의 쌍─을 이루어 태어나는 경향이 있는데, 동시에 태어나서 한동안 서로 다른 방향으로 날아가다가 어느 순간 돌아와 정면충돌하여 서로를 사라지게 만든다. 그러나 블랙홀의 이벤트 호라이즌 근처에서는 이 현상이 약간 달라진다. 블랙홀 이벤트 호라이즌의 아슬아슬한 가장자리에서도 자연은 여전히 입자와 반입자의 쌍을 만들어낸다. 그러나 간혹 입자의 쌍 중 하나는 이벤트 호라이즌을 넘어가서 갇히는 반면 나머지 하나는 우주 속으로 멀리 도망가버린다. 이렇게 도망간 입자는 블랙홀의 내부에 대해서는 아무런 정보도 가지고 있지 않다.[6] 그러나 그입자─비슷한 과정을 거쳐 태어난 수십억 개의 다른 입자들도 마찬가지다─는 이벤트 호라이즌 근처에서 태어났다. 만약 블랙홀 근

---

6 물론 어떤 입자와 그의 쌍둥이 입자는 서로 얽혀 있다. 그러나 단순히 멀리 떨어져서 그런 유령 같은 행동을 하는 것만으로는 정보를 주고받을 수 없다. 고전적 정보를 한쪽에서 다른 쪽으로 보내는 것도 필요하다. 어떤 정보든 추출하려면 한쪽의 정보를 다른 쪽의 정보와 비교해야 한다. 물론 한 입자가 이벤트 호라이즌을 넘어가 버린 경우라면 이런 과정은 불가능하다. 그러므로 서로 얽힌 입자라 하더라도 블랙홀이 감추고 있는 정보에 대해서는 어떠한 정보도 뽑아낼 수 없다.

처에 어떤 관찰자가 있었다면 그는 이벤트 호라이즌이 수십조 개의 이런 입자를 '복사輻射'하는 것을 볼 수 있었을 것이다. 블랙홀이 겁 없이 이벤트 호라이즌을 넘어가려는 모든 것들을 삼켜버리기는 하지만, 바로 이렇게 제 파트너를 잃어버린 입자의 형태로 물질과 에너지를 방출하기도 한다. 자연의 측정의 한 형태인 진공 요동을 빌려 블랙홀은 입자들을 우주로 방출한다.

1970년대에 스티븐 호킹은 이러한 형태의 복사가 아무런 특색이 없다는 것을 증명했다. 이 복사는 소위 흑체 스펙트럼 blackbody spectrum을 형성했다. 19세기 중반, 루트비히 볼츠만과 다른 과학자들은 주어진 온도에서 형체가 없는 가상의 물체(흑체)로부터 흘러 나오는 복사량을 기술하는 방법을 생각해냈다. 블랙홀은 이 흑체와 비슷한 속성을 가진다. 따라서 블랙홀에서 나오는 복사량은 블랙홀의 '온도'를 알려준다. 블랙홀은 매우 차가운 흑체로서, 여기서 방출되는 복사, 즉 호킹 복사는 매우 희미하다. 그렇지만 흑체는 일정한 온도가 있다.

블랙홀의 호킹 복사는 그 성질이 이벤트 호라이즌의 곡률과 크기에 따라 달라지며, 블랙홀의 온도를 알려준다. 고작 온도를 알아내는 정도—온도는 블랙홀의 질량과 스핀, 전하를 가지고도 추측할 수 있다—로는 대단한 정보라고 할 수 없겠지만, 블랙홀이 확실

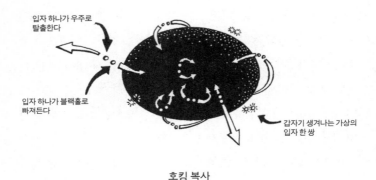

호킹 복사

한 범위의 온도를 갖고 있으며 따라서 열역학 법칙에 의해 분석될
수 있음을 알 수 있다. 또한 그 온도는 블랙홀의 종말의 씨앗을 품고
있다.

블랙홀 열역학이라니, 듣기조차 낯선 분야다. 블랙홀은 기체가
든 상자나 어떤 물질의 덩어리가 아니기 때문이다. 그러나 열역학
법칙은 블랙홀의 성질에 대해 우리에게 놀라울 정도의 통찰을 보여
준다. 첫째, 블랙홀은 작으면 작을수록 뜨겁고 단위면적당 복사량
도 더 많다. 그 결과 매우 기묘한 일이 일어난다. 블랙홀이 폭발하는
것이다.

일정한 온도의 블랙홀은 에너지를 복사한다. 어떤 물체— 블랙홀

도 예외가 아니다—가 에너지를 복사하려면 어디선가 그만한 에너지를 얻어와야만 한다. (진공 요동으로 생겨난 입자는 어떠한 에너지도 더해주지 못한다. 근본을 따지자면 이 입자들은 자연으로부터 '차입'된 것으로, 나중에는 어떤 방식으로든 상환해야 한다.) 회전하고 있는 블랙홀은 자전에 의해 생기는 에너지를 사용할 수 있다. 에너지를 방출하면 회전 속도가 느려진다. 그러나 회전이 멈추면 에너지원도 사라진다. 따라서 어딘가 다른 곳에서 에너지를 가져와야 한다. 그 '어딘가 다른 곳'이 바로 블랙홀 자신의 질량이다.

블랙홀은 에너지 복사를 위해 자기 자신을 소진시키고 있다. 그러나 질량이 가벼운 블랙홀은 이벤트 호라이즌도 작다. 이벤트 호라이즌이 수축하면 곡률이 조금씩 더 커진다. 또한 이벤트 호라이즌이 작아지면 블랙홀은 더 뜨거워지고, 에너지 복사량도 더 많아진다. 더 작아지면 더 뜨거워지고, 그러면 다시 더 작아지고 더 뜨거워지고… 블랙홀이 수축하고 더 뜨거워지면서 이 과정은 점점 더 가속화된다. 블랙홀은 증발한다. 결국 가속된 사이클이 통제할 수 없는 지경에 이른다. 수축된 블랙홀은 눈 깜짝할 사이에 엄청난 복사량과 함께 우리 시야에서 무無의 상태가 된다. 블랙홀이 죽은 것이다.

블랙홀이 이렇게 증발하기까지는 매우 오랜 시간이 걸린다. 태양의 두 배 크기인 작은 블랙홀이 에너지를 복사하다가 스스로 폭발해 없어지려면 10^{67}년이 걸린다. 반면에 이 우주의 나이는 10^{10}살을 조금 넘는다. 그러나 언젠가는, 지금부터 아주 오래고 오랜 세월이 지나면 우주에 흩어져 있는 블랙홀들이 폭발하기 시작할 것이다. 이벤트 호라이즌이 무의 상태로 수축하면서 하나씩 하나씩 차례로 폭발한다. 그리고 그 안에 갇혀 있던 정보들도 한꺼번에 쏟아져 나올 것이다. 아마도….

블랙홀의 증발과 폭발은 이벤트 호라이즌 너머에 갇혀서 자연의 엿보기로부터 차단되어 있던 정보들을 한꺼번에 해방시킬 것으로 보인다. 만약 그 안에 정보가 저장되어 있다면 파괴되기보다는 블랙홀의 죽음과 함께 해방을 맞을 것이며, 정보보존의 법칙은 확고하게 자리를 잡을 것이다. 정보는 블랙홀 여행에서 죽지 않고 살아서 돌아올 것이다. 그러나 그 정보가 영원히 사라질 수도 있다. 블랙홀 속에 던져넣은 양자 정보가 블랙홀이 폭발한 후에도 어떤 형태의 양자 정보로서 우리 환경 속으로 돌아오지 않고 파괴될 수도 있다. 그러면 블랙홀이 정보보존의 법칙을 제압하고 승리하는 것이다. 이 두 가지 시나리오 중에서 어떤 것이 사실일지는 아직 아무도 모른다. 1997년에 세 명의 유명한 물리학자들이 바로 이 점을 두고 내기를 걸었다. 그 조건은 다음과 같았다.

스티븐 호킹과 킵 손은 블랙홀에 삼켜진 정보가 외부 우주로부터 영원히 감추어지며, 블랙홀이 증발되어 완전히 사라진다고 해도 영영 다시 나타나지 않는다고 굳게 믿는다.

존 프레스킬은 양자 중력 이론에 따라 블랙홀의 증발로 인해 정보가 다시 나타난다는 메커니즘이 옳다고 굳게 믿는다.

따라서 프레스킬과 호킹, 손은 다음과 같은 내기를 제안한다.

초기의 순 양자 상태가 중력의 붕괴를 거치면 블랙홀을 형성하지만, 블랙홀이 증발하는 마지막 순간에는 다시 순 양자 상태로 돌아온다.

이 내기의 패자는 승자에게 승자가 원하는 정보를 찾아볼 수 있도록 그가/그들이 선택한 백과사전 한 권을 선물한다.[7]

호킹과 손은 이벤트 호라이즌을 넘어간 정보는 블랙홀이 완전히 파괴하고 소진시킨다는 데 걸었다. 어떤 별에 순수한 (0) 또는 (1),

---

7   프레스킬, 〈블랙홀 정보 내기〉.

또는 혼합된 (0&1)의 양자 정보를 저장했는데 그 별이 블랙홀로 빨려 들어갔다면, 이 정보는 영원히 소멸된다는 것이다. 그러나 프레스킬은 정보가 보존된다는 데 걸었다. 블랙홀이 존재하는 동안에는 자연의 입장에서는 그 정보를 잃은 것처럼 보이지만, 사실 그 정보는 블랙홀이 폭발하기 전까지만 갇혀 있다는 것이다. 블랙홀이 스스로를 파괴해서 이벤트 호라이즌까지 사라지면, 원래의 양자 정보는 그 자리 어딘가에 남아 있을 것이다. 처음에 별이 순수한 상태, 즉 (0) 또는 (1)의 상태에서 출발했다면, 그 순수한 상태는 다시 한 번 측정 가능해지는 것이다. 그 별이 혼합된 상태, 즉 (0&1)에서 출발했다면, 이 상태 역시 다시 한 번 측정 가능해진다.

그 양자 정보는 단지 아주 깊숙하고 먼 곳에 저장되어 있었을 뿐, 완전히 소멸된 것은 아니었다. 따라서 정보보존의 법칙은 성립한다. 프레스킬과 손, 호킹이 벌인 내기는 아무짝에도 쓸모없고 결코 결말이 나지 않을 말장난처럼 보이지만, 바로 우주를 지배하는 근본 법칙에 대한 것이었다.

만약 정보가 보존되지 않고 블랙홀에 의해서 파괴된다면 과학자들은 우주의 어디서도 성립하는 또 다른 법칙을 찾아야만 한다. 그러나 만약 정보가 블랙홀 여행에서도 살아남는다면—사실, 이벤트 호라이즌을 넘나들고도 변하지 않고 남아 있는 유일한 것이 정보일지도 모른다— 정보는 기본적이고 변하지 않는 자연의 언어라고 할 수 있을 것이다. 심지어는 블랙홀의 한가운데서 적용되는 물리적 법칙들도 정보의 법칙 앞에서는 고개를 숙여야 할 것이다. 정보는 가장 높은 곳에 자리한 법칙이다.

그러나 도대체 누가 승자일까? 정보와 프레스킬일까, 아니면 블랙홀과 호킹, 손일까? 그러나 이들을 따라서 내기를 걸고 싶다고 해도 이미 기회는 지나간 것 같다. 2004년, 더블린에서 열린 일반 상대성이론 관련 컨퍼런스에서 호킹은 내기에 진 것을 인정했다. 그는 정보가 블랙홀에 의해 비가역적으로 소멸될 수 없음을 보여주는 수학 이론을 찾았다고 주장했다. "만약 어떤 사람이 블랙홀로 뛰어든다면, 그가 가진 질량-에너지는 그가 어떻게 생겼는지에 대한 정보를 포함한 채 완전히 토막 난 신세가 되어 우리 우주로 되돌아올 것이다. 그러나 우리는 그 상태의 정보를 쉽게 알아보지는 못할 것이다"라고 호킹은 말했다. 그리고 프레스킬에게《종합 야구: 최고의 야구 백과사전》[8]을 선물했다. (손은 내기에서 졌음을 인정하지 않았다. 그는 아직 어느 쪽이 옳은지 확신하지 못하고 있다. 최종 결과가 나온다면 백과사전 값을 호킹에게 갚는다는 데 동의했다. 아이러니하게도 호킹의 수

---

8   2004년 7월 21일 스티븐 호킹의 연설을 기록한 저자의 노트.

학 이론은 오직 자신의 생각만 바뀌게 했을 뿐, 다른 사람들의 생각은 바꾸어놓지 못했던 것 같다.)

호킹이 내기에서 물러나면서 정보보존의 법칙을 가장 소리 높여 반박하던 과학자가 흰 수건을 던진 격이 되었다. 블랙홀 열역학, 일반 상대성이론, 입자물리학, 정보이론 등이 합세해 호킹을 설득하는데 10년의 세월이 걸렸다. 입자물리학자들과 끈 이론을 주장하는 물리학자들이 대부분 오래전부터 가장 강력한 블랙홀의 파괴력 앞에서도 정보는 죽지 않고 살아남는다는 것을 확신하게 되었는데도, 이 이론들을 달갑지 않은 시선으로 보는 과학자들은 아직도 있다.

물리학자들이 정보는 언제나 보존된다고 믿는 가장 큰 이유 중 하나는 블랙홀에는 온도가 있을 뿐만 아니라 엔트로피도 있음을 블랙홀의 열역학이 암시하고 있기 때문이다. 기체 내부의 원자의 분포를 기술하며 정보이론을 유도하는 볼츠만의 법칙 또한 블랙홀에 그대로 적용된다.

어떤 물질이 블랙홀에 떨어지면 이 물질은 정체성을 잃는다. 같은 1킬로그램의 수소나 깃털, 납, 혹은 반물질이나 고양이가 블랙홀에 떨어지면 결과는 똑같다. 블랙홀은 그 물질을 꿀꺽 삼켜버리면서 조금 팽창한다. 이벤트 호라이즌의 면적도 조금 늘어나고, 자연은 블랙홀에 삼켜진 물질에 대한 정보를 잃는다.

이와 똑같은 결과를 얻기 위해 우리가 블랙홀에 던져버릴 수 있는 것들은 셀 수 없이 많다. 이런 식으로 블랙홀의 면적을 넓히기 위해 우리가 취할 수 있는 방법은 너무나 많다. 그러나 블랙홀이 삼킨 것이 1킬로그램의 납덩어리인지 1킬로그램의 깃털뭉치인지는 구별할 수 없다. 다른 말로 하자면, 깃털뭉치를 삼킨 블랙홀과 납덩이를 삼킨 블랙홀 사이에는 겹침 degeneracy이 있다. 2장으로 돌아가 보면, 상자 하나에 구슬을 던져넣는 실험으로 엔트로피에 대한 설명이 시작되었다. 그 구슬들은 똑같이 생겼기 때문에 여러 가지 배열이 서로 겹친다. 이렇게 서로 구별할 수 없다는 속성 때문에 던져진 구슬의 배열이 종곡선을 이루고, 종곡선은 다시 엔트로피 개념으로 이어진다.

1970년대에 호킹, 손, 주렉 Wojciech Zurek, 베켄슈타인 Jacob Bekenstein 같은 과학자들은 블랙홀의 목구멍에 물질을 던져넣는 것이 상자에 구슬을 던져넣는 것과 비슷하다는 것을 깨달았다. 양쪽 모두 엔트로피의 개념과 연결되기 때문이었다. 수학적으로도 기체로 가득 찬 용기의 경우와 매우 비슷하다. 블랙홀의 엔트로피는 그 블랙홀이 만들어질 수 있는 방법의 가짓수에 대한 로그 값에 비례한다는 것도 밝혀졌다. 즉, $S=k\log W$이니, 블랙홀도 기체로 가득 찬 용기처럼 열역학의 법칙을 따른다.

그러나 블랙홀에는 아주 흥미로운 주름살이 있다. 블랙홀에 물질을 던져넣으면 엔트로피가 증가한다. 또한 이벤트 호라이즌도 얼마큼 늘어난다. 엔트로피와 이벤트 호라이즌의 면적 증가라는 이 두 속성은 단단히 엉켜 있다. 한 가지가 증가하면 나머지 하나도 같은 만큼 증가한다. 한 가지가 감소하면 나머지 하나도 같은 만큼 감소한다. 블랙홀의 엔트로피는 이벤트 호라이즌의 크기와 완전히 똑같다.

기체가 가득 든 용기처럼, 만약 블랙홀도 엔트로피를 갖는다면, 거기에는 몇 가지 서로 다른 구성이 있을 수 있다. 블랙홀은 외부적으로는 형태가 없지만, 블랙홀 자체는 수없이 많고 다양한 종류의 양자 상태를 가지고 있을 수 있다. 양자 정보를 저장할 수도 있다. 블랙홀이 저장할 수 있는 양자 정보의 수는 이벤트 호라이즌의 표면적에 비례한다.

과학자들도 블랙홀을 양자역학의 용어로 기술하는 방법을 잘 알지 못한다. 따라서 블랙홀에 정보가 존재할 수 있는지 없는지에 대해 자세하게 알지 못한다. 그러나 매우 고무적인 연구 결과들이 상당히 많다. 끈 이론가들은 블랙홀에 정보가 저장될 수 있는 방법에 대해서 몇 가지 이론을 세웠다. 고리 양자 중력 loop quantum gravity이라는 또 다른 유형의 이론을 가진 과학자들도 마찬가지다. 블랙홀을 진동하는 거대한 원자처럼 취급하는 또 다른 기법도 있는데, 이 역시 블랙홀의 양자적 성질에 대한 몇 가지 힌트를 주고 있다. 최근 들어 고리 양자 중력 이론과 진동-원자 테크닉은 블랙홀 주변의 시간과 공간에 대해 상당히 유사한 그림을 제시하고 있다. 이러한 상황들이 어쩌면 우리 과학자들이 블랙홀의 물리학을 이해하는 데 올바른 길에 들어서 있을지도 모른다는 것을 암시한다.

그리고 바로 그 길이 많은 과학자들로 하여금 블랙홀은 정보를 저장할 수 있다고 생각하게 만들고 있다. 사실 요즈음 대부분의 과학자들은 블랙홀의 정보 내용에 대해 이야기할 수 있다고 믿으며, 블랙홀 내부의 정보는 이벤트 호라이즌의 크기와 연관되어 있다고 생각한다. 어떤 학자들은 더 나아가 블랙홀이 정보를 처리할 수도 있다고 주장한다. 2000년에 MIT의 물리학자 세스 로이드 Seth Lloyd는 최첨단 랩톱 컴퓨터—실현 가능한 가장 빠른 컴퓨터—를 설계하기 위한 기묘한 연구를 시작했다. 사고 실험에서 그는 1킬로그램의 물질 덩어리—어떠한 구성이라도 상관없다—가 1초 안에 처리할 수 있는 가장 큰 수를 알아내려고 해보았다. 만약 이 물질이 1리터의 공간에 갇혀 있다면 1킬로그램의 물질은 10^{13}비트의 정보를 저장하고 조작할 수 있다고 계산했다. 그다음에는 랩톱 컴퓨터가 이 정보들을 얼마나 빨리 조작할 수 있는지 알아보았다.

하이젠베르크의 불확정성의 원리는 제한인자이다. 에너지-시간

관계는 정보처리, 즉 0을 1로 뒤집든지 아니면 1을 0으로 뒤집는 속도가 빠를수록 더 많은 에너지가 필요하다는 것을 뜻한다. 따라서 가능한 한 빠른 컴퓨터를 만들기 위해서 로이드는 아인슈타인의 방정식 $E=mc^2$에 따라 최첨단 랩톱 컴퓨터의 질량 모두를 에너지로 전환했다. 이 컴퓨터의 질량은 가지고 있는 정보를 처리할 어마어마한 양의 에너지를 품은 수십 억 도의 플라즈마 덩어리가 되었다. 물론 이로써 로이드의 랩톱 컴퓨터는 깔끔한 형태로 만들어지기는 어렵게 되었지만, 상관없었다.

그러나 비트 뒤집기의 속도를 더 빨리해서 정보처리 속도를 높이는 것은 전체 이야기의 반쪽밖에 되지 않는다. 정말로 컴퓨터의 속도를 높이려면 기억 장소가 서로 커뮤니케이션하는 데 걸리는 시간을 대폭 줄여야 한다. 컴퓨터에 들어 있는 정보는 물리적인 것이며 한 장소에서 다른 장소로 이동할 수 있는 최고 속도는 빛의 속도를 넘지 못하기 때문에, 이동거리가 짧으면 짧을수록 컴퓨터의 연산 속도는 빨라진다. 따라서 로이드는 자신의 플라즈마 랩톱이 가능한 한 작은 공간을 차지하도록 설계했다. 컴퓨터를 블랙홀 속으로 집어넣은 것이다. 이렇게 함으로써 이벤트 호라이즌 너머에 존재할 것으로 여겨지는 정보들이 한 장소에서 다른 장소로 이동하는 데 걸리는 시간을 최소화했다. (블랙홀이 처리하는 정보는 이벤트 호라이즌 밖으로 나오지 못하기 때문에 그 처리 결과를 읽을 수는 없다. 그러나 그렇다고 해서 블랙홀 컴퓨터가 자기 할 일마저 중단하는 것은 아니다. 우리도 이벤트 호라이즌의 한 점에서 다른 점으로 자유롭게 정보를 보낼 수 있기 때문이다.)

이 계산을 해놓고 로이드도 깜짝 놀랐다. 1킬로그램의 블랙홀 중에서 어느 한 부분이 그 블랙홀의 다른 부분으로 정보를 보내는 데 걸리는 시간은 1킬로그램어치의 질량-에너지로 비트 뒤집기를 하는 데 걸리는 시간과 정확히 일치했던 것이다. 비트 뒤집기를 하는 데도 커뮤니케이션을 하는 데도 낭비되는 시간은 전혀 없었다. 두 과정은 정확하게 같은 시간을 필요로 했다. 서로 다른 이 두 가지가 똑같은 값을 지니는 것은 아마도 우연이 아닐 것이다. 어쩌면 블랙홀은 정말로 최첨단 컴퓨터, 최첨단 정보처리 기계일지도 모른다. 만약 그렇다면 정보는 블랙홀의 심연을 낱낱이 이해할 수 있는 방법이라는 것이 확실하게 확인되는 셈이다. 정보는 그 무엇보다도 상위에 있다. 정보는 숨겨진 우주의 존재마저 밝혀낼지 모른다.

9 우주

보게! 땅 밑 토굴에서 살아가는 인간들을.

빛을 향해 벌려진 그 아가리는 토굴을 따라 이어져 있네. 어린 시절부터 여기서 살아온 그들은 다리와 목에 사슬이 채워져 있기에 마음대로 움직이지도 못하고 고개조차 돌릴 수 없어. 오로지 앞만 볼 수 있을 뿐이지. 그들의 머리 위, 그리고 뒤쪽으로 먼발치에 횃불이 타고 있네. 횃불과 죄인들 사이에는 높은 단 같은 통로가 있지. 자세히 보면 그 통로를 따라 인형극을 공연하는 사람들이 인형의 움직임을 보여주기 위해 자기들 앞에 세운 칸막이처럼 나지막한 벽이 있어….. 자네는 내게 이상한 영상을 보여주었네. 그 속에는 아주 이상한 죄인들도 있군. 마치 우리들처럼… 그들에게도 진실은 말 그대로 그림자일 뿐 아무것도 아닐지도 몰라.
— 플라톤, 《국가》

우주는 정보 위에서 움직인다. 아주 작은 스케일에서도 자연은 끊임없이 측정을 시도하면서 정보를 모으고, 그 정보를 주변 환경 속으로 전파한다. 별이 태어나고, 빛나고, 죽어가는 과정에서 별의 정보는 은하 전체로 흩어진다. 블랙홀은 가까이 지나가는 모든 물질과 에너지를 삼켜버린다. 그리고 게걸스럽게 정보를 먹어치운다. 어쩌면 블랙홀은 가장 성능 좋은 컴퓨터일지도 모른다.

그러나 우주에 대한 우리의 그림은 아직 완성되지 않았다. 적어도 긴 안목으로는 그렇다. 과학자들은 철학적 혹은 물리학적 바탕에서 우주의 구조를 이해하는 데 성공하지 못했다. 우리의 우주가 유일한 우주인지, 아니면 우리의 손이 닿을 수 없는 어떤 곳에 또 다른 우주가 있는지도 알지 못한다. 양자역학을 그토록 기이하게 만드는 메커니즘도 밝혀내지 못했다. 서로 얽힌 입자들이 정보를 교환하지 않고도 어떻게 모종의 합의를 할 수 있는지도 확실히 알지 못하고 있다. 가장 작은 스케일에서 보자면 아직 우주의 구조를 파악하지 못했으며, 가장 큰 스케일에서 보자면 우주의 성격을 이해하지 못했다.

정보이론으로는 아직 이런 문제에 대한 답을 찾을 수 없다. 그러나 실마리는 얻을 수 있다. 정보는 실험적으로는 도저히 접근할 수 없는 우주의 영역—블랙홀의 내부—을 엿볼 수 있게 해줄 뿐만 아니라 시간과 공간의 구조를 드러내 보여준다. 그리고 그 과정에서 우리 우주와 똑같이 닮은, 그러나 누구도 본 적 없고 볼 수도 없는 다른 우주들의 존재를 암시한다. 이러한 평행 우주parallel universe를 주장하는 사람들의 믿음이 쉽고 빠르게 전파되는 가운데, 그들은 양자역학의 커다란 역설을 해명한다. 평행 우주들은 중첩이 어떻게 일어나는지, 얽힌 입자들이 멀리 떨어진 상태에서도 어떻게 그 거리를 극복하고 즉시 '커뮤니케이션'하는지를 설명한다. 정보가 시공의 구조를 만들어낸다고 믿는 순간, 양자역학의 미스터리는 이제 덜 신비스럽게 되어버린다.

혼란스러운 개념이다. 정보이론의 개척자들은 우리 우주를, 그리고 우주 속에 깃든 생명들의 궁극적 운명을 매우 불안정한 그림으로 그려내고 있다.

어떻게 보면 블랙홀은 그 자체가 또 하나의 우주다. 8장에서 우리가 블랙홀 안으로 들여보냈던 탐사선을 다시 생각해보자. 만약 이 탐사선이 생명체를 발견했다면? 이벤트 호라이즌 너머에서 안락하게 살 수 있는 어떤 생명체가 있다면, 그 생명체도 하늘 위에 펼쳐진 별과 은하들을 볼 수 있을 것이다. 어쩌면 우리가 살고 있는 이 작고 푸르스름한 행성까지 알고 있을지도 모른다. 그러나 아무리 열심히 노력해도 그 생명체가 우리에게 어떤 메시지를 보내는 것은 불가능하다. 그 생명체가 우리에게 보내려는 정보가 무엇이든, 우리를 향해 쏘아 보내려는 메시지가 무엇이든, 결코 이벤트 호라이즌을 넘어오지는 못할 것이다. 블랙홀의 인력이 너무나 강하기 때문이다. 블랙홀 안에서 살고 있는 그 생명체들의 수가 아주 많고, 그들이 한꺼번에 목청껏 소리 질러 신호를 보낸다 해도 지구는 그들에 대한 단 1비트 또는 1 큐비트의 정보도 받지 못할 것이다. 우리는 그들에 대한 정보에 접근할 수 없다. 어쩌면 물질로 가득 찬 커다란 우주, 우리가 정보를 얻을 수 없어서 미처 알지 못하고 있는 우주가 블랙홀의 이벤트 호라이즌 너머에 숨어 있을지도 모른다.

물론 여기까지는 순전히 가설에 불과한 추측이다. 블랙홀에 생명체가 있다거나 이벤트 호라이즌 너머에 또 다른 우주가 있을 가능성은 희박하다. 그러나 이벤트 호라이즌은 그 너머에 우리 우주의 일부는 분명히 아닌 어떤 실체가 있을 수도 있다고 말하고 있다. 그 너머에 별과 은하, 심지어는 생명체도 있을 수 있다. 다만 정보의 소통을 가로막는 어떤 장벽에 가려져서 우리에게서 차단되어 있을 뿐이다.

우주에는 우리와는 전혀 다르게 살아가는 어떤 물체가 있을지도 모른다. 그런 곳에 있는 생명체와 우리 사이에 대화의 채널을 여는 것은 이론상으로도 불가능하다. 어떤 의미에서는, 만약 우주 안의 두 영역 사이에 정보 차단벽을 설치해서 그 두 영역이 서로 소통할 수 없도록 만든다면 그 두 영역은 본질적으로 전혀 다른 우주가 되는 것이다.

참으로 이상한 이론이다. 어쨌든 '우주'는 정의상 그 안에 있는 모든 것을 포함한다. 그런데 과학자들은 우리 우주 말고도 복수의 또 다른 우주가 있다는 이론을 고려하기 시작했다. 사실 많은 과학자들이 이 이론을 심각하게 받아들인다. 어떤 과학자들은 또 다른 우주들이 '존재해야만 한다'고 믿기까지 한다. 이 우주들은 정보의 법칙과 블랙홀의 물리학으로부터 나온 피할 수 없는 결론인지도 모른다.

또 다른 우주들을 향한 길의 첫걸음은 블랙홀 속의 정보에 일어나는 일과 관련이 있다. 앞 장에서 우리는 블랙홀이 삼킨 정보가 그 블랙홀의 이벤트 호라이즌의 표면적과 관련이 있는 것처럼 보인다고 말했다. 블랙홀이 더 많은 물질과 에너지—더 많은 정보—를 삼킬수록 이벤트 호라이즌의 표면적은 확장된다. 그리고 블랙홀의 엔트로피는 그 블랙홀의 이벤트 호라이즌의 표면적에, 정확히 말하면 이벤트 호라이즌의 표면적을 4로 나눈 값에 비례한다.

이 비례관계는 블랙홀이 완벽한 구의 형태(구는 가장 큰 체적을 감쌀 수 있다)든, 회전에 의해 약간 납작해진 구(따라서 체적은 약간 줄어든다)든 상관이 없다. 이벤트 호라이즌의 표면적이 똑같다면, 블랙홀이 품고 있는 정보—만약 정말로 정보가 저장되어 있다면—의 양도 똑같다.

현재로서는 논쟁의 여지가 없는 믿음이다. 대부분의 과학자들은 블랙홀의 정보에 대해서 공공연하게 말한다. 그리고 이 정보는 이벤트 호라이즌의 표면적에 비례한다. 그러나 이 믿음은 블랙홀이 정보를 삼키면 아주 이상한 결과를 불러온다. 왜 이상한고 하니, 물체의 체적과 면적의 차이 때문이다. 무거운 물체, 이를테면 납으로 만든 벽돌 같은 것을 들어보면 그 안에 얼마만한 양의 물질이 들어 있는지를 대충 가늠할 수 있다. 무거운 물체일수록 그 벽돌 안에는 더 많은 물질이 들어 있다. '속'이 얼마나 차 있느냐를 알 수 있다는 것이다. 그 벽돌 속의 물질의 양은 체적과 관계된다. 납덩어리는 표면적을 늘릴 수 있다. 망치로 탕탕 두들겨서 펴면 된다. 반대로 표면적을 줄일 수도 있다. 공처럼 꽁꽁 뭉치면 된다. 그러나 표면적을 늘리든 줄이든, 납덩어리의 일부를 떼어내지 않는 한 물질의 양은 줄지 않는다.

물체의 속을 채우고 있는 물질의 양을 재는 척도는 표면적이 아니라 체적이다. 만약 정보(또는 양자 정보)를 그만한 물질의 덩어리 안에 저장하려 한다면, 저장되는 정보의 양은 그 덩어리 속의 물질의 양에 비례할 것이라고 예상할 수 있다. 즉, 그 물체의 표면적이 아니라 체적에 비례할 것이라고 예상할 수 있다.

그러나 블랙홀의 경우에는 우리의 예상과는 반대 상황이 벌어진다. 마치 블랙홀이 가진 정보는 이벤트 호라이즌이 감싸고 있는 체적 안에서가 아니라 이벤트 호라이즌의 표면 위에 '사는' 것처럼 보이는 것이다. 블랙홀의 속을 채운 물질의 양은 블랙홀의 체적이 아니라 표면적에 비례한다. 이건 아주 이상한 결론이다.

이벤트 호라이즌의 표면적은 2차원의 표면이다. 속이 텅 빈, 무한히 얇은 공의 껍데기와 같다. 속이 꽉 찬 구 같은 진짜 3차원이 아니다. 이 말은 블랙홀이 가진 모든 정보는 3차원이 아닌 2차원에 존재한다는 의미가 된다.[1] 마치 정보는 우리의 차원 개념을 완전히 무시하고 있는 것 같다. 어떻게 보면 정보는 홀로그램과 비슷하다.

홀로그램은 특이한 영상의 하나로 요즘 사람들에게는 대부분 친숙하다. 비자카드나 마스타카드 같은 신용카드에는 보안 장치로 홀로그램이 사용된다. 카드 앞면에 붙은 은박지 모양의 스티커 위에 생기는, 마치 허공에 떠 있는 것 같은 그림 말이다. 신용카드에 사용된 것 같은 값싼 홀로그램으로는 잘 볼 수 없지만, 그 홀로그램 영상을 잘 들여다보면 그림이 꼭 3차원 입체영상처럼 보인다. 마치 공중에 떠 있는 것처럼 말이다.

홀로그램은 빛의 파동적 속성을 이용해 만든 특별한 종류의 사진이다. 홀로그램은 필름 조각이나 은박지 같은 2차원의 접착 면에 저장되어 있지만, 그 홀로그램 안에는 영상에 나타나는 물체에 대한 3차원 정보가 모두 저장되어 있다. 과학관 같은 데서 볼 수 있는 고품질 홀로그램은 납작한 필름 조각으로 주사위 한 쌍이나 두개골 같은 물체를 진짜와 똑같은 3차원 영상으로 만들어낸다. 이 홀로그램 주변을 걸어서 돌아보면 주사위의 여섯 면이나 두개골의 여

---

1 아인슈타인의 상대성 이론의 공식은 시간을 또 하나의 차원으로 계산한다. 따라서 우리 우주는 4차원이고, 이벤트 호라이즌은 3차원이다. 복잡함을 피하기 위해 나는 2차원과 3차원 물체로 설명하고자 한다. 끈이론 같은 경우에는 10차원을 넘어서 11차원까지 다루기도 한다.

러 가지 뼈 등 2차원의 사진에서는 볼 수 없는 것들을 볼 수 있다. 홀로그램에서는 그 물체에 대한 3차원의 정보가 2차원의 필름 조각에 모두 담겨 있다.

홀로그램처럼 블랙홀도 완전히 3차원에 준하는 정보—이벤트 호라이즌을 뛰어넘은 모든 (3차원) 물질의—를 2차원 매체, 즉 그 블랙홀을 감싸고 있는 이벤트 호라이즌의 표면에 기록하고 있는 것 같다. 1993년 네덜란드의 물리학자 헤라르뒤스 엇호프트 Gerardus 't Hooft 가 지금은 홀로그래픽 원리 holographic principle 라고 불리게 된 이론을 주장했다. (그는 이와는 별개의 연구로 1999년에 노벨 물리학상을 수상했다.) 상당히 이론적인 바탕 위에서 이 이론은 블랙홀의 물리학을 온 우주로 확장한다. 만약 이 원리가 옳다면 우리들 자신도 홀로그램일지 모른다. 우리가 3차원에 있다는 착각 속에서 열심히 살아가는 2차원 생명체일 수 있다는 뜻이다.[2] 실제로 이러할 가능성은 거의 없지만, 홀로그래픽 원리가 옳은지 그른지를 아는 사람은 아무도 없다. 하지만 만약 이 원리가 틀렸다고 해도 정보이론은 또 하나의 놀랄 거리를 준비해두고 있다.

유한한 크기의 물질 덩어리는 유한한 양의 정보를 저장할 수 있

---

2   또는 좀 더 정확히 말하면, 4차원에 있다는 착각 속에서 열심히 살아가는 3차원 생명체일 수도 있다. 마치 그것이 전혀 이상할 것이 없다는 듯이.

다는 원리는 홀로그래픽 원리보다 훨씬 더 확실한 토대 위에 서 있다. 뭐니 뭐니 해도 가장 밀도가 큰 물질일 가능성이 높은 블랙홀은 이벤트 호라이즌의 표면적에 비례하는 양의 정보를 가지고 있다. 블랙홀의 질량이 유한하다면 그 이벤트 호라이즌도 유한하다. 이벤트 호라이즌이 유한하다면 거기에 담겨 있는 정보의 양도 유한하며, 그 정보를 둘러싼 이벤트 호라이즌의 표면적에 비례한다.

1995년, 물리학자 레너드 서스킨드 Leonard Susskind 는 위의 원리가 블랙홀에만 적용되는 것이 아니라 형태와 상관없이 모든 물질과 에너지에도 적용된다는 것을 증명했다. 어떤 물질과 에너지의 덩어리를 떼어내어 표면적이 A인 가상의 구로 둘러싼다면, 그 물질과 에너지가 저장할 수 있는 정보의 양은 최대 A/4에 적절한 단위를 붙인 값이다. 이 관계를 홀로그래피 경계 holographic bound 라고 하는데, 이는 정보의 법칙과 열역학 법칙의 결과물이다.

홀로그래피 경계에 따르면 물질의 아주 작은 덩어리라도 이론적으로는 천문학적인 양의 정보를 저장할 수 있다. (직경이 1센티미터인 아주 작은 물질도 이론상으로는 10^{66}비트의 정보를 저장할 수 있다. 10^{66}은 하나의 은하 안에 들어 있는 원자의 수를 모두 합한 것과 맞먹는 놀라운 수치이다.) 그러나 그 숫자는 유한한 것이지 무한수가 아니다. 유한한 표면적을 가진 공 안에 우주의 일부를 담을 수 있다면 그 안에는 오직 유한한 양의 정보만이 담길 수 있다. 그 공이 매우 거대한 공이라 해도 마찬가지다. 이 원리는 매우 견고한 이론적 바탕 위―열역학 제2법칙이 블랙홀에도 적용된다는 사실을 인정한다면 이 원리 역시 받아들이지 않을 수 없다―에 서 있지만, 다소 곤혹스러운 결론을 이끈다.

정보는 물리적이다. 기적적으로 원자나 전자 위에 걸터앉은 추상적인 어떤 것이 아니다. 정보는 그 물체에 저장되어야 하며, 어떤 물리적 방법을 통해 스스로를 드러내야 한다. 우리는 원자의 스핀이나 위치, 또는 원자의 다른 물리적 속성을 조작함으로써 원자에 큐비트를 저장할 수 있다. 그리고 우리가 저장한 각각의 큐비트는 원자의 전반적 속성―양자 상태―에 반영되어야 한다. 여기까지는 새로운 것이 없다. 슈뢰딩거의 고양이의 예에서 우리는 물체의 양자 상태와 그 양자 상태가 나타내는 정보 사이의 관계를 알아보았다. 그러나 과학자들은 만약 주어진 물질의 덩어리 안에 유한한 양의 정보만이 들어 있다면 물질로 만들어진 어떤 물체도 유한한 수의 가능한 양자 상태 중 하나에 있어야 한다고 주장한다. 다시 말해 물체는 유한한 수의 양자 파동함수 중에서 하나를 가질 뿐이며, 그 파동함수는 우리가 접근할 수 있는 것이든 그렇지 않은 것이든 간에 물체의 모든 정보를 암호화한다. 따라서 표면적이 유한한 공을 상상한다면, 이론물리학자들은 그 안을 물질과 에너지로 구성할 방법의 수가 유한하다고 주장한다.

앞서서 블랙홀에 대해 분석했던 내용을 되짚어보면 이해가 쉬울 것이다. 블랙홀의 이벤트 호라이즌의 표면적은 그 블랙홀이 삼켜버린 정보를 나타낸다고 했다. 정확하게 말해 그 정보가 나타내는 것은 무엇이었을까? 물질을 블랙홀 속으로 던져버리고 나면, 그 물질이 어떤 물질이었는지에 대한 정보는 잃게 된다. 그 물질이 원자였는지 중성자였는지, 고물 자동차였는지 알 수 없다. 하물며 그 고물 자동차가 빨간색이었는지 파란색이었는지, 그 원자가 스핀 업이었는지 스핀 다운이었는지, 아니면 동시에 그 둘 모두였는지를 알 수 없는 것은 당연하다. 다시 말해 우리가 블랙홀 속에 던져넣은 물질의 성격에 대한 정보는 모두 잃게 된다. 그 물질의 양자 상태에 대한 정보도 모두 잃는다. 그러나 정보가 보존된다는 법칙이 옳다면 우리가 잃어버린 정보는 블랙홀에 저장되며, 이벤트 호라이즌의 표면적은 더 넓어진다. 따라서 이벤트 호라이즌이 가진 정보는 우리가 블랙홀에 던져버린 물질의 양자 상태에 대한 정보의 등가물이다. 정보, 양자 상태, 표면적, 이 세 가지는 서로 연결되어 있다.

여기까지는 무리가 없다. 유한한 공에 속을 넣는 방법의 수는 유한하다. 그러나 그 공이 아주 아주 크다고—우리가 볼 수 있는 우주

만큼 크다고— 생각하기 시작하면 문제는 아주 이상해진다. 우리 우주의 나이는 고작 137억 년에 불과하며, 빛이 우주 전체를 가로지르며 자유롭게 흐르기 시작한 것은 대폭발 직후 40만 년이 지나기 조금 전이었다. 이때 생겨난 빛이 우리가 볼 수 있는 가장 오래된 빛이다. 그것이 우리가 볼 수 있는 우주의 가장자리이며, 그 너머에 있는 것은 볼 수 없다. 정보는 빛의 속도보다 빨리 움직일 수 없으므로, 지구를 둘러싼 보이지 않는 거대한(그러나 유한한) 공, 지름이 수백억 광년에 이르는 구가 있다고 가정한다면, 이 구는 빛이 자유로워진 그 순간부터 지금까지 우리에게 정보를 보내온 우주의 모든 것을 아우르고 있는 것이다.[3] 역으로, 그 시점 이후로 지구에 대한 정보를 계속 수신해왔을 가능성이 있는 모든 것들도 그 구 안에 들어 있다. 달리 말해 대폭발부터 40만 년 이후로 우리와 정보를 주고받아 온 우주의 모든 요소들이 바로 그 거대하지만 유한한 구 안

---

3 전혀 말도 안 되는 소리라고 여겨져도 걱정할 필요는 없다. 그러나 이 구의 반지름은 실제로 137억 광년보다 크다. 우주의 피륙은 쉬지 않고 팽창하기 때문이다. 만약 140억 년 전에 찍은 우주의 스냅사진이 있다면, 나중에 지구가 되었을 우주 속의 한 점을 중심으로 반지름 140억 광년의 원을 그릴 수 있었을 것이다. 그리고 그 구 안에 든 모든 것은 140억 년 후의 지구와 인과율적으로 연결되어 있을 것이다. 그러나 시간과 공간의 피륙은 스냅사진이 아니다. 140억 년 후의 그 구는 반지름이 400억 광년인 구로 팽창해 있다. 우주가 탄생한 지는 겨우 140억 년밖에 안 되었지만, 우리는 반지름이 400억 광년인 구 안의 물체들이 방출한 빛을 받아들이고 있다. (이런 결과는 상대성이론의 수학으로부터 나온 기이한 결과이다. 빛은 지구가 어떻게 운동하든 초속 30만 킬로미터의 속도로 우리에게 날아온다는 점을 기억하자. 또한 지구의 운동에는 시공의 팽창에 기인한 운동까지 포함된다.) 그러나 우리가 말하는 구의 반지름이 140억 광년이나 400억 광년이나 6억조 광년이나를 따지는 것은 지금의 주제와 크게 부합하지 않는다. 중요한 것은 그 구의 크기가 유한하다는 점이다.

에 들어 있다는 뜻이다. 논의를 간단히 하기 위해 이 구를 허블 거품 Hubble bubble 이라고 부르기로 하자.

어쩌면 우주에는 우리의 허블 거품보다 더 많은 것이 들어 있을지도 모른다. 과학자들은 우주에는 우리가 볼 수 있는 것보다—우리의 거대한 구가 품고 있는 것보다— 더 많은 것이 있음에 틀림이 없다고 거의 확신하고 있다. 사실 대부분의 우주학자들은 우주가 무한히 크다고 생각한다. 요즘의 과학자들은 우리 우주의 한계가 무한하다—즉, 경계가 없다—고 믿으며, 소수의 과학자들이 정확한 근거도 없이 주장하는 것처럼 스스로 돌돌 말린 것 같은 이상한 모습을 하고 있지는 않다고 생각한다. 우주선을 타고 한쪽 방향으로만 계속해서 나아간다고 해도 넘을 수 없는 경계를 결코 넘어가지 못할 것이며, 그렇다고 처음 출발했던 장소로 되돌아오지도 못할 것이다.

물리학자들은 '무한한'이라는 말을 함부로 쓰지 않는다. 그런데도 그들이 우주는 무한하다는 결론을 내린 데는 몇 가지 이유가 있다. 그중 하나가 천문학자들이 우주가 유한하다는 증거를 찾기 위해 부단히 노력했으나 실패했다는 점이다. 예를 들면, 우주학자들이 아주 옛날, 대폭발로부터 40만 년이 흐른 후에 방출된 우주 복사를 보았더니 거기에는 우주의 반지름이 400억 광년보다 작다는 것을 암시하는 어떠한 패턴도 나타나지 않았다. 우주의 가장자리를 가리키는 그 무엇도 찾을 수 없었다. 그런데 이런 것들이 우주가 무한하다는 점에 대한 증거의 한 조각이기는 하지만, 물리학자들이 우주는 무한하다고 생각하게 된 진짜 이유는 따로 있었다. 끝없는 우주를 주장하게 된 진짜 동기는 팽창 이론이었다.

팽창 이론은 대폭발이 일어난 직후 몇 초간의 우주의 모습을 기술하는 데 매우 성공적인 우주론이며, 우주의 경계가 무한함을 의미하는 듯하다.[4] 물론 팽창 이론도 어떤 점에서는 틀렸을 수도 있다. (무리 없이 적용될 수 있는 것처럼 보이기는 하지만.) 그렇지 않다면 팽창 이론은 완벽하게 옳을 수도 있다. 그러나 이 이론이 우주가 무한하다는 주장을 이끌어냈다는 해석은 어폐가 있다. (수학자들은 그러한 방향으로 주목하고 있지만.) 하지만 요즘의 우주학자들 대부분은 우주가 무한히 크다고 생각한다. 홀로그래피 경계와 결합되면 이 주장은 아주 큰 난관을 만나게 된다.

만약 우주가 무한하다면, 그 경계가 유한한 우리의 허블 거품은 우리가 우주에 그릴 수 있는 서로 겹치지 않는 수많은 허블 거품 크

---

4   팽창 이론에 대한 자세한 내용은 이 책에서 다루는 범주를 벗어나는 것이지만, 관심이 있는 독자라면 우주론에 대한 필자의 책, Alpha & Omega(국내에는 《현대 우주론을 만든 위대한 발견들》로 도서출판 소소에서 번역 출간되었다—옮긴이)를 참조하기 바란다.

기의 구 중 하나라는 의미가 된다. 우주는 막대한 수의 독립적인 허블 거품을 품고 있을지도 모른다. 사실 우리의 허블 거품은 유한하기 때문에 무한한 우주에는 무한한 수의 독립적인 허블 거품을 채워 넣을 수도 있을 것이다. 여기서 정보이론의 난제 하나를 발견하게 된다. 이런 구 하나하나가 유한한 표면적을 갖고 있다. 따라서 각각의 구는 유한한 양의 정보, 유한한 수의 양자 상태를 가지고 있으며, 각각의 허블 거품 안을 물질과 에너지로 구성하는 방법의 가짓수도 유한하다. 각각의 허블 거품 안을 채운 재료들이 가질 수 있는 파동함수의 가짓수도 유한하다.

그 파동함수는 우리가 아는 것이든 모르는 것이든 허블 거품의 속을 채우고 있는 모든 것—물질과 에너지—들에 대한 낱낱의 정보를 갈무리한다. 허블 거품 속에 있는 낱낱의 원자들에 대해 그 위치와 운동량을 암호화할 뿐만 아니라 우리가 허블 거품을 놓고 상상할 수 있는 모든 것들에 대해서도 기술한다. 피카딜리 서커스에 켜져 있는 전구 하나하나의 위치와 색깔, 바닷속을 노니는 물고기들의 운동속도, 지구상에 존재하는 모든 책에 담긴 내용, 이 모든 것들이 파동함수 안에 들어 있다.

우리 허블 거품의 파동함수는 우리 자신의 파동함수까지 포함하고 있다. 그 함수에는 우리들 자신에 대한 소소한 정보까지, 심지어는 우리 몸을 이루고 있는 원자 하나하나의 양자상태까지 들어 있다. 이 모든 것들을 합하면 막대한 양의 정보가 되지만, 우리 허블 거품의 파동함수는 우리가 눈으로 볼 수 있는 우주에 대한 모든 정보를 품고 있다. 편의상 이 파동함수를 153번 파동함수라고 부르기로 하자.

허블 체적에 대한 파동함수의 수는 유한하다. 가능한 파동함수의 수는 믿을 수 없을 정도로, 정말로 믿을 수 없을 정도로 많다. (이 파동함수의 개수를 케르길리온—kergillion—이라고 부르자.) 그러나 어쨌든 그 수는 유한하다. 자, 우리의 이 파동함수는 가능한 케르길리온 개의 파동함수 중 하나다. 이것이 '우리의' 파동함수라는 점을 제외하면 달리 특별한 구석은 없다. 다른 가능한 케르길리온 개의 파동함수들보다 더 사실적이라거나 덜 사실적이라고 할 수도 없다.[5]

그러나 무한한 우주에는 이런 허블 거품이 무한 개 들어 있다. 무한대는 케르길리온보다 크다. 케르길리온+1 보다도 더 크다. 케르길리온+1번째의 허블 거품에 닿아보면 믿을 수 없는 어떤 일이 일어나야 한다. 어떤 허블 거품이 가질 수 있는 가능한 파동함수의 수는 케르길리온뿐이다. 따라서 케르길리온+1 개의 허블 거품이 모여

---

5 특정한 파동함수가 더 사실적이냐 그렇지 않으냐는 사실 별로 문제가 되지 않는다. 153번 파동함수가 불가능하다고 증명되지 않는 한, 그 뒤에 따라오는 주장들은 유효하다.

있다면, 최소한 하나는 복제된 것이다! 두 개의 허블 거품이 완전히 똑같은 파동함수를 가져야 한다는 뜻이다. 낱낱의 원자, 낱낱의 입자, 작은 에너지 방울 하나하나까지 똑같은 자리에 있어야 하고 똑같은 운동량을 가져야 하며, 우리가 상상할 수 있는 모든 면에서—심지어는 우리의 상상력이 미치지 않는 면에서도— 조금도 다른 점이 없어야 한다.

케르길리온+1 개에서 멈춰야 할 이유는 없다. 케르길리온+2개의 허블 거품이 있다면 두 개의 복제 거품이 있어야 한다. 2 케르길리온 개의 허블 거품이 있다면 그중 1 케르길리온 개의 허블 거품은 복제 거품이다. 평균적으로 가능한 모든 파동함수에 대해 복제물이 하나씩 존재하는 것이다. 만약 100만 케르길리온 개의 허블 거품이 있다면 가능한 파동함수 하나당 평균적으로 100만 개의 복제물이 존재한다는 계산이 나온다. 여기에는 우리 함수, 153번 파동함수도 예외가 아니다.

우리 파동함수가 다른 특별한 점이 없다면 100만 케르길리온 개의 허블 거품을 가진 우주 속에는 우리 우주와 똑같은 우주가 100만 개 있다는 이야기이다. 피카딜리 서커스의 전구 하나하나의 위치와 색깔, 바다 속에서 노니는 물고기의 운동속도, 지구상에 존재하는 모든 책의 내용까지도 똑같은 100만 개의 허블 거품이 존재한다는 뜻이다. 이 각각의 허블 거품들은 심지어 나의 파동함수까지 똑같이 가지고 있다. 내 몸을 구성하고 있는 원자들의 양자 상태까지도 똑같이! 나와 똑같은, 나의 아주 세세한 부분까지도 똑같이 빼다 박은 복제물, 즉 도플갱어도 100만 개가 있고, 그 도플갱어들은 지금 이 책의 복제판을 들고 바로 지금 이 문장을 읽고 있다!

물리학자들은 만약 우주가 정말로 무한하다면 우리 허블 거품과 똑같이 닮은 허블 거품이 대략 $10^{10^{115}}$미터 떨어져 있으리라고 계산했다. 따라서 내가 나의 도플갱어와 커뮤니케이션할 수 있는 방법은 없다. 너무나, 너무나 멀리 떨어져 있기 때문이다. 우리가 볼 수 있는 우주의 가장자리보다도 훨씬 멀다. 그러나 우주가 무한하다면, 그 거리가 아무리 멀다 해도 도플갱어는 반드시 있을 것이다.

하지만 잠깐! 뭔가 이상하지 않은가? 파동함수의 수가 유한한 것은 주어진 체적 안에 저장될 수 있는 정보의 양이 유한하기 때문이며, 이는 곧 질량과 에너지의 가능한 구성의 수가 유한하다는 것을 의미한다. 질량과 에너지와 정보의 가능한 구성은 각각 하나의 파동함수와 대응했다. 각각 숫자가 주어졌던 것이다. 그리고 각각의 파동함수는 케르길리온 개의 경우의 수 중에서 하나를 차지했다. 따라서 케르길리온 개의 파동함수의 집합에는 하나의 허블 거품이 가질 수 있는 물질과 에너지의 가능한 구성이 포함되어 있다. 100

만 케르길리온 개의 허블 거품의 집합에는 가능한 구성 하나가 평균적으로 100만 개씩 들어 있다.

혹시 인간을 초월할 정도로 높은 지능을 가진 문어들이 사는 우주가 있지 않을까? 아마 100만 개나 있을지도 모른다. 혹시 모든 사람들이 탭댄스와 방귀소리로 이루어진 미묘한 언어로 의사소통하는 그런 지구를 가진 우주는 없을까? 100만 개는 있을 것이다. 바로 이 책이 피그라틴어^{pig Latin}(어린아이들이 놀이에 쓰는 일종의 은어. 단어의 첫 자음을 맨 뒤로 옮기고 거기에 -ay를 붙인다. 예를 들어, pig는 igpay가 된다—옮긴이)로 씌어졌다는 것만 빼면 다른 모든 것들은 우리 우주와 똑같은 또 다른 우주는 없을까? 100만 개는 족히 있을 수 있다. 만약 우주가 무한하다면, 허블 거품이 가질 수 있고 물리학의 법칙에 위배되지 않는 물질의 배열이 하나도 빠짐없이 어딘가에는 존재해야 한다. 어떤 의미에서 우리 우주는 이런 독립적이면서 닮은꼴인 수많은 작은 우주들, 각각이 유한한 가짓수의 배열을 가진 우주들의 집합인지도 모른다.

이 책에서 내가 독자들을 이해시키기 위해 애썼던 여러 가지 비상식적 논리 중에서도 이 논리는 거의 황당무계에 가까운 것 같다. 나 자신도 믿기가 어려웠다. 나도 혹시 이 가정의 어딘가에 허점이 있지 않을까 눈에 불을 켜고 살폈다. 이 논리를 펴는 물리학자들이 뭔가 틀렸거나 빠뜨린 부분이 있기를 바랐다. 그러나 그들의 논리는 물샐 틈이 없었다. 우주가 무한하다면, 홀로그래피 경계가 옳다면, 이 우주는 무한한 수의 나의 복제가 우글거린다는 논리에서 벗어날 수 없다. 한술 더 떠서, 무한한 수의 나의 복제는 거대한 육식성 에일리언 웜바트에게 계속 잡아먹히고 있다. (그 반대의 현상도 존재한다.)

혹시 이 분야를 전공하는 물리학자를 만나거든 이 문제에 대해 한번 물어보라. 아마도 흠, 흠, 헛기침을 하면서 질문을 피하려 할 것이다. 그러나 다수의 탁월하고 이성적인 물리학자들은 아주 자신감 있게, 비록 내가 위에서 주장한 이론들이 완전히 옳다고 믿지는 않지만, 자신의 일란성 복제물 또는 거의 일란성에 가까운 복제물이 우주를 둥둥 떠다니고 있다는 것은 믿는다고 말할 것이다. 물리학자들이 평행 우주의 존재를 믿는 데는 나름의 이유가 있다. 그 이유 역시 정보이론, 그리고 양자이론의 법칙과 관련이 있다. 과학자들은 약간 다른 각도에서 평행 우주—말 그대로 정보가 우주를 형태 짓는—를 인정한다. 또한 그 과정에서 그들은 양자이론의 문제들을 해결하고 있다.

1999년, 한 양자 컴퓨테이션 컨퍼런스에 참가한 약 100명의 물리학자들이 비공식으로 투표를 했다. 그들 중 30명은 비록 직접적 증거는 아직 발견되지 않았지만 평행 우주나 그와 유사한 것이 있다고 믿는다고 말했다. 그 믿음은 양자역학의 미스터리에 기인하는 바가 크다. 정보이론은 양자 물질의 속성을 비롯해 이러한 미스터리를 이해하는 데 커다란 공헌을 했다. 물체와 관찰자 사이에서 이루어지는 정보의 교환을 연구함으로써 과학자들은 양자세계의 법칙들을 이해할 수 있었다. 그러나 정보만으로는 충분치 않다. 아직도 무언가가 부족하다. 양자이론은 완벽하지 못하다.

양자이론의 수학은 믿을 수 없을 정도로 강력하다. 믿을 수 없을 정도로 정확하게 예측하고 입자의 행동을 설명하는 데도 탁월하다. 그러나 그 수학적 틀에는 철학적 사고가 동반한다. 양자이론의 수학은 파동함수를 써서 물체를 기술하는 방법을 설명하지만 파동함수가 무엇인지는 말해주지 않는다. 파동함수는 물체인가 아니면 수학적 픽션인가?

양자이론의 수학은 중첩 현상으로 물체의 행동을 기술한다. 그러나 중첩 현상이 어떻게 작용하고 어떻게 붕괴되는지는 말해주지 않는다. 하나의 물체가 두 장소에 동시에 존재한다는 것이 어떤 의미인지, 그러한 속성이 어떻게 갑자기 사라질 수 있는지에 대해서는 설명하지 않는다. 양자역학의 수학은 먼 거리에 떨어져 있으면서 서로 얽힌 입자들의 유령 같은 행동에 대해서는 말하지만, 멀리 떨어진 두 입자가 서로 정보도 주고받지 않으면서 어떻게 모의를 할 수 있는지에 대해서는 설명하지 못한다. 양자이론의 수학은 대단히 명료하다. 그러나 양자이론이 기술하는 물리적 현실은 명료한 것과는 거리가 멀다.

과학자들은 현실을 무시하고도 전진할 수 있다. 우리가 연구하는 물리적 현상에 대해 수학자들이 예측을 하면, 그들이 내놓은 방정식이 말하고자 하는 바에 관심을 기울이면 된다. 그 방정식이 무엇을 의미하는지는 알려고 할 필요가 없다. (노벨상 수상자인 리처드 파인만Richard Feynman이 했다고 하는 말에 따르면, 이런 태도를 '입 닥치고 계산이나 해!' 식이라고 할 수 있다.) 그러나 물리학자들 대부분은 그들이 다루는 우주가 우주의 진정한 물리적 현실을 반영하고 있다고 믿는다. 또한 그들 대부분은 자신들의 수학이 표현하고 있는 물리적 현실이 무엇인지를 알고 싶어 한다. 그러려면 현상을 기술하는 수학으로는 부족하다. 그들은 자신들의 방정식이 기술하는 물리적 과정에 대해서 알고 싶어 한다. 수학적 틀을 어떻게 해석해야 하는지를 알고 싶은 것이다. 진짜 문제가 바로 여기에 있다.

주류 과학자들도 대부분 양자역학의 수학적 귀결에 동의하는 경향이 있지만, 그 결론이 현실에서 실제로 무엇을 의미하는지를 해석하는 데서는 동의하지 않는다. 양자이론의 수학이 물리적 현실을 어떻게 반영하는지에 대한 해석을 두고 몇몇 학파가 형성되었다. 양자역학—그리고 실험—은 하나의 물체가 동시에 두 장소에 있다가 우리가 그중첩 현상을 관찰하려고 시도하기만 하면 곧바로 붕괴해버린다고 하는데 어떻게 그럴 수가 있는가? 대체 물리적으로 무슨 일이 일어나는 것인가?

입자들이 어떻게 중첩 상태로 존재하며 얽힌 입자들이 어떻게 커뮤니케이션하는가에 대한 한 해석은 정보와 평행 우주에 의존해서 양자이론의 기이함을 설명한다. 그러나 그 해석론이 양자역학에 대한 해석의 모범답안은 아니다. 그 영광은 코펜하겐 해석이라고 알려진 설명에게 돌아간다.

코펜하겐에 살던 닐스 보어를 비롯해 불확정성의 원리를 내놓은 독일의 베르너 하이젠베르크 등 1920년대 양자역학의 창시자들 중 일부에 의해 처음 시도된 코펜하겐 해석은 관찰에 특별한 역할을 맡김으로써 이 의문에 답한다. 전자의 파동함수는 전자가 어떤 장소에서 발견될 확률을 말해주는 척도다. 그 전자가 관찰되지 않는 한, 이 파동함수는 자연스럽게 전개된다.

전자는 마치 액체처럼 동시에 몇 곳의 서로 다른 영역으로 흘러나가면서 전파된다. 그렇게 중첩 상태에 있을 수 있게 되는 것이다.

그러나 관찰자가 측정을 실시하고 전자의 위치를 알아내려고 하면 와장창 붕괴되고 만다. 파동함수는 삽시간에 파열되어 부들부들 떨면서 쪼그라든다. 이제 하늘나라의 동전이 전자가 실제로 공간 어디에 있는지를 결정한다. 전자는 파동함수가 기술했던 확률분포에 따라 자신의 위치를 '선택'한다.

오랜 세월 동안 코펜하겐 해석은 양자역학 분야의 유일한 설명인 것 같았다. 그러나 이 해석은 문제가 될 소지를 안고 있었다. 우선 관찰 행동이 잘못 정의되어 있었다. 이 문제는 슈뢰딩거의 고양이와 관련된 문제의 중대한 원인이었다. 코펜하겐 해석은 사실 '관찰'의 의미를 제대로 정의하지 않았다.

관찰이란 의식을 가진 존재가 측정을 한다는 의미로 여겨지는 경향이 있었다. 그러나 이때의 관찰자는 꼭 의식을 가진 존재여야 할까? 과학적 장치가 파동방정식의 붕괴를 일으킨 것이 아니었을까? 아니면 파동방정식의 붕괴가 일어나기 전에 의식을 가진 과학자가 그 장치를 봐야 할 필요가 있었던 것일까? 코펜하겐 해석은 붕괴가 일어나는 과정에 대한 설명도, 이 문제에 대한 해답도 제시하지 않았다.

파동함수의 붕괴가 언제, 어떻게 일어나는지에 대해서도 설명하지 않았다. 파동함수가 실제로 어느 정도 물리적 실체가 있는 것인지 아니면 실제로는 물리적 유사체도 없는 수학적 허구에 불과한지 조차 분명히 하지 못했다. 파동함수가 그렇다고 말하기는 하지만, 하나의 전자가 정말로 두 장소에 동시에 존재할까? 코펜하겐은 대답하지 못했다. 코펜하겐 해석에서는 매우 많은 문제들이 답을 얻지 못하고 있었기 때문에, 이 해석을 긍정하는 두 물리학자를 만난다 하더라도 실체의 본질에 대한 그 두 물리학자의 관점은 크게 다를 수 있다. 한 사람은 파동함수가 물리적 실체가 있는 것이며 전자는 정말로 동시에 두 장소에 존재할 수 있다고 믿는 반면에, 다른 한 사람은 그렇지 않다고 믿을 수 있다. 이런 상황은 아무리 좋게 말해도 매우 불만스러울 수밖에 없다.

1950년대에 몇몇 물리학자들이 코펜하겐 해석이 낳은 문제들에 대해 설명하기 위하여 또 다른 해석을 내놓았다. 코펜하겐 해석이 안고 있는 문제들 때문에 양자역학에 대해서는 관점이 서로 다른 몇 가지 해석이 나왔다. 그러나 그 어떤 해석도 해결한 만큼 또 새로운 문제를 부각시켰다. 어떤 해석으로 한 가지 기이하고 황당한 문제를 해결했는가 하면 또 하나의 궤변적이고 당혹스러운 현상이 대두되었던 것이다. '입 닥치고 계산이나 해!' 식의 태도를 뛰어넘어 물리적 실체에 대해 어느 정도 이해했다면, 그 이해를 바탕으로 수학이 말하고 있는 것의 의미를 해석할 수 있었을 것이다. 이 책도 예

외는 아니다. 이 책 역시 그러한 해석의 함정을 피하지 못했다.[6]

그러나 한 가지 새로운 해석이 물리학자들 사이에서 빠른 속도로 호응을 얻고 있다. 코펜하겐 해석에 대한 대안적인 다른 해석들과 마찬가지로 이 해석 역시 궤변적이고 반직관적이라는 커다란 짐을 안고 있다. 그러나 위에서 말했던 주장의 결론—다수의 평행 우주가 존재한다—처럼 그렇게 심하게 궤변적이지는 않다. 이 가능성을 인정한다면 양자이론은 물리적 실체로서의 의미를 갖기 시작하고 정보는 시간과 공간의 피륙에서 기본적 요소가 된다. 이러한 결론은 프린스턴 대학의 대학원생 휴 에버렛 Hugh Everett 이 코펜하겐 해석의 대안으로서 훗날 다세계 해석 many worlds interpretation 이라 알려지게 된 새로운 대안을 내놓았던 1957년에 나왔다. 에버렛이 주장하는 바의 핵심은 파동함수는 실체적 물체이며 이 함수가

---

6   이 책의 처음부터 지금까지, 나는 어떤 해석이든 내가 전달하고자 하는 핵심을 설명하는 데 가장 쉬운 길이 되어준 해석의 논리를 따랐다. 결과적으로 파동함수를 실체적 사물로 간주하는 코펜하겐 해석과 그 외의 다양한 해석들이 뒤섞이게 되었다. 독자들이 내가 활용한 여러 해석 중에서 어느 하나를 선택할 수도 있겠지만, 그 선택은 내가 이 책에서 말하고 있는 현상들에 대해서는 적합하지 않다. 어떤 해석이 '옳은지'를 구별할 수 있는 방법은 없다. 각 해석의 예측은 동일하며 과거에 행해졌던 실험은 물론이고 가까운 미래에 실시될 실험에 대해서도 완벽하게 동일하다. 하나의 전자가 동시에 두 장소에 있을 수도 있다는 나의 대담한 주장에 대해서는 동의하지 않는 독자도 있을 것이다. 아마도 그런 독자들은 전자는 단 하나뿐이며 동시에 두 장소에 존재하는 것은 안내파(pilot wave)일 뿐이라고 믿을지도 모른다. 그러나 내가 설명했던 모든 실험의 결과는 완전히 똑같을 것이다. 더욱이 모든 해석이 고전적 세계와 양자 세계 사이에는 기본적 차이가 있다는 데 동의한다. 이 모든 해석들이 기이하고 새로운 현상을 일으키지 않으면서 하나의 슬릿을 통과하는 하나의 고전적 물체를 가지고 2-슬릿 실험을 설명하는 것이 왜 불가능한가를 보여주고 있다.

하나의 전자가 동시에 두 장소에 있다고 말하면 실제로 두 장소에 존재한다는 것이었다. 그러나 코펜하겐 해석의 다른 변형 이론들과 달리 이 해석에서는 파동함수의 실제적 '붕괴'는 없다. 중첩 상태에 있는 전자에 대한 정보가 새어나가면, 즉 누군가가 전자가 왼쪽에 있는지 오른쪽에 있는지 측정하면 전자는… 둘 다를 선택한다. 전자는 정보의 도움으로 우주의 구조를 바꿈으로써 매우 이상한 방식으로 행동한다.

다세계 시나리오의 줄거리를 파악하기 위해서는 우주를 아주 얇고 투명한 막, 이를테면 셀룰 로이드 조각 같은 것으로 상상하면 쉽다. 중첩 상태에 있는 물체가 그 막 위에 편안하게, 동시에 두 장소에 놓여 있다. 아마도 간섭 패턴을 만들고 있을 것이다. 한 관찰자가 다가와서 광자를 방출하거나 하는 방법으로 이 입자에 대한 정보를 얻어가려고 한다. 이제 관찰자는 왼쪽에 있는 전자를 보거나 오른쪽에 있는 전자를 보게 될 것이다. 코펜하겐 해석은 이에 대해 관찰자가 개입하는 순간 파동함수가 붕괴되고 전자가 오른쪽이냐 왼쪽이냐 '선택'했기 때문이라고 설명한다. 반면에 다세계 해석의 주장은 우주가 '갈라졌다'는 것이다.

우주의 바깥에서 이 과정을 지켜보고 있던 신과 비슷한 존재는 전자(그리고 관찰자)가 놓여 있던 셀룰 로이드 막처럼 생긴 이 우주가 실은 한 겹이 아니라 두 겹이 겹쳐 있었던 것임을 그제야 알게 된다. 전자의 위치에 대한 정보가 새어나가자 이 우주의 구조에 대한 정보도 흘러나간 것이다. 그 정보에 의해 우주가 두 겹임이 알려진다. 이 두 겹의 우주 중에서 한 겹에 있는 전자는 오른쪽에 있다. 나머지 한 겹에 있는 전자는 왼쪽에 있다. 두 겹의 우주가 같이 붙어 있는 동안에는 이 전자들이 마치 한 겹에 함께 놓여 있는 것처럼 보인다. 그러나 사실 전자는 두 장소에 동시에 있으면서 서로를 간섭하고 있다. 그러나 전자의 위치에 대한 정보를 수집하려는 행동이 두 겹의 우주를 서로 분리시키면서 여러 겹이 겹쳐 있는 우주의 속성을 보여준다. 우주가 여러 겹이라는 사실이 정보의 전파에 의해 드러난 것이다.

신적 존재는 겹쳐 있던 우주가 서로 분리되는 것을 볼 수 있지만, 측정을 시도한 관찰자는 두 겹의 우주 중 한 겹에 들어 있기 때문에 우주가 어떻게 변하고 있는지 전혀 알 수 없다. 두 겹의 막 중 하나에 갇혀 있는 관찰자도 역시 둘로 갈라져서 '관찰자-좌'와 '관찰자-우'로 나뉜다. 관찰자-좌는 자신이 갇혀 있는 막 속의 입자, 즉 왼쪽의 전자만 본다. 관찰자-우 역시 자신이 갇혀 있는 막 속의 입자, 즉 오른쪽의 전자만 본다. 이 두 겹의 막은 이제 서로 붙어 있지 않으므로 입자도 두 개, 관찰자도 두 명이고, 이들은 상호

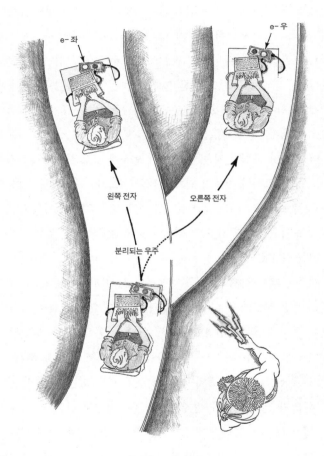

e-좌

e-우

왼쪽 전자

오른쪽 전자

분리되는 우주

다중우주의 중첩

작용할 수 없다. 그들은 이제 서로 다른 우주에 살고 있기 때문이다. 신적 존재는 이 평행 우주의 다층적이고 복잡한 구조— 다중우주multiverse—를 모두 볼 수 있지만, 그 우주 안에 사는 관찰자는 아직도 자신이 한 장으로 이루어진 우주에 살고 있다고 생각한다. 따라서 전혀 반대의 결과를 가져올 측정이 일어나고 있는 또 다른 우주의 존재에 대해서는 까맣게 모른다. 이 두 겹의 우주가 서로 분리되면 본질적으로 상호작용이 불가능하다. 정보를 교환할 수 없다는 이야기이다. 마치 두 겹의 막 사이에 두껍고 높은 장벽이 생긴 것과 비슷하다. 비록 하나의 다중우주에 속해 있지만, 본질상 이 두 우주는 서로 다른 우주다.

정보의 교환에 의해 갈라진 다중우주라는 이러한 개념은 멀리 떨어져서도 일어나는 유령 같은 행동에 대해서도 잘 설명한다. 위치와 관련해 서로 얽혀 있는 EPR 입자 쌍을 생각해보자. 하나가 왼쪽에 있으면 나머지 하나는 오른쪽에 있어야 하고, 반대로 하나가 오른쪽에 있으면 나머지 하나는 왼쪽에 있어야 한다. 만약 이 두 입자를 중첩 상태에 있게 만들면 측정을 시도하기 전까지는 어느 입자도 왼쪽에 있을 것이냐 오른쪽에 있을 것이냐를 '선택'하지 않는다. 각기 왼쪽과 오른쪽이 섞여 있는 상태에서 어떠한 결정도 하지 않는다. 측정이 시도되어야만, 자연이든 관찰자든 무언가가 나서서

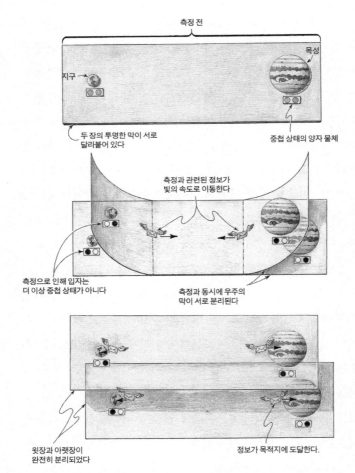

측정 전

목성

지구

두 장의 투명한 막이 서로
달라붙어 있다

중첩 상태의 양자 물체

측정과 관련된 정보가
빛의 속도로 이동한다

측정으로 인해 입자는
더 이상 중첩 상태가 아니다

측정과 동시에 우주의
막이 서로 분리된다

윗장과 아랫장이
완전히 분리되었다

정보가 목적지에 도달한다.

다중우주의 EPR 쌍: 빛의 속도로 달려오는 정보가 우주의 막을 분리시킨다

각각의 입자에 대한 정보를 얻으려고 할 때만 변화가 일어난다.

이런 식으로 얽혀 있는 한 쌍의 EPR 입자를 골라 하나는 지구에 있는 관찰자에게 보내고 나머지 하나는 목성에 있는 관찰자에게 보내보자. 각 관찰자는 입자가 도착해야 관찰을 하고, 그 입자의 상태에 대한 정보를 수집한다. 이때 우주의 얇은 막과 관찰자가 둘로 분리된다. 그러니 이때의 분리는 국소적이다. 신적 존재는 우주의 막이 사실은 두 관찰자 가까이에서 분리되어 있다는 것을 알고 있다. 그러나 두 관찰자 사이에서 우주의 막은 아직 서로 붙어 있는 상태로 남아 있다. 두 관찰자 중 한쪽(지구의 관찰자)이 다른 쪽(목성의 관찰자)에게 약간의 정보를 보낼 때 비로소 두 겹의 막이 서로 갈라진다. 빛의 속도로 이동하는 한 조각의 정보가 우주를 분리시키는 것이다.

이 정보가 목성에 도착하면 우주의 분리도 완결된다. 두 장의 막은 완전하게 분리된다. 서로 분리된 두 장의 우주 중 한쪽에서 지구의 관찰자는 왼쪽을 측정하고 목성의 관찰자는 오른쪽을 측정한다. 그 반대의 경우도 가능하다. 어느 경우든 두 입자가 서로 공모한 것 같은 결과가 나타난다. 정보는 빛보다 빠른 속도로 이동할 수 없는데도 두 입자는 항상 서로 반대의 위치가 되도록 선택한다. 하나는 왼쪽에, 나머지 하나는 오른쪽에.

두 겹의 막 중 하나에 속해 있는 관찰자에게는 측정의 순간에 입자가 자신의 위치를 '선택'한 것처럼 보인다. 두 관찰자 중 한 사람이 원한다면, 측정이 시작되기 전에 간섭 패턴을 관찰함으로써 이 두 입자가 동시에 두 장소에 있다는 것을 증명할 수도 있을 것이다. 신적 존재는 정보의 전달이 서로 겹쳐 있던 우주의 막들을 분리시킴으로써 우주의 겹층구조를 보여주고 다중우주의 구조를 노출시켰다고 볼 것이다. 연구소의 과학자같이 이 우주 속에 있는 사람은 측정이 시도되는 순간까지는 입자들이 자신의 위치를 '선택'하지 않고 있다가 어떤 방법을 통해서인지 멀리 떨어져 있는데도 서로 모의를 하고는 각자 반대되는 위치를 선택하기로 결정하는 이 기이한 현상에 대해 설명해야만 할 것이다. 얽힘의 유령 같은 행동도 다세계 해석에서는 물리학적 의미를 갖는다.

다세계 해석은 매우 흥미로운 설명이다. 다른 해석에 비해 단순하고 군더더기가 없으며, 필요한 것이라고는 한 겹의 우주가 아닌 겹층 구조의 다중우주에 대한 믿음뿐이다. 여러 개의 세계가 겹쳐 있는 구조에서 신적 존재는 그 여러 겹의 복잡한 우주를 전체적—하나인 것처럼 겹쳐 있던 여러 장의 우주가 낱낱이 떨어져 분리되는 모습—으로 볼 수 있다. 우주 안에서 이리저리 이동하는 정보는 겹겹의 우주들이 서로 분리되게 만든다. 다중우주가 거품처럼 부풀어오르면서 가지를 친다. (정보가 분산되지 않는 가역적 측정이라면 이 여러 겹의 우주는 다시 맞붙어 겹쳐지는 구조로 돌아갈 수 있다.) 각각의 측정에서 정보의 이동—자연에 의한 측정까지 포함된다—은 다중 우주가 맞붙어 있던 겹들을 벌려서 서로 분리되게 만든다. 정보는 다중우주가 어디로 가지를 치고 어디서 뭉쳐질지, 어디서 펼쳐지고 어디서 합해질지를 결정한다. 양자물리학자 데이비드 도이치 David Deutsch 는 "다중우주의 구조는 정보의 흐름에 의해 결정된다"고 말 했다. 정보는 우리 우주를 결정하는 힘이다.

그러나 평행 우주가 있다는 가정은 얼마나 급진적인 것일까? 다 중우주가 아무리 복잡하다 해도, 상상할 수 없이 많은 수의 세계의 막 world-sheet 은 앞서 설명했던 수많은 평행 우주보다 복잡하지는 않다. 여기서도 똑같은 논리가 적용된다. 주어진 공간 영역이 가질 수 있는 파동함수의 수는 유한하다. 유한한 공간 안에 들어 있는 에 너지와 물질과 정보의 배열로서 가능한 가짓수는 유한하다. 다층 구조로 이루어진 다중우주의 각 겹은 물질과 에너지와 정보의 가 능한 배열 중 하나를 나타내며, 무한한 우주에서는 이 모든 배열들 이 서로 다른 영역에서 나타나고 다시 나타나고 끊임없이 또다시 나타난다.

다중우주도 극도로 복잡하지만, 물리학자들이 무한한 우주 속에 존재해야 한다고 믿는 또 다른 여러 우주에 비하면 다중우주의 평행 우주는 덜 복잡한 편이다. 따라서 다세계의 급진적 현상은 사실 그다지 급진적이지 않은 것이다. 많은 과학자들이 이미 그러하듯이 만약 우리가 평행 우주가 존재한다는 결론을 인정한다면 추가 비용을 전혀 들이지 않고도 양자역학의 세계에서 일어나는 기이한 현상들에 대한 설명을 얻을 수 있다. 중첩과 얽힘은 더 이상 파동함수의 '붕괴'라느니 입자의 '선택'이라느니 하는 궁색한 설명을 필요로 하지 않는다. 한 장소에서 다른 장소로 흐르면서 그 과정에서 다중우주의 구조를 바꾸어놓는 정보의 함수로 모든 것이 설명된다. 그 이면에서 우리 우주는 온전히 정보에 의해서 형태가 만들어진다.

생명 역시 정보에 의해 형태지어진다. 모든 살아 있는 피조물은 어느 측면에서는 정보처리 기계이다. 지능과 의식을 가진 생명체라면 세포 속에서뿐만 아니라 머릿속에서 그 정보를 처리한다. 그러나 정보의 법칙은 정보처리에 한계를 긋는다. 우리의 허블 거품 속에서 있을 수 있는 정보처리의 방법은 (비록 매우 많기는 하지만) 유한하다. 따라서 우리 머릿속에서 있을 수 있는 정보처리의 방법의 수 (허블 거품의 경우보다는 작지만 역시 매우 크다) 역시 유한하다. 인간이 무한대의 상상을 할 수는 있어도 행동으로 옮길 수 있는 것은 유한하다. 우주는 무한하지만 인간은 그렇지 못하다.

사실, 우주에 존재하는 모든 생명체는 유한하다. 우주가 팽창하고 진화하는 동안 우주의 엔트로피는 증가한다. 별은 활활 타다가 죽음에 이르고 에너지는 점점 더 얻기 힘들어진다. 은하는 차갑게 식어 꽁꽁 얼어붙은 평형상태에 점점 다가간다. 우주가 평형상태에 가까워지면 에너지를 찾는 것도 엔트로피를 퍼뜨리는 것도 점점 힘들어진다. 정보를 보존하는 것도 복제하는 것도 점점 더 어려워진다. 생명을 유지하는 것도 점점 고단해진다. 생명은 그렇게 완전히 사라져야만 하는 걸까?

1997년, 물리학자 프리만 다이슨Freeman Dyson은 우주가 소멸해도 문명은 살아남도록 지킬 수 있는 기발한 방법을 생각해냈다. 바로 동면冬眠이었다. 다이슨은 죽어가는 은하의 생명체들은 자신들이 죽어가는 동안 에너지를 수거하는 (또한 엔트로피를 발산하는) 기계를 만들 수도 있다고 제안했다. 이 기계가 에너지를 충분히 모으면, 문명이 곧 이르게 될 평형상태에서 벗어나게 만든 다음 생명체들을 깨운다는 것이다. 다시 살아난 생명체들은 자신들의 엔트로피는 주변 환경 속으로 발산시키면서 한동안은 모인 에너지를 가지고 살아간다. 모였던 에너지가 소진되고 환경이 다시 평형상태로 다가가면, 생명체들은 그 기계가 그들을 다시 한 번 깨워줄 수 있을 만큼의 에너지를 비축할 때까지 또 깊은 잠에 빠진다.

그러나 1999년, 케이스 웨스턴 리저브 대학의 물리학자 로렌스 크라우스Laurence Krauss는 동면의 구상이 결국은 실패할 수밖에 없다는 것을 증명했다. 우주가 평형상태에 도달하는 동안, 에너지를 모으고 엔트로피는 흩뿌려버리는 기계는 자신에게 주어진 일을 하는 데 걸리는 시간이 점점 더 길어진다. 즉, 잠든 생명체를 깨울 수 있을 만큼의 에너지를 모아들이고 엔트로피는 방출하는 데 점점 더 오랜 시간이 걸린다는 뜻이다.

우주가 팽창하고 죽어가는 동안 동면기는 큰 폭으로 늘어나야 하고 생명체들이 살아서 활동할 수 있는 기간은 기가 막힐 정도로 짧아져야 한다. 우주가 평형상태에 도달하면서 어느 시점을 넘어서면 기계는 영원히 작동하지만 문명을 다시 의식 상태로 돌릴 수 있을 만큼의 에너지를 얻고 엔트로피를 방출하지는 못한다.

정보처리 기계는 영원히 멈춘다. 수없이 긴 세월 동안 그 문명에 의해 조심스럽게 저장되어온 정보는 천천히 주변 환경 속으로 흩어지고 평형상태와 엔트로피는 문명에 마지막 어두움을 드리운다. 생명은 절멸한다.

어둡고 음울한 그림이지만, 물리학자들은 다른 경로를 통해 똑같은 결론을 얻었다. 우리 우주(다중우주)는 계속해서 꿈틀거리고 있다. 정보는 왔다 갔다 들락거리고, 환경은 그 정보를 처리하고 흩어 버린다. 어떻게 보면 우주는 그 전체가 거대한 정보처리 기계, 컴퓨터의 구실을 한다.

만약 우주가 추상적으로라도 컴퓨터로 간주될 수 있다면, 지금까지 우주는 얼마나 많은 연산을 수행했을까? 앞으로는 얼마나 많은 연산을 수행할 수 있을까? 정보의 법칙 덕분에 과학자들은 위의 두 질문에 대한 답을 내놓을 수 있었다.

2001년, 블랙홀이 가장 뛰어난 랩톱 컴퓨터임을 발견했던 세스 로이드는 비슷한 논리를 사용해 우리 눈에 보이는 우주, 즉 우리의 허블 거품이 대폭발 이후 얼마나 많은 연산을 수행해왔는지 계산했다. 에너지-시간의 관계를 통해, 우주의 물질과 에너지는 그러한 연산이 얼마나 빨리 수행될 수 있는지를 결정한다.

그 답은 태초부터 오늘까지 10^{120}번의 연산을 수행해왔다는 것이었다. 2004년, 크라우스는 이 계산의 다른 쪽을 파헤쳤다. 미래에 처리될 수 있는 연산의 양을 계산한 것이다. 끊임없이 팽창하는 우주지만, 우리의 허블 거품에서 그 수는 유한하고 10^{120}을 조금 넘는다. 과거에 해왔을 연산의 최대수와 거의 비슷한 수다. 10^{120}은 어마어마하게 큰 수다. 그러나 유한하다. 우리의 허블 거품이 앞으로 정보를 처리하도록 남겨진 연산의 수는 유한하다. 생명이 정보처리에 의존하는 한, 생명 역시 유한해야 한다. 생명은 영원히 지속될 수 없다. 생명 역시 많아야 10^{120}번의 연산을 남겨두고 있으며 보이는 우주 속의 모든 생명체는 언젠가 절멸할 것이다. 살아 있는 이 생명체들에 저장되고 보존된 정보는 그 이후에는 다시 돌이킬 수 없는 상태로(비가역적으로) 소멸되어버린다. 정보는 파괴되지는 않지만, 아무런 생명체도 없는 캄캄한 우주 속에 흩어져 쓸모없게 되어버린다.

이것이 바로 정보의 법칙의 궁극적 아이러니다. 물리학자들은 우주에 대한 가장 심오한 의문을 해결하는 데 정보를 이용한다. 가장 궁극적인 물리학의 법칙은 무엇인가? 상대성이론과 양자역학의 기이함은 무엇으로 설명할 수 있는가? 블랙홀의 중심에는 무엇이 있는가? 우리의 우주는 유일한 우주인가, 아니면 다른 우주도 존재하는가? 우주는 어떤 구조를 가지고 있는가? 생명이란 무엇인가?

정보이론이라는 도구를 이용해 과학자들은 이 물음들에 대한 답을 찾아가고 있다. 그러나 그와 동시에 정보이론이라는 도구는 우리의 궁극적 운명을 보여준다. 위의 질문에 대해 우리가 내놓는 모든 답—우리의 문명이 축적해온 모든 정보—과 함께 우리는 모두 죽을 것이다. 생명은 끝나야 한다. 그리고 그 생명과 함께 모든 의식과 우주에 대한 모든 이해도 함께 종말을 맞아야 한다. 정보를 이용해 우리는 궁극의 답을 찾을 수 있을지도 모른다. 그러나 그 답도 정보의 법칙에 의해 무용지물이 될 날이 온다.

우주의 어두운 미스터리에 빛을 던져줄지도 모르는 이 소중한 정보도 그 안에는 자신을 파괴할 씨앗을 담고 있다.

Appendix A 로가리듬

나눗셈이 곱셈의 역인 것처럼 로가리듬은 지수의 역이다. 6을 곱해서 얻은 어떤 수가 있을 때, 이 수가 6에 몇을 곱해서 얻어진 수인지를 알고 싶다면 6으로 나누면 된다. 30을 예로 들어보자. $5 \times 6 = 30$이고, $30 \div 6 = 5$이다.

6을 몇 제곱해서 얻어진 수가 있을 때 그 수가 6의 몇 제곱인지를 알고 싶다면, 6을 밑으로 한 로그를 계산하면 된다. 즉, $6^5 = 7776$이고 $\log_6 7776 = 5$이다. 여기서 $\log_6$은 6을 밑으로 한 로그이다.

로그의 밑을 명기한 경우는 드문데, 그로 인해 혼란이 생길 수도 있다. log는 상황이 다를 경우 그 의미가 다르게 해석될 수도 있기 때문이다. 대부분의 경우 log는 10을 밑으로 한 로그를 의미한다. 따라서 대개 $\log 1000 = 3$이다. $\log_{10} 10^3 = 3$이기 때문이다.

그러나 이러한 관행이 어디서나 통하는 것은 아니다. 많은 컴퓨터 과학자들은 이진수를 사용하기 때문에 그들에게 log는 2를 밑으로 한 log라고 간주하는 것이 더 유용하다. 이러한 컴퓨터 과학자들에게는 log1000이 $\log_{10}1000$을 뜻하지 않는다. 이들에게는 $\log_2 1000$, 즉 10보다 조금 작은 수를 의미한다. 수학자들의 경우 log는 e라고 알려져 있는, 2와 3 사이의 수를 밑으로 한 로그를 의미한다. 즉, 수학자들의 log1000은 실은 $\log_e 1000$이고, 자연수로 계산하면 대략 7이 나온다. (수학자가 아닌 사람들은 '$\log_e$'를 나타내는 기호로 'ln'을 사용하기도 하지만, 이 기호는 수학자들 사이에서는 보편적인 기호가 아니다.)

독자들은 이렇게 기호를 서로 다른 의미로 사용하는 데서 많은 문제가 발생할지도 모른다고 생각하겠지만, 사실은 로그의 밑이 무엇인가는 큰 차이를 가져오지 않는다. 수많은 방정식에서 이 기호들은 서로 너무나 밀접하게 얽혀 있어서 로그의 밑은 명확하게 표시되지 않고 있다.

볼츠만 방정식 $S=k\log W$를 예로 들어보자. 이 방정식에서는 로그의 밑이 2든 10이든, e든, 아니면 42든 상관이 없다. 어떤 선택을 한다 해도 k에 흡수되기 때문이다. 예를 들어 위의 방정식이 10을 밑으로 한 지수를 가리킨다고 가정해보자. 그렇다면 위의 방정식은 다음과 같이 나타낼 수 있다.

$$S = k\log_{10}W = k\log_{10}42)\log_{42}W = k'\log_{42}W$$

여기서 k'는 새로운 상수, $k \times \log_{10}42$이다. 이 방정식은 42를 밑으로 했을 때나 10을 밑으로 했을 때나 똑같은 모양, 즉 $S = k'\log W$가 된다. 하지만 이번에는 $\log_{10}$이 아니라 $\log_{42}$를 가리킨다. 따라서 로그의 밑은 깨끗하게 무시할 수 있으며 방정식은 어느 경우에나 완전히 똑같다.

이러한 이유로 나는 'log'라는 기호를 쓸 때 밑을 명시하지 않았다. 볼츠만 방정식에서 로그는 어떤 값의 상수가 쓰였느냐에 따라 10을 밑으로 한 로그이거나 e를 밑으로 한 로그이다. 섀넌의 엔트로피에서는 2를 밑으로 한 로그이다. 그리고 이 책의 후반부에서 삭제, 에너지, 엔트로피, 컴퓨팅을 나타내는 경우에는 다시 e를 밑으로 한 로그로 돌아갔다.

문제의 방정식들에서 로그의 밑의 차이는 단지 표면적 차이에 불과하므로, 명확성을 기하기 위하여 일관되게 밑을 생략하였다.

Appendix B   엔트로피와 정보

이 책에서 엔트로피 방정식(기호 S로 표시된)은 세 가지의 서로 다른 형태로 나타나 있다. 그 형태가 각각 다르게 보이지만 내용은 똑같다.

첫 번째 방정식은 볼츠만 방정식 $S=k\log W$인데, 여기서 W는 우리가 엔트로피를 계산하고 있는 계가 그러한 상태에 도달할 수 있는 방법의 가짓수를 말한다.

두 번째 엔트로피 방정식은 내가 특정한 계—상자 안에 구슬을 던져넣는—를 위해 도출한 것으로 $S=k\log p$인데, 여기서 p는 구슬이 상자 안에서 주어진 배열을 갖고 있을 확률을 나타난다. 이 경우에 S는 $k\log p$의 함수이다.

세 번째는 섀넌의 방정식으로, 이 책의 본문에서는 분명하게 다루지 않았다. 우리가 관심을 두고 있는 계를 이 방정식으로 표현하면 $S=-\Sigma p_i \log p_i$로, 여기서 p_i는 어떤 메시지 소스에서 수신자에게 발신할 수 있는 가능한 메시지의 모음 중에서 특정 메시지의 확률을 나타낸다. 또한 그리스문자 Σ는 이 항의 총합을 말한다. (부언하자면, p_i 항은 가능한 메시지가 아니라 가능한 기호를 나타낸다. 그 결과는 똑같이 나오지만 이 예에서 계산은 좀 더 복잡하다. 조건부 확률을 등장시켜야 하며, 조건부 확률에는 더욱 긴 논쟁이 요구되기 때문이다.)

하나의 계를 분석하는 데 이 세 방정식을 모두 사용해보자. 예를 들어 한 사람이 똑같이 생긴 구슬 네 개를 상자에 던져넣고 가버린다. 어떤 구슬이 상자의 왼쪽에 떨어질 확률과 오른쪽에 떨어질 확률은 같다. 나중에 우리가 상자로 다가가 그 안을 들여다보았더니 구슬 두 개는 오른쪽에, 나머지 두 개는 왼쪽에 떨어져 있다. 이 계의 엔트로피는 무엇인가?

볼츠만의 방정식 $S=k\log W$에 따르면 W는 문제의 상태, 즉 상자의 왼쪽과 오른쪽에 각각 두 개씩의 구슬이 떨어지는 상태에 이를 수 있는 방법의 가짓수를 의미한다. 이 경우에는 여섯 가지 방법(오른쪽에 떨어지는 구슬이 1과 2, 1과 3, 1과 4, 2와 3, 2와 4, 3과 4)이 있다. 따라서 엔트로피 $S=k\log 6$이다.

'상자 속의 구슬'을 위해 도출된 식에 따르면, S는 $k\log p$의 함수이다. 더 구체적으로 말하면 $S=k\log p + k\log N$이며, 여기서 N은 서로 다른 구슬이 상자 안에 배열되는 방법의 가짓수이다. 우리가 다루고 있는 예의 경우, N은 16이다. $k\log N$ 항은 엔트로피가 음수가 되는 것을 막기 위해 사용되었을 뿐이다. 이 항을 생략해도 큰 차이는 없다.)

두 개의 구슬이 상자의 양쪽에 들어갈 확률은 2장의 표에서 보았듯 3/8이다. 따라서 $S=k\log(3/8)+k\log 16$이다. 그러나 3/8은 6/16과 같고, $\log 6/16$은 $\log 6-\log 16$과 같다. 따라서 '상자 속의 구슬' 공식은 $S=k\log 6-k\log 16+k\log 16$이고, 이는 곧 $k\log 6$이다.

섀넌의 방정식은 구슬 속의 상자보다는 메시지를 다루고 있지만, 우리는 그 두 가지를 서로 쉽게 변환시킬 수 있다. 1은 상자의 오른쪽에 떨어진 구슬을, 0은 상자의 왼쪽에 떨어진 구슬을 나타낸다고 하자. 구슬을 상자에 떨어뜨렸을 때 그 결과는 이진수의 메시지로 나타낼 수 있다. 1100은 구슬을 연속적으로 상자에 떨어뜨렸을 때 구슬 1과 2는 오른쪽에, 구슬 3과 4는 왼쪽에 떨어졌음을 의미한다. 상자 안을 들여다보면, 구슬 두 개가 양쪽에 사이좋게 들어 있음을 볼 수 있다. 따라서 우리는 이 계가 여섯 개의 메시지—1100, 1010, 1001, 0110, 0101, 0011— 중에서 하나를 수신해야만 한다는 것을 알 수 있다.

상자 안을 들여다보아도 우리는 이 메시지 중에서 어떤 메시지가 수신되었는지 알 수 없다. 오른쪽에 들어 있는 구슬이 1, 2, 3, 4 중에서 어떤 구슬인지 모르고 왼쪽에 들어 있는 구슬도 똑같아 보이기 때문이다. 그러나 위의 메시지 여섯 개 중에서 하나는 수신되었음이 분명하다. 이 계가 만들어진 방식—구슬이 오른쪽에 떨어질 확률과 왼쪽에 떨어질 확률은 50:50—으로 인해 위의 메시지가 수신될 확률은 각각 동등하다. 따라서 이 계에 대한 우리의 지식을 바탕으로 각 메시지는 1/6의 확률을 갖고 있다고 볼 수 있다. 이는 곧 $-\Sigma p_i \log p_i$가 여섯 개의 항—각각 가능한 메시지를 가리킨다—으로 이루어지면, 각각의 확률을 나타내는 p_i는 1/6이라는 것을 뜻한다. 따라서 다음이 성립한다.

$S = -\Sigma p_i \log p_i$

$= -\{(1/6)\log(1/6)+(1/6)\log(1/6)+(1/6)\log(1/6)$

$\quad +(1/6)\log(1/6)+(1/6)\log(1/6)+(1/6)\log(1/6)\}$

$= -6\{(1/6)\log(1/6)\}$

$= -\log(1/6)$

그러나 $-\log(1/6)$은 $\log 6$과 같으므로 우리는 $S = \log 6$이라는 결론을 얻게 된다. k는 어디로 갔을까? 이 로그는 2를 밑으로 하고 있어서 우리가 앞에서 사용한 로그의 밑과는 다르다. 여기서 k가 사라진 이유는, 부록 A에서 보았듯이, 이 경우에도 로그의 밑을 바꾸어도 상수 k의 모양에 약간의 변화가 일어날 뿐이기 때문이다. 밑이 2인 경우, 그리고 볼츠만의 방정식에 사용된 것과 약간 다른 단위를 사용하면 우리가 새로운 k로 얻게 되는 값은 1과 같다.

자, 이렇게 해서 섀넌의 엔트로피는 볼츠만의 열역학 엔트로피와 같고 '상자 속의 구슬' 엔트로피와도 같다는 것을 알 수 있다. 그렇다면 엔트로피는 정보와 어떤 관련이 있을까? 이 질문은 좀 복잡하기도 하고 대단히 큰 혼란의 씨앗이 들어 있다.

어떤 메시지 소스의 엔트로피는 주어진 메시지에 실어보낼 수 있는 정보의 양과 등가이다. 8비트의 스트링을 만들어내는 메시지 소스가 있다고 치자. 각각의 8비트 메시지는 모두 같은 확률을 가진다. 이 메시지 소스는 8비트의 엔트로피를 가지고 있고, 각각의 메시지는 8비트의 정보를 나를 수 있다. 이 소스에서 나오는 메시지는 대략적으로 10110101과 같은 모양을 가질 것이다. 또한 대단히 무작위적으로 보일 것이다.

한편, 오직 00000000과 11111111의 메시지만이 가능한 8비트 스트링을 만들어내는 메시지 소스가 있다면, 이 메시지 소스의 엔트로피는 훨씬 낮아서 1비트에 불과하다. 즉, 각각의 메시지는 오직 1비트의 정보만을 가질 수 있는 것이다. 이 메시지 소스에서 나오는 일반적인 메시지는 00000000이거나 11111111일 것이다. 이 메시지들은 결코 '무작위적으로' 보이지 않는다. 더 '무작위적으로 보이는' 메시지를 받을수록 (일반적으로) 그 메시지 소스의 엔트로피는 더 높고, (일반적으로) 그 메시지가 포함할 수 있는 정보는 더 많다.

그러나 정보의 경우에는 발신자의 입장이 아닌 수신자의 입장에서 볼 수도 있고 그렇게 되면 상황이 역전된다. 또한 이 경우는 감당할 수 없을 만큼 복잡해진다.

정보란 어떤 형태의 질문에 대한 답이라는 것을 기억하자. 정보는 가능한 답 중에서 어떤 것이 옳은 답인가에 대한 불확실성을 줄여준다. '네 개의 구슬'의 계로 돌아가 보자. "구슬 1은 어디에 떨어졌는가?"라는 질문에 대한 답을 알고 싶다. 오른쪽과 왼쪽에 각각 두 개씩의 구슬이 떨어졌다면, 구슬 1이 어디에 떨어졌는가에 대한 정보는 절대로 얻을 수 없다. 구슬 1이 양쪽 중 어느 한쪽에 떨어질 확률은 50:50이기 때문이다. 오른쪽에 구슬 셋이, 왼쪽에 하나가 떨어져 있다면 이 질문의 답에 대한 정보를 조금 더 얻을 수 있다. 구슬 1은 아마도 오른쪽에 들어가 있을 것이다. 오른쪽에 떨어진 세 개의 구슬 중 하나가 구슬 1일 확률은 75퍼센트이고 왼쪽에 떨어진 구슬이 구슬 1일 확률은 25퍼센트이다. 만약 네 개의 구슬이 모두 오른쪽에 떨어졌다면 우리는 절대적으로 옳은 답을 갖게 된다. 구슬 1이 오른쪽에 떨어졌을 확률이 100퍼센트이기 때문이다. 이 경우, 이 계의 엔트로피가 낮을수록 구슬 1이 어디에 떨어졌는지에 대해 더 많은 정보를 얻는다.

그러나 상황은 더욱 나빠진다. 전처럼 0과 1을 써서 '무작위적으로 보이는' 0110이나 1100 같은, 양쪽에 구슬이 두 개씩 떨어진 것을 나타내는 메시지의 경우, '작위적으로 보이는' 메시지인 1111이나 0000—어느 쪽에 구슬 1이 떨어졌는지를 확실하게 알 수 있는—보다 오히려 더 불확실해진다. 기호의 스트림이 덜 무작위적으로 보일수록 우리는 구슬 1의 위치에 대한 정보를 더 많이 갖게 되는 것이다. 이러한 상황은 앞에서 우리가 분석했던 것과는 정반대의 양상을 보인다.

그러나 이 상황을 자세히 들여다보면 이해할 수 있다. 정보는 정보의 발신자에게서 수신자에게로 흐른다. 또한 발신자와 수신자는 정보의 거래에서 각기 다른 역할을 한다. 엔트로피는 모호성, 비예측성, 불확실성의 척도이며 어떤 메시지 소스가 높은 엔트로피를 갖는다는 것은 사실 좋은 일이다. 즉, 그 메시지의 소스는 예측불가능하며, 거기서 어떤 내용의 메시지가 올지는 미리 알 수 없다는 뜻이다. (메시지의 내용이 어떤 것인지 항상 미리 알 수 있다면 거기서는 아무런 정보도 얻을 수 없을 것이다.) 그러나 수신자가 일단 그 메시지를 수신하고 거기에 많은 양의 정보가 들어 있을 경우, 그 메시지는 질문의 답에 대한 불확실성을 줄여줄 것이 틀림없다. 엔트로피가 높을수록, 답에 대한 불확실성이 높을수록, 우리가 수신한 정보는 적을 수밖에 없다.

때때로 사람들이 엔트로피는 정보와 같은 것이라고 말하는 것을 들을 것이다. 또 어떤 사람들은 정보란 네거티브 엔트로피, 또는 네겐트로피 negentrophy라고 말하는 것을 들을 것이다. 이러한 차이는 사람들이 서로 다른 것들을 분석하는 데 익숙하기 때문에 생긴다. 어떤 이들은 발신자와 잠재적 메시지의 비예측성을 바라보고, 또 어떤 이들은 수신자와 질문의 답에 대한 불확실성을 쳐다본다. 실상 그 둘은 똑같은 것을 들여다보고 있다. 발신자와 수신자는 동전의 양면이기 때문이다.

| 감사의 글 |

이 책은 수년에 걸친 토론과 연구의 산물이다. 따라서 그 과정에 관계했던 분들께 감사의 인사를 하지 않을 수 없는 일이다. 물리학자, 양자이론가, 우주론 학자, 천문학자, 생물학자, 암호해독 전문가, 기타 여러 분야의 과학자들이 내게 지극한 아량을 베풀어주었다. 시간을 내어 자신의 연구를 내게 설명해주었을 뿐만 아니라 그들의 열정이 내게도 그대로 전염될 만큼 열정적으로 도와주었다.

편집자인 웬디 울프, 원고 편집자인 돈 호몰카, 에이전트인 존 브록만과 카틴카 맷슨에게 다시 한 번 감사를 전한다. 또한 여러 가지 생각을 공유하고 지원을 아끼지 않은 친구들과 사랑하는 이들에게도 고마움을 전한다. 올리버 모튼, 데이비드 해리스, 메리디스 월터스, 그리고 형과 어머니, 아버지, 모두에게 감사한다.

학창 시절, 하루라도 얼굴을 보지 않으면 궁금해 못 견뎌 했지만 졸업한 후에 어찌어찌 살다 보니 십수 년 소식이 끊겼다가, 뜻하지 않은 때에 뜻하지 않은 장소에서 그 친구와 재회하게 되는 경우가 있다. 그렇게 과거의 단짝 친구를 만나면 처음에는 화들짝 놀랄 정도로 반가웠다가, 이야기를 시작해보면 갑자기 그 친구가 내가 전에 알던 그 사람이 아닌 것 같아 서먹했다가, 좀 더 이야기를 나누다 보면 그래 이 친구는 이런 사람이었어, 하고 과거의 흔적을 발견하면서 처음의 그 화들짝 놀랄 정도의 반가움은 다시 가슴 뭉클한 정이 되어 솟아난다.

이 책이 내게는 그런 친구였다. 학교 졸업과 동시에 접어버린 물리학 책들, 그 책들은 이미 어디로 갔는지 뿔뿔이 흩어져 찾을 수도 없다. 그렇게 물리학에 무심했던 내가 학교를 졸업한 지 십수 년 만에 운 좋게 손에 들어온 물리학 번역 작업에 나는 너무나 신이 났었다. 정말 헤어진 지 십 년도 넘은 옛 친구를 만난 기분이었다.

그러나 막상 번역을 하다 보니, 내가 가진 물리학 지식이란 수박 겉 핥기도 아니고 그저 과일가게 진열대에 놓인 수박을 한 번 쓱 보고 지나간 정도의 얕은 것이더라는 깨달음에, 내가 알던 물리학은 이런 게 아니었어, 하고 엉뚱한 '남의 탓'도 했었다. 하지만 내가 옛날에는 왜 그렇게 공부를 안 했던고, 자책하며 책을 읽고 또 읽다 보니 차츰 그래, 물리학이 원래 이런 거였지, 하고 과거의 흔적을 발견할 수 있었다.

번역을 끝내면서 남는 아쉬움은, 내가 좀 더 물리학에 정통한 지식을 가지고 있었다면 독자들이 더 쉽게 이해할 수 있도록 친절하고 자세한 주석을 붙여주었을 텐데 하는 것이었다. 또, 무슨 뜻인지 의미는 알겠지만 정확하게 어떻게 표현해야 할지 알 수 없어 난감했던 때가 많았다. 그럴 때 대학 동창 이정오 박사, 그리고 번역작가들의 모임인 '번밥사' 회원들의 도움이 없었다면 책을 끝까지 번역하지 못했을지도 모른다.

많은 분들의 도움을 받았지만, 그래도 아쉬움이 있고 어딘가에 내가 미처 보지 못한 오역이 있을지도 모른다는 두려움도 있다. 그러나 그런 아쉬움과 두려움 속에서 세상에 내보내는 이 책에서 잘못된 부분, 틀린 부분이 그냥 덮여 넘어가기를 바라지 않는다. 내 잘못이 있다면 옳게 고치고, 그 실수에서 배워 다음 번 책의 번역을 위한 거름으로 삼을 생각이다.

많은 독자들이 이 책을 읽으면서 물리학과 다정한(그러나 길은 매우 복잡하다) 산책을 하기를 바란다. 그리고 그 산책 도중에 잘못 놓인 이정표가 발견되면 스스럼없이 지적해주시기를 바라마지 않는다.

Albrecht, Andreas. "Cosmic Inflation and the Arrow of Time." In arXiv.org e-Print archive (www.arxiv.org), astro-ph/0210527, 24 October 2002.

Associated Press. "DNA Links Teacher to 9,000-Year-Old Skeleton." CNN, 7 May 1997. Human Origins Web site. www.versiontech.com/origins/news/news_article.asp?news_id=13

Bacciagaluppi, Guido. "The Role of Decoherence in Quantum Theory." *The Stanford Encyclopedia of Philosophy,* Edward N. Zalta, ed. plato.stanford.edu/entries/qm-decoherence/

Baez, John. "The Quantum of Area?" *Nature* 421 (2003): 702.

Bejerano, Gill, Michael Pheasant, Igor Makunin, Stuart Stephen, W. James Kent, John S. Muttick, and David Haussler. "Ultraconserved Elements in the Human Genome." *ScienceExpress,* 6 May 2004. www.sciencemag.org/ cgi/rapidpdf/1098119v1.pdf

Bekenstein, Jacob D. "Information in the Holographic Universe." *Scientific American,* August 2003, 48.

Blanton, John. "The EPR Paradox and Bell's Inequality Principle." University of California, Riverside, Department of Mathematics Web site. math.ucr.edu/home/baez/physics/Quantum/bells_inequality.html

Bohinski, Robert C. *Modern Concepts in Biochemistry.* Boston: Allyn and Bacon, 1987.

Boyce, Nell. "Dangerous Liaison." *New Scientist,* 19/26 December 1998, 21.

Bradman, Neil, and Mark Thomas. "Why Y?" *Science Spectra,* no. 14, 1998. www.ucl.ac.uk/tcga/ScienceSpectra-pages/SciSpect-14-98.html

Brezger, B., L. Hackermüller, S. Uttenthaler, J. Petschinka, M. Arndt, and A. Zeilinger. "Matter-Wave Interferometer for Large Molecules." In arXiv. org e-Print archive (www.arxiv.org), quant-ph/0202158, 26 February 2002.

Brookes, Martin. "Apocalypse Then." *New Scientist,* 14 August 1999, 32.

Brukner, Časlav, Markus Aspelmeyer, and Anton Zeilinger. "Complementarity and Information in 'Delayed-Choice for Entanglement Swapping.'" In arXiv.org e-Print archive (www.arxiv.org), quant-ph/0405036, 7 May 2004.

Brukner, Časlav, and Anton Zeilinger. "Information and Fundamental Elements of the Structure of Quantum Theory." In arXiv.org e-Print archive (www.arxiv.org), quant-ph/0212084, 13 December 2002.

———. "Operationally Invariant Information in Quantum Measurements." In arXiv.org e-Print archive (www.arxiv.org), quant-ph/0005084, 19 May 2000.

Budnik, Paul. "Measurement in Quantum Mechanics FAQ." Mountain Math Software Web site. www.mtnmath.com/faq/meas-qm.html

Calderbank, A. R., and Peter W. Shor. "Good Quantum Error-Correcting Codes Exist." In arXiv.org e-Print archive (www.arxiv.org), quant-ph/9512032, 16 April 1996.

Carberry, D. M., J. C. Reid, G. M. Wang, E. M. Sevick, Debra J. Searles, and Denis J. Evans. "Fluctuations and Irreversibility: An Experimental Demonstration of a Second-Law-Like Theorem Using a Colloidal Particle Held in an Optical Trap." *Physical Review Letters* 92 (2004): art. no. 140601.

The Catholic Encyclopedia. www.newadvent.org/cathen

Cavalli-Sforza, Luigi Luca. *Genes, Peoples, and Languages*. Mark Seislstad, trans. New York: North Point Press, 2000.

Cavalli-Sforza, Luigi Luca, Paolo Menozzi, and Alberto Piazza. *The History and Geography of Human Genes*. Princeton: Princeton University Press, 1994.

"Central Bureau—Interception and Cryptanalyzing of Japanese Intelligence." Web site. home.st.net.au/~dunn/sigint/cbi.htm

Chiao, Raymond Y., Paul G. Kwiat, and Aephraim M. Steinberg. "Quantum Nonlocality in Two-Photon Experiments at Berkeley." In arXiv.org e-Print archive (www.arxiv.org), quant-ph/9501016, 18 January 1995.

Cornish, Neil J., Daniel N. Spergel, Glenn D. Starkmann, and Eiichiro Komatsu. "Constraining the Topology of the Universe." In arXiv.org e-Print archive (www.arxiv.org), astro-ph/0310233, 8 October 2003.

Dawkins, Richard. *The Extended Phenotype*. New York: Oxford University Press, 1999.

——. *The Selfish Gene*. New York: Oxford University Press, 1989.

de Mendoza, Diego Hurtado, and Ricardo Braginski. "Y Chromosomes Point to Native American Adam." *Science* 283 (1999): 1439.

Derix, Martijn, and Jan Pieter van der Schaar. "Black Hole Physics," from-"Stringy Black Holes." www-th.phys.rug.nl/~schaar/htmlreport/node8.html (linked from Jan Pieter van der Schaar's home page: vangers.home.cern.ch/vanders).

de Ruyter van Steveninck, Rob, Alexander Borst, and William Bialek. "Real Time Encoding of Motion: Answerable Questions and Questionable Answers from the Fly's Visual System." In arXiv.org e-Print archive (www.arxiv.org), physics/0004060, 25 April 2000.

Deutsch, David. "The Structure of the Multiverse." In arXiv.org e-Print archive (www.arxiv.org), quant-ph/0104033, 6 April 2001.

Deutsch, David, and Patrick Hayden. "Information Flow in Entangled Quantum Systems." In arXiv.org e-Print archive (www.arxiv.org), quant-ph/ 9906007, 1 June 1999.

Dokholyan, Nikolay V., Sergey V. Buldyrev, Shlomo Havlin, and H. Eugene Stanley. "Distribution of Base Pair Repeats in Coding and Noncoding DNA Sequences." *Physical Review Letters* 79 (1997): 5182.

Einstein, Albert. *Relativity: The Special and the General Theory.* New York: Crown, 1961.

Faulhammer, Dirk, Anthony R. Cukras, Richard J. Lipton, and Laura F. Landweber. "Molecular Computation: RNA Solutions to Chess Problems." *Proceedings of the National Academy of Sciences* 97 (2000): 1385.

Feynman, Richard, Robert B. Leighton, and Matthew Sands. *The Feynman Lectures on Physics.* 3 vols. Reading, Mass.: Addison-Wesley, 1989.

Fondation Odier de Psycho-Physique. Bulletin no. 4. Geneva, Switzerland: 2002.

Garriga, J., V. F. Mukhanov, K. D. Olum, and A. Vilenkin. "Eternal Inflation, Black Holes, and the Future of Civilizations." In arXiv.org e-Print archive (www.arxiv.org), astro-ph/9909143, 16 May 2000.

Garriga, Jaume, and Alexander Vilenkin. "In Defence of the 'Tunneling' Wave Function of the Universe." In arXiv.org e-Print archive (www.arxiv.org), gr-qc/9609067, 30 September 1996.

———. "Many Worlds in One." In arXiv.org e-Print archive (www.arxiv.org), gr-qc/0102010, 2 May 2001.

"The German Enigma Cipher Machine—History of Solving." Web site. www.enigmahistory.org/chronology.html

Gershenfeld, Neil A., and Isaac L. Chuang. "Bulk Spin-Resonance Quantum Computation." *Science* 275 (1997): 350.

Gettemy, Charles. "The Midnight Ride of April 18, 1775." Chap. 3 in *The True Story of Paul Revere.* Archiving Early America Web site. earlyamerica. com/ lives/revere/chapt3/

Gilchrist, A., Kae Nemeto, W. J. Munroe, T. C. Ralph, S. Glancey, Samuel

L.-Braunstein, and G. J. Milburn. "Schrödinger Cats and Their Power for-Quantum Information Processing." In arXiv.org e-Print archive (www.arxiv.org), quant-ph/0312194, 24 December 2003.

Griffiths, Robert B. "Consistent Histories and Quantum Reasoning." In arXiv.org e-Print archive (www.arxiv.org), quant-ph/9606005, 4 June 1996.

Hackermüller, Lucia, Klaus Hornberger, Björn Brezger, Anton Zeilinger, and Marcus Arndt. "Decoherence of Matter Waves by Thermal Emission of Radiation." *Nature* 427 (2004): 711.

Hackermüller, Lucia, Stefan Uttenthaler, Klaus Hornberger, Elisabeth Reiger, Björn Brezger, Anton Zeilinger, and Markus Arndt. "The Wave Nature of Biomolecules and Fluorofullerenes." In arXiv.org e-Print archive (www.arxiv.org), quant-ph/0309016, 1 September 2003.

Harpending, Henry C., Mark A. Batzer, Michael Gurven, Lynn B. Jorde, Alan-R. Rogers, and Stephen T. Sherry. "Genetic Traces of Ancient Demography." *Proceedings of the National Academy of Sciences* 95 (1998): 1961.

Harrison, David M. "Black Hole Thermodynamics." UPSCALE Web site, Department of Physics, University of Toronto. www.upscale.utoronto.ca/GeneralInterest/Harrison/BlackHoleThermo/BlackHoleThermo.html

Hawking, Stephen. *A Brief History of Time: From the Big Bang to Black Holes.* New York: Bantam, 1988.

Heisenberg, Werner. *Physics and Philosophy: The Revolution in Modern Science.* New York: Harper & Row, 1958.

Herodotus. *The Histories.* Aubrey de Selincourt, trans. London: Penguin, 1996.

Hill, Emmeline W., Mark A. Jobling, and Daniel G. Bradley. "Y-chromosome Variation and Irish Origins." *Nature* 404 (2000): 351.

Hodges, Andrew. *Alan Turing: The Enigma.* New York: Walker, 2000.

Holevo, A. S. "Coding Theorems for Quantum Communication Channels."-In arXiv.org e-Print archive (www.arxiv.org), quant-ph/9708046, 27-August 1997.

———. "Remarks on the Classical Capacity of a Quantum Channel." In arXiv.org e-Print archive (www.arxiv.org), quant-ph/0212025, 4 December 2002.

Hornberger, Klaus, Stefan Uttenthaler, Björn Brezger, Lucia Hackermüller,-Markus Arndt, and Anton Zeilinger. "Collisional Decoherence Observed in Matter Wave Interferometry." In arXiv.org e-Print archive (www.arxiv.org), quant-ph/0303093, 14 March 2003.

Imperial War Museum. "The Battle of the Atlantic." www.iwm.org.uk/online/atlantic/dec41dec42.htm

"ISBN." eNSYNC Solutions Web site. www.ensyncsolutions.com/isbn.htm

Johnson, Welin E., and John M. Coffin. "Constructing Primate Phylogenies from Ancient Retrovirus Sequences." *Proceedings of the National Academy of Sciences* 96 (1999): 10254.

Kiefer, Claus, and Erich Joos. "Decoherence: Concepts and Examples." In-arXiv.org e-Print archive (www.arxiv.org), quant-ph/9803052, 19-March 1998.

Knill, E., R. Laflamme, R. Martinez, and C.-H. Tseng. "An Algorithmic Benchmark for Quantum Information Processing." *Nature* 404 (2000): 368.

Kofman, A. G., and G. Kurizki. "Acceleration of Quantum Decay Processes by Frequent Observations." *Nature* 405 (2000): 546.

Kornguth, Steve. "Brain Demystified." www.lifesci.utexas.edu/courses/ brain/ Steve'sLectures/neuroimmunol/MetabolismImaging.html (no longer available).

Krauss, Lawrence M., and Glenn D. Starkman. "Life, The Universe, and Nothing: Life and Death in an Ever-Expanding Universe." In arXiv.org e-Print archive (www.arxiv.org), astro-ph/9902189, 12 February 1999.

———. "Universal Limits on Computation." In arXiv.org e-Print archive (www.arxiv.org), astro-ph/0404510, 26 April 2004.

Kraytsberg, Yevgenya, Marianne Schwartz, Timothy A. Brown, Konstantin Ebralidse, Wolfram S. Kunz, David A. Clayton, John Vissing, and Konstantin Khrapko. "Recombination of Human Mitochondrial DNA." *Science* 304 (2004): 981.

Kukral, L. C. "Death of Yamamoto due to 'Magic.'" Navy Office of Information Web site. www.chinfo.navy.mil/navpalib/wwii/facts/yamadies.txt

Kunzig, Robert, and Shanti Menon. "Not Our Mom: Neanderthal DNA Suggests No Relation to Humans." *Discover,* January 1998, 32.

Lamoreaux, S. K. "Demonstration of the Casimir Force in the 0.6 to 6mm Range." *Physical Review Letters* 77 (1997): 5.

Leff, Harvey S., and Andrew F. Rex, eds. *Maxwell's Demon 2: Entropy, Classical and Quantum Information, Computing.* 2nd ed. Philadelphia: Institute of Physics Publishing, 2003.

Lindley, David. *Boltzmann's Atom.* New York: Free Press, 2001.

———. *Degrees Kelvin.* Washington, D.C.: Joseph Henry Press, 2004.

Lloyd, Seth. "Computational Capacity of the Universe." In arXiv.org e-Print archive (www.arxiv.org), quant-ph/0110141, 24 October 2001.

———. "Ultimate Physical Limits to Computation." *Nature* 406 (2000): 1047.

———. "Universe as Quantum Computer." In arXiv.org e-Print archive (www.arxiv.org), quant-ph/9912088, 17 December 1999.

Macrae, Norman. *John von Neumann: The Scientific Genius Who Pioneered the Modern Computer, Game Theory, Nuclear Deterrence, and Much More.* New York: Pantheon, 1992.

Marangos, Jon. "Faster Than a Speeding Photon." *Nature* 406 (2000), 243.

Marcikic, I., H. de Riedmatten, W. Tittel, H. Zbinden, and N. Gisin. "Long-Distance Teleportation of Qubits at Telecommunication Wavelengths."

Nature 421 (2003): 509.

Marshall, William, Christoph Simon, Roger Penrose, and Dik Bouwmeester. "Towards Quantum Superpositions of a Mirror." In arXiv.org e-Print archive (www.arxiv.org), quant-ph/0210001, 30 September 2002.

Mermin, N. David. "Could Feynman Have Said This?" *Physics Today,* 57 (2004): 10.

Miller, A. Ray. *The Cryptographic Mathematics of Enigma.* Fort George G. Meade, Maryland: The Center for Cryptologic History, 2002.

Milonni, Peter. "A Watched Pot Boils Quicker." *Nature* 405 (2000): 525.

Mitchell, Morgan W., and Raymond Y. Chiao. "Causality and Negative Group Delays in a Simple Bandpass Amplifier." *American Journal of Physics* 66 (1998): 14.

Monroe, C., D. M. Meekhof, B. E. King, and D. J. Wineland. "A 'Schrödinger Cat' Superposition State of an Atom." *Science* 272 (1996): 1131.

Mugnai, D., A. Ramfagni, and R. Ruggeri. "Observation of Superluminal Behaviors in Wave Propagation." *Physical Review Letters* 84 (2000): 4830.

The Museum of Science & Industry in Manchester. "Joule & Energy." www.msim.org.uk/joule/intro.htm

Naughton, John. "The Juggling Unicyclist Who Changed Our Lives." *The-Observer,* 4 March 2001. observer.guardian.co.uk/business/story/0,6903,446009,00.html

Naval Historical Center, Department of the Navy. "Battle of Midway: 4–7 June 1942." www.history.navy.mil/faqs/faq81-1.htm

Nemenman, Ilya, William Bialek, and Rob de Ruyter van Steveninck. "Entropy and Information in Neural Spike Trains: Progress on the Sampling Problem." In arXiv.org e-Print archive (www.arxiv.org), physics/0306063, 12 March 2004.

Ollivier, Harold, David Poulin, and Wojciech H. Zurek. "Emergence of

Objective Properties from Subjective Quantum States: Environment as-a-Witness." In arXiv.org e-Print archive (www.arxiv.org), quant-ph/0307229, 30 July 2003.

Owens, Kelly, and Mary-Claire King. "Genomic Views of Human History." *Science* 286 (2000): 451.

Pais, Abraham. *Subtle Is the Lord-.-. .-: The Science and the Life of Albert Einstein.* Oxford: Oxford University Press, 1982.

Park, Yousin. "Entropy and Information." Physics & Astronomy @ Johns Hopkins Web site. www.pha.jhu.edu/~xerver/seminar2/seminar2.html

Pati, Arun, and Samuel Braunstein. "Quantum Deleting and Signalling." In arXiv.org e-Print archive (www.arxiv.org), quant-ph/0305145, 23 May 2003.

——. "Quantum Mechanical Universal Constructor." In arXiv.org e-Print archive (www.arxiv.org), quant-ph/0303124, 19 March 2003.

——. "Quantum No-Deleting Principle and Some of Its Implications." In arXiv.org e-Print archive (www.arxiv.org), quant-ph/0007121, 31 July 2000.

The Paul Revere House. "The Midnight Ride." www.paulreverehouse.org/ride/

Pennisi, Elizabeth. "Viral Stowaway." *ScienceNOW,* 1 March 1999. science-now.sciencemag.org/cgi/content/full/1999/301/1

Peres, Asher. "How the No-Cloning Theorem Got Its Name." In arXiv.org e-Print archive (www.arxiv.org), quant-ph/0205076, 14 May 2002.

Pincus, Steve, and Rudolf Kalman. "Not All (Possibly) 'Random' Sequences Are Created Equal." *Proceedings of the National Academy of Sciences* 94 (1997): 3513.

Preskill, John. "Black Hole Information Bet." Caltech Particle Theory Group Web site. www.theory.caltech.edu/people/preskill/info_bet.html

——. "Reliable Quantum Computers." In arXiv.org e-Print archive (www.arxiv.org), quant-ph/9705031, 1 June 1997.

Price, Michael Clive. "The Everett FAQ." HEDWEB site. www.hedweb. com/ manworld.htm

Russell, Jerry C. "ULTRA and the Campaign Against the U-boats in World War II." Ibiblio archive. www.ibiblio.org/pha/ultra/navy-1.html

Schneidman, Elad, William Bialek, and Michael J. Berry II. "An Information Theoretic Approach to the Functional Classification of Neurons." In arXiv.org e-Print archive (www.arxiv.org), physics/0212114, 31 December 2002.

Schrödinger, Erwin. *What Is Life?* Cambridge: Cambridge University Press, 1967.

Sears, Francis W., Mark W. Zemansky, and Hugh D. Young. *College Physics,* 6th ed. Reading, Mass.: Addison-Wesley, 1985.

Seife, Charles. "Alice Beams Up 'Entangled' Photon." *New Scientist,* 12 October 1997, 20.

——. *Alpha and Omega: The Search for the Beginning and End of the Universe.* New York: Viking, 2003.

——. "At Canada's Perimeter Institute, 'Waterloo' Means 'Shangri-La.'" *Science* 302 (2003): 1650.

——. "Big, Hot Molecules Bridge the Gap Between Normal and Surreal." *Science* 303 (2004): 1119.

——. "Cold Numbers Unmake the Quantum Mind." *Science* 287 (2000):-791.

——. "Crystal Stops Light in Its Tracks." *Science* 295 (2002): 255.

——. "Flaw Found in a Quantum Code." *Science* 276 (1997): 1034.

——. "Furtive Glances Trigger Radioactive Decay." *Science* 288 (2000): 1564.

——. "In Clone Wars, Quantum Computers Need Not Apply." *Science* 300 (2003): 884.

——. "Light Speed Boosted Beyond the Limit." *ScienceNOW,* 21 July 2000.

sciencenow.sciencemag.org/cgi/content/full/2000/721/4

———. "Messages Fly No Faster Than Light." *ScienceNOW,* 15 October 2003. sciencenow.sciencemag.org/cgi/content/full/2003/1015/2

———. "Microscale Weirdness Expands Its Turf." *Science* 292 (2001): 1471.

———. "More Than We Need to Know." *Washington Post,* 9 November 2001, A37.

———. "Muon Experiment Challenges Reigning Model of Particles." *Science* 291 (2001): 958

———. "Perimeter's Threefold Way." *Science* 302 (2003): 1651.

———. "The Quandary of Quantum Information." *Science* 293 (2001): 2026.

———. "Quantum Experiment Asks 'How Big Is Big?'" *Science* 298 (2002):-342.

———. "Quantum Leap." *New Scientist,* 18 April 1998, 10.

———. "Relativity Goes Where Einstein Feared to Tread." *Science* 299 (2003): 185.

———. "RNA Works Out Knight Moves." *Science* 287 (2000): 1182.

———. "Souped Up Pulses Top Light Speed." *ScienceNOW,* 1 June 2000. sciencenow.sciencemag.org/cgi/content/full/2000/601/1

———. "'Spooky Action' Passes a Relativistic Test." *Science* 287 (2000): 1909.

———. "Spooky Twins Survive Einsteinian Torture." *Science* 294 (2001): 1265.

———. "The Subtle Pull of Emptiness." *Science* 275 (1997): 158.

———. "'Ultimate PC' Would Be a Hot Little Number." *Science* 289 (2000): 1447.

———. *Zero: The Biography of a Dangerous Idea.* New York: Viking, 2000.

Shannon, Claude E., and Warren Weaver. *The Mathematical Theory of Communication.* Urbana: University of Illinois Press, 1998.

Siegfried, Tom. *The Bit and the Pendulum: From Quantum Computing to M Theory—The New Physics of Information.* New York: John Wiley, 1999.

Singh, Simon. *The Code Book: The Evolution of Secrecy from Mary Queen of*

Scots to Quantum Cryptography. New York: Doubleday, 1999.

Sloane, N. J. A., and A. D. Wyner. "Biography of Claude Elwood Shannon." AT&T Labs–Research Web site. www.research.att.com/~njas/doc/ shannonbio.html

Stefanov, Andre, Hugo Zbinden, Antoine Suarez, and Nicolas Gisin. "Quantum Entanglement with Acousto-Optic Modulators: 2-Photon Beatings and Bell Experiments with Moving Beamsplitters." In arXiv.org e-Print archive (www.arxiv.org), quant-ph/0210015, 2 October 2002.

Steinberg, A. M., P. G. Kwiat, and R. Y. Chiao. "Measurement of the Single-Photon Tunneling Time." *Physical Review Letters* 71 (1993): 708.

Stenner, Michael D., Daniel J. Gauthier, and Mark A. Neifeld. "The Speed of Information in a 'Fast-Light' Optical Medium." *Nature* 425 (2003): 695.

Strauss, Evelyn. "Can Mitochondrial Clocks Keep Time?" *Science* 283 (1999): 1435.

Strong, S. P., Roland Koberle, Rob R. de Ruyter van Steveninck, and William Bialek. "Entropy and Information in Neural Spike Trains." *Physical Review Letters* 80 (1998): 197.

Suarez, Antoine. "Is There a Real Time Ordering Behind the Nonlocal Correlations?" In arXiv.org e-Print archive (www.arxiv.org), quant-ph/0110124, 20 October 2001.

Teahan, W. J., and John G. Cleary. "The Entropy of English Using PPM-Based Models." The University of Waikato, Department of Computer Science Web site. www.cs.waikato.ac.nz/~ml/publications/1996/Teahan-Cleary-entropy96.pdf

Tegmark, Max. "Importance of Decoherence in Brain Processes." *Physical Review E* 61 (2000): 4194.

———. "The Interpretation of Quantum Mechanics: Many Worlds or Many Words?" In arXiv.org e-Print archive (www.arxiv.org), quant-ph/9709032, 15 September 1997.

470

————. "Parallel Universes." In arXiv.org e-Print archive (www.arxiv.org), astro-ph/0302131, 7 February 2003.

Tegmark, Max, and John Archibald Wheeler. "100 Years of the Quantum." In arXiv.org e-Print archive (www.arxiv.org), quant-ph/0101077, 17 January 2001.

't Hooft, Gerard. *In Search of the Ultimate Building Blocks.* Cambridge: Cambridge University Press, 1997.

Thorne, Kip S. *Black Holes and Time Warps: Einstein's Outrageous Legacy.* New York: W. W. Norton, 1994.

Tribus, Myron, and Edward McIrvine. "Energy and Information." *Scientific American,* August 1971, 179.

"UCLA Brain Injury Research Center Project Grants." UCLA Neurosurgery-Web site. neurosurgery.ucla.edu/Programs/BrainInjury/BIRC_project.html

Voss, David. "'New Physics' Finds a Haven at the Patent Office." *Science* 284 (1999): 1252.

Wang, G. M., E. M. Sevick, Emil Mittag, Debra J. Searles, and Denis J. Evans. "Experimental Demonstration of Violations of the Second Law of Thermodynamics for Small Systems and Short Time Scales." *Physical Review Letters* 89 (2002): art. no. 050601.

Wang, L. J., A. Kuzmich, and A. Dogariu. "Demonstration of Gain-Assisted Superluminal Light Propagation." Dr. Lijun Wang's home page. external. nj. nec.com/homepages/lwan/demo.htm

————. "Gain-Assisted Superluminal Light Propagation." *Nature* 406 (2000): 277.

Weadon, Patrick D. "AF Is Short of Water," from "The Battle of Midway."-National Security Agency Web site. www.nsa.gov/publications/publi00023.cfm

Weisstein, Eric. Eric Weisstein's World of Science. scienceworld.wolfram.

com

Whitaker, Andrew. *Einstein, Bohr and the Quantum Dilemma*. New York: Cambridge University Press, 1996.

Zeh, H. D. "Basic Concepts and Their Interpretation." Preliminary version of chap. 2, *Decoherence and the Appearance of a Classical World in Quantum Theory*, 2nd ed., by E. Joos, H. D. Zeh, C. Kiefer, D. J. W. Giulini, J.-Kupsch, and I.-O. Stamatescu (Springer, 2003). www.rzuser. uni-heidelberg.de/~as3/Decoh2.pdf (linked from H. Dieter Zeh's home page: www.zeh-hd.de).

——. "The Meaning of Decoherence." In arXiv.org e-Print archive (www. arxiv.org), quant-ph/9905004, 29 June 1999.

——. *The Physical Basis of the Direction of Time*. Berlin: Springer-Verlag, 2001.

——. "The Wave Function: It or Bit?" In arXiv.org e-Print archive (www. arxiv.org), quant-ph/0204088, 2 June 2002.

Zurek, Wojciech Hubert. "Decoherence and the Transition from Quantum to Classical—Revisited." *Los Alamos Science* no. 27 (2002): 2.

——. "Quantum Darwinism and Envariance." In arXiv.org e-Print archive (www.arxiv.org), quant-ph/03080163, 28 August 2003.

——. "Quantum Discord and Maxwell's Demons." In arXiv.org e-Print archive (www.arxiv.org), quant-ph/0301127, 23 January 2003.